重生与繁荣

改革开放后的中国律师大事记

1978-2023

中国人民大学法律职业研究所
北京市尊德律师事务所　主编

中国政法大学出版社

2024·北京

图书在版编目（ＣＩＰ）数据

重生与繁荣：改革开放后的中国律师大事记：1978—2023/中国人民大学法律职业研究所，北京市尊德律师事务所主编. —北京：中国政法大学出版社，2024.9
ISBN 978-7-5764-1502-5

Ⅰ. ①重… Ⅱ. ①中… ②北… Ⅲ. ①律师业务－大事记－中国－1978-2023 Ⅳ. ①D926.5

中国国家版本馆CIP数据核字(2024)第104648号

书　名	重生与繁荣: 改革开放后的中国律师大事记（1978—2023）
	CHONGSHENG YU FANRONG: GAIGEKAIFANGHOUDE
	ZHONGGUOLÜSHI DASHIJI（1978—2023）
出版者	中国政法大学出版社
地　址	北京市海淀区西土城路 25 号
邮　箱	bianjishi07public@163.com
网　址	http://www.cuplpress.com (网络实名：中国政法大学出版社)
电　话	010-58908466(第七编辑部) 010-58908334(邮购部)
承　印	北京中科印刷有限公司
开　本	720mm×960mm　1/16
印　张	28.5
字　数	350 千字
版　次	2024 年 9 月第 1 版
印　次	2024 年 9 月第 1 次印刷
定　价	128.00 元

编委会

主　　任：龙翼飞　周纳新

副 主 任：韩大元　刘桂明　许身健
　　　　　霍宪丹　蔡　岩　丁相顺

委　　员：林　嘉　李予奇　李　轩　刘炫麟　高　通
　　　　　张琮军　黄　健　曹欣昕　张艺莲　崔美晨
　　　　　叶　雪　赵程成　刘沛晔　周志勇

主　　编：蔡　岩

执行主编：刘炫麟

副 主 编：李予奇　黄　健　曹欣昕

撰 稿 人：刘志红　张艺莲　崔美晨　赵程成　刘沛晔
　　　　　寇寨寨　张紫薇　陈　骏　周志勇　李丹慧
　　　　　陈永怡　薛兴夺　胡利萍　赵子萱　张姝涵
　　　　　钱雨婷　郝海若　席尔雅　茹明云　雷紫仪
　　　　　陈思影　蔺雨欣　兰　津

序　言

　　经过十年的辛勤付出和持续努力，凝结着作者、编委会成员和出版社编辑人员心血的宏篇力著《重生与繁荣：改革开放后的中国律师大事记（1978—2023）》终于付梓了。作为见证了这部著作从研究项目启动、资料收集整理、写作大纲推敲、文稿反复修改和编辑悉心编审的全过程的人，我衷心祝贺主编蔡岩律师和作者团队取得的智慧成果隆重问世！

　　在中国共产党的坚强领导下，我们伟大的祖国和亿万人民已经阔步迈上了中国式现代化的光明大道。实现中华民族伟大复兴和现代化强国建设，法治支撑和保障尤为重要。四十多年来的实践证明，在中国特色社会主义法治体系中，包括了律师法律制度建立、律师职业群体培养、律师法律服务开展和律师社会责任承担在内的律师事业，是不可或缺的重要组成部分。

　　抚今追昔，我们在充分肯定当代中国律师事业取得辉煌成就的时候，还需要客观、全面地了解中国改革开放以来，广大律师组织和律师群体在中国共产党的领导下是怎样立足中国大地，忠于宪法、忠于祖国和人民；在中国共产党的领导下，投身社会主义法治建设，忠实履行中国特色社会主义法律工作者的神圣使命，依法从业，执业为民，勤勉敬业，诚信廉洁，为维护当事人合法权益、维护法律正确实施和维护社会公平正义，为建设富强民主文明和谐的社会主义现代化强国不懈努力奋斗的艰辛历程。这部著作的内容，可以让读者们知晓，改革开放以来中国律师事业发展史，是当代中国政治、经济、文化、社会和生态文明不断取得伟大进步的真实写照。

奉献给读者们的这部著作，全景式地展现了从1978年到2023年间中国律师事业发展的基本历程。希望读者们可以从中了解和领悟到：首先，在中国共产党领导下，中国律师前赴后继，砥砺奋进，坚持以人民为中心，以优质的法律服务活动服务改革开放，服务"一带一路"倡议和涉外法律需求，服务大局，服务人民群众，做出了无愧于党和人民期待的法治建设特殊贡献。其次，中国律师队伍日益壮大，法律执业能力覆盖面日臻完善，法律服务的专业化水平逐步提升，完全可以满足为中国式现代化提供法治保障中的法律服务需要。再次，中国律师为构建和谐社会踏实努力，通过专业和高效的法律服务活动，有效化解各类社会矛盾，促进各类纠纷公允协商解决和定分止争。最后，中国律师事业坚持对外开放和构建人类命运共同体的理念，法律服务已经走出中国，迈向世界，为推动中国特色社会主义市场经济健康发展，推进全球治理模式创新，促进世界法治文明建设，贡献了中国律师群体的智慧与力量。衷心祝愿中国律师事业在中国式现代化进程中不断取得新成就！

中国人民大学法学院教授、博士生导师
中国人民大学法律职业研究所所长　　　龙翼飞

2024 年 8 月于北京

前　言

此时已是 2024 年 8 月，距离中国人民大学法学院法律职业研究所的成立暨首次研讨会已过去了将近 10 年。为了对改革开放以来中国律师事业的发展过程做一个记录，也为了能对新中国的法治建设做一点有益的事，在多位法律界前辈、老师、同事及朋友的鼓励下，我们决定开始研究和记录：改革开放以来中国律师事业的发展历程。

新中国成立后，废除了国民政府时期的法律和与律师有关的法规，并在 1954 年第一部《宪法》中对律师制度作了相应规定，初步形成了新中国律师制度。1957—1977 年间，新中国的律师制度受到冲击，基本处于停滞状态。1978 年以来，新中国真正现代意义上的律师制度逐步开始恢复、发展，并走向成熟。1980 年 8 月 26 日全国人大常委会通过了《中华人民共和国律师暂行条例》，并于 1982 年 1 月 1 日开始实施。1996 年 5 月 15 日全国人大常委会通过了《中华人民共和国律师法》，并于 1997 年 1 月 1 日正式实施。本书较为全面地收录了自 1978—2023 年间有代表性的律师大事记，希望能较全面地记载这段历史时期涉及中国律师事业全面发展的法律法规、重要文件和重大事件。

本人于 1982 年加入法律行业，当时的律师机构叫"法律顾问处"，律师的正式身份是"法律工作者"。到 1986 年才开始恢复律师考试制度，确定了只有接受过高等教育并通过正式的律师考试，才能取得律师资格。我有幸第一批通过考试取得了律师资格，并一直从事律师职业，我不仅亲身经历了自恢复律师制度后律师事业的起步、发展、改革和成熟；也见证了从业律师的兴奋、努力、辛勤、热忱和喜悦以及在发展中经历的困难、委屈、抗争、困惑和彷徨。我对律师职业充满着热爱和期望，希望我们国家逐步成为成熟的法治社会，用法治手段治理和管理各种社会事务。从事法律职业的法官、检察官、警官和律师都能遵从法治精神，遵守职业操守和道德，用个人和集体的职业行为服务国家、社会和人民。

我在律师行业几十年的从业经历，令我心潮澎湃且感慨万千……为了能帮助年轻律师了解新中国律师制度形成和发展的过程，为律师事业做一点记录和回忆，在 2014 年 5 月，经与中国人民大学教育发展基金会商定，由本人出资在法学院设立中国人民大学法律职业研究所。此事得到了中国人民大学原常务副校长王利明教授和原法学院院长韩大元教授、原副院长龙翼飞教授、丁相顺教授，及中国政法大学刘炫麟副教授的支持和帮助。2014 年 9 月 1 日，在中国人民大学明德法学楼举行了"法律职业研究所"揭牌仪式暨"当代中国律师制度研究开题论证会"，会议得到了周纳新副局长、霍宪丹院长、林嘉教授、刘桂明总编、许身健教授、李轩教授、吕芳教授、高通博士、郭辉博士、张琮军博士、齐梓伊女士、金园园女士、申欣旺先生等许多著名学者专家的支持，新中国律师事业发展的研究工作正式启动。

该项目启动时的最初设想是写一部关于改革开放近四十年来中国律师职业的发展过程，包括重大事件、优秀人物和律师管理等内容，并同时拍摄一部相应的纪录片。

刚开始是与法律出版社签约并实施，在采访了时任北京市司法局副局长周纳新女士和中华全国律师协会原会长于宁先生之后，由于多种原因的影响，采访和拍摄工作中止，后改为先撰写历史发展过程——中国律师大事记。在研究所既无专职人员，也无固定办公场所，且收集资料的工作开展十分困难的情况下，得到刘炫麟博士的鼎力支持和无私帮助。他带领黄健、张艺莲、崔美晨、曹欣昕等青年学子和几位律师、朋友用业余时间辛勤工作，历经近5年不懈的努力，终于在2019年初基本完成了全部资料的收集和整理工作，并希望能在2019年底前出版，以庆祝恢复中国律师制度四十年，作为献给中国律师界的一份礼物。但由于种种原因，本书在出版过程中遇到多重曲折，最终得到了中国政法大学出版社的支持和认可，经多方努力，签订了出版合同，开始了本书的编辑出版工作。趁此机会，创作团队又补充了2019—2023年近5年的中国律师大事记，内容更加完整，更具时效性。

在中国政法大学出版社编辑人员耐心细致地编校下，本书经过反复修改、编辑，时间又过了一年多，风雨过后终见彩虹！

回想近10年以来本书编写、出版的全过程，我百感交集！忽然想到了毛泽东主席的著名诗词《卜算子·咏梅》："风雨送春归，飞雪迎春到。已是悬崖百丈冰，犹有花枝俏。俏也不争春，只把春来报。待到山花烂漫时，她在丛中笑。"

蔡　岩

2024年8月于北京

目 录

1978 年

1. 被告人有权获得辩护

1978 年 3 月 5 日，全国人民代表大会第一次会议通过的《宪法》[①] 恢复了被告人获得辩护权制度，为遭受破坏的现代律师制度的重建及发展提供了基础。

"四人帮"被粉碎后，我国进入恢复重建社会主义法制的关键时期，在司法审判领域，尤其是在当时发挥重大作用的刑事诉讼领域，恢复律师制度的工作刻不容缓。

"辩论原则"被认为是律师制度产生的思想基础，[②] 被告人获得辩护权为律师执业提供了基本空间。该原则是传统刑事诉讼和现代刑事诉讼的分野。[③]

新中国成立后，被告人获得辩护权的历史可追溯至 1950 年颁布的《人民法庭组织通则》，该通则第 6 条规定："县（市）人民法庭及其分庭审判时，应保障被告有辩护及请人辩护的权利。"1954 年《宪法》第 76 条明文规定："被告人有权获得辩护。"

同年，北京、上海、天津、武汉、沈阳等城市开始试行律师制度。"文化大革命"对我国律师制度造成重创，我国现代律师制度亟待恢复。

---

① 为表述方便，本书中涉及的我国法律法规、部门规章直接使用简称，例如《中华人民共和国宪法》简称为《宪法》，全书统一，不再一一说明。

② 尹晓红："我国宪法中被追诉人获得辩护权之保障"，华东政法大学 2011 年博士学位论文。

③ 丘建东："略论一九八二年宪法与律师制度"，载《福建论坛（经济社会版）》1993 年第 3 期，第 52 页。

1978 年《宪法》在第 41 条第 3 款明确规定："人民法院审判案件，除法律规定的特别情况外，一律公开进行。被告人有权获得辩护。"该条重新确立了 1954 年《宪法》的公开审判制度和被告人辩护制度。1954 年颁布的《人民法院组织法》第 7 条更为明确地规定："被告人除自己行使辩护权外，可以委托律师为他辩护，可以由被告人的近亲属、监护人为他辩护。"

另外，值得注意的是，我国宪法对于被告人获得辩护权的立法效仿苏联，承袭了其"司法原则模式"，[1] 即被告人获得辩护权体现在《宪法》国家制度一章，而非公民基本权利章节中，由此造成被告人获得辩护权定性的争论。

当下多数学者认为，1978 年《宪法》将被告人获得辩护权规定于司法审判原则中，是基于法制恢复初期以司法审判顺利进行为第一要务的考量，当下法治中国的立法已转为权利本位，应将被告人获得辩护权看作是公民基本权利的内容。

2. 北京市决定恢复律师制度

1978 年年底，北京市召开司法工作会议，决定首先在全国恢复律师制度，开展律师业务。这项工作由北京市高级人民法院司法行政处统筹管理。

北京市高级人民法院副院长找到彼时正在崇文区劳动局专门从事安排知青回城工作的周纳新，希望她能承担恢复北京市律师制度的工作。

起初对于重回司法界工作，周纳新有些心灰意冷，在副院长坚持做了多次工作之后，她才又回到了法院，成为"文化大革命"后北京的第一名律师。

当时在北京市，律师是在法院的管理下工作的，律师办

---

[1]　蔡定剑：《宪法精解》，法律出版社 2006 年版，第 439 页。

公地点在法院，设备物资都归属于法院，律师人事档案由北京市高级人民法院司法行政处管理。

据周纳新本人回忆："当时我们在一个大的办公室，就是司法行政处，我们两个人（另一人是姜浩律师）就在靠墙角的小桌上工作，一人一小桌。这就是北京律师起家的地方。"

1978 年 12 月 12 日，北京市律师制度恢复后第一个有律师出庭辩护的刑事案件受到了世界的瞩目，《人民日报》整版刊登。虽然那只是一个入室盗窃的小案件，但却不影响它成为中国"文化大革命"后恢复律师制度，向世界宣告中国发展民主法治的标志性事件。

这个案件公开庭审，坐在旁听席的不是普通百姓，而是公检法机关的工作人员。他们来听审的目的一是了解、重新认识律师工作，了解律师工作对于民主法治建设的重大价值；二是学习规范的刑事诉讼程序，转变一直以来的"重实体、轻程序"的思维模式。

北京市律师制度的率先恢复既是全国律师制度恢复的有益尝试，也体现了我国改革开放后解放思想、发展民主法治的理念。

1979 年

1. 中国第一个律师组织在京成立

1979 年 3 月，北京市律师筹备委员会在北京成立，这是新中国成立后的第一个律师组织。该组织在成立之初只有 38 名律师，且工作内容仅限于传统的刑事辩护业务。因此，业界始终认为，"律师制度恢复重建从刑事辩护制度开始"。

1979 年 4 月 9 日，北京市律师协会经中共北京市委批准正式成立。①

1979 年 8 月 10 日，中共北京市委有关部门向中共北京市高级人民法院、中级人民法院委员会发出通知，开始组建律师队伍，并调配律师协会的相关工作人员。②

根据相关要求，被调进人员需具备一定的条件，即坚持中国共产党的领导，热爱本职工作，工作实事求是，敢于维护正义。

对拟调进人员，需要经过审查和面试，将愿意做律师工作的人员留在北京市法律顾问处筹备委员会；将愿意做司法行政工作的人员推荐到司法局筹备组工作。

《法学译丛》③ 在 1979 年 8 月至 10 月连续译转了多篇外国律师组织的评述文章，内容涉及律师组织的实质、组成状况和律师职业道德等问题，表明我国已开始针对律师组织进行全方位的研究与探讨，这对全社会认识律师组织这一团体也起到了积极作用。

2. 律师辩护制度在立法上得以确认

1979 年 6 月 18 日至 7 月 1 日，第五届全国人民代表大会第二次会议审议通过了《人民法院组织法》《刑事诉讼法》等七部重要法律，在立法上确认了律师辩护制度。

"文化大革命"结束后，以彭真为代表的一大批重返司法

---

① 方成志："北京市律师协会正式成立"，载《人民司法》1979 年第 5 期，第 19 页。

② 杜萌："从 3 到 21 000 北京律师 30 年变迁"，载《法制日报》2009 年 11 月 26 日，第 4 版。

③ 《法学研究资料》于 1962 年创刊，专事译介以苏联为主的外国法学，然刊行不久便夭折。1979 年复刊，易名为《法学译丛》，1993 年再度更名为《外国法译评》，2000 年最后定名为《环球法律评论》。

一线的老干部逐渐认识到，在一个没有建立起完善的法律框架的国家中，为被告人进行辩护是极其重要的。

没有律师的司法制度是不完善的司法制度，这在一定程度上已成为社会的共识。①在此背景下，以法律为基石的律师制度重建工作逐步得到落实。

《人民法院组织法》和《刑事诉讼法》均规定，被告人除自己行使辩护权外，还可以委托律师为其辩护。我国《刑事诉讼法》还进一步明确了律师的权利和职责，即律师有权查阅案件材料，了解案情，同在押的被告人会见和通信；律师应根据事实和法律，提出证明被告人无罪、罪轻或者减轻、免除其刑事责任的材料和意见，维护被告人的合法权益。

《刑事诉讼法》对律师辩护作出较为具体的规定，意味着我国的律师制度已初步恢复，这在微观层面和宏观层面均具有重要意义。一方面，在强大的国家机器面前，犯罪嫌疑人和被告人处于弱势地位，律师以其专业能力能够更为有效地保障其合法权益；另一方面，律师参与辩护能够增强证据收集的全面性，有利于揭示客观的事实真相，在一定程度上可以提高判决的可接受性，从整体上提高诉讼效率。

3. 律师制度恢复进入实施层面

1979 年 12 月 9 日，司法部发布了《关于恢复律师制度的通知》，恢复律师制度工作正式启动。

早在 1979 年 4 月，第五届全国人民代表大会常务委员会法制委员会已成立专门小组起草律师条例并形成征求意见稿。

彭真批示：北京、天津、上海和广州作为试点区可在全国人民代表大会公布条例之前提前开展工作。因此，一些地区已开始由法院出面建立律师制度，并展开律师协会及司法

① 王健："中国律师制度的变迁之路"，载《民主与法制》2008 年第 19 期，第 17 页。

局的工作。

1979年9月13日，第五届全国人民代表大会常务委员会第十一次会议决定，恢复设立司法部。

1979年10月31日，中央组织部在《关于迅速给各级司法部门配备干部的通知》中提出，律师是干部配备的重点之一，并且律师队伍须配备处级或科级干部。

1979年12月19日，司法部发出《司法部有关律师工作的通知》，明确规定："当前首要的是抓紧时间，先把大、中城市的法律顾问处建立起来，迅速开展工作。"[1] 至此，我国律师制度的恢复重建工作开始真正得到落实。

截至1979年年底，全国已经建立79个法律顾问处，共212名律师。以北京市为例，北京市法律顾问处是北京市律师协会成立后第一个恢复的律师集体工作机构。[2]

1979年11月至次年4月，北京市法律顾问处办理刑事辩护案件和民事代理案件共249件，解答法律咨询4047件，代写法律文书230件，处理人民来信3010件，应邀到厂矿、学校等基层单位进行法制宣传11次，与外国法律工作者进行了近20次座谈，接受2次外国驻京记者采访，[3] 为律师制度的恢复和快速发展作出了积极的努力，并取得了丰硕成果。

---

[1] 汪文庆、文世芳："新中国律师制度从建立、中断到恢复"，载《百年潮》2011年第2期，第60页。

[2] 曾淑芝："法律顾问处恢复活动"，载《今日中国（中文版）》1980年第C3期，第6页。

[3] 潘世照："北京市法律顾问处积极开展业务活动"，载《法学杂志》1980年第1期，第27页。

1980 年

1. 中国律师制度全面恢复

1980 年 8 月 26 日，第五届全国人民代表大会常务委员会第十五次会议通过了《律师暂行条例》，这是新中国第一部关于律师制度的法律。

《律师暂行条例》规定了律师的定位、任务、权利、活动原则、机构设置等内容，标志着我国律师制度的全面恢复。

《律师暂行条例》将律师定位为"国家的法律工作者"；在列举律师任务时，突出了"维护法律的正确实施，维护国家、集体的利益和公民的合法权益"的重要性；并将具有国家事业单位性质的法律顾问处规定为律师执行职务的工作机构。由此可见，《律师暂行条例》在中国律师制度的恢复和重建进程中发挥了至关重要的作用。

中华全国律师协会原副会长付洋同志曾言：可以说，没有《律师暂行条例》，就没有我国律师制度的重建和今天的发展成果，……一方面，制定《律师暂行条例》是对"文化大革命"……的历史教训的总结；另一方面，也是全面贯彻党的十一届三中全会精神，大力发展社会主义民主法制的需要。①

此后，在《律师暂行条例》颁布实施的十余年内，由于中国经济体制的改革和对外开放的深入，《律师暂行条例》的局限性与滞后性逐渐暴露，最终被《律师法》替代。

---

① 付洋："纪念《律师暂行条例》颁布 30 周年的意义"，载《民主与法制》2010 年第 19 期，第 15 页。

2. 律师的最初定位为"国家的法律工作者"

1980 年 8 月 26 日审议通过的《律师暂行条例》第 1 条明确规定："律师是国家的法律工作者。"

国家公职人员的定位首先与当时的社会主义意识形态密切相关，正如有的学者所言："中国律师不是，也不应当是资本主义国家那种自由主义者，也不像资本主义国家律师那样，只是从雇佣关系出发，为委托人谋利益，而是要站在无产阶级的立场上，从维护法律的正确实施出发，来维护当事人的合法权益。"[1]

此外，公职人员的定位还旨在迎合律师队伍构建的迫切需要，1980 年我国律师制度重建，由于此前经历了"反右运动"的严重冲击以及长达二十余年的空档期，[2] 在重建律师制度之初，很多人不愿加入律师队伍。

为了打消顾虑，吸收专业人才进入律师队伍，《律师暂行条例》将律师定位为"国家的法律工作者"，纳入司法行政编制，与法官、检察官等职业比肩。

"国家的法律工作者"的定位，在律师制度复建之初发挥了积极作用，但同时也忽视了律师为当事人提供法律服务的社会职能。

随着社会经济体制的变革与市场经济的飞速发展，《律师暂行条例》的这一定位，已经与律师事务所主体多样、法律服务需求激增产生了不可调和的矛盾；与此同时，还出现了服务职能欠缺、竞争失衡等重大问题。

---

[1] 李运昌："关于《中华人民共和国律师暂行条例（草案）》的说明"。转引自王进喜："中国律师法的演进及其未来"，载《西部法学评论》2008 年第 4 期，第 30 页。

[2] 参见王进喜："中国律师法的演进及其未来"，载《西部法学评论》2008 年第 4 期，第 30 页。

3. 林彪、江青反革命集团案公开审理

1980 年 11 月 20 日，在北京市正义路 1 号公安部礼堂，林彪、江青反革命集团案第一次公开开庭审理，这场"共和国大审判"吸引了全中国乃至全世界的目光。

特别法庭庭长江华和三位副庭长，以及特别检察厅厅长黄火青以及三位副厅长于法庭正中就座，审判席的两边分别是辩护人员席和书记员席。

"两案指导委员会审时度势，凭借《律师暂行条例》颁布施行的契机，决定公开审判中应有辩护律师参与。"① 因此，马克昌、张思之、甘雨霈等 9 名律师在辩护人员席就座，旨在维护被告人的合法权益。

庭审过程中，特别检察厅厅长黄火青首先宣读了两万余字的起诉书，罗列了林彪、江青反革命集团的四大罪状和四十八条罪行。

而后，特别法庭组织了法庭调查及法庭辩论，"根据法庭调查的情况，律师均向被告人提问，意在为后来的辩护发言打下基础。在辩论阶段，律师根据起诉书的指控和被告人的认罪态度为被告人作了辩护发言，有的律师还作了第二次发言"。② 就认罪态度较好的被告人，辩护律师提出了可以从轻处罚的辩护意见；就特别检察厅事实不清、证据不足的指控，辩护律师也抓准时机，作出了实质性辩护与反驳。

---

① 马克昌主编：《特别辩护——为林彪、江青反革命集团案主犯辩护纪实》，中国长安出版社 2007 年版，第 38 页。
② 马克昌："特别辩护回顾——为林彪、江青反革命集团案主犯辩护反思"，载《法治论丛》2006 年第 6 期，第 8 页。

4. 北京市律师协会筹备委员会设立第二法律顾问处

1980 年 8 月，北京市律师协会筹备委员会设立第二法律顾问处，由万敏律师担任顾问处主任。

1979 年 3 月，也就是在律师制度恢复之初，北京市高级人民法院提出《关于恢复北京市律师协会筹备委员会和北京市法律顾问处的请示报告》。

1979 年 12 月 1 日，北京市第一法律顾问处成立，由傅志人律师担任主任。

当时负责筹备北京市法律顾问处的周纳新律师回忆道："开始是我们两个人（另一人是姜浩律师），后来说要成立一个顾问处。可是，顾问处起码要有 10 名以上的律师。当时我负责筹备顾问处，律师主要有三部分，一部分是过去的老律师，还有一部分是法院的审判员、助审员，再有一部分就是学法律的大学生。""我们先成立一个法律顾问处，当时叫北京市法律顾问处，大部分都是办刑事案，也很忙……后来为了办案更专业一点，就分成了几个组，分成刑事组、民事组和经济组。刑事组就办刑事的，民事组就办民事的，经济组就办经济的。经济发展太快，需要律师太多，律师还是不够，那就成立法律顾问处，就是一处、二处和三处。一处刑事，二处民事，三处经济。"①

此后，全国各地陆续出现了 20 多家法律顾问处，全国有 200 多人陆续进入了这些机构，为公众提供法律服务。

---

① 庞九林："北京'第一律'讲述北京律师的改制故事（上）"，载 http://www.cqlsw.net/ business/culture/2015010915139.html，最后访问日期：2015 年 6 月 11 日。

1981 年

1. 林彪、江青反革命集团案宣判

1981 年 1 月 25 日上午 9 时，最高人民法院特别法庭庭长江华在北京市正义路 1 号宣布开庭。

出庭的辩护人有律师 9 人，分别是被告人姚文元的辩护人韩学章、张中律师，被告人陈伯达的辩护人甘雨霈、傅志人律师，被告人吴法宪的辩护人马克昌、周亨元律师，被告人李作鹏的辩护人张思之、苏惠渔律师，被告人江腾蛟的辩护人周奎正律师。被告人江腾蛟的辩护人王舜华律师，因病没有出庭。

经过特别法庭的审理和评议，依法对林彪、江青反革命集团案进行了宣判。至此，这场长达两个多月的"共和国大审判"画上句号。

2. 首批兼职律师诞生

1981 年，司法部批准了第一批中国兼职律师名单，颁发第一批兼职律师证。

兼职律师是指取得律师职业资格，持有执业证书，但不脱离原职工作岗位，按照规定的条件和程序兼做律师工作，在完成本职工作的前提下从事律师业务的律师。①

我国《律师暂行条例》第 10 条明文规定，"取得律师资格的人员不能脱离本职的，可以担任兼职律师。兼职律师所在单位应当给予支持。人民法院、人民检察院、人民公安机

---

① 徐国忠编著：《中国律师制度与务实》，同济大学出版社 2008 年版，第 37~38 页。

关的现职人员不得兼做律师工作"。

1981年7月7日，《司法部关于警校教员可否担任兼职律师的批复》指出，公安警察院校并不是实际执法机关，而是教学科研单位，其教师也不是实际执法人员，而是教学科研人员，为加强理论联系实际，提高教学质量，应当允许公安警察院校的教师担任兼职律师。

1981年9月14日，《司法部关于农民可否担任兼职律师的批复》指出，凡具备《律师暂行条例》第8条规定条件的农民，按第9条规定的手续取得律师资格后，可以担任兼职律师。

尽管上述两个批复后来被废止，但在当时允许一部分人员兼做律师工作，有效地弥补了当时专职律师数量不足的问题，[①] 后来一部分兼职律师要么转成专职律师，要么退出律师队伍或者基本上不涉及律师业务。

兼职律师在律师队伍中所占的比例将会越来越小，这与我国大力发展专职律师队伍这一制度改革总体规划是一脉相承的。

3. 上海律师开始为企业提供法律咨询服务

1981年8月4日起，上海律师开始为企业提供法律咨询服务，帮助企业在日常经营管理过程中更好地遵守法律，并在法律的约束与指引下更好地发展，实现企业自身的合法权益与经济效益。

1978年"文化大革命"结束后，中国高层领导人不仅将目光集中在政治问题上，而且还聚焦于中国的经济问题。

计划经济体制逐渐朝着市场经济体制发展，放权让利成为经济改革初期的重要思路。同年，邓小平同志明确指出：

---

① 谭世贵主编：《律师法学》，法律出版社2008年版，第38页。

今后国家和企业，企业和企业，企业和个人等关系，也要用法律的形式来确定；它们之间的矛盾，也有不少要通过法律来解决。

1979 年 5 月，国家经济贸易委员会、财政部等六家单位在北京、天津、上海选择了 8 家企业，作为扩大企业自主权的试点。随后，试点单位在上述城市逐渐增多，形成一定规模。

随着经济的快速发展，企业在管理、经营、发展等领域所面临的法律事务也日趋复杂，旨在依靠企业自身力量实现发展变革越发困难。

1980 年，邓小平同志进一步指出："要有懂法律的人，这种人要大量增加。各省、市都要建立经济法庭，还要有律师，律师起顾问作用，如如何订立合同。企业要请律师当顾问，律师队伍要扩大，不搞这个法制不行。"

我国《律师暂行条例》第 4 条明文规定，律师担任法律顾问的责任，是为聘请单位就业务上的法律问题提供意见，草拟、审查法律事务文书，代理参加诉讼、调解或者仲裁活动，维护聘请单位的合法权益。

实践证明，建立并推行企业中的律师法律顾问制度，有效提高了企业的生产经营决策水平，维护了企业的合法权益。[1]

---

① 徐国忠编著：《中国律师制度与务实》，同济大学出版社 2008 年版，第 226 页。

1982 年

1.《民事诉讼法（试行）》通过

1982 年 3 月 8 日，第五届全国人民代表大会常务委员会第二十二次会议通过了《民事诉讼法（试行）》，同年 10 月 1 日起试行。

1982 年《民事诉讼法（试行）》是我国第一部民事诉讼法典，其第 50 条、第 51 条、第 53 条和第 191 条规定了委托律师的相关内容。

第 50 条规定："当事人、法定代表人、法定代理人，都可以委托一至二人代为诉讼。当事人的近亲属，律师、社会团体和当事人所在单位推荐的人，以及经人民法院许可的其他公民，都可以被委托为诉讼代理人。"此规定打破了之前委托律师仅限于刑事诉讼领域的僵局，将委托律师的范围扩大至民事诉讼领域，表明随着社会的发展与进步，律师提供法律服务的多样化与专门化趋势。

第 53 条规定："代理诉讼的律师，可以依照有关规定查阅本案有关材料，但是对涉及国家机密或者个人隐私的材料，必须对当事人和其他人保密。经人民法院许可，其他诉讼代理人可以查阅本案庭审材料，但是涉及国家机密或者个人隐私的材料除外。"本条赋予了律师查阅案卷的权利。

第 51 条规定："委托他人代为诉讼，必须向人民法院提交由委托人签名或者盖章的授权委托书。授权委托书必须记明委托事项和权限。诉讼代理人代为承认、放弃或者变更诉讼请求，进行和解，提起反诉或者上诉，必须有被代理人的特别授权。侨居在国外的中国公民委托代理人的授权委托书，必须经我国驻该国的使、领馆证明，没有使、领馆的，由爱国的华侨团体证明。"第191条规定："外国人、无国籍人、外国企业和组织在人民法院起诉、应诉，委托律师代理诉讼的，必须委托中华人民共和国的律师。不在中华人民共和国领域内居住的外国人、无国籍人，寄给中国律师或者中国公民的授权委托书，必须经所在国公证机关证明，并经我国驻该国使、领馆认证，才具有效力。"这两条均涉及我国司法主权的维护，亦是基于国际惯例的考虑。

律师作为国家法律的维护者和宣传者，一切业务活动都必须遵守宪法和法律的规定，维护国家、集体和人民的合法权益。1982年《民事诉讼法（试行）》使得中国律师在民事案件的代理活动中有章可循、有法可依。同时，本法对于提高我国律师的业务水平、做好民事代理和其他业务工作也至关重要。

2. 宪法修改草案通过

1982年11月26日至12月10日，第五届全国人民代表大会第五次会议于北京召开，这次会议的主要议题是审议中华人民共和国宪法修改草案。1982年《宪法》对公民的各项权利和自由作出了广泛而充分的规定。

同时，按照权利和义务相适应的原则，1982年《宪法》对公民应当履行的义务也作出了明确的规定。将"公民的基本权利和义务"一章移到"国家机构"一章之前，表明我国对保障公民享有宪法规定的公民权利的高度重视。

律师作为维护公民权利有效实现的法律服务人员，在个案中扮演着关键角色，也将在依法治国、依宪治国、法治社会构建的过程中发挥越来越重要的作用。

1982年《宪法》为律师全面、适当地维护当事人的基本权利不受侵害奠定了基石，也为律师制度的发展提供了基础性条件。

1983 年

1. 首家律师事务所成立

1983 年 7 月 15 日，深圳市蛇口律师事务所成立，这是新中国成立后首家以律师事务所挂牌的律师机构。

时间回溯到 1979 年，蛇口区凭借毗邻我国香港地区、劳动力和土地价格低廉的区位优势，入选为首批对外开放的特区城市。

这一块小小的"试验田"，迅速吸引了外商的兴趣，至 1982 年 6 月聚集在蛇口区的投资外商就达到了 31 家之多。[①]

当时我国内地律师行业尚处于"文化大革命"后的恢复阶段，三资企业投资者更青睐于将投资协议书、投资章程的起草，房产买卖，银行按揭等业务交由与蛇口区仅一水之隔的我国香港地区律师事务所办理。

为了给投资者创造更好的法律环境、稳定投资者信心，法律服务机构改革工作迫在眉睫。

时任广东省司法厅副厅长的薛宝华及香港地区招商局的老干部郭玉骏，找到具有律师执照的姚峰，提出创办蛇口律师事务所的主张。[②] 深圳市司法局负责人周绪林、蛇口工业区人事处吴念祖等人为筹建工作提供了积极有力的支持。仅一周后，司法部部长刘复之就同意广东省司法厅成立深圳市蛇

[①] 陈球、刘洪群、傅璟："当年蛇口首宗律师费 15 元"，载《南方日报》2008 年 12 月 19 日，第 A18 版。

[②] 陈球、刘洪群、傅璟："当年蛇口首宗律师费 15 元"，载《南方日报》2008 年 12 月 19 日，第 A18 版。

口律师事务所。[①]

1983 年 7 月 15 日，在蛇口工业区海景广场大门右侧靠海边的一栋面积为 100 多平方米的黄色旧房内，蛇口律师事务所正式挂牌成立。

当时的蛇口律师事务所是一家国资所，人事、物资由国家统一调配，律师事务所收入全额上缴蛇口工业区财务处。开业之初，蛇口律师事务所有四个人担任不同职务，但律师仅有姚峰一人，[②] 他当时的工资是每月 130 多元，另外还有不定期的业务嘉奖奖金。[③]

为了提高客户对律师事务所的认可度，姚峰辞掉了他在蛇口工业区房地产公司物业产权登记处的工作，成为专职律师。

此外，他还大胆创新，为我国香港地区商人熊瑞昌出租一套公寓提供律师见证，这是律师事务所开业以来的首单业务，并收取了 15 元钱的律师费。

蛇口律师事务所并未止步于此，又开创了律师事务所从事当时尚无法明文规定的非诉代理业务之先河。

1983 年 7 月至 1986 年 3 月，蛇口律师事务所承办的律师非诉代理业务有起草审查合同、参与项目谈判、见证合同签订、股权转让，其中房屋买卖合同等见证业务就有 1186 件。[④]

蛇口律师事务所的成立，在我国律师行业的发展史上是浓墨重彩的一笔。它是全国首家使用"律师事务所"代替"法

---

① 广东省司法厅设立蛇口律师事务所的批文是粤司〔1983〕25 号文，上面写着：报告收悉，根据司法部刘复之部长的意见，经我厅研究，同意成立"深圳市蛇口工业区律师事务所"。对外挂牌时，名称改为"深圳市蛇口律师事务所"，将"工业区"三个字去掉。

② 该律师事务所其余三个人及其职务分别为吴念祖担任主任，倪学林负责翻译，叶素君负责财务和文秘工作。

③ 蔡振东："三十年律所"，载《方圆律政》，http://www.fylz.com.cn/fylz/201409/201410/t20141008_1477011.shtml，最后访问日期：2015 年 6 月 20 日。

④ 蔡振东："三十年律所"，载《方圆律政》，http://www.fylz.com.cn/fylz/201409/201410/t20141008_1477011.shtml，最后访问日期：2015 年 6 月 20 日。

律顾问处"命名的律师执业机构，命名方式的改变一方面是为了与国际接轨，与我国香港、澳门地区律师执业机构命名习惯相匹配，另一方面是基于更易获得外商信任和理解的考量，同时凸显律师事务所提供法律服务的功能定位。

蛇口律师事务所是律师执业机构改革的标志，更重要的是，它作为开创律师见证业务、非诉代理业务的先行者，为律师执业机构的改革指引了一条新道路。

2. "严打"战役拉开帷幕

"严打"运动开始之初，全国许多地方突破了我国《宪法》和《刑事诉讼法》的规则，直接剥夺了被告人获得律师辩护的权利。即使在律师尚可为被告人提供辩护的地区，刑事辩护律师也常感心灰意冷。一方面，被告人担心请律师辩护会被法院认为是认罪态度不良，担心被加重处罚而不愿委托律师；另一方面，律师为被告人做无罪辩护时需承担被司法机关以挑战"司法权威"加诸莫须有罪名，甚至身陷囹圄的执业风险。

在办案模式上，按照程序正义理论，公检法三个机关分别承担不同的司法任务，应互相监督以提高办案质量，保障审判公平，减少冤假错案对公民权利的侵害。但在"严打"期间却有多地实行公检法三家党内联合办公制度——由党委政法委召集主持，公检法"三长"一起审阅案卷，统一掌握定性量刑原则，然后由各家依照法律程序办理，[①]这让律师的辩护意见难以被先入为主的法院采纳，面对强大的国家机器，他们难有立足之地。

时任中央政法委书记的陈丕显知道这一情况后，曾立即指示司法部门说，林彪、江青反革命集团案主犯还有律师为之辩护，重刑事案件被告人为什么没有律师为之辩护呢？这

---

① 刘傅海："改革开放之初的广东那场严打"，载《源流》2008 年第 11 期，第 70 页。

是不正常的现象，应当立即加以纠正。

根据陈丕显书记的指示，各级司法机关在一定程度上纠正了错误。[①] 但律师在辩护实务中仍存在多重阻碍，难有施展空间，这与"严打"时期"从快"打击犯罪的政策要求不无相关。

当时，许多地区都提出了"七天起诉十天判决"的要求，公检法机关立案、审查起诉、判决的时间远远短于 1979 年《刑事诉讼法》检察机关一个月内决定起诉、司法机关一个月内审判（重大案件均可延长半个月）的起诉、审判时间要求上限，甚至在有些地方出现了"白天公安调查取证，夜晚检察起诉，第二天早上法院宣判"的案例。[②] 在如此短暂的时间内，犯罪嫌疑人甚至没有时间委托律师，更遑论律师在开庭前完成依法查阅案卷、会见当事人、调查取证的基本准备工作，庭审辩护流于形式，甚至名存实亡。

对于杀人、强奸、抢劫、爆炸和其他严重危害社会公共安全应当判处死刑的罪犯，根据《关于迅速审判严重危害社会治安的犯罪分子的程序的决定》，在主要犯罪事实清楚，证据确凿，民愤极大的背景下，审判甚至可以不受《刑事诉讼法》关于起诉书副本送达被告人期限以及各项传票、通知书送达期限的限制。

3. 首家对外专业律师事务所成立

1983 年 10 月，全国首家对外专业律师事务所——深圳市对外经济律师事务所成立。

深圳市作为改革开放的前沿阵地，它临近我国港澳地区

---

① 马克昌："特别辩护回顾——为林彪、江青反革命集团案主犯辩护反思"，载《政法论丛》2006 年第 6 期，第 12 页。
② 胡华清："严打对案件量刑的影响研究——以湖南省东安县严打为视角"，湘潭大学 2006 年硕士学位论文。

的地理位置以及引入外资发展当地经济的特殊经济政策，使得当地法律服务多为涉外经济业务。其特点在于，一方面案件所依据的法律规范涉及国内法和国际私法、国际经济法，另一方面许多合同内容以外文为主要语言。这就要求代理律师需在完成合同文本翻译工作的基础上，再根据该案涉及的国际冲突法、外商国籍国法和我国法律规则相关内容予以处理。

为了克服法律及翻译人才短缺的客观现状，利用有限人才资源集约化工作，提高对外法律服务效率，同时实现培养涉外经济类法律事务专业人才的长远目标，深圳市乘借"新事新办、特事特办、立场不变、方法全新"的改革东风，又一次领先全国创设律师执业机构专业化分工的先例——设立全国首家专门从事对外经济业务的深圳市对外经济律师事务所。

该律师事务所的业务范围主要包括调解经济纠纷、参与中外企业合同谈判、审查修改三资企业合同、担任律师见证，协助外资银行完成对贷款企业或个人的资信调查、信用担保和贷款协议谈判工作，以及担任有涉外经济业务的中外企业的顾问。

实践证明，这一律师事务所的设立极具市场价值，成立仅一年共受理各项法律事务 800 多件，为中外合资企业、外商独资企业和中方企业及其他当事人挽回经济损失达 5000 万元；协助引进各项技术设备逾 1.1 亿元，成为解决特区经济法律事务的一个重要法律服务机构，为"深圳速度"提供了助力。

1984 年

1. 全国首家不要国家编制、自收自支的律师事务所成立

1984 年 1 月 2 日，全国首家不要国家编制、自收自支的律师事务所——深圳特区经济贸易律师事务所成立。

随着国家经济改革开放的逐渐深入，涉外法律事务越来越多，而当时专门处理涉外法律事务的律师事务所只有 1983 年成立的深圳市对外经济律师事务所。

为了打破"只此一家，别无分店"的局面，方便群众，提高律师服务质量，开展同行业竞争，避免出现同一纠纷的当事人要请同一家律师事务所的律师办理法律事务的现象，[①] 并改变当时律师制度中存在的诸如律师仍被定性为国家的法律工作者，其编制、待遇均纳入国家干部管理体系等与国家经济改革开放的形势及经济发展需求不相适应的陈规旧套，以段毅为首，包括徐建、王彦放、刘雪坛、梁赤、武为文在内的六名青年律师向广东省司法行政部门提出《关于请求组建新型律师事务所的报告》，立志在特区外引内联的开放型经济形态下探索一条开展律师工作的新路子，建立一套新型的律师服务模式。

该报告经广东省司法厅批准后，深圳特区经济贸易律师事务所于 1984 年 1 月 2 日正式挂牌执业。该所实行业务承包制、人员聘用制、领导选举制、工资浮动制的新型管理方式，[②]

---

① 金珍明："对外开放与特区的律师工作——深圳特区律师工作简介"，载《中国法学》1985 年第 3 期，第 34~35 页。

② 金珍明："对外开放与特区的律师工作——深圳特区律师工作简介"，载《中国法学》1985 年第 3 期，第 35 页。

贯彻了自愿组合、自收自支、自负盈亏的办所原则，推动了早期律师体制的改革。

2.《兼职律师和特邀律师管理办法（试行）》颁布

1984年10月7日，司法部发布并实施了《兼职律师和特邀律师管理办法（试行）》。

该办法规定，兼职律师、特邀律师是国家律师队伍的一部分，其任务是为国家机关、社会团体、企事业单位和其他经济组织以及公民提供法律帮助，以维护法律的正确实施，维护国家、集体的利益和公民的合法权益。

该办法明确了兼职律师和特邀律师的准入条件：符合《律师暂行条例》第8条规定，不能脱离本职工作的人员，由本人申请和所在单位同意，经省、自治区、直辖市司法厅（局）考核批准，并报司法部备案，可取得律师资格，担任兼职律师；符合上述规定的离休、退休人员，经省、自治区、直辖市司法厅（局）批准，并报司法部备案，可取得律师资格，担任特邀律师。

同时，该办法也禁止人民法院、人民检察院、人民公安机关的现职人员担任兼职律师。

关于兼职律师的管理，该办法规定，兼职律师、特邀律师应受其所在的法律顾问处（或律师事务所）的领导，并接受其指派，承办各项律师业务，省、自治区、直辖市司法厅（局）要依照实际情况规定兼职律师每年必须完成的最少工作量，对特邀律师可不规定工作量。

兼职律师、特邀律师依法执行职务，受国家法律保护。

兼职律师、特邀律师如违反职业道德、政纪、法纪，应分别给予批评教育，纪律处分，取消律师资格，直至追究法律责任。

3.司法部印发《关于加强和改革律师工作的意见》的通知

1984 年 10 月 8 日，司法部印发《关于加强和改革律师工作的意见》的通知，旨在使律师工作适应形势发展的需要，更好地为以经济建设为中心的社会主义现代化建设事业服务。

该意见包含以下六方面内容。

第一，通过多种途径发展律师队伍。如积极扩大专职律师队伍；大力发展兼职律师；从离休、退休的政法干部、教师等各类人员以及军队离休、退休干部中，聘请特邀律师；有条件的法律顾问处，可由司法行政机关商请当地劳动人事部门批拨合同工指标，用法律顾问处收入的留成经费雇请工作人员，做辅助性工作。

第二，采取多种办法增设法律机构。如县、市及市辖区可根据实际需要设立几个法律顾问处（或律师事务所），①在农村乡镇或区可以成立司法办公室、法律服务站等；可建立以特邀律师为主，有兼职律师参加并从社会上招聘一部分合同工做辅助性工作的法律顾问处或律师事务所；政法院、校、系和法学研究单位，可以建立面向社会的法律服务机构等。

第三，改革法律顾问处的经费管理办法。凡法律顾问处的收入大于支出的，可实行"自收自支，结余留用或分成"的办法；法律顾问处的收支应单独核算，有条件的在银行单列账户，条件不具备的，仍由司法局代理财务，但要分开列账。

第四，加强律师队伍自身建设。采取多种形式培训律师工作人员，提高他们的政治、业务素质，特别是提高办理经

---

① 在该意见出台之前，各县、市及市辖区只设了一个法律顾问处或律师事务所。

济法律事务的能力；全面落实知识分子政策，律师享有与知识分子同样的待遇；改革律师考核审批办法，实行全国范围内的统考，由司法部统一命题。

第五，司法行政机关应改进和加强对法律顾问处的领导和监督，加强律师人员的政治思想工作和业务培训，审查法律顾问处的年度计划、财务预决算、重要活动方案等。

第六，建立、健全省、自治区、直辖市的律师协会。尚未建立律师协会的省、自治区（除西藏外）、直辖市，应于两年内建立起来，并配备精干的专职工作人员，与司法厅（局）的律师管理处合署办公。

4. 台安律师被捕事件引全国关注

1984年10月15日，辽宁省台安县法律顾问处两位律师王力成和王志双被检察机关以涉嫌"包庇罪"逮捕。

1983年11月20日，台安县机械厂轧钢分厂女工赵某凤服毒身亡。3天后，轧钢分厂厂长徐某被拘留，旋即以"强奸致死人命罪"[1]被捕。

1984年5月21日，鞍山市中级人民法院开庭审理徐某一案。台安县法律顾问处接受被告人委托，指派律师王力成、王志双为被告人辩护。

经法律顾问处集体研究决定，为被告徐某作无罪辩护。鞍山市中级人民法院仍以强奸罪判处徐某死刑，剥夺其政治权利终身。

一审判决后，律师王力成、王志双接受被告请求，向辽

---

[1] 关于罪名，在王工主编的《中国律师涉案实录》一书中收录的《台安三律师案》以及张思之的《何故捕我律师——为"台安律师包庇案"辩诬》两篇文章中都提到人民法院以强奸罪判处徐某死刑；在该书收录的当时《人民日报》刊载的两篇文章中分别称该案为"强奸致死人命案"以及徐某以"强奸致死人命罪"被捕。

宁省高级人民法院递交了上诉状及补充材料，最终二审法院驳回上诉，维持原判，徐某于判决后的第四天被处决。①

当时强调律师在严打期间，不准为不认罪的被告人辩护。王力成、王志双两位律师在法庭上的辩护意见，致使审判人员和公诉人十分尴尬。

1984 年 10 月 15 日，王力成、王志双被鞍山市人民检察院逮捕，理由是徐某案卷宗丢失。检察院对台安县法律顾问处进行搜查，发现并未丢失，明知控告失实，却仍利用在押犯带有泄私愤成分的检举，以包庇罪将两位律师和台安县法律顾问处主任王百义先后逮捕。全国律师界一片哗然，引起了高层关注。

经彭真委员长批示，全国人民代表大会常委会、最高人民法院、最高人民检察院和司法部派出联合调查组，在辽宁省人大、省委政法委联合调查组的配合下，进行了全面复查，确认这是一起错案，应予纠正。②此案在维护中国律师权益史上具有重要的历史意义。

---

① 周长新、吴恒权："一次很有价值的较量——全国人大常委会监督检察机关纠正三律师错案纪实"，载《人民日报》1989 年 4 月 21 日，第 5 版。
② 1985 年 7 月 4 日，鞍山市人民检察对王力成、王百义两位律师撤诉，宣告释放；对律师王志双免予起诉。4 个月后，最高人民检察院又向中央政法委员会提交了一份复查报告，断言"包庇案从总体看是成立的"。1987 年鞍山市人民检察院根据上述意见，第二次将王力成律师逮捕。经舆论呼吁，彭真、万里、习仲勋等全国人民代表大会常委会的领导同志多次过问此案。在全国人民代表大会常委会和最高人民检察院的监督下，1988 年 12 月 17 日，鞍山市人民检察院副检察长张喜文来到台安县向王力成宣读鞍山市人民检察院"撤销免予起诉决定书"，并在平反大会上向三位律师和其他当事人表示道歉。

1985 年

1. 中国法律事务中心成立

1985 年 2 月，中国法律事务中心由司法部批准设立，作为司局级单位由司法部直接进行管理，[①] 任继圣任中国法律事务中心负责人，之后任国钧、段正坤、高宗泽等曾先后担任中心主任或副主任。

中国法律事务中心成立后，为所承接的客户提供了全面优质高效的法律服务，基于当时以经济建设为中心的时代背景，尤其在经济事务领域发挥了更为重要的作用。具体表现为：包括项目法律解释、可行性分析和风险评估在内的法律意见的提供，非诉讼事务的处理，代表企业参加业务谈判，解决经济纠纷维护客户合法权益以及草拟和审查经济法律事务文书等。

此外，随着我国对外开放政策的逐渐深入和法制建设的不断完善，律师越来越多地参与涉外经济事务，并通过切实的努力维护了委托者的合法权益，逐步消除了一些外国客户因中国律师是国家法律工作者而产生的对中国律师能否真正提供法律帮助的顾虑，赢得了外国客户的信赖。先后有英国、日本、法国、德国、荷兰、挪威、瑞士、美国、加拿大、澳大利亚、印度等国的客户聘请中国律师为其提供法律帮助，并同中国律师建立了友好的关系。[②]

---

① 1995 年 8 月，中国法律事务中心改制转变为合伙制，同时更名为众鑫律师事务所，人员多由原中国法律事务中心律师组成，仍由司法部直接监督管理。2001 年 7 月，转由北京市司法局管理，更名为北京市众鑫律师事务所。
② 杜国兴："中国法律制度和律师制度如何为涉外经济服务"，载《瞭望》1985 年第 48 期，第 15 页。

2. 中央书记处会议同意成立中华全国律师协会

1985 年 7 月 25 日，中央书记处第 221 次会议决定，"同意成立全国律师协会，在司法部领导下进行工作"。

律师协会是监督和指导律师工作的组织，肩负维护律师合法权益的职责。

早在同年 3 月，全球华人联合会执行主席杨鹤楼[①]便指出："目前只有省级律师协会，而无中央的律师总协会。一个地区的各县市有很多法律顾问处，这些众多律师应组成地区律师分会，这个分会是省律师协会的下属组织，在全国应有中华全国律师协会总协会，是省律师协会的上级组织。"[②]

1985 年 4 月 22 日，北京市司法局发布了关于经司法部批准成立的专业性法律顾问处（律师事务所）的律师可以加入当地律师协会为会员的函，具体内容为：凡经司法部批准成立的专业性法律顾问处（律师事务所）的律师可以加入当地律师协会成为会员。

据此，中国环球律师事务所、中国国际经济咨询公司法律顾问处、中国法律事务中心、华联经济律师事务所四个单位的律师，根据自愿原则可以加入北京市律师协会成为会员。这为次年中华全国律师协会的正式成立以及全国第一次律师代表大会的召开奠定了基础。

---

① 杨鹤楼，中国"文化大革命"后第一批律师之一，是中国新《刑法》《刑事诉讼法》实施后第一批登上律师舞台的执业律师，也是中国律师队伍中唯一被授予移民律师业务资格的律师。

② 杨鹤楼："改革我国律师制度之我见"，载《现代法学》1985 年第 1 期，第 81 页。

1986 年

1. 中华全国律师代表大会胜利召开

1986 年 7 月 5 日至 7 月 7 日，中华全国律师代表大会在北京召开。

参加这次大会的有各省、自治区、直辖市的律师代表 159 人，列席代表 86 人，中央各有关部门和新闻单位应邀出席的代表 34 人，共计 279 人。

这是我国律师界一次空前的盛会。会上，乔石同志发表了重要讲话，他充分肯定了律师在社会主义现代化建设中的重要地位及作用，突出了律师制度和律师工作的重要性。乔石同志还进一步指出，律师制度的建设必须符合中国的国情，具有中国特色社会主义法制特色。作为此次会议的重大成果，中华全国律师协会成立。

经充分酝酿与协商，与会代表选举产生了全国律师协会的领导机构，由时任司法部部长邹瑜同志担任协会会长。

中华全国律师协会的主要职责是：对会员进行思想政治教育和职业道德教育；组织开展律师业务研究活动；举办律师报刊；支持律师依法履行职责，维护会员的合法权益；为会员提供业务信息资料和咨询服务；向有关部门反映关于法制建设的有关问题及意见；举办会员的福利事业；协调省、自治区、直辖市律师协会之间的工作；开展与国外律师及律师团体的交往活动。①

---

① 参见郭阳："中华全国律师协会在北京正式成立"，载《中国法学》1986 年第 5 期，第 64 页。

2. 全国首届律师资格统一考试开考

1986 年 9 月，全国首届律师资格统一考试在司法部的组织下顺利开考。

根据《律师暂行条例》的规定，在实行全国统一考试之前，律师资格一般是在满足一定条件下由省、自治区、直辖市司法厅（局）直接授予的。

全国首届律师资格统一考试改变了律师的选拔方式，推动了律师制度的变革与发展。

不少全国首届律师资格统一考试的考生曾直言，对考试获取律师资格的改革，当时有些想不通，甚至有些抵触。①

在此后的十余年里，我国共举办了 12 次全国律师资格统一考试。

全国首届律师资格统一考试共 269 题，其中填空题 66 道，判断题 64 道，选择题 95 道，简答题 23 道，案例题 15 道，实务题 6 道。

据专门研究律考制度的学者所言，全国首届律师资格统一考试具有试题知识面广、重点突出，能够较好地测试出应试者的实际水平，法律条文知识与实践搭配得当等优点；但同时也存在个别考题表述不当、填空题型所占比例过高、法律文书考查欠缺等不足。②

有学者指出，我国实施律师资格统一考试制度具有重大意义，如有利于加强社会主义民主法制建设，从质量上把住律师的"进口"，为律师事业输送和储备大批专业人才，有利

---

① 例如，通过全国首届统一律师资格考试的尤玉凯律师曾有过类似抵触情绪。参见刘鉴、王为民、刘秋惠："律考 一起走过的日子"，载《法学天地》2001 年第 9 期，第 5 页。

② 参见汤忠赞："全国律师资格统考试题结构及卷面分析"，载《法学》1987 年第 4 期，第 51 页。

于在公民中开展大范围、深层次的法制宣传教育，并有利于对外树立良好的法制建设国际形象。[1]自 1986 年全国首届律师资格统一考试开考至 2001 年，我国有近 13 万人通过考试。[2]

1987 年

1. 震惊全国的大兴安岭火灾案

1987 年 5 月 6 日至 6 月 2 日，在黑龙江省大兴安岭地区发生了新中国成立以来最严重的一次森林火灾。该大火烧毁了 100 万公顷森林，造成 226 人受伤，193 人死亡，56 092 人无家可归。图强林业局局长庄学义涉嫌玩忽职守罪被检察机关立案侦查。

检察院指控庄学义，"在大火即将吞噬育英的严重时刻，除到林场办公室外，既没有用电话与当地其余三个科级单位联系，也没有亲自去各单位组织部署抢险救灾，而是匆忙返回图强。见育英地区防火总指挥曾凡金脱离指挥岗位，骑摩托车驮人向图强方向逃走时，理应制止，令其返回育英组织指挥群众疏散与抢险，而其相反，却令曾凡金快去林业局找迟书记报告火情。由于庄学义上述失职行为，致使育英地区

---

① 参见沈红卫："论我国律师资格考试制度"，载《河北法学》2000 年第 1 期，第 81 页。

② 随着司法职业资格准入制度的发展，我国于 2001 年 7 月 5 日宣布实行统一的司法考试制度，至此律师资格统一考试制度终结。另据媒体报道，2015 年我国正研究将国家统一司法考试改为国家统一法律职业资格考试。参见"政法委：司法考试制度或改为法律职业资格考试制度"，载 http://kb.southcn.com/conten/2015-01/21/content_116829552.htm，最后访问日期：2015 年 7 月 3 日。

职工群众在火灾中失去组织领导，导致无人指挥群众抢险和疏散，损失惨重"。这一指控在图强林业局职工、群众中引发热议。

曾经跟随庄学义在 5 月 7 日晚奋力扑火的图强林业局职工医院的副院长张志凤，在 1987 年 8 月下旬回乡探亲的过程中，带着庄学义写给张思之律师的一封亲笔信找到张思之律师。张思之律师在看过庄学义的信之后，毅然决定接受庄学义的辩护请求。

在法庭上，张思之为庄学义作了无罪辩护，针对检察院的起诉书主要提出了五条辩护意见：（1）庄学义到达育英林场时，贮木厂连同贮木厂办公室都已被大火吞噬，真正面临被吞噬威胁的正是图强林业局本部；（2）庄学义当时通报了火情，提出了措施，驱车继续查看火情，三个行为无可指责，而且一路疏散人员，不属于离开育英林场；（3）庄学义简单地让曾凡金广播喊话通知群众疏散，正说明庄学义作为指挥员的果断与高效；（4）庄学义没有亲自去各单位部署抢险救灾不成立，驱车前往，算不算"亲自"？综合厂是不是"单位"？观察火情是不是为了"部署抢险"？（5）庄学义命令曾凡金驾轻骑急速奔向图强直接报警，使图强 1.5 万人有所准备，正是积极的救火行为。①

据张思之律师本人回忆："那是在一个大的电影院，人山人海的，庭审时我的辩护词让大家不断地鼓掌……"

本案的另一名辩护人池英花律师则回忆道，"这一辈子，我再也没经历过这种场面，当时心中的那种使命感和责任感，真正让我觉得自己是人民的律师。这么多人为嫌犯鸣不平，从另一个角度证明检方的指控有问题，何况，嫌犯请律师的费用，都是几十个老百姓凑出来的"。

① 陈磊："庄学义 被大兴安岭火灾改变的人生"，载《南方人物周刊》2008 年第 7 期，第 25~26 页。

然而，由于受到各种因素的影响，大兴安岭地区中级人民法院仍作出了判处庄学义有期徒刑三年的判决。庄学义不服，提出上诉，但被二审法院驳回，维持原判。

2004年4月26日，黑龙江省高级人民法院再审后认为，庄学义的一系列行为是其履行职责的行为，未违背有关规定，因为图强林业局比育英林场更重要。其返回后即安排抢险工作，并亲自组织疏散群众也说明其在认真履行职责，并无不履行职责的行为。育英林场因森林大火造成的巨大经济损失与庄学义的行为无法律上的必然因果关系，有证据证明这场森林大火应属不可抗力。据此判决：庄学义的行为不构成玩忽职守罪，宣告庄学义无罪。

2. 中国法律服务（香港）有限公司在我国香港地区注册成立

1987年12月15日，中国法律服务（香港）有限公司经我国司法部批准，在我国香港地区注册设立，成为中国法律服务对外交流与合作的窗口。

该公司的宗旨是维护中外客户尤其是我国港、澳、台地区同胞的合法权益而提供优质、高效的中国法律服务；为设立在各国、各地区的法人和经济组织及个人提供有关中国法律服务协助，以切实保护和保障客户的合法权益。

公司业务范围涵盖国际经济贸易、外商投资、中外合资与合作、证券交易、公司上市、股份转让、房地产投资与交易、银行金融、外汇管理、财政税收、保险赔偿、国际经济技术转让、知识产权保护、海事及商事法律事务等。

公司成立之初，有一批志在法律服务事业的专职律师：由经济法律和知识产权专家柳谷书担任公司董事长，由毕业于外交学院（法律与外交专业）的肖永真担任公司副董事长，由福建对外经济律师事务所主任庄仲希律师担任总经理，由毕业于中国人民大学法律系的徐建律师担任公司董事兼副总经理，由在纽约谢尔曼和斯特灵（Shearman & Sterling）律师事务所工作的齐瑞清律师担任公司高级顾问。①

根据任继圣律师的回忆，"当年，出于对外改革开放、经济发展的需要，需要这样的机构进行一些对外联系。比如，外国人来中国投资，他会考虑到政治风险、经济风险、法律风险，因此，每一个项目都会有大量的外国律师过来了解相关情况。而这个机构的作用就类似于一个中转站，接待外国律师，介绍中方项目的情况，联络双方"。

1988 年

1. 我国首家合伙制律师事务所成立

1988 年 5 月 4 日，我国首家合伙制律师事务所段武刘律师事务所在深圳市挂牌成立，成为我国合伙制律师事务所的滥觞。

我国的律师制度恢复肇始于 1978 年，经历十年发展，无论是律师人才数量，还是业务范围，抑或业务分工，均取得了长足进步。但随着改革开放的深入，将律师定位为国家工作人员、由国家举办律师事务所已经不适应时代的发展需求，一系列问题开始暴露。国办所存在的主要问题有：一是律师事务所发展受到国家编制和经费限制，已落后于社会的客观

---

① 《中国法律》编辑部："中国法律服务（香港）有限公司"，载《中国法律》1994 年创刊号，第 79~80 页。

需求；二是律师的工资均等，不能反映其劳动效率，律师工作缺乏积极性；三是司法部门对律师事务所行政化的管理方式，管得过细，统得过严，有悖于律师为社会和人民群众服务的本质属性。对律师事务所体制改革的呼声在学界和实务界已达成共识。另外，全国律师资格统一考试（1986年开始）以及律师资格和职务分离制度（1988年）的实行，也为律师行业体制改革创造了必要条件，律师行业体制改革的帷幕便从司法部选择的深圳市和海南省两个地区试办两家个体律师事务所拉开。

在深圳市，段毅、武伟文、刘雪坛三位青年律师因时制宜，于1988年"五四"青年节这天，合三人姓氏为律师事务所名称，开办了段武刘律师事务所，成为全国首家合伙制律师事务所。该所的成立轰动一时，世界七大通讯社都发表了相关消息。①

该律师事务所的合伙人段毅和刘雪坛是中国人民大学法律系同学，他们于1984年从北京调入深圳市司法局，并在那里结识了从湛江地区法律顾问处调来的武伟文律师，三人当年一同被调入深圳特区经济贸易律师事务所。三位青年律师在这里感受到律师事务所实行业务承包、自负盈亏经营模式的先进性以及创造的丰厚收益，因而他们对律师体制进一步深化改革满怀憧憬。

1988年2月25日，他们向深圳市司法局提交了退职申请报告，报告内容为"段毅、武伟文、刘雪坛三人拟合伙开办民事律师事务所，合伙人不再占有国家编制而成为社会的法律工作者，为此我们三人正式提出退职申请，请准予办理退职手续"。他们的请求很快得到批准，三个曾经是国家干部的律师从此"下海"。

---

① 焦守林："1988年，三律师请辞国家干部"，载《晶报》2010年4月24日，第A12版。

时任深圳市司法局副局长的徐健对段武刘律师事务所寄予厚望，他曾说："这家律师事务所的成败将影响我国 3 万多名律师的改革前途。"亦有部分同行觉得这个新兴的私人律师事务所的发展前途未卜，当时《深圳特区报》的报道里曾有这样一段话，"几名上了

▲ 段毅、武伟文、刘雪坛三位律师的辞职报告

年纪的律师对记者表示，成立私人律师事务所，是改革的大胆尝试，但能否成功现在还很难说，不敢作过高评价"。[①] 合伙人之一的刘雪坛律师曾回忆了其中的一个细节：段毅律师和武伟文律师是当时内地律师界最早拿"大哥大"的。由此可以看出该律师事务所的发展势头强劲。

段武刘律师事务所的经营成功与该所经营高度自主化以及在管理上采取的人员聘任制、业务承包制、领导选举制、工资浮动制等一系列新型方式极具关系，此外，该所律师非国家干部的身份，也更易获得外资商人与私营经济中的个体户的信任，许多外地客户甚至慕名前来。

基于历史原因这家私人合伙制律师事务所的存在时间并不长，但从历史的角度来看，它的成立打破了我国单一制的律师事务所组织形式，律师身份也不再只有国家的法律工作

---

① 焦守林："1988 年，三律师请辞国家干部"，载《晶报》2010 年 4 月 24 日，第 A12 版。

者这一种。事实上，合伙制律师事务所在 20 世纪 90 年代后期成为我国最主要的律师事务所组织形式。三位律师"筚路蓝缕，以启山林"的改革精神也成为我国律师行业革故鼎新的精神财富。

2.《合作制律师事务所试点方案》颁布

1988 年 6 月 3 日，司法部下发《合作制律师事务所试点方案》作为各地改革律师体制的参考，正式以法律文件的形式确立了改变国家包办律师事务所，建立合作制律师事务所的改革方向。

随着改革开放的深入，1979 年建立的律师体制难以满足我国商品经济社会新秩序的法律服务需求，其中一个尤为突出的现象便是律师数量严重不足。资料显示，1988 年我国有律师 2.7 万人，每 3.7 万人才有一名律师，人均律师拥有量严重不足，在我国法院每年审理的近百万件民事案件中，有 90% 左右的案件没有律师代理，70% 的刑事案件的当事人请不到律师辩护。[①] 为此我国一直在探索改革方式，包括发展兼职律师和特邀律师来弥补专职律师队伍不足等弱势，改革经费管理方式，[②] 并开始开展合作制律师事务所和私人合伙律师事务所试点工作，直至《合作制律师事务所试点方案》的出台，变国办所为合作制律师事务所的改革方向才得以确立。

《合作制律师事务所试点方案》由总则、设立、组织形式、财务制度和附则五章组成，明确了合作制律师事务所的性质、设立条件、组织管理方式及财务制度等内容。根据该方案规

---

① 周长新："酝酿中的律师体制改革——访司法部部长蔡诚"，载《瞭望周刊》1988 年第 41 期，第 10 页。

② 律师事务所经费管理方式采取由"全额管理、差额补助"改为实行"自收自支"的办法，所谓"自收自支"是指除律师事务所的基建、医疗、离退休费用由国家包办外，其他支出均由其自己负担。

定,所谓合作制律师事务所,是由律师人员采用合作形式组成,为国家机关、社会组织和公民提供法律服务的社会主义性质的事业法人组织,是社会主义劳动群众集体所有制经济实体。

合作制律师事务所的主要特点有三项:第一,合作制律师事务所的设立以律师自愿结合为原则,由司法部门批准成立,一改以往由上级主管部门组建设立的传统方式;第二,在组织形式上,律师事务所人员脱离公职,不再是占编制的国家的法律工作者(试点阶段律师停薪留职两年),律师事务所自主聘请合同制律师,自主经营、自负盈亏,重大事项由律师会议民主决定,工资按劳分配,由此解决了我国律师数量不足而许多法学教师、法科毕业生又难以加入律师队伍的矛盾,律师工作的积极性也因收入分配制度的改革而大幅提高;第三,司法部门对律师事务所的管理也不再是垂直管理,将管理经营权下放给律师事务所,仅在律师事务所设立、撤销,工作人员准入等事项上监督考核。

各地在司法部《合作制律师事务所试点方案》的统一指导下,根据地区特点,发布更为具体的改革方案,如天津市的律师事务所体制改革方案就具体提出了律师事务所改制的四种形式,即新设合作制律师事务所、法律顾问处(所)全处转为合作制处(所)、律师顾问处全员承包制和法律顾问处(所)"一所两制"。

尽管合作制律师事务所仍未完全摆脱国有单位姓"社"不能姓"资"的思想桎梏,存在律师事务所解散后,所内律师仅能获得离职金,不能分割其共有财产,导致律师事务发展受限等多种弊病,但这种折中形式在我国律师体制发展过程中起到了承上启下的重要作用。它实现了律师人才队伍的扩充,在律师行业引入竞争机制,加速了律师行业社会化、民主化进程,为当今更为常见的合伙制律师事务所的设立铺架了桥梁。

3. 我国首个以个人姓名命名的律师事务所成立

1988 年 5 月 28 日，上海市外滩和平饭店，这栋接待过中外名流，见证过中国近代以来百年历史兴衰的上海地标性建筑，迎来了我国司法界名人李国机律师，我国首家以个人名义开办的律师事务所也将在此挂牌营业。

这一年是我国律师体制改革集中试点的重要一年，各地为探索律师事务所社会化、民主化转型作出多种有益尝试。上海市司法局提出了创办以个人姓名命名的律师事务所的主张，李国机律师事务所应时而立。

为何选择李国机律师做这个律师事务所体制改革的领头人？这大抵同他丰富的人生阅历、优秀的办案能力和对律师行业深刻的认识密切相关。

李国机律师，1955 年毕业于同济大学法律系，1956 年被调入上海市第四法律顾问处，成为我国律师制度恢复后的第一批律师。1957 年李律师因代理"四明堂案"，在律师界声名大噪。随着反右运动向司法界蔓延，李国机律师未能幸免，迫于时局，他离开律师队伍长达二十年之久。直到 1979 年他才重新回到法庭辩护席上，任职于上海市第二法律顾问处。在这里他代理了多起引起全国关注的案件，如著名演员达式常被诽谤案、声频专家李宝善被诽谤案等，均以胜诉告终。从 1984 年起，他把工作重点转向研究经济法领域，并担任了数十家大型企业的法律顾问。[①]

重操律师旧业的李国机律师不仅于业务上日渐精进，同时对于律师行业的发展也有了更多制度层面的思考。特别是与我国香港地区同行的交流经历，对他触动很大，他感叹，"中国律师的发展仍处于'穷过渡'阶段"，"在人民心目中，律

[①] 陈毛弟："李国机律师事务所成立百日记"，载《瞭望周刊》1988 年第 41 期，第 13 页。

师的形象还没有树立起来……作为律师，有时候我愧对我的当事人"。

上海市司法局在成功完成国办所向合作制律师事务所转型试点后，又打算尝试以律师个人姓名做律师事务所招牌的新方案。上海市司法局几经筛选将目标确定为李国机，即将卸任的上海市司法局局长李庸夫再次找到他，[①]"命令"他 5 月 28 日务必以李国机律师事务所为名挂牌开业。李律师认为此时时机成熟，更为重要的是，他认为，律师能真正得到重视以及行业完善的关键在于行业制度的改革。[②]因此，他毅然扛起了律师事务所改制的大旗。

对于律师事务所的管理，李律师借鉴了我国香港地区的模式。人力资源方面，在李国机律师事务所任职的 8 名律师中，有 5 名具有本科学历，均具备良好的司法理论知识和实践经验。该律师事务所在经济上自负盈亏，因而全所实行主任责任制，各成员直接向主任负责，办案格外讲求效率与质量。李国机律师事务所营业时间也比较长，每日开业 12 小时且周日不休息。

凭借李国机律师的声名以及律师事务所高效的办案能力，该事务所开办 3 个月，仅晚上五点到八点以及星期日的来访人数就有近千人次，办理案件 10 多件，担任 118 家工矿企业的法律顾问，其中"三资"企业有 20 家。[③]

李国机律师作为一名律师，其出色的办案能力和强烈的

① 其实，据李国机夫人王佩珠女士回忆，早在 1983 年上海市司法局局长李庸夫就曾跟李国机谈过办私人律师事务所的事，但那时的政策尚未明朗，李国机律师并未答应。参见钱勤发："李国机律师所的成立"，载《新民晚报》2008 年 12 月 19 日，第 B05 版。
② 施滨海："律师的苦恼与制度的改革——与著名律师李国机对话录"，载《法学》1987 年第 1 期，第 36 页。
③ 陈毛弟："李国机律师事务所成立百日记"，载《瞭望周刊》1988 年第 41 期，第 13 页。

职业使命感让他成功创办了这家律师事务所，同时他的个人魅力也影响了许多优秀的法律界人士。

4. 我国首例"民告官"案件开庭审理

1988 年 8 月 25 日，浙江省温州市的灵溪电影院 1000 余个座位座无虚席，甚至有人做起了出卖座位票的生意。人们愿意"抢票进场"的原因是新中国成立后首起"民告官"案件将在这里公开庭审，一位作家用文学的语言把这桩官司形容为中国的"挑战者号"。①

这起案件源起于 1985 年 7 月，苍南县人民政府以该县舴艋镇 61 岁老汉包郑照所建房屋占用河道，影响防汛，多次劝说无效为由，组织了 300 余人将包郑照的房屋强行拆除。包郑照则认为他在建房前就办好了审批手续，不属于违建，他决定要用法律的手段维权。于是，将县政府告上了法庭。

然而这条诉讼之路却极为艰难，如同一杯苦酒。包家人在房屋被拆 11 天后就写好了诉状，但县、市两级人民法院却没有一家接受他们的诉状，因为彼时，《行政诉讼法》还未出台，"民告官"的案子没有法律依据，法院难以受理。②包家人告状屡屡受挫后，决定请援于律师。

经过一番辗转，他们在杭州找到了当时《经济生活报》法律顾问、浙江省第四律师事务所兼职律师楼献。楼律师觉得"县政府那样干，起码从法律程序上是错的"。③另外，他

---

① 黄传会："'公堂'上的平等较量——新中国首例民告官案始末"，载《当代》1990 年第 3 期，第 2 页。

② 县人民法院民法庭的答复是："你告的是县人民政府，这个案子我们无法受理。你们可以找上级法院。"市人民法院在接受采访时说：当时《行政诉讼法》尚未公布，法律条款上并没有明确规定这样的案件属于法院管辖，所以以此事便拖了下来。参见黄传会："'公堂'上的平等较量——新中国首例民告官案始末"，载《当代》1990 年第 3 期，第 106 页。

③ 楼献律师后来在接受采访回忆接受包郑照委托的原因时说："可能是因为我的爷爷辈是农民，可能是我插过队，亲身感受过农民的疾苦，所以，我对农民

以律师的职业敏锐性预感到，这将是一件轰动全国的具有历史意义的重要案件。于是，他欣然接受了原告的委托。

楼律师接受包郑照委托后的首要任务是让法院受理这个案子，为此他采取了"曲线救国"的策略——利用媒体舆论。他在《经济生活报》"法律咨询"栏目里以法律顾问回答读者来信形式，对这起案件作了披露，[①] 之后陆续又有其他报社记者发表了相关文章，舆论普遍倾向于同情包郑照。

这让县、镇政府颇感压力，也引起了浙江省高级人民法院院长袁芳烈的关注，他指示：请温州市中级人民法院按《民事诉讼法（试行）》第 35 条规定办理，并将结果报告给浙江省高级人民法院。1988 年 3 月 29 日，苍南县人民法院正式向苍南县人民政府发出了应诉通知书。至此，这桩立案理由难寻法律依据的"民告官"第一案，终于进入了司法程序。

与楼律师不同，被告的代理律师吴岳律师（一审还有杨吕军、二审还有杜维宁）虽然是为政府打官司，反而陷入了进退维谷的境地。原因是，给政府当律师，即使胜诉，律师的能力也难获社会的认可，但吴岳律师始终坚信，法律面前人人平等，只要符合法律要求，政府同样有权获得法律平等的保护。

1988 年 8 月 25 日，包郑照告县政府案一审开庭审理，出现在旁听席的除原被告及亲属外，还有新华社、《人民日报》、中央人民广播电台、《法制日报》等 26 家新闻单位的近 50 名记者和大量普通百姓。

法庭辩论上，双方将焦点集中于包郑照的房屋是否属于违建、包郑照的利益是否被侵犯之上。代表原告的楼律师在

（接上页）有着一种天然的感情倾斜。……当然，律师首先应该以法律为准绳，我认真看了包家的起诉状，听了他们的介绍，觉得县政府那样干，起码从法律程序上是错的，你拆人家的房子该通过法院嘛。"

① 参见黄传会："'公堂'上的平等较量——新中国首例民告官案始末"，载《当代》1990 年第 3 期，第 106 页。

法庭上出示了七十余份证据，念了洋洋洒洒两万余字饱含理据和丰富感情的代理词，用以论证：包家建房有完整的审批手续，符合土地法，也符合当地的发展规划，其房屋所有权应得到充分保障，政府强拆使得包郑照一家人的财产和精神均遭受重大损失。[①] 而吴岳律师与杨吕军律师也据理力争，发表了长达16页的代理词，主要从侵犯合法权益的主体、县政府的强制拆房措施是否合法及县政府的强制拆除行为是否应承担民事赔偿责任三个方面与原告展开了激烈的辩论，[②] 一直持续到当晚十点。三天后的宣判结果并未如媒体期待，包郑照败诉了。之后楼献律师又在包郑照的授权下，将该案上诉至浙江省高级人民法院。同年12月底，浙江省高级人民法院判决驳回上诉，维持原判。

这场"民告官"的官司虽然就此结束，但它所引起的社会思考才刚刚开始。曾有有识之士评价这场官司是中国法制建设中的一座里程碑。湛中乐教授从法学家思维的角度评述，该案反映的突出问题在于，由于《行政诉讼法》尚未制定，法院只能依《民事诉讼法（试行）》的相关规定对行政诉讼案件进行审理，然而行政诉讼案件与民事诉讼案件在诉讼标的、举证责任、审查标准等一系列问题上存在重要区别，亟须获得独立的法律规范。它也被认为是1988年全国人大常委会法

---

① 代理词中有许多具有感情色彩的表述，甚至具有一定的文学性，很能起到鼓动人心的作用，其中具有代表性的一段内容："同志，我们的同志：在燥热的夏晚，当你躺在凉席上，电风扇的习习凉风送你进入梦乡时，你可曾想到包家大小被河边的虻蚊在叮咬；你可曾想到包家大小竖起耳朵在打探台风的行踪，心惊胆战地难以成眠。在寒冷的冬夜，当你与家人围坐在电视机前，姜昆的相声给你带来欢乐时，你可曾听到包家被炸之后那凛冽的海风在呼号；你可曾听到包家小妹那嗷嗷待哺的哭声，你可曾听到包郑照老汉那长长的叹息……"参见郭薇灿："包郑照：民告官第一人留下特殊财富"，载《法制资讯》2008年第12期，第84页。

② 郭薇灿："包郑照：民告官第一人留下特殊财富"，载《法制资讯》2008年第12期，第86页。

工委正式起草《行政诉讼法》的间接推动力之一。①

包郑照告县政府案虽然以败诉告终，但它却引起了国家和社会公众的反思，间接推动了《行政诉讼法》的出台，使行政权力的行使应当受到法律制约的意识渐入人心。

5. 政府法律顾问室秘书处在深圳率先设立

1988 年 9 月 9 日，深圳市政府法律顾问室秘书处成立，由此开启了我国政府律师顾问制度的新篇章。

深圳市在改革开放后充分发挥"窗口"作用，不仅体现在外资引入上，更体现在一系列制度的完善上。外国资本引入深圳市场，但外资企业在与政府合作时，他们更信任有律师参与签订的法律合同。另外，经过了十年的法制恢复，社会各阶层法律意识不断增强，法律服务需求从经济领域向全方位过渡，特别是包郑照告县政府案的出现，使行政机关对专业法律服务需求度提高。此时我国律师的专业化程度提升，律师身份也正在经历从国家的法律工作者向社会法律服务者的转变，律师行业去行政化，走向职业化、社会化。

基于以上因素，借着外资企业要求律师参与政府合同项目的契机，深圳市率先在市司法局成立了政府法律顾问室秘书处。虽然它为政府提供的法律咨询范围尚仅限于经济领域，但终是我国政府法律顾问制度创立史上"第一个吃螃蟹的人"。

深圳市设立的政府法律顾问室秘书处以我国香港地区"律政司"为参考，借鉴其政府与律师形成聘任制的人事模式，聘请五名律师、法律专家、学者作为兼职政府律师。五名律师中有两名我国香港地区的律师，他们成为深圳市人民政府法律顾问室建立发展的中流砥柱。

---

① 陈卫东等："我们，与法治同行"，载《法制日报》2008 年 12 月 18 日，第 3 版。

深圳市设立的政府法律顾问室秘书处因时间仓促、缺乏经验，在建立之初对于秘书处的工作制度、业务范围仍缺乏完善规范。①但在政府与企业打交道的过程中，它对保护公共利益、促进和规范外资引入已然起到了重要作用，得到了国家的肯定。

1989 年

1. 首次全国合作制律师事务所试点工作经验交流会召开

1989 年 4 月 8 日至 12 日，司法部在上海召开全国合作制律师事务所试点工作经验交流会。②

参加这次会议的有各省、自治区、直辖市司法厅（局）主管律师工作的副厅长、律管处长、39 个合作制律师事务所主任等。会议的中心议题是：总结交流合作制律师事务所试点工作的经验，研究合作制律师事务所的性质、法律地位以及在试点过程中遇到的问题，进一步搞好律师体制改革工作。会上，时任司法部部长的蔡诚同志针对 1988 年司法部下发的《合作制律师事务所试点方案》进行了工作总结，并对继续进行合作制试点作出部署，进一步明确合作制律师事务所的发展方向。

会议认为，搞好合作制律师事务所的基本经验是：第一，

---

① 1989 年司法部出台《关于律师担任政府法律顾问的若干规定》，对政府律师法律顾问处的职能定位、机构设置、管理制度作了较为明确的、详细的规范。
② 1991 年召开第二次全国合作制律师事务所试点工作经验交流会。

坚持律师的社会主义性质，坚持贯彻四项基本原则，坚持"四个服务"的宗旨。坚持在司法行政机关的领导和管理的基础上，调动广大律师的积极性，增加律师自我发展的能力，使律师事业更好地为社会主义现代化建设和法制建设服务，绝不是单纯为抓经济收入，更不是去模仿西方的律师体制。第二，必须明确合作制律师事务所不是个体开业，也不是几个人合伙，而是为社会主义以公有制为主体的经济基础服务的民办事业组织，不能将合作制理解为资本主义性质的合伙制。第三，必须坚持合作制律师事务所内部管理的民主集中制，充分发挥律师会议的作用。建立完善自我约束机制。第四，必须依靠地方党委、政府的领导和支持，取得司法行政机关的具体领导。会议讨论总结出继续进行合作制律师事务所试点工作应注意的一些问题，如要从实际出发，不可"一刀切"；要严格遵守《律师暂行条例》；要重视律师的职业道德教育；要提高合作制律师事务所的专业化程度等。①

在合作制律师事务所试点工作开展的一年中，社会各界尤其是律师界和相关学者均基于实务工作对合作制律师事务所进行了全方位的研究和探索，内容涉及合作制律师事务所的设立、内部管理、收益、纳税、分配、留成，及其与律师协会和司法行政机关的关系，以及与个体律师事务所的区别等。

此次经验交流会总结了合作制律师事务所试点的基本情况，并对试点工作的经验做了充分的交流和探讨，将应当注意的问题做了全面梳理，为继续进行合作制试点工作提供了扎实的基础，为不断推进律师体制改革逐步建立具有中国特色的律师制度提供助力。

---

① 杜国兴："全国合作制律师事务所试点工作座谈会"，载《中国司法行政年鉴》编辑委员会编：《中国司法行政年鉴（1995）》，法律出版社1996年版，第1016页。

2. 君合律师事务所成立

1989 年 4 月 15 日，君合律师事务所宣告成立，成为中国最早设立的合伙制律师事务所之一。

君合律师事务所创始人之一武晓骥[1]于 1987 年在美国求学期间曾做过一次介绍中国律师的演讲，却遭到诸如中国律师是国家雇员、聘用中国律师是无商业秘密可言的等质疑，这促使他要尝试在中国成立第一家非国办律师事务所。当时，在改革开放的背景之下，只有成立非国办律师事务所才真正有可能与国际接轨，使中国律师行业实现最大、最长远的发展。拥有着相同梦想的王之龙[2]、肖微[3]等人也纷纷放弃自己原先的工作，和武晓骥一起开始律师事务所的初创工作。

当时成立非国办律师事务所对于尚处于幼稚时期的中国律师业来说还停留在尝试阶段，没有任何可供借鉴的经验，若稍有懈怠，失败在所难免，正如潮水很快涌上沙滩，也可能很快便退去。君合律师事务所在申请之初，因司法部下达《合

---

① 武晓骥，1983 年毕业于中国政法大学法律系，中国法学会和亚洲—太平洋律师协会会员。1984 年 10 月起开始从事律师业务。1985—1988 年，以访问学者身份赴美国亚利桑那州大学法学院学习，对投资法、贸易法、商法、公司法等进行了较为深入的研究。1989 年 4 月提议并参与创办君合律师事务所。1995 年当选为中华全国律师协会第三届常务理事，并分别于 1995 年、1998 年当选为第四届和第五届北京市律师协会会长。2002 年当选为中华全国工商联执委。

② 王之龙，1951 年毕业于北京大学（前燕京大学）法学院。法学教授，中华全国律师协会会员。1980 年赴美国哈佛大学法学院深造，两年后回国从事法学教育，任教于首都经济贸易大学，并先后受聘于中国政法大学、中美合办的大连管理培训中心。1986—1988 年赴美讲学，于纽约州立大学法学院和管理学院、波士顿萨福克大学法学院和管理学院任法学教授，讲授比较商法、英美商法、国际经济法和中国经济法等课程。

③ 肖微，1984 年毕业于北京大学法律系首届经济法专业，1987 年毕业于中国社会科学院研究生院法学系国际经济法专业。1985—1989 年，分别在北京市第七律师事务所和中国法律事务中心从事律师工作。1991 年分别赴英国和我国香港地区，先后于伦敦大学东方与非洲学院及司力达等律师事务所学习英国法律和进修律师业务。1995 年赴美国哥伦比亚大学法学院学习并取得硕士学位。

作制律师事务所试点方案》时规定北京当时只允许开办两个合作点①作为试点，故君合律师事务所被暂缓审批。

在成立伊始，又因国内国外形势变化而使得主要承办涉外经济案件的君合律师事务所失去了大批服务对象。直至成立半年后，君合律师事务所才承接了第一单业务，即为两家著名日本商社与一家中国煤矿企业合资建立一个煤炭深加工产品企业的项目提供法律服务。②肖微律师等人代表中方参加此项目之时，中外双方的谈判已持续了几年的时间，但仍徘徊不前。肖微律师发现，由于中方企业内部没有制订出一个自己的方案，当日方提出方案时又不知如何对待，导致在许多枝节问题上浪费了时间，使得谈判进展缓慢。为此，肖微等律师首先协助中方企业确定了合作项目的基本要求和框架，并研究了具体谈判步骤。同时，又代表中方企业起草合资合同、章程、技术转让协议、原料供应协议、产品销售协议及代理合同等有关该项目的一揽子协议，并负责审阅日方的借款协议。这些工作大大加快了谈判进程，使得全部协议得以在最短的时间内签署。

君合人将这来之不易的第一桶金用于购买在当时较为先进的四通打字机，并要求今后向所有客户出示的文件均要打印。君合律师事务所正是凭借这种极强的专业意识不断发展壮大，并相继在海南、上海、深圳和大连等地设立分所，逐渐成长为国内一流的律师事务所。

3. 全国首家个人律师事务所成立

1989 年 6 月，李全禄律师事务所在深圳挂牌成立，这是我国首家个人律师事务所。

---

① 大地律师事务所和经纬律师事务所。
② 荒州"碧海蓝天——写在君合律师事务所 11 周年所庆"，载《中国律师》2000 年第 4 期，第 26 页。

个人律师事务所，即由一名律师开业设立的律师事务所，该名设立律师对律师事务所的债务承担无限连带责任，具有高效率和高执行力的特点。①

同年，深圳市司法局根据司法部的指示发出文件，号召市属和各区、县属的律师事务所和律师"自愿报名、投身改革"，在具备一定资格、提交所需证明及"施政报告"后，参加深圳市司法局主持的"分开、平等、竞争"答辩大会。3 天后，深圳市 8 名经过资格审查的律师分别发表"施政演说"，轮番登台答辩，司法局作为主管部门，对竞选者的学历、执业经历、社会信誉和口碑进行了比较，最终决定由李全禄担任全国首家个人律师事务所主任。

李全禄 1985 年由肇庆市调入深圳市。1986 年 1 月 21 日，中共蛇口工业区组织部任命李全禄律师为蛇口律师事务所主任，其间他积累了丰富的从业经验，逐步具备了一流的业务水平。该事务所以创办人执业律师李全禄个人的名字来命名，最初只有两三名律师，由主管部门市司法局对其进行业务指导。李全禄律师事务所开局之年业务收入已达到 29 万元，在当时可谓"天文数字"。

深圳市人民政府计划局编著的《深圳的全国之最》一书里设专章介绍"深圳李全禄律师事务所"：1989 年中国律师界最具新闻效应的事件，无疑是深圳特区的全国首家个人律师事务所的宣告成立，它掀开了中国律师体制改革的新篇章。李全禄个人律师事务所的成立，标志着中国律师管理体制由此走上国营、合作制和个人办所"共生共存，相互竞争"的探索之路，引起了海内外人士的一致关注。

---

① 社会各界对律师机构的执业形式存在不同观点，个人律师事务所的支持派认为这是与国家所允许的个体经济所配套的灵活执业形式，但主流观点依旧不主张律师个人开业，以此来保障律师的公益性。此番讨论为个人律师事务所的出现提供了一定的基础。参见伏雨怡："论个人律师事务所发展现状及问题的对策"，中国政法大学 2014 年硕士学位论文。

此后，个人律师事务所在不断发展中逐渐显现出它所独具的优势和弊端。一方面，个人律师事务所成立方式灵活，能够解决西部地区因律师数量少不能成立律师事务所的问题，并且能够更方便地满足普通百姓日常的法律需求。另一方面，个人律师事务所承担风险的能力较弱，不具备办理重大法律事务的能力。为避免此种局限性，当涉及重大法律事务时，多个个人律师事务所开始进行频繁的业务合作，通过签署多份委托合同，对各自开展的工作分别约定，既有分工，又有合作，这种发展模式使律师事务所获得了更为持久的更快更好的发展。

4. 北京市第六律师事务所首创环境保护法律服务部

1989 年 8 月 17 日，北京市第六律师事务所 [1] 环境保护法律服务部在中国政法大学成立，这是我国第一家环境保护法律服务部。

参加本次会议的主要人员有国家环保局张坤民副局长、胡保林副司长，中国政法大学解占元副校长、罗典荣教授、丛选功副教授，北京市第六律师事务所刘忠亚所长、王遂起副所长，北京市环保局法规处陈彦忠处长、海淀区环保局李和平局长、石景山区环保局高德贵局长等。[2] 会议由刘忠亚主持。

自 1979 年《环境保护法（试行）》通过以来，我国先后制定了《海洋环境保护法》《水污染防治法》《大气污染防治法》《建设项目环境保护管理办法》《国务院关于环境保护工作的决定》《征收排污费暂行办法》等一系列的法律法规，初步建立了我国的环境法体系。但与此同时，环境保护工作在执法

---

[1] 即现北京法大律师事务所，1985 年由中国政法大学组建成立，是全国规模最大、声誉卓著的综合性律师事务所之一。

[2] "我国第一家'环境法律服务部'在中国政法大学成立"，载《环境科学动态》1989 年第 11 期，第 34 页。

和司法领域也暴露出一定的滞后性，出现了环境法律意识不强、经济利益冲击环境保护和执法不严等问题。

为了促进我国环境保护法制建设的完善，协助环保部门、司法机关贯彻实施环境法，帮助企事业单位、社会团体和公民个人维护自身的环境权益，配合有关部门做好环境法的宣传、教育和普及工作，提高全社会环境保护的法律意识，北京市第六律师事务所环境保护法律服务部应运而生。

该环境保护法律服务部是北京市第六律师事务所的内部工作机构，工作人员主要由该所律师和中国政法大学中国法制研究所以及有关教研室从事环境保护法律研究的教科人员组成，并且由实务部门的专家作为该服务部的顾问或参加该服务部的工作。① 其业务涉及日常环境法律咨询、环境纠纷调解、环境诉讼、环境法人才的培训等方面，为国家机关、企事业单位、个体户及公民个人提供了专业服务，为我国环境保护工作作出了卓越贡献。

1990 年

阳村发成为广西第一位农民律师

1990 年年底，广西壮族自治区桂林市大河乡阳家村村民阳村发报名参加全国律师资格统一考试，成绩合格，成为广西第一位取得律师资格的农民。

1978 年，年仅 17 岁的阳村发参加了高考，结果却落榜了。

---

① "北京市第六律师事务所环境保护法律服务部工作章程"，载《环境科学动态》1989 年第 12 期，第 23 页。

但他并未气馁，而是在家一边务农，一边刻苦补习文化知识。随后，阳村发报名参加了广西高等教育自学考试开设的法律专业学习，白天在责任田干活，夜晚在灯光下读书，时常学习到深夜，碰到疑难问题时，他就四处拜师求教。1990年，他用掌握的法律知识为村民写诉状、上法庭。他曾帮助农民和乡镇企业挽回经济损失上百万元。[1] 阳村发通过刻苦自学与积极实践，终于通过了律师资格考试，并与他人合作创办了桂林市前进律师事务所。

阳村发律师的经历不仅是一个励志成才的经典素材，而且还展现了全国律师资格统一考试制度的时代变迁。

第一次全国律师资格统一考试于 1986 年 9 月举行，当年被允许报考的人员限于已经在法律顾问处（律师事务所）工作的人、法学研究人员、法学教学人员。鉴于广西是少数民族地区，律师人员短缺，自治区司法厅对报考人员的范围作出变通规定，即除司法部规定的报考人员可以报考外，符合一定条件的人员也可以报考。[2] 阳村发当时并未从事专职律师工作，并非法律顾问处的在职员工，更不符合司法行政机关调任的规定。如果全国律师资格统一考试报名条件未曾放开，阳村发是无法报名参加考试的。1988 年，第二届全国律师资格统一考试确立了向社会公开招考的政策，这也使阳村发实

---

① 参见阳发任："广西第一个农民律师——阳村发"，载《农家之友》1995年第 Z1 期，第 46 页。

② 广西壮族自治区司法厅规定，符合下列变通条件的人员也可以报考：（1）高等院校毕业未经法律专业培训，但见习期满，现任专职律师工作者的；（2）法律中专毕业，见习期满，现任专职律师工作者的；（3）1985 年招干在法律顾问处工作一年以上已转正，并具有大专文凭，任专职律师工作者的；（4）有三年以上工作经历，1986 年 3 月 31 日前在法律顾问处工作，并是本处业务骨干的专职律师工作者；（5）具有中专、高中以上学历，有能力，办案积极，是本处业务骨干的兼职律师工作者也可以报考，但要严格掌握，此类人员不宜过多；（6）司法行政机关中个别拟调法律顾问处工作或少数搞律师管理工作的，可允许报考。

现从农民到律师这一完美蜕变成为一种可能，最大限度地解除了律师来源的身份限制。

1991 年

1.《民事诉讼法》颁布实施

1991 年 4 月 9 日，《民事诉讼法》颁布实施，同时宣告实施近十年的《民事诉讼法（试行）》废止。

在律师代理诉讼方面，我国《民事诉讼法》对《民事诉讼法（试行）》进行了修改，集中体现在第 58 条、第 61 条、第 241 条以及第 242 条 4 个法律条文上。

我国 1991 年《民事诉讼法》第 58 条规定："当事人、法定代理人可以委托一至二人作为诉讼代理人。律师、当事人的近亲属、有关的社会团体或者所在单位推荐的人、经人民法院许可的其他公民，都可以被委托为诉讼代理人。"第 61 条规定："代理诉讼的律师和其他诉讼代理人有权调查收集证据，可以查阅本案有关材料。查阅本案有关材料的范围和办法由最高人民法院规定。"第 241 条规定："外国人、无国籍人、外国企业和组织在人民法院起诉、应诉，需要委托律师代理诉讼的，必须委托中华人民共和国的律师。"第 242 条规定："在中华人民共和国领域内没有住所的外国人、无国籍人、外国企业和组织委托中华人民共和国律师或者其他人代理诉讼，从中华人民共和国领域外寄交或者托交的授权委托书，应当经所在国公证机关证明，并经中华人民共和国驻该国使领馆认证，或者履行中华人民共和国与该所在国订立的有关条约中规定的证明手续后，才具有效力。"

与《民事诉讼法（试行）》①相比，首先，我国 1991 年《民事诉讼法》的新规定在诉讼代理人范围基本保持不变的情况下，将律师置于诉讼代理人的首位，无疑更加强调和凸显了律师的地位和作用；其次，新法扩大了律师查阅案件的权利，为律师执业创造了更好的司法环境；最后，新法增加了"司法互惠"的内容，在一定程度上扩宽了律师成为代理人的案件类型，增加了律师在社会生活和国际交往中的重要作用，能够更加有效地保护委托人的合法权益。

1991 年《民事诉讼法》制定时，正值国家经济逐渐从计划经济和有计划的商品经济迈向市场经济的重要过渡和转型时期，也是对前一阶段政治经济发展的总结和进一步探索的开始，它不仅开启了民事审判方式改革的试点，②也为律师民事案件的代理提供了更为详尽和科学的规则指引，有效地保障了当事人诉讼权利的行使。③

2. 律师业务档案走向法制化和规范化

1991 年 9 月 11 日，司法部、国家档案局联合发布了《关于印发〈律师业务档案立卷归档办法〉和〈律师业务档案管理办法〉的通知》。该通知通过附件一、附件二、附件三和附件四的形式颁布并实施了《律师业务档案立卷归档办法》《律师业务档案管理办法》《律师业务档案保管期限表》《律师业

---

① 从某种角度上讲，1982 年《民事诉讼法（试行）》在政治上的意义也许要大于其在法律上的意义。1982 年前后是国家实行改革开放和把工作中心转移到经济建设上来的转折性阶段。在此时期，国家陆续颁布了一系列基本法律。这些法律的颁布似乎昭示了国家以法律部分或逐渐取代政策或运动的决心，既有助于增强民众的信心，也为日后的经济发展所必需。

② 齐树洁、王建源："民事司法改革：一个比较法的考察"，载《中外法学》2000 年第 6 期，第 646 页。

③ 王汉斌："关于《中华人民共和国民事诉讼法（试行）》（修改草案）的说明"，载《中华人民共和国国务院公报》1991 年 3 月 20 日，第 520 页。

务档案卷宗封面格式》。其中，最为重要的是前面两个文件，即《律师业务档案立卷归档办法》《律师业务档案管理办法》。

《律师业务档案立卷归档办法》共五章 26 条，对律师业务档案的分类、案卷材料的收集、整理和排列顺序、立卷编目和装订、归档等问题作出了明确而统一的规定;《律师业务档案管理办法》共八章 34 条，对律师事务所（法律顾问处）档案机构的管理人员配备与职责、档案的接收和管理、档案的借调与查阅、档案的保管期限、档案的鉴定和销毁、档案的统计和移交、档案的保护和防护等问题同样作了明确而统一的规定。

律师业务档案是律师进行业务活动的真实记录，反映律师维护国家法律的正确实施，维护委托人合法权益的情况，体现律师的基本职能和社会作用，是记载律师所办案件质量的一面镜子，对于衡量律师的素质及工作的得失，无疑起着极其重要的作用。[①]

对律师业务档案进行法制化和规范化管理，使之前律师普遍存在的"应当立案归档的文书材料短缺、排列顺序随心所欲、办案小结敷衍了事、文书材料没有编号及未及时标明保管期限"等突出问题得到很大改观，但亦应指出，囿于部分律师疲于办案创收、司法行政机关和业务主管部门重视程度和检查力度不一等问题，司法部出台的《律师业务档案立卷归档办法》等法律文件并未完全落地，一定程度上限制了律师业务素质和办案质量的提高，影响了中国律师业法制化的整体进程。[②]

---

① 胡敦麟："律师业务档案应规范"，载《律师世界》1998 年第 8 期，第 32 页。
② 胡敦麟："律师业务档案应规范"，载《律师世界》1998 年第 8 期，第 32~33 页。

1992 年

1.《关于外国律师事务所在中国境内设立办事处的暂行规定》发布并实施

1992 年 5 月 26 日，司法部、国家工商行政管理局发布并实施了《关于外国律师事务所在中国境内设立办事处的暂行规定》。

该暂行规定指出，外国律师事务所在中国境内设立办事处需经我国司法部批准，并在国家工商行政管理局登记注册。外国律师事务所办事处及其成员可以从事向当事人提供法律咨询；接受当事人委托办理法律事务；代理外国当事人、委托中国律师事务所办理在中国境内的法律事务三项业务，但不得从事代理中国法律事务、向当事人解释中国法律及其他中国法律禁止外国人从事的业务活动。外国律师事务所办事处不得聘用中国律师，在从事业务活动时，可向当事人收取费用。其在中国境内从事业务活动的收费，应在中国境内结算，其收费办法和标准须报批准机关和登记机关备案。

根据该暂行规定，司法部是管理外国律师事务所办事处的政府主管部门，外国律师事务所办事处驻在地的省、自治区、直辖市司法厅（局），可以根据司法部的授权，依照本暂行规定对外国律师事务所办事处的业务活动进行管理、监督和检查。对违反规定的外国律师事务所办事处，司法部及其授权的省、自治区、直辖市司法厅（局）根据情节轻重，可给予警告、责令停止业务或撤销批准等处分；国家工商行政管理局及其授权的地方工商行政管理机关，可依照工商行政管理法规给予罚款、没收非法所得或撤销登记注册等处分。

该暂行规定的发布为外国律师事务所在中国境内设立办事处这一试点工作的开展提供了法律依据。①该暂行规定对外国律师事务所的设立、终止、业务及管理作出了全面规定，为希望在我国设立办事处的外国律师事务所提供了清晰的操作指南，也有利于加强对外国律师事务所办事处的管理，对试点工作的顺利、有序开展意义重大。

2.《司法部关于外国律师事务所在华设立办事处有关事宜的通知》发布并生效

1992年10月30日，《司法部关于外国律师事务所在华设立办事处有关事宜的通知》发布，并自发布之日起执行。

自1992年7月1日允许外国律师事务所在中国境内设立办事处的试点工作开展以来，国外（境外）的许多律师事务所纷纷来华向司法部提出申请，希望能够在华设立办事处。经过认真严格的审查，司法部于1992年10月20日首批批准了12家外国及我国香港地区的律师事务所分别在北京、上海、广州设立办事处。为了充分发挥外国律师事务所办事处的作用，使试点工作顺利进行，司法部发布了上述通知。

根据该通知，允许外国律师事务所在华设立办事处的工作是在我国进一步改革开放的大好形势下，加强法律服务工作的一个尝试，暂时只是进行试点，规模和数量都有严格的限制。

外国律师事务所办事处设立以后，必须严格按照司法部和国家工商行政管理局颁布的《关于外国律师事务所在中国

---

① 经国务院办公厅批复同意，司法部于1992年7月1日起开始进行允许外国律师事务所在中国境内设立办事处的试点工作，并确定北京市、上海市、广州市、深圳市和海南省为首批试点城市（地区）。此外，为搞好此项试点工作，明确审批、管理工作的程序和职责，司法部还于该暂行规定发布的同日印发了《外国律师事务所办事处审批、管理工作操作规程》。

境内设立办事处的暂行规定》进行管理，业务范围仅限于该暂行规定中所列的三项内容，不得从事代理中国法律事务和向当事人解释中国法律等业务活动。设有外国律师事务所办事处的所在地的司法厅（局）要有专门人员检查监督外国律师事务所办事处的业务活动情况；必要时也可聘请少数当地涉外律师事务所的律师帮助监督。

外国律师事务所设立的办事处，必须有固定的工作场所和专职工作人员。如果原来已在我国设立了咨询公司的，必须撤销该咨询公司。外国律师事务所办事处不得聘用我国律师（包括有我国律师资格的人员），不得与我国的律师事务所建立联合机构，也不得设立其他各种形式的公司或机构。除外国律师事务所要遵守这些规定外，我国的律师也要严格按此规定办理。

按照《关于外国律师事务所在中国境内设立办事处的暂行规定》，只在北京、上海、广州、深圳、海南五地进行外国律师事务所设立办事处的试点工作，其他地方一律不搞试点，不得设立办事处或变相的办事机构。如果有业务需要委托外国律师事务所时，可以与外国有关的律师事务所和已获批准在我国境内设立办事处的律师事务所建立业务委托关系。

允许外国律师事务所在中国境内设立办事处提供外国法律服务，是促进我国对外经济贸易发展和法律事务交流的需要，是我国深化改革、扩大对外开放的重要举措，也是我国律师工作改革的一项重大举措。外国律师事务所在我国设立办事处对促进外商到中国投资和开展经济技术合作，促进我国对外开放和经济贸易的发展，具有积极的作用。[1] 但该通知

---

① 高昌礼："我国律师工作改革的一项重大举措——高昌礼部长在司法部颁发外国律师事务所在华设立办事处批准证书仪式上的讲话"，载《中国律师》1999 年第 4 期，第 16 页。

的发布体现了在试点初期，我国对外国律师事务所在我国设立办事处仍持审慎态度。

1993 年

1. 证券律师资格准入制度首次设立

1993 年 1 月 12 日，司法部、中国证监会发布《关于从事证券法律业务律师及律师事务所资格确认的暂行规定》。至此，证券律师资格准入制度在中国揭开序幕。该暂行规定共 11 条，分别规定了制定目的、适用范围、证券律师准入资格、证券律师事务所开业条件、后续经营管理、从事境外发行的附加规定等内容。

根据该暂行规定，凡欲从事证券法律业务的律师，需满足以下三个条件：第一，有 3 年以上从事经济、民事法律业务的经验，熟悉证券法律业务，或有两年以上从事证券法律业务、研究、教学工作的经验；第二，有良好的职业道德，在以往 3 年内没有受过纪律处分；第三，经过司法部、证监会或司法部、证监会指定或委托的培训机构举办的专门业务培训并考核合格。满足上述条件的人员，须由本人提出申请，经省、自治区、直辖市司法厅（局）审核报司法部，最终由司法部会同证监会批准并发给从事证券法律业务的资格证书。[1]

在证券律师资格准入规定的基础上，欲从事证券法律业务的律师事务所，必须有 3 名及以上取得从事证券法律业务

---

[1]　参见 1993 年《关于从事证券法律业务律师及律师事务所资格确认的暂行规定》（已失效）第 4 条。

资格证书的专职律师，并由律师事务所申请，经省、自治区、直辖市司法厅（局）审核报司法部，最终由司法部会同证监会审核批准并发给从事证券法律业务许可证。[①]

从 1993 年设立证券律师执业资格到 2002 年 6 月，[②] 全国共有 425 家律师事务所、1619 名律师具有从事证券业务的资格，[③] 其中北京的证券律师最多，达到 93 家律师事务所和 390 名律师，广东次之，有 47 家律师事务所和 194 名律师，上海第三，有 34 家律师事务所和 124 名律师。[④]

证券律师资格准入制度，促使步入证券法律业务领域的律师个人及律师事务所集体，不断完善自身的专业水平及业务能力，为保证国家证券法规的切实施行，保护投资人的合法权益和社会公众的基本利益作出了应有的贡献。综观我国诉讼制度以及律师业务的发展历史，可以发现，律师制度的恢复起始于刑事辩护，随着社会经济的发展，社会纠纷不断呈现出多样化的趋势。及至 20 世纪 80 年代，以北京为首开始设立民事法律顾问处。在后续十几年中，律师不断开拓业务领域，如企业事务、商事业务、涉外经济业务等。证券律师的出现延续了律师行业多样化、高端化、专业化的发展趋势，标志着我国律师业不断发展壮大，逐步接轨世界。

2. 新中国成立以来最大金融诈骗案

1993 年 3 月 30 日，美籍华人梅某方、李某明踏上了位于河北省中部、以农业生产为主、经济发展较为缓慢的城市——

---

① 参见 1993 年《关于从事证券法律业务律师及律师事务所资格确认的暂行规定》（已失效）第 5 条。

② 2002 年 12 月，司法部、证监会正式取消了已经实行了 10 年之久的证券律师资格准入制度。

③ 不含因少于 3 名证券律师而不得从事证券业务的律师事务所及律师个人。

④ 魏现州："谁能胜任证券法律业务—证券律师资格的过去和现在"，载《中国律师》2003 年第 6 期，第 20 页。

衡水市的土地，并在后续的一个月内，对中国农业银行衡水中心支行着手实施了震惊中外的百亿美元备用信用证诈骗。

梅某方、李某明先后向中国农业银行衡水中心支行（以下简称衡水农行）行长赵某荣、副行长徐某国提交了虚假的"引资"承诺书以及编造的美国亚联（集团）有限公司（以下简称亚联）的简介等材料，谎称亚联有雄厚的经济实力和许多合作伙伴，以亚联财团的金票作抵押，可在国际金融市场上为衡水农行引入巨额资金。衡水农行只需开具备用信用证作为引资的必要手续，不需承担任何经济及法律责任，并且引入的资金不还本、不付息，等等。

梅某方、李某明通过积极树立"心系祖国发展"的表象，精心编排"只受益不担责"的"引资"计划，骗取了赵某荣、徐某国两位行长的信任。此后，赵某荣于1993年4月1日和2日代表衡水农行工会下属的恒融实业公司与梅某方、李某明签订了三份数额分别为50亿美元、16亿美元、34亿美元的《合作引进外资投资开发协议书》。而后，梅某方、李某明向衡水农行出具了《开证委托书》。

梅某方、李某明在没有向衡水农行提供任何担保和抵押的情况下，诱骗赵某荣、徐某国于4月5日开出了以亚联为申请人，衡水农行为开证行，莎物得投资（巴哈马）有限公司（以下简称莎物得公司）为受益人，一年期不可撤销可转让的200份总金额为100亿美元的备用信用证。4月6日，李某明按梅某方提供的地点，将上述备用信用证寄给莎物得公司财务主管麦某华。

此后，当澳大利亚康萨雷达特公司等国外公司查询上述备用信用证的真实性、可靠性时，梅某方、李某明继续以衡水农行所开备用信用证不承担风险和资金很快就能引进衡水的谎言，诱使赵某荣以衡水农行的名义，将梅某方、李某明拟定的对200份备用信用证的确认函发往国外。当衡水农行按协议约定多次要求亚联出具反担保文件时，梅某方、李某明于 4 月 18 日以根本不存在的"联合国家共和银行"的名义，制作了一张金额为 100 亿美元备用信用证的担保交给赵某荣，继续进行欺骗，并于 5 月 23 日，将衡水农行开具的上述备用信用证用作向莎物得公司贷款的抵押品。

1994 年 4 月 19 日，河北省衡水地区中级人民法院开庭审理了这起特大诈骗案。由于被告为外籍人士，且涉案金额特别巨大，所以对被告人合法权益的保障，尤其是辩护权的保障更能彰显我国刑事诉讼的文明程度以及律师制度的发展程度。

梅某方、李某明两位美籍被告人均聘请了中国的辩护律师。梅某方的辩护人为石家庄蓝天律师事务所冯季平律师和张金龙律师；李某明的辩护人为石家庄新华律师事务所张景和律师和正大律师事务所吕占锁律师。

河北省人民检察院衡水分院以被告人梅某方、李某明犯诈骗罪，伪造公文、印章罪提起公诉。法庭辩论阶段，在检察官宣读完公诉词后，两位外籍被告人的辩护律师依次提出了辩护意见。被告人梅某方及其辩护人对指控的犯罪事实并不否认，主要辩解理由有：梅某方在"引资"中虽有错误，但其行为是受国外罗伯特·帕姆的指使，不是故意诈骗；诈骗罪是典型的结果犯，应以行为人非法实际占有财物为必要条件，梅某方欺骗衡水农行开具的备用信用证金额并未兑现，应以犯罪未遂论；伪造公文、印章的行为满足牵连犯的构成，应当按照"重罪吸收轻罪"的原则处理。被告人李某明及其辩护人同样提出了犯罪未遂与伪造公文、印章属牵连犯罪的辩护意见与辩护理由，与此同时还提出，李某明是受梅某方欺骗才参与诈骗活动的，以及李某明的认罪态度好，应从轻判处等意见。[1]

---

[1] 参见陈秋兰："中国衡水的特别警告——一起特大诈骗案的辩护"，载《中国律师》1996 年第 1 期，第 23~24 页。

经河北省衡水地区中级人民法院公开审理，最终作出如下一审判决：被告人梅某方犯诈骗罪，判处有期徒刑 15 年，驱逐出境，没收 2000 美元、金项链 1 条；犯伪造公文、印章罪，判处有期徒刑 7 年，决定执行有期徒刑 20 年，驱逐出境，没收 2000 美元、金项链 1 条。被告人李某明犯诈骗罪，判处有期徒刑 10 年，驱逐出境；犯伪造公文、印章罪，判处有期徒刑 6 年，决定执行有期徒刑 14 年，驱逐出境。

这起震惊中外的金融诈骗案的庭审，展现了我国刑事诉讼制度以及辩护制度的发展程度。首先，两名被告人虽为美国国籍，但都聘请了中国律师。一方面，该做法严格遵守了相关法律关于外籍人士在我国聘请律师的限制规定，维护了中国律师制度的尊严；另一方面，也体现了同等保护外国人诉讼权利的原则。此外，法庭辩论过程中，四名辩护人竭力为被告人进行辩护，合议庭充分认可和保障了被告人的辩护权，并采纳了辩护人的若干辩护意见，对李某明作出了从轻判决。

3. 中国近半个世纪以来首位殉职法庭的律师

1993 年 5 月 26 日，归侨女律师黄惠莲在广州市中级人民法院代理原告参加"贵州醇"一案的庭审过程中，因突发心脏病而殉职法庭，享年 63 岁。

张思之在为记载了黄惠莲律师事迹的《法治天下》一书作序时写道："黄惠莲不是天边的一抹彩虹，她宛如走出茫茫黑夜的漫天朝晖，霞光万丈，射出浩渺的希望……既然选定了这条护法的路，首肯了依法治国的方略，就只能冒险犯难，迈步疾行，义无反顾，死而后已。"①

黄惠莲，1930 年生于越南华侨富商之家。从小受到良好

---

① 刘桂明：《法治天下》，中国民主法制出版社 2003 年版，序言。

教育的她，在 23 岁那年获得了免试留学法国的资格。然而，令这位才貌双全的西贡少女魂牵梦绕的土地并非浪漫的法兰西，而是处在百废待兴之中的祖国——中国。黄惠莲毅然决然地放弃了留法之路，挥别了家人，踏上了中国的大地。

来到中国后，本意报考北京大学法文系的黄惠莲被阴差阳错地分配到了北京政法学院（中国政法大学前身）专修科。与法律不经意的邂逅，使这位少女走上了高峰与低谷交替、苦涩与甜蜜共存的律师之路。

初出茅庐的黄惠莲律师，在执业伊始的一年多，无差错地代理案件 100 余起，并被中央人民广播电台、《人民日报》等国内权威媒体以及海外多家知名媒体公开报道。然而，初尝成功喜悦的黄惠莲，在整个国家律师制度大受挫折的时代背景下，被迫离开了律师岗位。

"文化大革命"结束后，黄惠莲重回律师队伍，受聘为广东省对外经济律师事务所兼职律师。在此后的十余年里，黄惠莲律师不断谱写着质朴而不失华彩的乐章，直至 1993 年那场悲壮的绝唱。

自 1992 年下半年起，围绕着中国低度白酒名牌产品"贵州醇"爆发了一场大战。交战一方是用辛勤汗水铸"贵州醇"品牌之辉煌的兴义贵州醇酒厂，另一方是将不同品质的"贵州醇"通过混淆包装的方式投入市场的贵州某酒厂。兴义贵州醇酒厂为了维护自身权益，慕名前往黄惠莲律师家中，恳请其担任诉讼代理人。黄律师在了解案情后，毅然接下了这一案件，对于个人的身体情况，以及多年的心脏病史，她没有过多考虑，仅仅在三个月前，她还因心脏病突发而急救了一次。

当问及黄惠莲律师为何不顾医生的劝说而代理原告方诉讼时，得到的回答是："我参与这场官司，既不是为名，更不是为钱。贵州的黔西南是个贫困的少数民族地区，我哪怕赔上这条命，也要帮助兴义人民打赢这场官司。"①

开庭当日，黄惠莲律师早早起身，出门时她的丈夫关切地叮嘱道："小心身体。"黄律师点点头，由于脑海中都是"贵州醇"案件，她信心满满地对丈夫说道："这场官司我能赢。"这一简短的对话，成为夫妻二人的诀别。

1993年5月26日上午8时30分，广州市中级人民法院宣布"贵州醇"不正当竞争和侵权案开庭，黄惠莲作为原告方的诉讼代理人出庭，由于案件社会影响较大，案情复杂，紧张的法庭调查进行了整个上午。中午，黄惠莲律师抓紧一切时间继续与兴义贵州醇酒厂的相关人员交换意见，午饭和午休早被她抛在脑后。在这过程中，黄惠莲律师因为身体不适，还往嘴里喷了速效救心药。

下午3时，法庭继续开庭，法庭辩论开始。黄惠莲律师义正词严地宣读起她手中的代理词："贵州某酒厂收购仁怀县中小酒厂的酒，进行勾兑加上厂名及采用相似包装，鱼目混珠，企图搞垮兴义贵州醇酒厂，掠夺一个少数民族地区的经济成果与合法权益，掠夺贫困山区最大的税收来源，这是黔西南人民和神圣的法律所不能容忍的！"②

话音刚落，黄惠莲律师悄然地伏在了桌案上，她的心脏病再次突发，法院的医护人员进行了紧急救护，随后，救护车呼啸而来又疾驰而去……然而，黄惠莲律师并未逃脱死神的魔爪，最终抢救无效，离开了人世，更离开了她热爱的律师事业。

黄惠莲成为中国近半个世纪以来首位殉职法庭的律师。

兴义贵州醇酒厂的厂长鄢文松事后说道："黄律师是为我

---

① 陈秋兰："法庭绝唱——记归侨女律师黄惠莲"，载《中国律师》1994年第1期，第22页。
② 刘桂明："第一个殉职法庭的女律师"，载《法律与生活》1994年第2期，第36页。

们黔西南自治州的经济发展和兴义贵州醇酒厂的事业殉职的。厂里将永远悬挂她的遗像，以示纪念，教育职工学习她的敬业精神。"①

4. 甘绩华当选国际律师联盟副主席

1993 年 8 月 29 日至 9 月 1 日，在美国旧金山举行的国际律师联盟第 37 届年会上，中华全国律师协会常务副会长甘绩华当选为国际律师联盟副主席。同时，成立国际律师联盟中国委员会，甘绩华任主席，中华全国律师协会副会长徐景峰任副主席，中国国际律师交流中心副主任冯秀梅任秘书长。

国际律师联盟成立于 1927 年 7 月 8 日，总部设在巴黎，是国际上有重大影响的律师组织之一，也是世界上最早成立的国际律师组织。

按照章程规定，国际律师联盟不受政治和宗教的影响，主要是加强国际上不同司法制度，不同文化背景的国家、地区律师协会及律师间的联络。国际律师联盟非常重视发展与中华全国律师协会的关系。

1988 年以欧门主席为首的国际律师联盟高级代表团访问中国，开始了与中华全国律师协会的友好交流。

1989 年 4 月，国际律师联盟参与了欧洲共同体在华投资法讨论会的组织工作，国际律师联盟主席亨特到京参加了讨论会，并与邹瑜会长进行了亲切会见。

1990 年国际律师联盟第 34 届年会一致通过了中华全国律师协会申请加入国际律师联盟的决议。

1991 年以来，甘绩华会长先后率团参加了国际律师联盟第 35 届、第 36 届、第 37 届年会，并在第 37 届年会中当选为代表中国的副主席。在第 39 届年会上，由高宗泽会长接替

---

① 陈秋兰："法庭绝唱——记归侨女律师黄惠莲"，载《中国律师》1994 年第 1 期，第 23 页。

甘绩华会长担任代表中国的副主席兼国际律师联盟中国分会主席。之后，中华全国律师协会副会长许智慧率团赴印度参加了第 43 届年会，并接替高宗泽会长出任国际律师联盟中国分会主席。[①]

甘绩华会长以及后续的高宗泽、许智慧两位会长在国际律师联盟的任职，对于中国律师制度以及律师组织均具有重要意义。一方面，这说明我国律师界在国际上已经享有了一定的地位和声誉，能够在国际律师联盟中听到中国律师的声音，展示中国律师的形象，并代表中国律师参与决策、主张权利；另一方面，中国律师界在国际律师联盟的立足也有助于对国内律师组织管理的优化，长期的对外交流与学习，能够将国际律师联盟的先进经验与知识及时引入国内，促进中国律师业专业水平的提高，缩小与世界的差距。

5. 中华女律师联谊会成立

1993 年 11 月 12 日，同为中华全国律师协会团体会员和全国妇联团体会员的中华女律师联谊会在北京成立。

该联谊会由中华人民共和国的女律师组成，据统计，联谊会成立之时，我国约有女律师 1 万人，约占律师总数的 20%。

根据章程规定，中华女律师联谊会的宗旨是：促进中国女律师全面参与社会发展，团结女律师为发展和保护社会主义经济建设发挥更大的作用，促进女律师的成长与发展，加强与推动中国女律师与国外女律师及其组织的交流与合作，提高中国女律师在国内和国际社会中的地位。

中华女律师联谊会聘请全国人大常委会副委员长雷洁琼、全国人大内务司法委员会顾问郭力文、全国妇联原书记王云、全国妇联副主席刘海荣、司法部副部长张耕、中华全国律师

---

① 兰虹："国际律师联盟（UIA）简介"，载《中国律师》2001 年第 7 期，第 92 页。

协会常务副会长甘绩华等担任顾问。中华女律师协会会长由北京第八律师事务所主任、中国政法大学教授巫昌祯担任，北京市律师协会副会长周纳新、北京市特邀律师梁文茜、中国人民大学教授刘素萍、黑龙江省律师事务所主任伍增荣等担任副会长。

1993 年 11 月 13 日中华全国律师协会邀请参加中华女律师联谊会成立大会的同行们到驻地座谈。中华全国律师协会常务副会长甘绩华向大家介绍了律师工作改革的形势和中华全国律师协会面临的任务，中华全国律师协会党组书记鲁坚勉励中华女律师联谊会多关心女律师，维护女律师的权益，为女律师的发展多做工作。

曾担任过北京市律师协会女律师联谊会会长的牛琳娜律师提及女律师时说道："女律师应该是社会各阶层中的优秀分子，她们的素质直接影响着国家民主与法制建设的进程。因此加强女律师的工作，提高女律师的地位，提高女律师的综合素质应该成为各级律师协会重要的任务。"[1]

中华女律师联谊会的成立以及活动模式，为女性法律职业群体提供了范本。1994 年 7 月、11 月，中国女法官协会与中国女检察官协会相继成立。

6. 首批军队律师证颁发

1993 年 12 月 2 日下午，首批军队律师颁证仪式在中国人民解放军总政治部举行。总政治部副主任周子玉、司法部副部长张耕、中华全国律师协会副会长王华然出席了颁证仪式。

所谓军队律师，是指具有军籍和律师资格，为所在部队机关提供无偿的法律服务，且不能向社会其他机关单位或个人提供法律服务，享受军队待遇的特定法律职业群体。部队

---

① 牛琳娜："在发展中创新"，载《中国律师》2002 年第 3 期，第 8 页。

律师在战时主要负有参与决策、提供咨询、对外宣传策划、对战士进行战争法等法律教育、参与战俘处理工作等职能；部队律师在非战时，需要履行促进依法治军贯彻落实、解决部队涉法问题、保证军事司法顺利进行等职责。[①]

为了适应党的十四大确立的建立社会主义市场经济体制战略方针和国家、军队建设的需要，使军队法律服务工作进一步正规化、制度化，司法部和中国人民解放军总政治部联合发文，确定将军队法律顾问处纳入国家法律服务体系，在军队实行律师制度，给军队律师颁发国家律师工作证件。

在此次仪式上，全军共有 575 人获得了律师工作证，其中在各法律顾问处工作的专职律师 387 人；律师助理 114 人；兼职律师 74 人。这批律师自身素质普遍较好，绝大多数长期从事法律工作，经过专业培训，熟悉部队，有一定的办案经验和实际工作能力。

第一批军队律师证的颁发，是军队法律服务工作中的突破性进展，使军队律师享有法律赋予国家律师的全部权利并履行相应的义务，实现了军队律师与国家律师的接轨，从根本上确立了军队法律服务工作和军队律师的法律地位。此外，军队律师证件制度对于提高军队法制建设的整体水平，建设一支水平高、素质好的军队律师队伍亦起到了重要作用。

7. 中国首所律师学院诞生

1993 年 12 月 22 日，中国第一所律师学院——德恒律师学院在吉林长春这座美丽的森林之城诞生。作为高水平律师的摇篮，德恒律师学院是由中国律师事务中心与吉林大学合办的，也是"新世纪中国律师人才工程"的主要项目。

如何培养高层次律师？能不能创办律师学院？这些问题

---

① 冯纯良："军队律师若干问题研究"，载《武警学院学报》2006 年第 4 期，第 81~82 页。

深深地萦绕在司法行政官员以及法学教育家的心中。邓小平南方谈话掀起的改革开放浪潮席卷着社会生活的方方面面，建立社会主义市场经济的目标呼吁并期待社会主义法制的发展，也极度渴求高水平法律服务的出现，这是德恒律师学院得以设立的社会背景。

司法行政官员以及法学教育家的热切期望也促进了德恒律师学院的诞生。司法部原副部长郭德治长时期分管律师工作，据他回忆，当时有很多涉外案件，由于我国律师的综合素质偏低而无法处理，只得聘请外国律师代理。每每此时郭部长总是感慨万千："中华民族有十几亿人口，以聪明智慧著称于世，但在这一高智力领域却没有大批能干的人才……请外国律师帮我们办事，总不如自己的律师熟悉情况……这样，好多案子该赢的不赢，不该输的反而输得很惨……"①

时空转换，1993 年年初，郭德治副部长代任刚刚成立的中国律师事务中心主任，刚刚走马上任，郭主任就迫不及待地指示中国律师事务中心策划创办一所律师学院。与此同时，吉林大学的若干法学教授向学校领导提交了建立一所律师学院的报告。法学教育家们的希望与郭主任的愿望不谋而合。

1993 年 10 月 30 日，吉林大学和中国律师事务中心作出了《关于建立德恒律师学院的决定》。1993 年 12 月 22 日下午2 时 30 分，在吉林大学逸夫图书馆报告厅举行了隆重的德恒律师学院建院典礼。

德恒律师学院实行董事会领导下的院长负责制。董事长由全国政协法制委员会副主任、司法部原副部长、中国律师事务中心代主任郭德治担任，副董事长由吉林大学常务副校长李树家教授担任，院长和副院长由董事会聘任。学院董事会有董事四名，分别是张文显、王丽、王牧、郭瀛洲。院长

---

① 参见丁地树："东风第一枝——德恒律师学院简记"，载《律师世界》1994年第 5 期，第 19 页。

由郭德治兼任，由张文显、王丽、邴玉贵、王牧担任副院长。

德恒律师学院对自身的功能定位有五项：一是作为基本职能的招收和培养本科生；二是对现任和即任律师进行继续教育；三是对报考律师的人员进行考前指导；四是对企业法律顾问进行培训；五是临时性专项培训和宣传。

在课程设置方面，德恒律师学院突出对经济学理论知识和外语的培训，旨在培养高层次的涉外经济律师。值得一提的是，德恒律师学院还将体育作为每个学期的必修课，在促进学员智力发展的同时还兼顾了对身体素质的培养。学院还实行严格的淘汰制，尤其是当英语无法达到规定的级别时，学员将无法继续学习或无法获得毕业证书。

德恒律师学院成立以来，受到各级领导、有关部门的关注支持，取得了初步成效。德恒律师学院为构建符合中国国情的律师专业教育体系进行了大胆探索，为律师教育事业的发展及律师队伍整体素质的提高贡献了力量。德恒律师学院为青年律师的成长起飞搭建了平台，为资深律师的发展创新铸建了基地，也为中国律师走向世界提供了助力。

8. 国务院批准司法部《关于进一步深化律师工作改革的方案》

1993 年 12 月 26 日，国务院批准并转发了司法部《关于进一步深化律师工作改革的方案》。国务院在批文中写道，"司法部：你部《关于深化律师工作改革的报告》和《司法部关于深化律师工作改革的方案（送审稿）》收悉。根据国务院领导同志的批示，现通知如下：原则同意《司法部关于深化律师工作改革的方案（送审稿）》，请你部组织试行，并在试行中注意总结经验，及时研究新情况，解决新问题，切实把这项改革工作做好。"

《关于进一步深化律师工作改革的方案》首先明确了律师

工作改革的指导思想、目标和任务。依方案，律师工作改革的指导思想是党的十四大和十四届三中全会精神、邓小平同志建设有中国特色社会主义理论、"一个中心，两个基本点"的基本路线。在指导思想的引导下，进一步解放思想，不再使用生产资料所有制模式和行政管理模式界定律师机构的性质，大力发展经主管机关批准，不占国家编制和经费的自律性律师事务所。

就律师个体而言，在改革指导思想的普照下，要努力实现质和量两方面同步发展的目标。在数量上，"八五"期间和20世纪末，律师队伍分别发展到 7.5 万人（专职律师 5 万人）和 15 万人（专职律师 10 万人）；在质量上，要建立起一支政治素质好、业务能力强，懂法律、懂经济、懂外语、懂科技，可以渗透社会各个行业和各个领域的律师队伍。

《关于进一步深化律师工作改革的方案》随后介绍了实现上述任务和目标的具体途径，具体方案针对律师组织机构形式、律师工作队伍结构、律师人才来源、律师管理体制等方面的改革作出了规定。

司法部《关于进一步深化律师工作改革的方案》在全国掀起了律师事务所改制转轨的浪潮。

北京作为首都，积极贯彻落实司法部改革方案，大力推进合伙制律师事务所的发展。

9. 全国律师资格统一考试的重大改革

1993 年，司法部决定将每两年举行一次的全国律师资格统一考试改为每年举行一次，并于同年 10 月 1 日至 2 日举行了第五次全国律师资格统一考试，同时对考试科目予以调整。

此前，全国律师资格统一考试每两年进行一次，共成功举办了四次。随着市场经济的发展，法律服务需求的激增，律师事业需要快速发展，律师队伍需要迅速壮大。于是，司法部决定将全国律师资格统一考试的周期缩短为一年。

本次考试仍从律师实务出发，以考查应考人员的专业知识水平以及实际工作能力。在此基础上，此次考试作出了适当改进，采用"小分、多题、并科、大卷面"的命题方法，注重理解和应用类试题，减少记忆类题目，并对考试科目和命题方式作出了一些新的尝试。①

试卷一主要包括理论法学、国际法学、合同法学等科目，共五道大题：第一大题为名词解释，共五小题；第二大题为简答题，共五小题；第三大题是以合同法为考查对象的案例分析题；第四大题是以涉外经济合同为考查对象的审改合同题；第五大题为国际经济法的案例分析题。

试卷二主要考查民事实体法与程序法的知识，包括九道大题，第一大题为选择题，第九大题为判断题，中间七道大题全部为民事案例分析题。

试卷三结合了民事以及刑事实体法的考查，除第一大题为主观的简答题外，后面 80 分全部为客观的选择和判断题。

试卷四仍为民事法律与经济法律考查试题，主体以不定项选择为主，仅有最后一道大题，为以三资企业法为考查对象的表格填写题。

1993 年全国律师资格统一考试的重要变革迎合了市场经济建设和高速发展的需要，逐步改变了我国律师资源稀缺的局面。在改革的同时，律师考试也保持了一定的稳定性，因为只有逐步建立符合我国国情和实际需要的，规范化、科学化的律师资格准入制度，才能做到公平、平等、竞争、择优地选拔出社会主义市场经济的法律卫士。

---

① 中国律师资格考试中心："一九九三年全国律师资格考试综述"，载《中国律师》1994 年第 1 期，第 3 页。

1994 年

1. 全国首例律师玩忽职守案

1994 年 7 月 2 日，衡东县人民检察院以玩忽职守罪批准逮捕了曾经声名鹊起的高级律师彭杰，并于同年 8 月 2 日向衡东县人民法院提起公诉。这宗我国首例律师玩忽职守案一时引起轰动。

1995 年 4 月 28 日，衡东县人民法院一审判决彭杰犯玩忽职守罪，判处有期徒刑 3 年。直到 1996 年 5 月 24 日，彭杰二审上诉，法院判决这是一起冤案，他才最终洗脱冤屈。

彭杰律师的锒铛入狱，既是律师开展刑事辩护工作困难、执业风险大的痼疾表现，更是律师身份由"国家的法律工作者"转为"法律服务提供者"，律师作为被告人辩护身份与公、检机关地位对立且处弱势的体现。

彭杰律师曾担任湖南省衡阳市衡阳县司法局局长。在律师制度改革时期，他辞去了局长之职，自愿在法律顾问处转行做起律师。因为在司法局的积淀，他在律师行业很快便崭露头角。

然而正当彭律师踌躇满志之时，却万万没想到因一起普通的刑事辩护代理惹祸上身，甚而身陷囹圄。

1994 年 3 月 12 日，彭杰接受一起故意杀人案被告人杨某光委托，担任他的辩护人。同年 5 月 13 日下午 3 时许，彭杰在衡东县看守所第二预审室单独会见杨某光期间，杨某光多次提出喝水、上厕所的要求。彭杰征得看守所值班干警同意后，应允了他的要求，并亲自跟随。

然而就在一个多小时的会见即将结束的时候，杨某光把辩护词交给彭杰，再次提出要去喝水。这一次彭杰同样应允了，却没有再跟随监视，杨某光乘隙逃脱。

杨某光逃脱当晚，衡东县公安局就宣布对彭律师监视居住，第二天便草率决定对其收容审查。在这之后的检察院决定逮捕、衡东县人民法院一审宣判似乎都是"认真地走了个过场"，彭杰律师"顺利入狱"。

彭杰在律师行业大展宏图的志向没有实现，却从1994年7月2日起开始了长达200余天的铁窗生活（1995年1月26日，彭杰因病取保候审），人身自由受限达700余天。

事后彭律师曾回忆这段身心受创的经历，说："对于我这个当时已经五十六七岁的人来说，精神上、肉体上所遭受的痛苦，可以说是刻骨铭心的。"

彭杰律师的遭遇得到了全国律师界、法学界的关注。

中华全国律师协会也关注了此案，第四次、第五次刑辩会对此案进行了专题研究，并邀请著名法学家余叔通、高铭暄、樊凤林、何秉松等召开专家论证会。他们一致认为律师的职责是为被告的合法权益辩护，看守嫌疑人与律师的职责是不相称的，认定律师犯玩忽职守罪不适当。

湖南省司法厅、律师协会分别就彭杰一案向司法部、中华全国律师协会及有关部门写了专题报告，陈述了案情及意见。著名律师王工、田文昌、王海云等纷纷给予声援，通过各种途径反映问题。司法部编写了《情况反映增刊》，将彭杰一案向党中央、国务院、全国人大常委会及有关部、委、院作了反映。其中，身为全国首届十佳律师的王海云还担任了彭杰二审上诉的辩护人。

这起案件引起主流媒体的强烈反响，《光明日报》《中国律师报》《南方周末》等媒体率先报道，数十家报刊予以转载，全国舆论一片哗然，多数媒体表示关切，并持同情支持态度。

衡阳市第二人民法院判决认为，彭杰在看守所警戒区域内会见在押被告人，对于被告人逃狱虽有疏失，但其行为不构成玩忽职守罪，改判无罪。

此后，彭杰在 1997 年 10 月 18 日向衡阳市中级人民法院申请由衡东县人民检察院和衡东县人民法院对其作出赔偿。恢复自由的彭杰律师日后继续从事律师行业，彭杰案到此便告一段落了。然而它所引发的思考却值得重视。

2. "12·8" 新疆克拉玛依大火案

1994 年 12 月 8 日，在新疆维吾尔自治区克拉玛依市友谊宾馆发生一起特大火灾事故案件，造成 323 人死亡，132 人烧伤致残，社会影响恶劣。在此案件诉讼中，被害人委托的四位律师表现卓越，为遭受巨大伤痛的受害人及其家属讨回公道，对于维护社会稳定、促进立法完善亦有积极作用，展现出律师作为司法工作主体之一的风采和不可替代的价值。

这场火灾发生于 1994 年 12 月 8 日 18 时，当时全市 7 所中学、8 所小学共 15 个规范培训班的学生正在友谊宾馆为前来验收"两基"工作（基本普及九年义务教育、基本扫除青壮年文盲）的领导作汇报演出。但由于宾馆负责人防火意识差，聚光灯电线引燃演出幕布，火势很快成熊熊之势。追究火灾事故发生及组织疏散不力负责人的法律责任成了社会的呼声。

该案进入司法程序后，为被害人代理诉讼的律师是当时在实务界和理论界均声名赫赫，堪称刑法学"梦之队"的四位律师，分别是北京市第十律师事务所赵秉志、陈兴良律师，以及重庆市第三律师事务所邓友天、赵长青律师。

四位律师为代理这起案件，做了大量深入、细致、卓有成效的工作。他们于 1995 年 3 月和 6 月两赴克拉玛依市，"广泛听取了被害者家属的情况反映、意见与要求，查看了案件发生的现场，查阅了全部案卷材料，同有关方面进行了必要的座谈、研讨，进行了认真的分析和研究"。

1995 年 6 月 26 日至 29 日代理律师参加了该案一审，于 6 月 28 日当庭发表了融事实与法律、法理与情理于一体的万余言代理词。这篇代理词开宗明义，首先以事实为依据，阐述"12·8"案件性质、产生危害和本案发生的原因。四位律师认为，本案的危害后果特别严重，造成大量人员伤亡，尤其是伤亡人员以未成年人为主，同时还导致了数千万元乃至上亿元的经济损失。这样的后果与相关负责人的失职行为具有因果关系，被告人应承担相应的刑事责任。并在代理词最后一部分提出了三点认识和建议，以"巩固本案审判之功效"。

对于被告人应被追究刑事责任，被害人代理律师认为应分两种，即重大责任事故罪和玩忽职守罪。阿某某提等友谊宾馆四名主要（直接）负责人违反《消防条例》第 11 条，构成重大责任事故罪；岳某等四名友谊宾馆主管人员，违反消防法规，没有采取积极有效的措施消除火灾隐患，对"12·8"火灾的发生负有领导责任，"12·8"演出组织领导人员赵某秀、况某等四人，违反法定义务，以上十人触犯《刑法》第 187 条，构成玩忽职守罪。

另外，友谊宾馆副主任阿某某提、友谊宾馆当班服务组组长陈某君，以及作为演出组织者、领导者的赵某秀、方某录、况某等，罪责相当严重，且赵某秀、方某录、况某缺乏反悔态度，在适用《刑法》时应从重处罚。

对于被告人的判刑，依据当时《刑法》的规定，重大责任事故罪的最高刑为 7 年，玩忽职守罪为 5 年，被害人认为这样的法定刑偏轻，一度要求通过类推定其他罪或全国人大常委会制定特别法、修改刑法的方式达到增加被告人刑期的目的。一些公民乃至国家政府机关工作人员均表示了最高刑罚过轻的看法。然而，代理律师却并未被这样的言论所动摇，坚定认为目前刑罚确实失之畸轻，但法院判决仍必须依现有

《刑法》判决。四位律师积极帮助被害人充分表达诉求、伸张权利，始终严格恪守罪刑法定原则，坚持《刑法》中明文规定的从旧兼从轻的法律不溯及既往原则，努力与被害人及其家属沟通，推动案件顺利审理，使法律的稳定性、约束性得到保障，推动依法治国的实现。可以说，这四位有着深厚法学理论造诣的律师以实际行动表现了法律人对于法律权威的维护和尊重，推动着我国民主法治进程的发展。

四位代理律师的出色表现得到了委托人的认可，也得到了司法部的高度赞扬，他们情理结合、逻辑严谨、结构清晰的代理词成为许多律师学习的范本。

值得一提的是，这四位律师皆为兼职律师，他们还同时从事学术研究及立法工作。从事兼职律师有助于他们参与实务工作，实现法律实务与理论研究相结合，提升立法水平、促进司法完善。例如，参与此次代理的赵秉志、赵长青就参与了1997年的《刑法》修订工作，玩忽职守罪的最高法定刑也由5年上升为7年。这样的立法完善或许是对克拉玛依市受害人最好的告慰，也是对我国立法完善程序的一个示范。

3. 法律援助制度首次被正式提出

1994年12月26日，司法部向国务院报送由其拟订的《律师法（送审稿）》，其中的一个突出亮点在于探索建立我国的法律援助制度首次在正式文件中被提出。

英国著名法官丹宁勋爵曾言"自第二次世界大战以来，法律方面最重要的革命就是法律援助"。法律援助是当今世界上大多数国家为保证法律的全面、公正实施而确立的一项重要的法律制度，已经成为衡量一国法治发达程度的重要指标。

相较于世界其他国家和地区，我国的律师法律援助制度一度未能有明确的法律条文规范保障。随着我国法律制度的健全，保障每个公民获得法律平等的保护，实现法律实质正义的理念逐步深入人心。物质准备上，律师行业的恢复和高速发展又为建立律师法律援助制度提供了人力资源支持。此外，一些高校和律师的自发法律援助行为也为我国法律援助制度的建立提供了优秀范例。有关资料显示，1992年成立的"武汉大学社会弱者权利保护中心"（2013年已改名为"武汉大学法律援助中心"），是新中国第一家依托高校为社会提供公益服务的民间法律援助机构。该中心成立两年，接待法律咨询数千人次，正式代理案件30件，其中胜诉20件，这使得该中心"为社会弱者免费打官司屡战屡胜"的声名远播。

综上，肖扬同志在1994年年初提出建设中国律师法律援助制度的设想后，在同年12月26日送审的《律师法（送审稿）》中首次正式提出建立我国律师援助法律制度，最终该制度获得通过。

之后，国务院法制局又进一步征求意见，并针对重点问题深入基层进行调查研究，经过反复论证、修改，形成了《律师法（草案）》。肖扬同志针对《律师法（草案）》中的律师救助条款作出解释，草案总结我国一些地方在实践中所取得的经验，并参考一些国家好的做法，明确规定"国家实行法律援助制度"。这项重要制度主要包括两方面的内容：一方面，规定"公民在赡养、扶养、婚姻、工伤事故、劳动争议以及刑事诉讼等方面需要获得律师帮助，但是无力支付律师费用的，可以按照国家规定获得法律援助"。另一方面，规定"律师必须按照国家规定承担法律援助义务，尽职尽责，为受援人提供法律服务"。考虑到我国当时在这方面还缺乏比较完备的经验，草案规定："国家法律援助的具体办法，由国务院司法行政部门制定，国务院批准。"

1994年《律师法（送审稿）》是我国探索和建立法律援助制度法律规范化的起点，最终在1996年颁布的《律师法》中得以确立实施，并在同年修正的《刑事诉讼法》中也有相应体现。

1994 年提出的律师法律援助制度内容十分简单，对于法律援助的具体定义、性质、律师如何履行法律援助义务等缺乏明确答案，其发挥的作用更偏向于"搭架子"，即构建制度理念和政策引领，以体现法律援助制度的建立是我国法制建设完善，公平社会建立的必不可少的制度支柱。对于律师行业而言，建立律师法律救助制度也是对其职责范围的完善，展现了这一职业群体的社会属性、正义追求和伦理特质。通过实施法律援助，社会将转变对律师的认识误区，也缓解了公众对法律用其严谨的逻辑和程序将穷人排斥在外的担忧，提升律师公信力，提升法律认可度。

虽然法律援助制度和律师工作关系密切，其工作效果对社会法制和律师本身均有诸多裨益，但也有部分律师指出将法律援助内容写入《律师法》存在一定的错位问题。例如，北京博华律师事务所周塞军认为，"法律援助问题从本质上来讲和律师制度没有任何关系。但是我们国家目前法律援助制度的唯一的法律依据就恰恰存在于《律师法》之中，应该说这是当时的局限性"。

针对这种观点，2003 年国务院出台的《法律援助条例》对法律援助制度作出了一定调整。在该条例中，法律援助最终被确立为国家责任，这无疑减轻了律师既要以自身技能、经验为弱者提供法律帮助还要为调查取证、准备诉讼材料自掏腰包的经济负担，提升了律师参与法律援助的积极性和持久性。

1995 年

1. 全国首部律师业地方法规出台

1995 年 2 月 24 日，《深圳经济特区律师条例》经深圳市第一届人民代表大会常务委员会第二十八次会议通过，自 1995 年 5 月 1 日起施行，这是我国第一部律师业地方法规。该条例共八章，分别是总则、律师资格与律师执业登记、律师执业机构、律师业务、律师的权利和义务、律师协会、惩戒与法律责任和附则，共 62 条。

过去，律师的身份是国家干部，1995 年《深圳经济特区律师条例》明确地表明律师是法律工作者，并对律师这一没有行政保障的独立市场主体给予充分的法律程序上的保护。例如，该条例第 35 条规定："律师担任刑事辩护人，享有下列权利：（一）查阅、复制本案案卷和有关材料；（二）就本案事实向有关单位、个人进行调查、取证；（三）同在押的被告人单独会见和通信；（四）出席法庭辩护；（五）如果被告人在立案侦查、审查起诉中合法权利受到侵害，有权向法庭陈述侵害事实，出具证据材料；（六）依法获得本案法律文书的副本，复制庭审活动的有关材料；（七）因不可抗力或者意外事件，可以申请人民法院在法定结案的时间内推迟开庭时间；（八）行使法律、法规规定的其他权利。"第 36 条规定："律师以代理人身份代理刑事、民事、行政诉讼或者办理非诉讼法律事务时，凭律师执业证书和律师事务所的调查专用介绍信，有权向国家机关、有关单位和个人调查、取证，查阅、摘录、复制与承办案件有关的材料。"第 37 条规定："律师代理判决已生效的刑事、民事、行政诉讼案件的申诉，有查阅原审案卷的权利；代理刑事申诉时，有同在押犯人单独会见和通信的权利。"

该条例还规定了律师事务所的设立、职权和终止，以及律师协会的职责等，进一步规范了律师团体相关机构的经营管理。例如，该条例第 29 条规定："市律师协会对律师事务所及分所每年进行年审、注册。律师事务所及分所申请年审、注册时，应当提交下列文件：（一）年审、注册申请书；（二）律师事务所执业许可证书及复印件；（三）年度人员、机构、业务工作情况报告；（四）年度财务报告和审计报告；（五）纳税凭证和缴交年审费、注册费、会员费的凭据；（六）提取发展基金证明；（七）律师职业道德和执业纪律自查情况报告；（八）上级司法行政机关要求提交的文件。缺少上述文件的，应当自申请之日起十五日内补交，否则不予年审、注册。"

该条例自实施以来，①对保障深圳市律师权益，推进律师业的发展起到了积极的作用。因此，其既是一部律师权益保障法规，也是一部律师管理的规范法规，更是一部律师业发展的促进法规。作为我国首部律师业地方法规，该地方法规充分反映了广大律师的重大关切与利益诉求，不仅开创了中国律师制度的立法先河，也为《律师法》的立法奠定了基础。

2. 全国首家政府批准设立的市级法律援助机构建立

1995 年 2 月 28 日，广州市法律援助中心获批准建立，并于 11 月 9 日正式挂牌，成为全国首家政府批准设立的法律援助机构。

1995 年 1 月，广州市司法局在总结前两年的律师体制改革和法律援助工作情况之后，在研究新时期的律师改革方案

---

① 该条例于 1997 年、2004 年和 2019 年进行了修改，在律师权利救济、履行社会责任、明确收费指引以防止不正当竞争等方面作出了有益的补充，逐步凸显出深圳特色，为深圳市律师业的发展提供了持久的助力。

中，调整了思路。鉴于前一阶段法律援助工作由律师管理部门具体负责而实际可操作性不强，社会效果不够理想，广州市司法局构思出设立专门管理并办理法律援助业务的律师工作机构的方案，并将其作为律师改革方案的重要内容。在律师改革方案出台的同时，市司法局就向广州市委机构编制委员会提交了《关于成立广州市法律援助处的请示》。

1995 年 2 月，广州市委机构编制委员会正式下文批准在广州市设立法律援助中心。

广州市法律援助中心是广州市政府批准设立，由司法局领导的负责组织实施全市法律援助工作的事业单位，这是全国首家政府批准设立的市级法律援助机构。中心职责是：制定法律援助工作规章、工作标准、规范以及拟订推行法律援助制度的长期规划和年度计划，并组织实施；负责组织、指派律师办理各项法律援助事务；组织开展法律援助业务研究和相关业务成果的推广应用；负责法律援助专职律师队伍建设及教育培训；负责法律援助工作的对外宣传、交流活动；负责统一管理法律援助案件档案资料；负责所属律师事务所的管理；负责法律援助基金使用、管理；承办主管机构交办的其他事项。

广州市法律援助中心的建立意味着，凡广州市民和持有暂住证的外来人员，如遇到法律纷争而因经济困难无法支付聘请律师费用的，均可向广州市法律援助中心申请法律援助。如果申请获得批准，该中心将指派专职律师免费为其解答法律咨询、代写法律文书、代理诉讼、仲裁或办理各类非诉讼法律事务。

广州市法律援助中心位于广州律师楼分布密度最高的仓边路上，地理位置优越，交通便利，办公室共两层，约 500 平方米，办公设备优良先进。中心内设资格审裁部、法律援助事务部、行政事务部等部门。中心的律师包括高级律师、中级律师以及初级律师，并形成以高级律师为领导，中级律师为骨干的最佳结构。

广州法律援助中心承办的第一宗法律援助案件是一起离婚案。家住广州市的某女士身患三级残疾，依靠救济金生活，其丈夫自费留学澳大利亚并取得当地居留权，来信与其离婚。中心指派两名律师上门为该女士提供了法律帮助。

该中心的设立引起海内外的较大反响，我国香港地区法律援助署长赞扬广州法治建设发展飞速，并提出要加强两地法律援助的业务交流，澳门地区司法事务司司长也表达了与中心合作的强烈愿望。

广州市法律援助中心的建立及发展意味着国家在压缩机构编制的形势下拨出专门机构和人员成立援助机构，这也标志着新形势下政府职能的重点在逐步向社会服务和社会保障方面转移。自该法律援助中心成立之后，目前广州市各个区、县级市都有法律援助机构，在工会、青年会、妇联、残联也成立了法律援助处，市法律援助体系逐步形成。

在试点工作的逐步发展与完善中，广州模式逐步成型。广州的法律援助工作形成了统一受理申请、统一审查申请、统一指派律师、统一监督法律援助案件办理情况的"四统一"运作模式。这种模式体现了法律援助主要是一种政府行为的性质。法律援助中心是由政府组建的法律援助的专门机构，拥有自己的专职律师，法律援助中心具有双重职能：既是组织、管理、监督和指导全市法律援助工作的管理机构，又是具体提供法律援助的执业机构。广州法律援助的试点工作积累了丰富的法律援助实践经验，为之后全国法律援助工作的快速发展打下了坚实的实践基础。

3. 全国首家"有限责任赔偿"型律师事务所成立

1995 年 4 月 29 日，潜江市泰阳律师事务所在湖北潜江正式挂牌，这是我国第一家在所接受的法律事务方面与当事人之间实行"有限责任赔偿"的合伙制律师事务所。

潜江市泰阳律师事务所由 3 名取得律师资格的国家公职人员辞去公职后开办的。该所坚持"不要国家经费，不占国家编制"的原则，走"自收自支、自负盈亏、自我约束、自我发展"的道路，并把"当事人的利益高于一切"作为立所的信条。

为了提高律师的工作质量和服务质量，该所实行"有限责任赔偿"制，即在案件审理中，因律师的过错，导致当事人的利益受到损害的，律师要予以经济赔偿。律师事务所承担连带责任。时任湖北省司法厅厅长的鲁德喜对泰阳律师事务所的这一做法予以了充分的肯定。他说："市场经济从一定意义上讲，就是法制经济。"①

潜江市泰阳律师事务所为全省律师工作改革起到重要的带头作用，以自身的制度建设践行了"实行市场经济，不仅要有一个能够灵敏反映市场变化和经济规律的组织，而且要求有一套自律制度健全的中介组织"这一发展方向。作为一个维护正义、讲究信誉的模范事务所，泰阳律师事务所带领一众优秀的事务所为潜江的改革开放和经济建设保驾护航。

4. 司法官员开始退出律师协会

1995 年 4 月，中华全国律师协会开始实行完全由执业律师担任领导职务的改革。

在过去，中国绝大部分律师所在的工作机构叫律师顾问

---

① 王本伦："全省首家'有限责任赔偿'型律师事务所在潜江成立"，载《律师世界》1995 年第 7 期，第 49 页。

处，隶属于司法行政部门。律师则被定位为国家的法律工作者，属于公职人员，律师的职责是为政府、为国家提供法律服务，律师协会的领导均由司法行政机关领导兼任。正如中华全国律师协会副秘书长马国华所说："律师是官身，协会自然也附属于司法行政，司法行政的首长当然是律协的领导。"

1986 年，中华全国律师协会成立，第一任会长就是当时的司法部部长，副会长均是司法部在职的或是将要退职的司局长，而相应的秘书长、副秘书长均是正副局级的机关领导，工作人员则大多是司法行政部门的工作人员。

随着律师由"国家的法律工作者"变为"法律服务提供者"，政府开始加强律师行业管理，律师协会和司法行政机关的机构开始分离。

在中华全国律师协会的引领下，地方律师协会也逐步开始进行行业自律改革。深圳市律师协会是中国最彻底的脱离司法行政机关的律师协会，司法行政机关与其是明确的指导和监督关系，律师协会的党务工作也由以前的司法局党委转到了民营工委，行政关系则由政府专门成立行业协会服务署负责管理，执照也由民政局核发。

执业律师开始担任律师协会领导职务，司法官员逐步退出律师协会，有利于推进律师行业自律，标志着中国律师行业开始向司法行政宏观管理、律师协会具体管理的模式过渡。

5. 我国首起向日本起诉索赔案

1995 年，中国公民耿淳在日本起诉日本鹿岛建设公司并要求赔偿，开启我国在日本起诉索赔的先河。

耿淳，1914 年生，河南省襄城县人，读过 5 年私塾，后来，因闹土匪而沦落为街头买卖旧书的小摊贩。在此过程中，他阅读了大量流经他手的书籍。"七七事变"时，耿淳已是国民党 15 军 64 师的一名军官。

日本侵华战争期间，日本军国主义政府及企业在中国华北地区抓捕中国平民及抗日力量，到日本 135 处企业单位从事集中营式的残酷劳动。其中，被押送到花冈矿山的中国人，穿着单衣、草鞋，在冬天零摄氏度的河水里，每天做十五六个小时的苦役，吃的是只有两个拳头大小的橡子面窝头。劳工耿淳是这些中国劳工的大队长。依据他的证词："粮食黑得像土，硬得像石头，吃后人人腹痛、泻肚，有时一天之内，竟有四五人死去。"身边的难友经常"走着走着就倒下了"，再也没起来。

1945 年 6 月 30 日夜，在耿淳等人的领导下，劳工们打死日本监工，集体逃往附近的狮子森山。当晚，日本警方出动两万军警围捕。第二天，中国劳工或牺牲或被俘。几天后，大馆市的共乐馆广场上，中国劳工被反绑双手，没吃没喝地跪了三天三夜。

最后，被强掳到花冈矿山的 979 名中国劳工中，418 人惨死。领头的大队长耿淳被判处死刑，后改判无期徒刑，其余 12 人被判有期徒刑。后因日本投降，他们幸免于难。①

1989 年 12 月 21 日，耿淳和另外三位花冈惨案的幸存者王敏、张雄国、李介生，在北京饭店举行记者招待会。他们发表了致日本鹿岛建设公司的公开信，要求该公司向花冈惨案幸存者及死难者家属谢罪和作出经济赔偿，并在北京和花冈各建一座纪念馆。

1990 年 6 月 30 日，耿淳等 7 名幸存者及遗属从中国赴日本，举办了花冈事件死难者 45 周年悼念会，并要求日本鹿岛建设公司付给当时中国劳工遗属和生存者每人 50 万日元的赔偿，并建立花冈事件纪念馆。

---

① "花冈：持续 61 年反省战争罪孽的城市"，载《党政论坛（干部文摘）》2013 年第 22 期，第 44~45 页。

1990 年 7 月 5 日，在日本鹿岛建设公司的会议厅里，中国劳工代表与日本鹿岛建设公司就赔偿与谢罪问题进行谈判。在谈判中，日本鹿岛建设公司承认负有"企业责任"，并对中国劳工表示深切的"谢罪"，但赔偿问题悬而未决。

1995 年 6 月 28 日，中国公民耿淳在日本对日本鹿岛建设公司正式提起诉讼，并要求赔偿。

2000 年 12 月，这一曲折的抗争终于赢得了胜利。

中国劳工对日索赔的斗争，不是情绪化的斗争运动，而是对正义和真理的坚定维护。这一跨国诉讼对于捍卫民族尊严、认定历史史实、伸张人类正义有着不可磨减的重大意义。在此诉讼过程中，中国民间战争受害者作为人的尊严得到了国际社会的普遍尊重；同时，也激发了中华民族的凝聚力和中国人民的爱国精神。当时已 93 岁高龄的耿淳，是当今世界上坚持与日本军国主义斗争时间最长、最顽强的斗士，他展示了一个中国人应有的骨气和为民族、为正义而斗争的不屈不挠的精神。

在索赔诉讼过程中，一些日本律师、日本友好的政党、学界和媒体人对中国受害者给予了大力支持，这对推动日本反省战争责任，促进两国之间发展和平友好关系有重要作用。尤其是很多日本律师，他们站在正义一方，以其专业的技术水平为中国劳工提供了帮助，中国律师也在合作中不断学习和实践，技能水平逐渐成熟，为之后在慰安妇案、化学武器案、细菌战案等多类型的案件中充当重要角色奠定了基础。两国律师共同作出的不懈努力，对于区别国家赔款权和个人索赔权，发展国际人道主义法和国际人权法，最终推动世界和平具有里程碑式的意义。

1996 年

1.《律师法》颁布

1996 年 5 月 15 日，第八届全国人民代表大会常务委员会第十九次会议通过了《律师法》，自 1997 年 1 月 1 日起实施。同时宣告，1980 年 8 月 26 日第五届全国人民代表大会常务委员会第十五次会议通过的《律师暂行条例》废止。

1995 年 10 月 23 日，时任司法部部长的肖扬在作《关于〈中华人民共和国律师法（草案）〉》时指出："1980 年制定的《律师暂行条例》对我国律师制度的恢复和发展，起了积极作用。随着改革开放的不断发展，我国的政治生活、经济生活和社会生活发生了很大变化。近几年来，党中央、国务院对律师工作作了许多重要指示，提出了新的要求，对在新的形势下，特别是在建立社会主义市场经济体制过程中如何开展律师工作，具有重要指导意义。随着律师队伍的壮大，律师业务范围的拓宽，律师执业中产业的新问题也随之增多。为了加强对律师的管理，保障律师的权利，促使律师履行义务，恪守职业道德和执业纪律，维护法律的正确实施和当事人的合法权益，更好地为社会提供法律服务，在总结《律师暂行条例》实施 15 年来实践经验的基础上，制定律师法，是迫切需要的。"

我国 1996 年《律师法》共八章 53 条，对律师执业条件、律师事务所、执业律师的业务、执业律师的权利和义务、律师协会、法律援助以及法律责任等作了较为全面的规定。与我国《律师暂行条例》相比，突出的变化主要体现在以下六个方面。①

（1）律师的角色定位由条例规定的"国家的法律工作者"修正为"为社会提供法律服务的执业人员"。因为如果将律师的角色定位为"国家的法律工作者"，那么律师从事的业务活动就应被视为一种国家管理活动，而事实上，律师既非国家执法人员，亦非国家管理人员，而只是以丰富的法律知识、娴熟的专业技能向社会提供法律服务的专业人员。因此，《律师法》的这一规定克服了旧有的局限。

（2）律师执业条件更加严格，即在条例"经考核合格取得律师资格"的基础上，排除了非法律专业和法律专业大专以下学历的人员通过考核取得律师资格的可能性，并将审批权限控制在国务院司法行政部门，从而既可保证律师队伍的素质，又有利于吸收更高层次人员加入律师行列。

（3）首次明文规定"律师担任各级人民代表大会常务委员会组成人员期间，不得执业"，防止其利用身份和职权影响公正审判和由此可能带来的其他干扰，保证律师执业的社会功能得以正常发挥。

（4）废除了条例中确立的"法律顾问处"这一机构名称，变革为"律师事务所"，在名称上与国际接轨。②

（5）《律师法》在条例的基础上，对律师的权利、义务进行了完善，如增加了律师代理行政诉讼以及各类诉讼案件的申诉等业务。另外，值得注意的是，《律师法》第 25 条结合我国《刑事诉讼法》对律师制度进行了重大改革，增加了律

---

① 彭雪峰："律师事业发展的新篇章——《律师法》与《律师暂行条例》的比较和认识"，载《中国律师》1996 年第 7 期，第 25~26 页。

② 周纳新女士曾回忆道："与外国律师接触多了，律师们才知道人家的机构都叫律师事务所，于是纷纷要求改名。北京市司法局听从了大家的意见，决定改名，把顾问处大排行，分别改为北京市第一、第二……律师事务所，另外还有侨务律师事务所和对外律师事务所。"参见李秀平："律师改制十五年"，载《法律与生活》2003 年第 23 期，第 3 页。

师"接受刑事案件犯罪嫌疑人的聘请，为其提供法律咨询，代理申诉、控告、申请取保候审"等业务内容，体现了律师在刑事辩护工作中的地位和作用的提高和加强，为律师在刑事诉讼领域拓展业务提供了新的机遇、新的挑战。同时，《律师法》第 29 条第 2 款明文规定，"……委托事项违法，委托人利用律师提供的服务从事违法活动或者委托人隐瞒事实的，律师有权拒绝辩护或代理"。第 32 条还增加了律师在执业活动中的人身权利不受侵犯的规定。

（6）《律师法》第 41 条规定："公民在赡养、工伤、刑事诉讼、请求国家赔偿和请求依法发给抚恤金等方面需要获得律师帮助，但是无力支付律师费用的，可以按照国家规定获得法律援助。"第 42 条规定："律师必须按照国家规定承担法律援助义务，尽职尽责，为受援人提供法律服务。"[①]

有的学者认为，《律师法》的制定，"标志着我国律师大业又迎来了一个新的春天。它是我国民主与法制建设的巨大成就。就律师事业来讲，它对于纯洁律师队伍，明晰执法环境，净化法律，服务市场，完善律师制度，推进我国民主政治，保障律师依法执业，维护律师合法权益，促进国际不同社会制度中的律师界乃至法律界的交流与合作，都是一个全新的里程碑"。[②]

---

① 1996 年 3 月 17 日，第八届全国人民代表大会第四次会议对 1979 年 7 月 1 日第五届全国人民代表大会第二次会议通过的《刑事诉讼法》进行了第一次修正。其第 34 条明文规定："公诉人出庭公诉的案件，被告人因经济困难或者其他原因没有委托辩护人的，人民法院可以指定承担法律援助义务的律师为其提供辩护。被告人是盲、聋、哑或者未成年人而没有委托辩护人的，人民法院应当指定承担法律援助义务的律师为其提供辩护。被告人可能被判处死刑而没有委托辩护人的，人民法院应当指定承担法律援助义务的律师为其提供辩护。"
② 王凤岐："律师法完善了对我国律师制度和诉讼制度"，载《当代法学》1996 年第 6 期，第 28 页。

2. 全国首家省级法律援助机构挂牌成立

1996 年 5 月 31 日，四川省法律援助中心经编制部门批准在成都市上翔街 24 号成立，这是全国最早成立的省级法律援助机构。

成立之初，该中心就向社会承诺："我省行政区域内生活收入水平在当地政府确定的贫困线以下的公民，当地政府或体改委确定的特困企业，以及刑事犯罪案件中的未成年人和有严重生理缺陷的人，可得到减、免费用的法律帮助。"①

1994 年 1 月 3 日，时任司法部部长、党组书记肖扬同志在一份律师工作的材料上第一次正式提出建立中国特色法律援助制度的设想。

1995 年 2 月 28 日，广州市法律援助中心获批准建立，并于同年 11 月 19 日正式挂牌，成为全国最早的法律援助机构。

1996 年 3 月 7 日，司法部党组研究决定，成立国家法律援助中心筹备组、司法部司法应用科学研究所筹备组，并任命宫晓冰同志为该两个筹备组的负责人。

1996 年 6 月 3 日，司法部下发了《关于迅速建立法律援助机构开展法律援助工作的通知》，该通知指出，"各省、自治区、直辖市司法厅（局）要根据今年一月全国司法厅（局）长会议的有关精神，报请当地党政领导同意，并争取有关部门支持，尽快建立相应的法律援助工作管理机构，制定本地区未来五年法律援助工作的总体计划及实施方案。各直辖市、省会城市、计划单列市以及有条件的中等以上城市的司法行政机关，要报请当地党政领导同意，尽快建立起为本地区提供法律援助的机构，参考有关地方的试点办法，结合本地区的实际情况，迅速开展所辖区域内的法律援助工作。"

---

① 张勇："无钱照样打官司"，载《经营管理者》1997 年第 5 期，第 53 页。

1996 年 11 月 18 日至 21 日，司法部法律援助中心筹备组与司法部法制司在广州市召开了首次全国法律援助工作经验交流暨理论研讨会。

1996 年 12 月 18 日，中央机构编制委员会办公室批复同意成立司法部法律援助中心。

从我国法律援助机构建立的历史考察，其并没有采取"先中央、后地方"这种自上而下的方式，而是形成"先地方、后中央"这一自下而上的现实格局。

四川省法律援助中心在司法部《关于迅速建立法律援助机构开展法律援助工作的通知》这一文件之前率先建立，颇具改革创新精神，亦为其他省、自治区、直辖市建立法律援助中心提供了宝贵的经验。在省级层面建立法律援助机构，有效连接了中央法律援助机构和各地市法律援助机构：一方面能够有效贯彻中央法律援助机构制定的工作方针、政策和决定；另一方面能够结合实际，研究起草各省有关法律援助工作的法律、法规、规章及规范性文件，编制法律援助工作的中长期规划、年度工作计划，并组织实施，有效指导各地市法律援助机构的建立和工作开展，为律师承担各层面的法律援助案件提供平台和渠道，朝着"社会公正"和"人人平等"的目标更进一步！

3.《兼职从事律师职业人员管理办法》颁布

1996 年 11 月 25 日，司法部颁布了《兼职从事律师职业人员管理办法》，自 1997 年 1 月 1 日起施行，并明文宣告，1984 年司法部发布的《兼职律师和特邀律师管理办法》和1986 年司法部发布的《兼职律师和特邀律师管理办法的补充规定》同时废止。

《兼职从事律师职业人员管理办法》共 17 条，对兼职律师的申请条件、执业限定以及报酬等事项作了规定。与《兼职律师和特邀律师管理办法》《兼职律师和特邀律师管理办法的补充规定》相比，其突出的变化主要体现在以下三个方面：

（1）对兼职从事律师职业人员作出明确界定，即取得律师资格和律师执业证书，不脱离本职工作从事律师职业的人员。

（2）对兼职律师的人员来源作了限定。在《兼职从事律师职业人员管理办法》颁布之前，不仅相当一部分法律院系、研究机构的专业人员成为兼职律师，而且一大批政府机关、社会团体、企事业单位的现职工作人员及有些离、退休人员也走进了兼职律师队伍。《兼职从事律师职业人员管理办法》将其限定在"法学院校（系）、法学研究单位从事教学、研究工作的人员"。

（3）设定更为严格的申请条件。按照《兼职律师和特邀律师管理办法》的规定，"符合《中华人民共和国律师暂行条例》第二章第八条规定，而又不能脱离本职工作的人员，由本人申请和所在单位同意，经省、自治区、直辖市司法厅（局）考核批准，并报司法部备案，可取得律师资格，担任兼职律师"。《兼职从事律师职业人员管理办法》在此基础上增加了许多限制条件，如"申请兼职从事律师职业的人员，应当在拟加入的律师事务所实习一年""与律师事务所签订的聘用协议"等。

但是由于多方面的原因，《兼职从事律师职业人员管理办法》并没有得以严格执行。同时由于来源广泛，人员过多、业务素质参差不齐，管理工作难度大等原因，兼职律师队伍也出现了一些问题，诸如有的兼职人员损害了国家工作人员的形象，有的兼职人员对所在政府机关、企事业单位的正常工作造成了一定的冲击，有的兼职人员法律服务质量差等。

为此，2003 年司法部按照新规定，在全国范围对兼职律师队伍进行了一次清理与规范。据有关统计资料，清理与规范以前，全国共有兼职律师 10 738 名，清理与规范后减为

6850 名，占全国律师总数的 6.4%。可以看出，我国兼职律师的发展经历了一个在人数上从鼓励到限制，在条件上从宽泛到严格，在职业上从多种职业都可兼职到限定为法学院校（系）、法学研究机构专业人员才可兼职的过程。①

《兼职从事律师职业人员管理办法》的颁布，对于当时加强兼职律师管理、优化律师队伍建设以及保护兼职律师的合法权益起到了至关重要的作用，是兼职律师的行动指引，亦为兼职律师的约束指南！

1997 年

1. 河南省律师郑永军、熊庭富涉嫌包庇案

1997 年 1 月 2 日，《律师法》和修改后的《刑事诉讼法》生效后的第一个工作日，信阳金誉律师事务所律师郑永军、熊庭富因为在法庭上为当事人作无罪辩护而被控方检察官以涉嫌包庇为由刑事拘留。

几天前，信阳金誉律师事务所的主任郑永军和律师熊庭富，还在信阳市人民法院与作为公诉人的信阳市人民检察院检察官坐在平等的位置上，转眼间却成了"犯罪嫌疑人"。这一突变正是源于两位律师代理的吴某春挪用公款案。

被告人吴某春是国营 694 厂的财务科科长兼信阳地区建设银行营业部 694 厂代办点的负责人。1995 年 8 月，信阳地区建设公司欲从兰州通用机械厂购买打柱机一部，价值 64 万

---

① 顾永忠："关于兼职律师制度存废之我见"，载《中国司法》2005 年第 4 期，第 33~36 页。

元。合同签订后，总经理鼓励职工全方位筹款。在此之前，公司以业务员李某的名义在建设银行营业部 694 厂代办点开立过一个账户，但仅有存款 886 元。李某找到代办点负责人吴某春，请求吴某春帮助贷款。吴某春便为信阳地区建设公司透支 15.7 万元并通过李某的账户将此款汇往兰州。

1996 年 11 月 11 日，信阳市人民检察院以挪用公款罪对吴某春提起公诉。1996 年 12 月 23 日，吴某春挪用公款案在信阳市人民法院开庭审理。法庭上，控辩双方的争议焦点集中在信阳地区建设公司的企业性质上。检察院认为，信阳地区建设公司名为集体所有制企业实为个人合伙企业。而信阳地区建设公司若被认定为个人合伙企业，吴某春挪用公款是归个人使用，则其构成犯罪。若信阳地区建设公司系集体所有制企业，则吴某春挪用公款并非为个人使用，则其不构成犯罪。两位律师向法庭出示了信阳地区工商局认定该企业为集体所有制企业的"年检登记手续"及工商局开具的证明信阳地区建设公司为集体所有制企业的证明，并据此为吴某春作了无罪辩护。公诉人与辩护人双方言辞激烈，法官宣布休庭。

1997 年 1 月 2 日，郑永军和熊庭富被带到了信阳市人民检察院，理由是两位律师向法庭提交的信阳地区工商局出具的证明是伪证。两位律师据理力争，加之证明上所盖工商局的公章确实是真的。伪证罪无法成立，当晚 8 时许，检察院又以"包庇"嫌疑将两位律师刑事拘留，关进了信阳市看守所。后经调查，两位律师向法庭提交的证明系被告人的堂弟吴某托私人关系开具的，与两位律师无关。1997 年 2 月 7 日，郑永军律师被取保候审，4 天后，熊庭富律师被取保候审。两位律师在分别被关押 6 天和 10 天后，终于走出看守所。

1997 年 2 月 26 日，信阳市人民检察院向两位律师宣布了《撤销案件决定书》，称："根据《中华人民共和国刑事诉讼法》第 15 条第 1 项、第 153 条之规定，决定撤销郑永军、熊庭富包庇一案。"虽然宣布撤销案件，但决定书援引 1997 年施行的《刑事诉讼法》第 15 条第 1 项规定，"情节显著轻微、危害不大，不认为是犯罪的"而不追究刑事责任。律师对该条的引用提出异议，他们认为："本来就没有违法行为，根本谈不上情节显著轻微、危害不大。"检察院于是又于 1997 年 4 月 1 日送达了另一份《撤销案件决定书》，删去了《刑事诉讼法》第 15 条第 1 项的引用。

人虽然放出来了，但故事并未就此结束。1997 年 3 月 25 日，郑永军和熊庭富向信阳地区检察分院递交了一份控告状，请求追究相关人员的责任并赔偿损失。1997 年 5 月 16 日，时任中共河南省信阳地委副书记兼地委政法委书记张本乐在信阳市主持召开了"信阳市人民检察院正式赔礼道歉会"，向两位律师赔礼道歉。①

郑永军、熊庭富涉嫌包庇案是一起典型的侵害律师合法执业权益的案件。这类案件的发生影响的不仅是某个律师，还对其他律师承办同类案件造成了影响，破坏了律师业务的均衡发展，影响社会稳定。律师作为维护当事人合法权益的法律工作者，如果自己的合法权益都保护不了，将严重影响当事人对我国司法公正的信任，不利于我国民主与法治建设的顺利进行。

2. 国家法律援助中心第一案

1997 年 2 月 28 日，司法部法律援助中心指定四川省东方律师事务所董绪公律师，作为蔡先理因救火烧伤索赔案的法律援助代理人，为四川民工蔡先理提供法律援助。这是中国最高法律援助机构成立以来受理的第一例法律援助案。

---

① 参见齐祥春："1997：律师被拘第一案始末"，载《法律与生活》1998 年第 2 期，第 16~17 页。

受援助人是一位普通的民工，他叫蔡先理，是四川万县市五桥区白羊镇农民。1996 年 8 月，蔡先理来到北京一处建筑工地打工。1997 年 1 月 1 日晚，工地油漆库房起火，蔡先理在扑救过程中因突发化学品爆炸全身着火，后经工友奋力扑救，蔡先理身上的火终于被扑灭，但人已经面目全非，不省人事。工头赵军勇赶到现场后与其他民工一起将蔡先理送往医院。在前后支付了蔡先理 4500 元医药费后，赵军勇称其已无力支付，扔下蔡先理不管。无奈之下，蔡先理只能选择回家。1997 年 1 月 8 日，尚未脱离生命危险的蔡先理被同乡工友用担架抬上了北京开往武昌的列车。了解蔡先理的情况后，列车播音员通过广播将蔡先理的遭遇传到了每个车厢。包括武汉市副市长张代重在内的乘客纷纷伸出友爱之手，而且张代重当即决定由武汉地区的医院免费救治蔡先理。后经媒体报道，蔡先理的遭遇引发了全国关注，其中就包括董绪公律师。

看到媒体报道后，董绪公立即决定通过法律途径帮助蔡先理讨回公道，他向司法部法律援助中心提出申请为蔡先理提供法律援助，中心主任宫晓冰亲自手书了指定董绪公作为蔡先理因救火烧伤索赔案的法律援助承办律师的指令函。

董绪公律师拥有四川大学法学硕士学位，具有 12 年的法律工作经历，办理过大小数百个案件，时任四川省东方律师事务所主任。

经过董律师的努力，尽管蔡先理没有与用人单位签订书面合同，然而事实胜于雄辩，在诸多证据之下，包工头无从抵赖，赔偿了蔡先理的经济损失。董律师分析说，"蔡先理事件"具有全国典型性。蔡先理与用人单位之间存在事实上的劳务关系，但双方没有按有关规定签订书面合同，劳务行为没有置于国家劳动部门的管理和劳动法的监督约束之下。这种现象当时在全国大量存在，一旦发生纠纷和事故，往往是作为劳动者的民工的合法权益得不到保护。①

"蔡先理事件"不仅引发了全社会对农民工合法权益保护问题的关注，推动了《劳动法》等相关法律的完善，更重要的是，蔡先理法律援助案成为我国法律援助制度的里程碑事件，我国的法律援助事业就此拉开帷幕。至此我国的法律援助制度走上了不断完善、飞速发展的道路。②

3. 中国法律援助基金会成立暨司法部法律援助中心揭牌大会在京召开

1997 年 5 月 26 日，中国法律援助基金会成立暨司法部法律援助中心揭牌大会在北京人民大会堂召开。大会由时任司法部副部长张耕主持，时任司法部部长肖扬、中国法律援助基金会会长邹瑜分别作了讲话。

据大会介绍，司法部于 1994 年首次公开提出建立中国法律援助制度的设想；次年 1 月，又正式提出建立中国法律援助制度，并开始了一些地方的试点，1996 年《刑事诉讼法》《律师法》相继颁布，正式确立了我国法律援助制度的法律地位。为保证"两法"顺利实施，司法部党组于 1996 年 3 月批准成

① 黎大东："中国法律援助第一案"，载《记者观察》1997 年第 5 期，第 18~19 页。

② 2001 年，四川省在全国率先通过并实施了《四川省法律援助条例》；2003 年，国务院颁布了我国第一部《法律援助条例》；2004 年，全国法律援助机构工作人员首次破万；2005 年，中央首次拨付 5000 万元专款补助地方办理法律援助案件；2006 年，国务院 5 号文件将农民工列为法律援助重点对象；2007 年，各地积极建立完善法律援助制度实施的若干工作制度；2008 年，法律援助案件大幅增长，比 2007 年增加 30.2%；2009 年，全国受到法律援助的人数超过 70 万人；2010 年，法律援助标准确立，法律援助经费总额达到 10.12 亿元；2011 年，司法部决定扩大法律援助覆盖面，全年办理法律援助案件超过 80 万件；2012 年，司法部通过《办理法律援助案件程序规定》，全年办理法律援助案件首次突破百万件。至此，中国的法律援助之路从《法律援助条例》通过之日起已走过十年，而距蔡先理法律援助案已过去十五年。

立法律援助中心备案组，同时向中央编委办公室、中国人民银行申请成立"司法部法律援助中心"和"中国法律援助基金会"，经多方努力，司法部法律援助中心经中央编委办公室批准于 1996 年 12 月 18 日正式成立；中国法律援助基金会经国务院总理李鹏批准于 1997 年 3 月 6 日正式成立。

大会总结了三年多来我国的法律援助工作取得的成绩。法律援助的业务范围从刑事诉讼领域已扩展到民事诉讼及行政诉讼领域；法律援助的受援对象从单纯的贫困者和刑事被告人，扩大到盲、聋、哑等特殊社会群体；法律援助行为已从自发、分散的律师道义行为，发展成包括律师、公证员、继承法律工作者在内的广大法律服务工作者依照有关法律制度规定履行职责的规范行为。

中国法律援助基金会、司法部法律援助中心的成立标志着中国建立和实施法律援助制度已迈出了实质性的一步。[①] 法律援助基金会的成立为法律援助工作提供了稳定的资金支持，有利于法律援助制度的可持续发展；司法部法律援助中心的成立使得全国法律援助工作有了专门的领导和支撑机构，有利于全国法律援助工作的统一、有序开展。

建立和实施法律援助制度是实现"法律面前人人平等"原则的重要机制，是一项功在当代、利在千秋的事业。法律援助制度的日渐完善激励着越来越多的律师加入法律援助的队伍，增强了律师的社会责任感，提升了律师群体的社会形象。

4．律师伪证罪入刑

1997 年 10 月 1 日，新修订的《刑法》实施。其第 306 条规定："在刑事诉讼中，辩护人、诉讼代理人毁灭、伪造证据，帮助当事人毁灭、伪造证据，威胁、引诱证人违背事实

---

① 赵海鸥："立千秋功业，助万家贫弱——中国法律援助基金会成立暨司法部法律援助中心揭牌大会在京召开"，载《当代司法》1997 年第 7 期，第 6 页。

改变证言或者作伪证的，处三年以下有期徒刑或者拘役；情节严重的，处三年以上七年以下有期徒刑。"由于该条主要针对的是律师群体，该罪名俗称"律师伪证罪"。

自立法伊始，法律界就对律师伪证罪条文进行了广泛讨论，其中绝大多数讨论者认为，刑法的律师伪证罪条文导致刑事辩护生态环境恶化，多数律师不敢介入刑事案件，刑事辩护效率低下，从而使犯罪嫌疑人、被告人的诉讼权利无法得到有效保障，认为1997年《刑法》的这一条有恶法之嫌。[①]而且，关于律师伪证罪的规定在一定程度上加剧了司法机关任意对律师进行追诉的可能性。一些司法者的理念一直将律师视为对立方。[②] 仅在1997年《刑法》实施的当年，湖南岳阳市刘正清律师、黑龙江王一冰律师、湖南罗光佑律师、山西付爱勤律师等人就落入了第306条的规制范围。[③]

基于律师伪证罪给刑事辩护律师带来的执业风险的增加，对律师在刑事诉讼中的自我保护的探讨成为热议的话题。[④] 也有学者认为，律师伪证罪入刑后，律师被抓的现象呈现一种不正常的增加趋势。对1997年《刑法》第306条应做积极的理解，而不应作为"司法情绪化"的一种工具，把刑事辩护工作当作对立面。[⑤]

1997年《刑法》第306条规定律师伪证罪的初衷是为了规范律师的执业行为，但1997年《刑法》实施后律师因此罪

① 张兆凯等："律师伪证罪应当存而慎用"，载《法学杂志》2009年第3期，第108页。

② 王永杰："律师伪证罪的存废之争"，载《复旦学报（社会科学版）》2011年第4期，第112页。

③ 张兆凯等："律师伪证罪应当存而慎用"，载《法学杂志》2009年第3期，第109页。

④ 参见杭正亚："律师在刑事诉讼中的风险与自我保护"，载《中国律师》1999年第12期，第43~44页。

⑤ 薛济民："新刑法实施呼唤司法公正——新刑法实施后的刑事辩护座谈会纪要"，载《中国律师》1999年第1期。

获刑案件的不断发生，不可避免地影响到律师行业的业务选择，从事刑事辩护的律师数量出现缩减，律师面对刑事辩护格外谨慎的态度也影响了刑事被告人的权益保护。

1998 年

1. 司法部命名表彰首批部级"文明律师事务所"

1998 年 5 月 8 日，司法部通过在京召开的全国电视电话会议，隆重命名表彰首批部级"文明律师事务所"。

"文明律师事务所"评审工作由时任司法部部长的肖扬同志在 1996 年 9 月 26 日的司法部进一步加强律师队伍建设的电视电话会议上提出。在讲话中他要求司法部制订"文明律师事务所"评选方案，评选标准要具体量化，使之更具可操作性。各地要根据司法部的方案、在调查研究的基础上，从实际情况出发，制定出本地开展"文明律师事务所"评选活动的具体办法。肖扬同志提出了评选"文明律师事务所"的五项基本要求，即"素质高""形象好""管理强""效益好""设备先进"。

司法部于 1997 年下半年在全国范围内开展创建"文明律师事务所"活动，将队伍建设、业务建设、制度建设、规范管理等方面作为考核对象。各省、自治区、直辖市在创建、评选"文明律师事务所"的基础上，向司法部推荐，由司法部考核确定我国首批部级"文明律师事务所"。

1998 年受到司法部表彰的"文明律师事务所"共二十家，分别是北京君合律师事务所、北京天元律师事务所、北京中伦律师事务所、北京金杜律师事务所、北京共和律师事务所、广东格林律师事务所、浙江星韵律师事务所、四川英济律师事务所、江苏同仁律师事务所、北京大成律师事务所、广东广信律师事务所、上海新华律师事务所、辽宁申扬律师事务所、山东琴岛律师事务所、湖北得伟律师事务所、吉林长春律师事务所、河南金研师事务所、上海华亭律师事务所、湖南骄阳律师事务所、湖南恒益律师事务所①。

二十家律师事务所纷纷留言表示，获得司法部表彰他们感到光荣，同时会戒骄戒躁，将职业文明建设作为律师事务所发展的根基。北京君合律师事务所留言道："君子之合，兢兢业业"；北京天元律师事务所留言道："敬事而信，天元准则；敬事而信，天元理念"；广东广信律师事务所则表示，希望借由此奖项加强社会对律师事务所的认可，增强对律师工作的支持。②

时任司法部部长高昌礼倡导③，未来律师事务所要走规模化、高层次的发展道路，要建设一批高素质、实力强、信誉好、有较大规模的律师事务所；要通过创建"文明律师事务所"活动，狠抓律师队伍精神文明建设，大张旗鼓地宣传"文明律师事务所"的先进事迹，在律师界形成学先进、赶先进、创先进的良好风气；要抓住机遇，不断拓展律师业务领域，充分发挥律师在经济建设和实现依法治国方略中的作用。力争到 21 世纪初，把 1/3 左右的律师事务所建设成为部级"文明律师事务所"，并通过创建活动，真正把律师队伍建设成为一支政治坚定、业务精通、道德高尚、服务优质、纪律严明、

---

① 赵海鸥："创建文明律所 迈向更高层次——首批部级文明律师事务所命名表彰会议在京召开"，载《当代司法》1998 年第 6 期，第 12 页。

② 中国律师编辑部："首批部级文明律师事务所"，载《中国律师》1998 年第 7 期，第 6~8 页。

③ 1998 年 3 月，由高昌礼接替肖扬担任司法部部长。

清正廉洁的党和人民信赖的高素质的队伍。①

各地方司法厅积极落实司法部要求，纷纷评选出本省、自治区、直辖市的"文明律师事务所"和"文明公证处"。

律师作为倡导民主、维护法纪的重要主体，其职业道德水平不仅影响自身和所在律所的发展，更直接影响我国法治社会建设进程，因此应当予以充分重视。特别是进入 20 世纪 90 年代后，律师事务所的管理更加自主化，律师逐步完成从"单位人"向"社会人"的转化，这要求律师有更强的自律能力，以免被诱惑腐蚀，违反法律法规。

诚如广东广信律师事务所所言，这次表彰大会对于律师文明工程建设是一个开端和契机。但应指出的是，律师事务所的文明建设和规范管理更应依赖于行业自治，而不是司法部等行政部门的管理。因此，"文明律师事务所"的表彰更应被看作是国家对于律师行业的高度重视和发展要求，而律师事务所真正的规范管理则更应通过全国和各级律师协会的制度完善和职能健全来实现。

2. 首家以自然人姓名命名的国资所开业

1998 年 7 月 8 日，王海云律师事务所在吉林省长春市白菊大厦宣布开业，这是我国首家以个人姓名命名的国有制律师事务所。

曾几何时，吉林省四平市和长春市都提出以"全国首届优秀律师"王海云的姓名命名律师事务所的想法，以借由他的形象为律师界树立模范与典型，响应司法部加强律师行业文明建设的要求。

对于两市司法局均提出希望在本市开办王海云律师事务所的想法，吉林省司法局最终认同长春市的意见，认为不应

---

① 赵海鸥："创建文明律所 迈向更高层次——首批部级文明律师事务所命名表彰会议在京召开"，载《当代司法》1998 年第 6 期，第 12 页。

因王海云就职于四平市就将他局限于当地，长春市作为省会城市，更有利于传播王海云精神，扩大他的影响。

王海云律师何许人也？为何四平市和长春市司法局争相以他的姓名命名律师事务所？

王海云，1936 年出生于辽宁省一个普通农民家庭。21岁时，他曾怀着文学梦报考吉林大学中文系，却阴差阳错地被法律系录取，从此与法律结下了不解之缘。他曾被打成"反动分子"，1980 年拨乱反正后，他仍毅然选择了律师行业，这一干就是一辈子。

他办过的案子无数，其中既有帮助弱势群体申诉权利的，也有帮助地方企业同政府违法行政行为作斗争的，更有为受冤入狱的律师同行洗清冤屈的。他二十余年的律师从业生涯自然也遇到过种种艰难，但他始终坚持维护当事人的权益、忠诚于公平正义和法律尊严。凭借于此，他获得了来自委托人、律师同行以及司法工作者的赞扬和尊重。

王海云是律师界的楷模，以他的名字命名律师事务所，能将他的精神更加广泛地向律师们宣扬、普及。在王海云律师事务所开业那天，有人见到了一份由王海云亲手书写的几句话：作为自然人，"王海云"三个字当属于我本人，因为王海云所派生出来的民事法律关系，属于王海云及其直系亲属，但以"王海云"三个字命名的事务所，将永远属于律师事业……我及我的亲属将把这种无形资产，永远当作整个社会的资产、整个律师事业的资产。①

作为我国首个以个人姓名命名的国资所，王海云律师事务所在组织形式、管理方式上其实是落后于社会发展的，②这

---

① 齐祥春："全国首家以个人姓名命名的国资律师所在长春成立"，载《中国律师》1998 年第 10 期，第 47 页。

② 1996 年《律师法》明确我国律师事务所按产权所有制形式分为国资所、合作所和合伙所。随着市场经济的政策确立以及社会导向，司法部门和律师越加青睐于合伙制的组织形式，而存在管理过死、业务量少、硬件差等多种弊病的

一律所的成立似乎是为了呼应当年司法部提出要大力加强全国律师文明建设的政策要求。其对于律师行业的主要意义在于，司法部通过树立典型优秀律师形象、给予名誉奖励，提升律师行业的职业道德水平。

3. 广播电视大学、职工大学、党校从事法学教学工作的人员可以申请兼职律师

1998 年 5 月 13 日，司法部下发《关于河北省电大、职大、党校从事法学教学工作人员申请兼职律师的批复》，内容为：经国家教育行政部门批准单独设立的广播电视大学、职工大学以及省、自治区、直辖市以上党委所属党校在编的法学专业教师，取得律师资格后，可按司法部《兼职从事律师职业人员管理办法》的规定，从事兼职律师工作。

从司法部的这一批复可见，广播电视大学、职工大学、党校的法学教师从事律师兼职工作参照的是高校法学教师审核条件。随着我国律师行业的发展壮大，相较于律师制度恢复初期律师从业人数已有了质的飞跃，那么，当初为弥补律师人才匮乏、允许其他行业人员从事兼职律师的权宜做法是否应停止？其中一个备受关注的群体就是高校法学教育工作者。

部分学者认为，高校法学教师不应从事兼职律师行业。原因有三：第一，职业身份冲突，作为高校法学教师，领受国家薪金，天职是教授学生，但若允许其从事兼职律师，其工作重心很难保证不会转移到兼职工作中，对教导学生的工作会有所偏废。第二，法学教育者应有超越性、自主性和公

（接上页）国资所已逐渐被社会抛弃，各地国资所纷纷转制，仅在经济欠发达地区仍保留一定数量的国资所。王海云律师事务所也意识到国资所存在的弊病，因而在管理上作出调整，王海云提出了按工作绩效发给律师工资的管理方式，但他同时规定自己挣全所人员的平均工资。

共性的思想平台，作出独立、公正的学术研究，但从事兼职律师工作，很难保证其在思想上仍能保持中立，特别是从事兼职律师参与辩护工作，使得教师的观点难免偏向被告人，思想公允受到质疑。他们提出"有些学者缺乏独立的人格、思想与行为，所发言论有失公允，所提修法观点多有偏颇，循言论的背后往往可以揪出兼业的尾巴①"。第三，从事兼职律师工作，他们难以潜心修学。而赞同者则认为教师从事兼职律师有助于他们了解法律实务，从实证角度提供研究思路，对学生的教育也更加全面。另外，他们认为，仅靠禁止从业才能使法学教师专心学问、钻研学术的看法是不现实的。更重要的是，若法学教师不适合从事兼职律师工作，其他行业为什么适合。

其时我国律师从业人数仍难以满足人民群众的法律服务需求，特别是对外开放程度加深以及依法治国基本方略的提出，更是增加了律师数量和服务质量的需求。因此，法学教师从事兼职律师在当时仍具有不可替代的积极意义，司法部的态度也印证了此种观点。

我国《兼职从事律师职业人员管理办法》内容较为简单，对法学教师禁止从业条款仅为"不得接受与本人工作单位有利害关系的案件的对方当事人委托，担任代理人"，我国应该加强规范高校法学教师兼职从事律师职业，从而避免职业冲突造成教师研究精力不济、学术有失公信等隐患。

4. 我国第一部证券法正式通过

1998 年 12 月 29 日，第九届全国人民代表大会常务委员会第六次会议通过了《证券法》，这是我国第一部证券法，标志着我国证券市场进入了依法治"市"的新阶段。

---

① 王新环："法学教授不宜兼职律师业务"，载《检察日报》2007 年 7 月 2 日，第 3 版。

这部规范中国证券金融市场的法律，从 1992 年全国人大财经委组织起草《证券法（草案）》到 1998 年 12 月最终审议通过，历时七年之久，且出台时适逢亚洲金融危机波及全球之际，引起了国内外各界人士的较大关注。

《证券法》共十二章 214 条，内容包括总则、证券发行、证券交易、上市公司收购、证券交易所、证券公司、证券登记结算机构、证券交易服务管理机构、法律责任和附则十个部分。

1998 年 11 月，国浩律师集团（深圳）事务所执行主任李淳律师作为唯一的律师代表，参加了《证券法（草案）》的立法调研工作。在相关会议中，他详细说明了律师在证券发行中的地位和作用、证券律师资格的取得、律师与会计师的法律责任界定等问题，并对伪装上市、包装上市、捆绑上市和资产重组的关系进行了阐述，他强调："基于个别律师违纪以及社会上对律师在证券市场中的地位作用存在的偏见，对律师和会计师强化监督力度、进行职业风险教育是非常必要的。"[①]

在《证券法》发挥其对证券市场规范作用的过程中，证券律师扮演着极其重要的角色。证券律师根据专业知识对发行人、上市公司的信息进行调查和审核，并提出客观公正的专家意见，使其披露的信息尽可能地准确和完整；同时，证券律师提出的专业意见是投资者进行投资决策的重要依据。因此，证券律师对受托事项的合法性出具法律意见，保护投资者和公众利益，对证券市场的规范化运作有重要作用。

《证券法》按照市场规律确定了我国证券市场活动的基本规则和基本规范，大大增加了证券市场对律师提供法律服务的客观需求，拓展了律师的业务领域和业务范围，迅速培养

---

① 文心："证券律师的作用越来越大——李淳律师参加全国人大常委会《证券法》立法调研"，载《中国律师》1999 年第 2 期，第 23 页。

了一批具有证券知识和专业技能的律师，对促进证券律师业的发展和证券市场的健康发展具有极为重要的意义。

1999 年

1.《宪法修正案》通过

1999 年 3 月 15 日，第九届全国人民代表大会第二次会议通过了《宪法修正案》第 12 条至第 17 条。

此次修宪首先确立了邓小平理论的指导地位，将《宪法》序言第七自然段的"在马克思列宁主义、毛泽东思想指引下"修改为"在马克思列宁主义、毛泽东思想、邓小平理论指引下"，并相应地将"根据建设有中国特色社会主义的理论"修改为"沿着建设有中国特色的社会主义道路"，将"我国正处于社会主义初级阶段"修改为"我国将长期处于社会主义初级阶段"，增加了"发展社会主义市场经济"的内容，通过这些修改将邓小平理论确立为我国的指导思想。① 更为重要的是，此修正案确立了依法治国的基本方略，为依法治国奠定了坚实的基础。《宪法修正案》第 134 条规定："中华人民共和国实行依法治国，建设社会主义法治国家。"这不仅有助于进一步统一对依法治国方略的认识，还更有利于调动全体公民参与依法治国的积极性，具有重大历史和现实意义。

根据这一修正案，邓小平理论的指导思想地位、依法治

---

① 竺世方："依法治国历史进程中的又一座丰碑——兼论宪法修正案的历史地位和重大意义"，载《四川省政法管理干部学院学报》1999 年第 2 期，第 1~4 页。

国的基本方略、国家现阶段的基本经济制度和分配制度以及非公有制经济的重要作用等被写进我国《宪法》。此外，会议还通过了《合同法》和《澳门特别行政区第九届全国人民代表大会代表的产生办法》。

此次修宪的六点内容符合全国人民的共同意愿，符合中国的实际情况，并对二十年改革开放的成功经验和成熟做法通过宪法加以肯定，对推进我国现代化建设事业具有深远意义，是我国依法治国历史进程中的又一丰碑。

在强调依法治国的背景下，律师作为诉讼活动的重要参与者，将获得更加广阔的发展空间。依法治国作为基本方略被纳入宪法，意味着律师的使命和责任在国家根本法的层面上得到了确认。一方面，促进了律师制度的完善。推动了律师职业制度的健全，如律师的刑事辩护豁免权、调查取证权、会见权及阅卷权等；推动了我国律师参政议政制度的建立，有助于发挥律师的政治功能；推动了律师事务所各项规章的健全，逐步规范律师内部的管理机制。另一方面，推动了律师队伍的建设。有助于进一步加强律师人才的培养，逐步树立律师的职业信仰，形成律师行业的诚信共识，这对实现法治与律师业的互动共生产生了积极影响。

2.《行政复议法》通过

1999 年 4 月 29 日，第九届全国人民代表大会常务委员会第九次会议通过了《行政复议法》。

国务院在 1990 年 12 月颁布《行政复议条例》，但自其生效以来并未如愿成为解决行政争议的重要武器。从 1991 年到 1997 年年底，全国共发生行政复议案件 22 万件，平均每年发生 3 万余件，[①]1996 年后逐年增加，这说明行政复议的实

---

① 刘莘："行政复议的定位之争"，载《法学论坛》2011 年第 5 期，第 10~15 页。

际作用是十分有限的。为弥补行政复议制度本身存在的缺陷，1996 年 3 月，《行政复议法》的制定工作正式启动。

1999 年《行政复议法》共七章 43 条，对行政复议的范围、申请、受理、决定及法律责任等作了更加完善的规定。相较于《行政复议条例》，1999 年《行政复议法》修改了行政复议原则，增加了"公正、公开"原则，将"准确原则"修改为"有错必纠"；并将行政复议范围扩大，对具体行政行为所依据的规章以外的规范性文件，申请人可以在对具体行政行为申请复议时一并提出审查申请。这提高了行政复议的实践程度，客观上增加了律师行业的行政诉讼业务。

1999 年《行政复议法》还进一步明确了行政复议机关。1999 年《行政复议法》第 3 条规定行政复议机关负责法制工作的机构具体办理行政复议事项，将责任主体进一步明确化，使律师在代理行政复议案件时，能够更方便、更准确地确定被申请人。

由于复议机关是附设于行政机关内部的工作机构，申请人往往对复议决定不信任，1999 年《行政复议法》的完善提高了行政复议规则的便捷性和可操作性，促使更多律师从事行政复议的代理活动，这有利于消减申请人对复议决定是否正确、是否合法的疑虑，从而减少行政诉讼案件的数量，使行政复议真正起到解决行政纠纷第一道防线的作用。

1999 年《行政复议法》为代理行政复议案件的律师提供了更明晰、更完整的规则，律师在此规则下，不仅能够更加有效地维护处于弱势地位的申请人的权益，而且能够更加有力地监督复议机关依法行使审查权，为律师在行政诉讼领域发挥更大作用提供了坚实的基础。

3.《律师法》颁布后的首次全国律师代表大会召开

1999 年 4 月 26 日至 28 日，第四次全国律师代表大会在北京召开，这是《律师法》颁布后的首次全国律师代表大会。

出席此次会议的有：全国政协副主席、原最高人民检察院副检察长王文元，最高人民法院副院长姜兴长，中央政法委副秘书长张耕以及全国人大常委会法工委、公安部、国家安全部、国务院法制办、财政部等有关部门的工作人员。

时任中共中央政治局委员、国务委员、中央政法委书记罗干出席会议并讲话。他指出，律师工作有着广阔的发展前景，广大律师要充分认识在实践依法治国方略中的神圣使命，抓住机遇，不断进取，努力开拓律师工作的新局面。[①]

此次会议审议并通过了《律师协会章程》，选举产生了新一届中华全国律协理事会和中华全国律协领导班子，高宗泽律师当选为新一任会长，付洋、朱洪超、杨伟程、于宁、许智慧、王天举担任副会长。1999 年 4 月 28 日，新产生的中华全国律协第四届常务理事会举行第一次会议，会议决定聘任吴明德为秘书长，聘任袁江、冯秀梅、马国华为副秘书长。大会还决定授予任继胜"律师楷模"称号，并号召全国广大律师向他学习。

与会代表针对新世纪新形势下的律师工作进行了深入探讨，完善了司法部指导监督下的律师协会行业管理机制，研究了律师工作发展的思路、任务和措施等，会议取得了丰硕的成果。

这次大会恰逢全党和各族人民深入贯彻党的十五大依法治国基本方略以及我国律师制度恢复 20 周年，是一次总结律师工作经验的会议，更是一次共商 21 世纪律师事业改革发展

---

① "把有中国特色的律师制度全面推向 21 世纪——段正坤副部长在第四次全国律师代表大会开幕式上的致词"，载《中国律师》1999 年第 5 期，第 1 页。

大计的会议，对于推动我国律师事业的发展具有承前启后、继往开来的重要作用，是我国律师发展史上的光辉一笔。

2000 年

1. 中国法律援助制度记者招待会在京召开

2000 年 6 月 14 日，每周一次的国务院新闻办公室新闻记者招待会在北京国际饭店举行。为了让大家对中国的法律援助制度有一个全面和清晰的了解，国务院新闻办公室特别邀请了时任司法部副部长段正坤先生向中外记者介绍情况，并回答记者提问。

会上，段正坤副部长首先介绍了中国法律援助制度的建立和发展概况。随后，最受大家瞩目的答记者问环节开始了。来自《法制日报》《中国律师》《南华早报》《新民晚报》《中国日报》《人民日报》以及澳大利亚广播公司的记者纷纷提问，段正坤副部长逐一进行了细致解答。[①]

当时，全国有超过 4000 人从事专职法律援助工作。据不完全统计，1996 年以来，全国各级法律援助机构组织律师、公证员、基层法律服务工作者共办理法律援助案件 32.8 万件，接待咨询 298 万余件。一大批经济困难的妇女、儿童、残障者、老年人、下岗职工因为得到及时的法律援助而维护了自己的合法权益。据统计，通过法律援助判决的民事诉讼案胜诉率平均在 80%~90%。还有数据表明，法律援助已成功地介入行

---

① "中国法律援助制度的阶段报告——段正坤副部长答记者问"，载《中国律师》2000 年第 8 期，第 17~19 页。

政诉讼中，胜诉率也达到 87%。

司法部公布了公民获取法律援助的一般条件：有充分理由证明其为了维护自身的合法权益需要法律援助；符合当地政府规定的经济困难标准。段正坤副部长特别解释说，在刑事法律援助中，对可能被判处死刑的没有委托辩护人的刑事被告人，法院应当指定律师为其辩护，而无须考察其经济困难条件；在民事法律援助中，特别将盲、聋、哑、未成年人、老年人追索侵权赔偿的法律事项列为援助范围。解答咨询、刑事辩护、诉讼代理及办理公证是法律援助的具体形式。[①]

此次中国法律援助制度记者招待会的召开具有双重意义。对内，会议展示了中国法律援助制度的发展现状，促使主要提供法律援助工作的律师群体看到了他们过去的成就，同时预见未来的挑战；对外，会议向国际展示了中国法律援助制度，我们走出去了，同时引进了国外法律援助制度构建的经验，尤其是法律援助中律师的定位、职责以及工作方式等。

据悉，司法部法律援助中心已先后与英国、美国、加拿大、日本、澳大利亚、欧盟等国家及地区同行、学者专家进行了广泛的接触和交流。

2. 司法部下发《关于加快法律援助机构建设步伐的通知》

2000 年 6 月 19 日，司法部下发《关于加快法律援助机构建设步伐的通知》，旨在进一步加快我国法律援助事业的发展。

该通知共四项主要内容：

首先，司法部对全国各行政区划的司法厅（局）提出了要充分认识法律援助制度的重要意义，并把法律援助机构建

[①] 关于对段正坤副部长答记者问的核心内容，请参见任涛："中国完善法律援助制度"，载《人民日报》2000 年 6 月 15 日，第 4 版。

设列入重要司法行政工作议程的殷切期望。文件指出，要把法律援助制度的建立提高到健全社会主义法制及实施依法治国方略的高度来认识。在提出上述宏观指导思想后，文件也指出了落实法律援助机构建设的有效途径：包括把法律援助工作作为基层司法行政工作"一个中心、两个龙头、七项工作"的重要组成部分，借鉴"148"法律服务专用电话建设的成功经验等。

其次，积极争取党委政府和编制部门的支持是法律援助机构建立的重要保障。文件指出，要以地方机构改革为契机，争取把法律援助机构建设纳入党委政府的总体规划和部署之中，切实解决法律援助机构的列编问题。司法部同时提出了2002年以前，力争实现在所有设置人民法院的地方基本上都建立起相对应的法律援助机构的目标，并要求做到有编制、有人员、有办公场所、有经费保障。

再次，切实加强领导是法律援助机构建设的动力源泉。司法厅（局）要有分管领导具体负责，抽调得力人员，成立领导小组，集中时间和精力，进行重点攻关，力争在近期内，使本地区法律援助机构建设有较大突破。

最后，司法部要求各行政区划司法厅（局）随时掌握本地区法律援助机构建设的进展情况。在工作实践中务必于每月20日前向司法部法律援助中心上报地市和县区法律援助机构建设的进展数据，由法律援助中心每月通报一次。

1993年，"法律援助"一词被首次提出。1995年，全国首家法律援助机构——广州市法律援助中心成立。1996年，全国首家省级法律援助机构——四川省法律援助中心成立。短短几年全国省级地方除江西和西藏外，都已建立了法律援助机构，地市和副省级市已建机构占应建数的76.2%，县区级地方已建机构占应建数的33.4%。

中国法律援助机构建设的高速发展受到了社会各界乃至

国际社会的广泛关注和普遍认可。中国律师的正义形象也伴随着法律援助事业的蓬勃发展越发鲜明。

一些西方国家把律师比作维护人类合法权益的战士，我国《律师之歌》也把律师比作头戴王冠、手握宝剑、胸怀天下、铮铮铁骨的正义化身。然而，正义斗士不能仅仅维护部分人民的合法权益，维护所有人的权益，推动社会主义法治建设才能使律师头上的王冠更加闪耀，亦能使手中的宝剑更加锋利。律师需要乘法律援助高速建设之风，不断为社会贡献自己的智慧与力量。

3. 司法部下发《关于法律援助机构下设律师事务所脱钩改制及有关问题的通知》

2000 年 9 月 15 日，司法部下发《关于法律援助机构下设律师事务所脱钩改制及有关问题的通知》，旨在加快法律援助工作的开展，进一步完善我国的法律援助制度。

首先，该通知是在响应司法部《律师事务所、社会法律咨询服务机构脱钩改制实施方案》的大背景下颁布的。司法部为完善律师、社会法律咨询服务的执业组织形式，建立、健全适应市场经济发展需要的自律性运行机制，决定将已实现自收自支的国资律师事务所，挂靠事业单位、企业或社会团体的律师事务所，司法行政机关批准设立的挂靠政府部门、事业单位、企业或社会团体的社会法律咨询服务机构脱钩改制为合伙制律师事务所或合作制律师事务所。

其次，该通知对法律援助机构的职能进行了定位，并规定了法律援助机构应当配备办案律师。法律援助机构的主要职责是指导、监督、协调和组织实施本地区的法律援助工作。法律援助机构在做好法律援助管理工作的同时，可以根据需要办理法律援助案件。为此，法律援助机构应当配备办理法律援助案件的工作人员。

再次，该通知规定了法律援助机构律师的特殊职责。法律援助机构持律师执业证书的人员，应当尽责尽职地为当事人提供法律援助，每年必须办理一定数量的法律援助案件；应当遵守律师职业道德和执业纪律，遵守律师执业准则和有关业务标准。

最后，该通知规定法律援助机构、律师管理部门要共同做好社会律师和律师事务所履行法律援助义务的保障和监督工作。各地法律援助机构应当报经所属司法行政机关批准，规定本地社会律师每年履行法律援助义务的数量。律师管理部门每年要向法律援助机构递交承担法律援助义务的律师和律师事务所名册，由法律援助机构按名册分派案件。法律援助机构对社会律师、律师事务所履行法律援助义务的数量、质量进行监督。

《关于法律援助机构下设律师事务所脱钩改制及有关问题的通知》的出台，一方面旨在响应全国律师事务所改制的号召，另一方面旨在维持法律援助律师个体的制度设计。上述两方面内容是在矛盾作用下的变通做法，法律援助机构下设的律师事务所要脱钩改制，但专职的法律援助律师不能完全消失，这也体现了法律援助律师的重要作用与特定职能的承担。

但是，法律援助专职律师的配套制度需要后续的研究与完善，正如有的学者所言："法律援助律师是实施法律援助的重要力量之一，特别是在一些地区承担着较重的承办案件的任务。建立律师法律援助制度，为其执业提供法律保障和物质保障，是夯实基础，不断增强法律援助的组织建设能力的重要举措。当前法律援助律师的作用得到国家的认可和法律的确认，将律师法律援助制度纳入法律框架，是法律援助事业发展所面临的一个重要课题。"[1]

---

[1] 许冷、贾秋美："对建立我国法律援助律师制度的探讨"，载《北京政法职业学院学报》2009年第1期，第39页。

4. 中国律师千禧年大会召开

中国律师千禧年大会于 2000 年 11 月 8 日至 11 日在北京举行。时任中共中央政治局常委、中央书记处书记尉健行，时任中共中央政治局委员、国务委员、中央政法委书记罗干出席了首日会议。会前，尉健行、罗干等主要领导接见了全国律师协会常务理事和各省律师协会负责人。会上，罗干书记发表了重要讲话：

首先，他指出，从 1979 年律师制度恢复以来，在邓小平理论指引下，在第二代、第三代中央领导集体的重视和关怀下，广大律师积极参与依法治国、建设社会主义法治国家的具体实践，在解决人民内部矛盾，维护社会稳定，促进改革开放和社会主义市场经济发展等方面，作出了积极贡献。

其次，他强调，律师工作要紧紧围绕大局，为改革、发展、稳定服务。在中国内部经济迅速发展与外部面临入世的新形势下，广大律师要抓住这个机遇，不断拓展服务领域，提高服务水准。

再次，他要求广大律师不断提高自己的政治素质和业务素质。他说，律师队伍整体上是好的，具有较高的政治素质和业务素质，在国家的政治、经济和社会生活的各个方面发挥着越来越重要的作用。但要看到，当前律师队伍中还存在一些不容忽视的问题，个别律师不能正确处理服务与经济效益的关系，损害了律师队伍的形象，影响了律师事业的健康发展，必须给予高度重视，决不能姑息迁就。

最后，他指出要不断加强和改善党对律师工作的领导。他说，加强党的领导是中国律师事业改革和发展的一条不可动摇的原则。加强和改善党对律师工作的领导，首先是各级党委政府要充分认识律师工作在依法治国中的重要作用，把律师作为各级党委政府的法律参谋，充分发挥律师在政治、经济、社会生活中的作用。同时，要加强律师队伍党的建设，充分发挥党组织的战斗堡垒作用和党员先锋模范作用，团结、组织和鼓舞广大律师为建设社会主义法治国家而努力工作。

这次由中华全国律师协会举办的会议，共有包括来自我国台湾地区、我国香港地区的1100余名律师、专家、学者参加，是我国律师制度恢复二十年来律师界最大的一次盛会。与会人员围绕"21世纪中国律师改革与发展"这一主题，对律师管理与改革、民事业务、涉外业务、刑事业务、经济业务、知识产权业务、金融证券业务、海商海事业务等进行了讨论。[①]

5. 全面开展基层法律服务所调整整顿工作

2000年，司法部接连颁布了两部有关基层法律服务的管理办法，即《基层法律服务所管理办法》和《基层法律工作者管理办法》。此后，各地贯彻落实上述两办法，旨在对现有的基层法律服务所的设置、布局和管理体制进行调整整顿，并逐一进行检查清理。

基层法律服务所作为我国法律服务体系的重要组成部分，其在历史的舞台上扮演着重要的角色，发挥了不可替代的作用，特别是在律师资源稀缺的农村和边远地区，法律服务所的存在满足了基层群众对法律的需求，从这个角度来看，基层法律工作者是对律师的有益补充。与此同时，基层法律工作者的存在也同律师产生了相互竞争的关系。基层法律服务所在性质上属于"事业法人体制"，与乡镇政府司法所"政事合一""合署办公"，实行"两块牌子，一套人马"，因此，一些基层法律工作者借以其"官方背景"，独揽辖区内的乡镇企业法律业务，与当地律师事务所产生激烈竞争。

更有甚者，由于法律工作者准入门槛低，加之种种的历

---

① 有关会议内容，请参见崔士鑫："中国律师2000年大会在京召开"，载《人民日版》2000年11月9日，第1版。

史原因，少数素质较低的社会闲散人员混入法律工作者的队伍当中，以包揽诉讼、捞取金钱为目的，严重败坏了法律职业者的名声，而由于许多当事人往往不知道律师与法律工作者是两个群体，因此律师的形象大受影响。[①]

在我国基层法律服务所存在诸多弊端与诉讼实践对其具有实际需要的矛盾对抗下，整顿基层法律服务所迫在眉睫。

当时主要通过完善、健全相关政策措施，在一定程度上消除影响基层法律服务所发展的不利因素，从而保证基层法律服务所的职能积极发挥。一方面，在律师资源稀缺的地方发挥积极的补充作用，让每一位公民不论身处何地，都可以享受到优质的、专业的法律服务；另一方面，基层法律工作者可通过同律师的良性竞争，发挥激励律师完善其法律服务技能的作用。总之，基层法律服务所和律师事务所尽管所处地域不同、机构性质不同、人员素质不同，但都构成了我国重要的法治力量。对于地处基层、人员相对较弱的基层法律服务所来说，更应勇往直前、乘风破浪，大踏步、高效率地完成调整整顿工作。

6. 司法部实行个人律师事务所试点

2000 年以后，司法部顺应时代和市场的需要，逐步实行个人律师事务所试点工作。

2000 年《中国律师业发展报告》指出，自 20 世纪 70 年代律师制度开始恢复以来，我国走过了富有成效的二十余年。值此世纪之交与中国入世，加快步伐迈向世界经济一体化的大趋势下，我们应当全面探索和完善适合国情的现代化律师制度。[②]

---

① 关于基层法律服务所的评论，参见陈霞："浅析个人律师事务所的发展现状与前景"，载《中国司法》2011 年第 4 期，第 60~62 页。
② 参见《中国律师年鉴》编辑委员会编辑：《中国律师年鉴·2000》，人民法院出版社 2003 年版，第 142 页。

律师组织作为律师制度的重要组成部分，理应加快试点和完善，创造出具有中国特色的律师组织结构。

2000 年《中国律师业发展报告》指出，我国应当建立以合伙所为主体，多种形式、多种层次并存的律师组织体系。在合伙律师事务所以外，允许有条件的律师事务所为扩大规模组建律师集团；允许律师为减少执业风险成立有限责任形式的律师事务所；允许有良好社会形象和声誉、有较强实力和能力的律师创办个人律师事务所。[①]

2000 年以后，全国范围内开启了个人律师事务所试点工作。

我国对个人律师事务所的期待并非偶然，从律师事务所组织形式在我国嬗变过程考察，个人律师事务所是在对国资所、合伙所等扬弃的基础上产生的。市场经济社会使得各种市场主体的产生具有了客观基础，而我国人民群众对法律服务的要求和律师的数量之间又存在着供需矛盾，因此，个人律师事务所在我国的产生具有历史必然性。

当然，个人律师事务所制度的建立只是表明了我国律师制度的进步。然而，我国个人律师事务所试点运行存在诸多缺陷，如设立条件宽松，不利于保护当事人的合法权益，增加了法律服务的风险等。

试点阶段，我国对个人律师事务所的发展方向也缺乏明确的定位，个人律师事务所制度的完善任重道远。在我国律师制度还不完善的阶段，一方面要回应个人律师事务所制度产生的内在要求，尽可能地制定宽松的设立条件，对个人律师事务所的设立提供制度扶持；另一方面也要顺应律师制度健康发展的需要，尽可能地减少律师执业风险。

---

① 参见《中国律师年鉴》编辑委员会编辑：《中国律师年鉴·2000》，人民法院出版社 2003 年版，第 149 页。

2001 年

1. 司法部等部门联合举办首届全国律师电视辩论大赛

2001 年 3 月 27 日，司法部、中央电视台、中华全国律师协会共同发起举办的首届全国律师电视辩论大赛在北京举行。

大赛总导演吴济榕曾言：在刚刚开始组织这次大赛的时候，节目组还有些担心，因为律师这个职业属于自由职业，律师们都在各忙各的，为自己的生存奔波，究竟能不能把他们组织到一起参加这个活动，谁的心里也没有底。一些省市的律师协会在接到组织任务时也有这样的顾虑。然而事实却出乎意料，开始时组委会保守地拟定了组织 2500 人参加大赛初赛的设想，谁知通知下发到各地后，律师们的热情高涨，报名踊跃，除西藏和青海外，全国其他 29 个省、自治区、直辖市（不包括我国港澳台地区）6000 余名律师参加了大赛初赛，并遴选出了 96 名律师精英进京参加半决赛和决赛。①

经过紧张激烈的角逐，最终上海队获得大赛特等金奖，北京队获得大赛特等银奖，司法部直管所队、宁夏队分获团体一等奖、二等奖，浙江队、云南队、山西队、福建队获团体三等奖。此外，此次大赛还评选出了四个最佳辩手奖、四个最佳专业知识奖、四个最佳风采奖、一个最佳风格奖、十个律师荣誉奖和三十二名半决赛阶段优秀辩手。②

这次大赛规格高，阵容强，社会反响大，充分展现了中国律师精英们的辩论才华、专业素质和精神风貌，同时在全国

---

① 王远："首届全国律师辩论赛举行 中国律师首次亮相"，载《北京晚报》2001 年 5 月 9 日。

② 《中国律师》编辑部："首届'全国律师电视辩论大赛'光荣榜"，载《中国律师》2001 年第 6 期，第 12 页。

范围内首次通过电视媒体进行了广泛宣传。播出大赛实况录像的中央电视台一台和七台都创下了2001年各自的最高收视率。

主持人撒贝宁和王小丫在大赛开场时说："这是一次没有硝烟的屏上论战，这是一次没有败者的语言决斗，这是一次没有结论的论辩之争。"在大赛结束时则言："这是一次法理的雄辩，这是一次公平的较量，这是一次才华的展示，这是一次智慧的碰撞。"可以说，这番言论较为形象地诠释了本届大赛。①

这次大赛还引起了其他法律职业共同体的关注和思考，他们开始主动自省法学修养够不够高、辩论技巧够不够好、"主角"意识够不够强等问题。②

本届大赛充分展现了我国律师在社会主义法制建设中的重要作用，有助于提高律师队伍的专业素质和整体形象，也有助于全社会了解、关心和支持律师工作。

2.《司法部、公安部关于在刑事诉讼活动中开展法律援助工作的联合通知》发布

2001年4月25日，《司法部、公安部关于在刑事诉讼活动中开展法律援助工作的联合通知》发布。该通知规定了7条内容，除第2条外，其余6条均关涉律师。

（1）公安机关立案侦查的刑事案件，在对犯罪嫌疑人第一次讯问后或者采取强制措施之日起，在告知犯罪嫌疑人有权聘请律师为其提供法律咨询、代理申诉、控告时，对因经济困难无力聘请律师的，可以告知其向当地的法律援助机构申请法律援助；犯罪嫌疑人在押的，可以通过公安机关向该公安机关所在地的法律援助机构申请法律援助。对于涉及国

---

① 千古洲："回望'半决赛'——观摩首届'全国律师电视辩论大赛'有感"，载《中国律师》2001年第5期，第4页。
② 袁正兵："检察官谈首届全国律师电视辩论大赛"，载《检察日报》2001年5月16日。

家秘密的案件，应当告知犯罪嫌疑人申请法律援助须经公安机关批准。

......

（3）法律援助机构接到在押犯罪嫌疑人的法律援助申请及所需材料后三日内，根据法律援助的有关规定进行审查，对符合法律援助条件的，作出同意提供法律援助的决定，并指派律师提供法律援助；对不符合法律援助条件的，作出不予援助的书面决定，并应当在决定之日起 24 小时内书面通知公安机关。公安机关应当在接到通知后 24 小时内，向在押犯罪嫌疑人转告法律援助机构不予援助的决定。

（4）接受法律援助机构指派的律师向在押犯罪嫌疑人提供法律援助时，应当向公安机关提交由法律援助机构统一印制的公函、文书，出示律师执业证件。公安机关凭法律援助机构出具的公函和公文，按照有关法律、法规和规定安排律师的法律援助活动。

（5）公安机关要依法支持律师开展法律援助工作，应当告知律师在押犯罪嫌疑人涉嫌的罪名，依法安排律师会见犯罪嫌疑人和刑事被告人；为律师履行向犯罪嫌疑人提供法律咨询、代理申诉、控告、为已逮捕的犯罪嫌疑人申请取保候审以及为刑事被告人履行刑事辩护援助职能提供便利条件。

（6）公安机关对律师提供法律援助的刑事案件侦查终结后，应当在五日内将案件办理结果告知法律援助承办律师。

（7）律师在办理法律援助事项中应当严格遵守法律、法规和有关规章、制度，尽职尽责；各级法律援助机构应当依法对律师的法律援助活动进行监督、指导，以保证法律援助律师恪守执业道德和执业纪律。

早在 2000 年 4 月 24 日，最高人民检察院和司法部就联合下发了《关于在刑事诉讼活动中开展法律援助工作的联合通知》，时隔一年，司法部和公安部又联合下发了《司法部、公

安部关于在刑事诉讼活动中开展法律援助工作的联合通知》，
这充分体现了国家对刑事诉讼活动中犯罪嫌疑人合法权益保
护的重视，集中体现在两个文件中关于告知犯罪嫌疑人申请
法律援助、由法律援助机构指派律师为其提供法律服务的规
定。同时，规定公安机关等部门支持律师提供法律援助，进
一步加强了法律职业共同体之间的协作，推进了中国的法治
进程。

3.《北京市律师执业规范（试行）》颁布

2001 年 6 月 16 日，北京市律师协会第五届理事会第八次
会议通过了《北京市律师执业规范（试行）》。

《北京市律师执业规范（试行）》共 12 章 82 条，对律师
职业道德的基本准则、执业开始、执业组织、合伙律师、律
师及辅助人员、执业范围、执业推广、委托代理关系的建立、
委托代理的基本要求、委托代理关系的终止、执业处分等作
出全面的规定。

该规范明确指出，律师执业规范是指导律师执业行为的
准则，是评判律师执业行为是否符合律师职业要求的标准，
是对违规律师及其所属律师事务所进行处理的依据。律师执
业规范中属于律师执业必须遵守的义务性和禁止性规范是律
师执业的纪律要求，违反此类规范将受到纪律处分。其他为
许可证规范，律师有选择权。

有媒体评论道，该规范的内容既考虑到中国律师制度的
特点和发展现状，又吸收了国际上律师行业共通的习惯和做
法，是新中国成立以来由行业协会制定的第一部真正意义上
的行规。它的制定和实施必将对北京市律师事业乃至中国律
师事业的发展产生积极影响。①

---

① 刘晓林："北京规范律师执业行为"，载《人民日报（海外版）》2001 年 7
月 31 日，第 4 版。

时任中华全国律师协会会长高宗泽曾经这样评价《北京市律师执业规范（试行）》，其出台是我国律师发展史，特别是新中国律师发展史上的一件大事。他在发言中肯定了北京市律师协会在探索和实践"两结合"的管理体制中迈出了坚实的步伐，在加强律师协会行业自律，规范律师执业行为方面取得了积极的成效，并希望北京市律师协会继续发扬大胆创新、勇于探索的精神，为全国各地的律师协会工作作出表率。

时任司法部律师公证司副司长、中华全国律协秘书长吴明德赞扬北京市律师协会给全国律师加强行业自律带了一个好头。他说该规范的实行，对进一步加强律师工作的透明度，加强全社会对律师的监督、提高律师队伍形象将起到推动作用，对规范整个法律服务市场也将产生积极的影响。中华全国律师协会还将把北京市律师协会的成功经验和做法通过简报转发各地，以推动各地律师协会工作的开展。

还有评论认为，该规范给人的深刻印象是，它对律师提出了比《律师法》更为严格的执业要求，受益的是每一位可能聘请律师的百姓。

4. 西藏自治区法律援助中心正式挂牌

2001 年 8 月 22 日，西藏自治区法律援助中心正式挂牌，成为西藏自治区第一家法律援助机构。至此，全国所有省级法律援助机构全部建立。

索朗的案件就是该法律援助中心受理的第一起民事索赔案。2002 年，藏族农民索朗在拉萨市某水泥厂打工时，因操作不慎，右手被炸成残疾，水泥厂仅为他支付了 3000 元。于是，没上过一天学的索朗第一次尝试着打官司。在法律援助中心的帮助下，他没有花费一分钱便打赢了官司，并最终获得了一笔 7 万元的伤残补助。索朗用这笔钱在家乡开了一家小卖部，生活有了保障。①

时任西藏自治区法律援助中心主任鲁生说："随着法律的普及，像索朗这样通过法律来维护权益的农牧民越来越多，而我们的机构能免费为困难群众提供帮助。"

西藏自治区法律援助中心的成立，不仅意味着自四川省法律援助中心开始的省级法律援助中心实现了全覆盖，为国家法律援助中心和地市、区县等法律援助中心的工作开展提供了中转的纽带，为经济困难或者特殊需求的当事人"雪中送炭"，而且有力地诠释了国家在追求司法公正的道路上不畏艰辛、孜孜不倦的努力，将成为中国法治建设进程中不可小觑的一条主线！

5. 上海市律师协会第一位"执业律师担任的会长"

2001 年 9 月 23 日，在上海市第六届律师代表大会上，律师代表们经过民主选举，产生了上海市律师协会第六届理事会及常务理事会。上海联合律师事务所主任朱洪超律师成为上海市律师协会第一位"执业律师担任的会长"。

这一选举看似普通，其实在律师业内是一次具有划时代意义的变革。

时任上海市司法局局长、现任上海市政协社会与法制委员会主任的缪晓宝回忆说："长期以来，我国的律师业实行的都是单一的司法行政管理，律师协会的作用甚微。"在此之前，律师协会会长普遍都由党政领导干部担任。

随着社会经济的发展，律师自治担任会长的呼声越来越高。

缪晓宝认为，"其中有多方面原因，一来执业律师做会长符合律师职业发展规律，能与国际接轨，二来兄弟城市已有先例，充分调动了律师的积极性"。他在会上提出，不以身份

---

① 索穷："法律援助在西藏"，载《人权》2004 年第 5 期，第 51 页。

决定，无论谁做律师会长，只要引导得好，就可以当。执业律师当会长，可以提升执业信服度，可以避免情绪和立场上的对立，减少摩擦。

他还说，"一个法治社会的完整体系由控、辩、审组成，律师是其中重要的环节，因此我在任时一直非常重视发挥律师的作用。执业律师当会长是完善行业管理的一种创新和方式"。

从 2002 年开始，原本归司法行政部门管理的律师和律师事务所的注册和年检事务都交由律师协会来负责，这在全国尚属首创。

6. 中国取消外国和我国港澳地区律师事务所设立代表机构的地域及数量限制

2001 年 9 月 17 日，世界贸易组织中国工作组第十八次会议在日内瓦通过了《中国加入世贸组织议定书》及附件和《中国工作组报告书》。这意味着中国工作组正式完成了历史使命，中国加入世贸组织的谈判全部结束。按照协定，中国取消了外国和我国港澳地区律师事务所设立代表机构的地域限制和数量限制，进一步扩大开放。

时任司法部律师公证工作指导司副司长李仁真介绍，早在 1992 年，我国就开始了外国和我国香港律师事务所在华（内地）设立办事处的试点，拉开了法律服务业对外开放的序幕。

2001 年 11 月，中国法律服务对外开放又跨出了历史性的一步，中国在《中国加入世贸组织议定书》中对法律服务市场的开放，作出以下承诺：一是加入世贸组织一年内，取消"三个限制"，即取消设立外国律师事务所设立办事处数量上的限制，取消外国律师事务所设立办事处试点城市的限制，取消一个外国律师事务所只能在中国设立一个办事处的限制；

二是允许外国律师事务所驻华办事处继续从事本国的法律业务，但不能从事中国法律事务；三是外国律师事务所驻华办事处通过订立合同的形式和中国律师事务所建立长期委托关系处理法律事务；四是降低常驻代表职业年限的限制。

国外律师来到中国，来到北京，为海外各界进一步了解中国，促进中国与各国的经贸往来提供了广阔的平台。同时，他们也带来了丰富的经营和管理经验，对中国律师业的发展具有很重要的参考和借鉴意义。

在肯定外国和我国香港地区律师事务所代表机构设立及依法执业的积极意义的同时，我们也应当看到，由于不同法域间律师管理制度的冲突及对其他国家及地区律师管理经验的不足，外国、我国香港律师事务所驻华（内地）代表机构在管理上还有很多的漏洞，还存在这样那样的问题。相较于年轻的中国律师业而言，这些问题无疑会影响中国律师业的发展。

7.《外国律师事务所驻华代表机构管理条例》通过

2001年12月19日，国务院第51次常务会议通过了《外国律师事务所驻华代表机构管理条例》。

随着2001年中国加入世贸组织以及改革开放的不断深入，大量的外资企业进入中国，中国与国际社会的经济贸易迅速发展，与之相适应的法律服务需求不断增加，各种不同的市场主体迫切需要提供国内外的法律服务。由于中国的律师制度起步较晚，中国律师所能提供的法律服务难以满足市场需要，逐步开放中国的法律服务市场，允许外国律师事务所在中国设立代表机构是中国继续实行改革开放的需要。

为了规范外国律师事务所驻华代表机构的设立及法律服务活动，国务院根据《律师法》的规定，①制定了《外国律师

---

① 《律师法》第58条规定："外国律师事务所在中华人民共和国境内设立机构从事法律服务活动的管理办法，由国务院制定。"

事务所驻华代表机构管理条例》。

该条例包括总则，代表机构的设立、变更和注销，业务范围和规则，监督管理，法律责任，附则六章内容。根据该条例，外国律师事务所申请在华设立代表机构、派驻代表，应当经国务院司法行政部门许可。代表机构及其代表可以从事的业务范围包括向当事人提供该外国律师事务所律师已获准从事律师执业业务的国家法律的咨询并接受委托办理该国家的法律事务；代表外国当事人，委托中国律师事务所办理中国法律事务；通过订立合同与中国律师事务所保持长期的委托关系办理法律事务；提供有关中国法律环境影响的信息。代表机构及其代表在执业活动中不得有提供虚假证据、收受当事人财物、泄露当事人的商业秘密或个人隐私等行为。

对外国律师事务所在华代表机构的监督管理由国务院司法行政部门和省、自治区、直辖市人民政府司法行政部门负责，代表机构每年需接受年检。代表机构及其代表如果有危害中国国家安全、公共安全或者社会管理秩序的行为，构成犯罪的，将依法追究刑事责任。对其他违法行为，应承担限期停业、罚款、吊销代表机构的执业证照或该代表的执业证书等法律责任。

外国律师事务所在我国设立机构可以追溯至 1992 年发布的《关于外国律师事务所在中国境内设立办事处的暂行规定》。自 1992 年明确提出建立社会主义市场经济体制的目标至 2002 年，中国走过了社会主义市场经济高速发展的第一个十年，特别是加入世贸组织为我国对外经济贸易的发展提供了有利契机，也推动着我国法律事务的对外交流与开放。从 1992 年开展外国律师事务所在华设立办事处试点工作，到 1997 年《律师法》确定外国律师事务所可以在华设立代表机构，再到《外国律师事务所驻华代表机构管理条例》的正式出台，反映了我国在法律服务领域的对外开放历程。

《外国律师事务所驻华代表机构管理条例》是我国规范对

外开放法律服务市场的第一部行政法规。^①该条例的出台是我国全面开放法律服务市场的标志，为我国进一步深化改革、扩大对外开放提供了重要支撑，对促进我国对外经济贸易的发展具有积极作用。

8.《律师法》首次修正

2001 年 12 月 29 日，第九届全国人民代表大会常务委员会第二十五次会议通过了关于修改《律师法》的决定，自 2002 年 1 月 1 日起施行。

该决定将 1996 年《律师法》第 6 条修改为："取得律师资格应当经过国家统一的司法考试。具有高等院校法律专业本科以上学历，或者高等院校其他专业本科以上学历具有法律专业知识的人员，经国家司法考试合格的，取得资格。适用前款规定的学历条件确有困难的地方，经国务院司法行政部门审核确定，在一定期限内，可以将学历条件放宽为高等院校法律专业专科学历。"同时指出，本决定施行前已经符合原《律师法》规定的律师资格考试的学历条件的人员，仍然可以报名参加 2002 年国家司法考试，考试合格的，取得资格。

与 1996 年《律师法》相比，修改后的第 6 条最显著的变化是将参加律师准入资格考试的条件由高等院校法律专业专科学历提高至本科以上学历。当然，为了缓和这一规定在有些地区的不适宜性，又创造了当前第 2 款予以补救，即困难地区的相关人员在一定期限内仍可仅具专科学历。同时规定，该决定施行前已经符合原《律师法》规定的律师资格考试的学历条件的人员，仍然可以报名参加 2002 年国家司法考试，

---

① 丁锋、姜秀元："中国规范对外开放法律服务市场第一部行政法规：《外国律师事务所驻华代表机构管理条例》评析"，载《中国法律》2002 年第 2 期，第 16 页。

考试合格的，取得资格。这为 2002 年将要实行的第一届国家统一司法考试做了积极准备。

报考学历上的提高，意味着国家开始更加注重律师队伍素质的提升，也是律师队伍从外延式向内涵式发展的重要一步，既适应了时代需求，又实现了与发达国家的国际接轨。

2002 年

1.《关于进一步推动律师工作改革的若干意见》发布

2002 年 1 月 30 日，司法部下发了《关于进一步推动律师工作改革的若干意见》。

随着我国入世，依法治国方略的推进和社会主义市场经济体制的完善，社会对法律服务的需求不仅数量增加且日趋多样化，单纯发展社会律师已经不能满足社会的需要。该意见的出台正是为了适应中国入世后法律服务业面临的新形势。

根据该意见，各地应积极开展公职律师、公司律师的试点，完善律师队伍结构；要认真搞好律师继续教育工作，鼓励有条件的地方建立律师学院，同时开辟更多渠道，选派优秀律师到国外学习培训，培养一批能够熟练办理涉外法律业务的律师人才；要完善实习制度，严把律师队伍的入门关，取得法律职业资格的人员，在申领执业证书前，必须要在符合要求的律师事务所中完成一年的实习。

对于律师事务所的组织形式和运行机制，司法部也提出了完善意见，主张进行律师事务所分配制度改革，逐步引进、推广以执业质量、资历、专业水平、经济效益等因素综合确定工资的分配办法。对律师执业活动也要加强监督，严厉查处违法违纪行为。同时，司法部还提出建立律师执业责任保险制度，为律师执业提供了更多的保障。在法律服务业的对外开放方面，开始稳妥地进行我国律师事务所聘用外国律师、我国港澳地区律师的试点工作。

《关于进一步推动律师工作改革的若干意见》提出了众多与时俱进、富有创新性的建议，为律师工作不断走向现代化、专业化、精英化提供了指引。该意见适应入世形势提出的选派律师出国培训、我国律师事务所聘用外国律师和港澳地区律师等举措对于促进我国律师行业的对外交流，提升律师的业务素质，实现律师业务水平与国际接轨大有裨益。

2. 首次国家统一司法考试举行

2002 年 3 月 30 日至 31 日，首次国家统一司法考试举行。

2001 年 6 月 30 日，《法官法》《检察官法》修正案的颁布，正式确立了国家对初任法官、初任检察官和取得律师资格实行统一的司法考试制度。[①] 修正案公布后，司法部即组织力量，启动了国家统一司法考试的制度建设、机构建设和筹备首次国家统一司法考试等一系列工作。在各方面的大力支持和配合下，经过大半年的精心准备，首次国家统一司法考试于 2002 年 3 月 30 日至 31 日在全国统一举行。

---

① 《法官法》（2001 年修正）第 12 条第 1 款规定，初任法官采用严格考核的办法，按照德才兼备的标准，从通过国家统一司法考试取得资格，并且具备法官条件的人员中择优提出人选。《检察官法》（2001 年修正）第 13 条第 1 款规定，初任检察官采用严格考核的办法，按照德才兼备的标准，从通过国家统一司法考试取得资格，并且具备检察官条件的人员中择优提出人选。《律师法》（2001 年修正）第 6 条第 1 款规定，取得律师资格应当经过国家统一的司法考试。具有高等院校法律专业本科以上学历，或者高等院校其他专业本科以上学历具有法律专业知识的人员，经国家司法考试合格的，取得资格。

据统计，首次国家统一司法考试全国共有 360 571 人报名，31 万多人实际参加了考试。考试期间，全国共设置了 317 个考区，418 个考点，12 860 个考场，动用考试工作人员 4 万余人。根据司法部确定的合格分数线（总分 240 分，放宽地区 235 分），24 800 多人通过考试，合格率约为 7%。考试期间，因违纪有 500 多人分别受到警告、取消单科成绩、取消本次考试成绩和两年内不得参加考试的处理。

截至 2002 年 11 月，全国首届国家统一司法考试合格者的《法律职业资格证书》全部发放完毕，首届国家统一司法考试组织实施工作顺利结束。[1]

国家统一司法考试制度的确立并付诸实施，是中国法治建设的一件大事，是依法治国，建设社会主义法治国家的客观需要，也是中国司法改革的一项重大举措，必将对中国的法治建设产生重要影响。

国家统一司法考试制度为建设中国高素质的司法队伍和律师队伍，维护司法公正，提供了重要的制度保障，有利于在从事法律职业的各类人员中培育、形成共同的法律意识、共同的法律观念、共同的职业道德和共同的专业素质，有助于维护法律的统一和权威。[2]

律师、检察官、法官实行相同的职业准入条件，一定程度上提升了律师的社会地位，体现了国家对律师群体的重视，有利于法律职业群体内的人员流动与结构优化，为中国的法治事业提供了人才保障。

---

[1] 本刊编辑："国家统一司法考试制度的建立和完善——访中华人民共和国司法部副部长刘飏"，载《中国法律》2003 年第 1 期，第 6~7 页。

[2] 本刊编辑："中国实行国家统一司法考试——访中华人民共和国司法部部长张福森"，载《中国法律》2002 年第 3 期，第 7~8 页。

3. 中国首例操纵证券交易价格案开庭

2002 年 6 月 11 日，中国股市第一案——"中科创业"操纵证券交易价格案，在北京市第二中级人民法院开庭审理。

中科创业公司的前身为康达尔公司。1994 年在深圳证券交易所挂牌上市的康达尔公司，主营业务为饲料生产和养鸡。1999 年 2 月，经历了股东换血、经营转型，"养鸡专业户"康达尔公司摇身成为"高科技 + 金融"概念的中科创业公司（代码为 0048)。[①]

1998 年 11 月至 2001 年 1 月，吕某建与朱某良合谋操纵 0048 股票，双方签订了合作协议，并按约定比例共同持有 0048 股票。在吕某建的指示下，中科创业公司操盘手丁某根等人在北京、上海、浙江等 20 余个省市，以单位和个人名义先后在 120 余家证券营业部开设股东账户 1500 余个；并通过相关证券营业部等机构，以委托理财等方式，向出资单位或个人融资人民币 50 余亿元，用于操纵 0048 股票。

其间，吕某建大量收购康达尔公司法人股，并控制了该公司董事会。后吕某建将康达尔公司更名为中科创业公司，股票名称为"中科创业"，并通过发布开发高科技产品及企业重组等"利好"消息的方式影响 0048 股票的交易价格。

更名后，久负盛名的长庄股 0048 开始连年飙升。1998 年 10 月 27 日除权后股价只有 14.57 元的中科创业 0048，在 2000 年 2 月 21 日达到了 84 元。

在操纵 0048 股票的过程中，丁某根、庞某根据吕某建的指令，在与朱某良商定了 0048 股票交易的时间、价位、数量后，亲自或指令他人交易 0048 股票。丁某根、庞某、何某一、李某、边某勇等人利用开设的多个证券交易账户和股东

[①] 孙慧丽："对中科创业案的法律追问"，载《人民政协报》2003 年 4 月 14 日，第 B04 版。

账户，集中资金优势、持股优势，联合、连续对 0048 股票进行不转移所有权的自买自卖等操纵活动。吕某建一方最高持有或控制 0048 股票达 5600 余万股，占 0048 股票流通股总量的 55.36%，严重影响了 0048 股票的交易价格和交易量。

董某霖在担任上海华亚实业发展公司法定代表人期间，明知吕某建意图操纵 0048 股票，仍与其所在公司总经理李某及杭州华亚实业公司法定代表人何某一商定，通过帮助吕某建融资为各自所在公司获取利益，共为吕某建融资人民币 7.7 亿余元。

1999 年 5 月至 6 月，边某勇在明知吕某建意图操纵 0048 股票的情况下，协助吕某建注册成立了北京克沃科技有限公司，并担任该公司法定代表人。后边某勇以该公司或其他公司名义按照吕某建的指令融资人民币 1.5 亿余元，并按照丁某根、庞某的指令购买或转托管 0048 股票。

2000 年 12 月 25 日始，一直平稳运行的中科创业 0048 股票突然连续 10 个跌停板，股价一路跌至 11 元。跌去 50 个亿市值的中科创业股票异常走势，引起了深圳证管办、中国证监会的高度警觉。

2001 年 1 月 11 日，中国证监会宣布查处中科创业的违规操纵行为。1 月 20 日，北京市公安局对中科创业公司立案侦查。

2001 年 9 月 27 日，北京市公安局将涉嫌操纵证券交易价格罪、窝藏罪的 7 名犯罪嫌疑人移送至北京市人民检察院第二分院审查起诉。[①]

2002 年 6 月 11 日，中国股市第一案——"中科创业"操纵证券交易价格案，在北京市第二中级人民法院开庭审理。

2002 年 6 月 18 日晚 9 时许，伴随着审判长一声清脆的槌声，历时四天，全部庭审时间将近 30 个小时的"中科创业"操纵

---

① 孙慧丽："对中科创业案的法律追问"，载《人民政协报》2003 年 4 月 14 日，第 B04 版。

证券交易价格案终于告一段落。

在本案的审理过程中，第四天的法律辩论环节尤为引人注目。控辩双方进行了长达 4 个多小时的一辩与二辩。法庭上，11 名被告方律师形成了强大的辩护团阵营。7 名被告人中有四人分别请了刑事诉讼和证券诉讼方面的两名律师。在审判的最后一天，辩护律师陶雷为李某作了无罪辩护，其余的辩护律师则为被告人作了罪轻辩护。由于本案的主要犯罪嫌疑人吕某建、朱某良当时下落不明，一些关键性的内幕难以彻底调查。辩护律师利用这一点，提出被告人的问题并不是"情节严重"而是受命于人，所起的作用是次要的、被动的。最终，律师的罪轻辩护意见在该案的判决中得到了体现，7 名被告的刑期全部在五年以下。

此外，庭审中，辩护律师多次对公诉人提出要求，认为出现如此大面积的机构、券商、庄家的共同犯罪，证监部门难辞其责。为丁某根进行辩护的柴冠宏律师则进一步强调，公诉人应就此案向中国证监会、中国人民银行等行政部门发出相应的"司法建议书"。①

此案的判决结果再次说明了律师代理案件的重要性。此案发生之时，中国的股票市场还处于庄股时期，吕某建等人的恶意操纵行为导致众多中小投资者血本无归，社会影响非常恶劣。案件曝光以后，整个社会对涉案人员一片声讨，舆论几乎全部倾向于从重处罚。但代理该案的律师，不被舆论左右，积极为被告人进行辩护，保护了被告人的合法权益，也维护了司法权威。律师建议公诉人提出司法建议书的行为并非其辩护职责所在，但其在庭审中却多次提出，体现了律师"还原案件事实真相，追求司法正义"的主体形象，凸显了高度的社会责任感。

---

① 江澄："中科创业：全国最大的股票操纵案揭秘"，载《新西部》2002 年第 8 期，第 11~12 页。

4. 任继圣律师任"中国加入 WTO 第一仲裁案"仲裁员

2002 年 8 月 2 日，美国百事国际集团（以下简称百事集团）和百事可乐（中国）投资有限公司以四川百事可乐饮料有限公司和四川韵律事业发展公司严重违反合同、侵犯其合法权益为由，向瑞典斯德哥尔摩商会仲裁院提起仲裁申请，请求终止合同，解散四川百事可乐饮料有限公司，并要求合作企业中方股东就其违规违约行为给予经济补偿。此案引起国内外广泛关注，被称为"中国加入 WTO 第一仲裁案"。

2002 年 9 月，四川百事可乐饮料有限公司就终止《商标使用许可合同》和《浓缩液供应合同》一案提出"管辖权异议"和"混同提起仲裁"的程序异议。

同年 10 月 10 日，瑞典斯德哥尔摩商会仲裁院认为异议不成立，要求中方指定一名仲裁员，任继圣律师被指定为该案仲裁员，仲裁程序继续进行，即第 076 号仲裁案。

2003 年 9 月 8 日，该仲裁院正式受理百事可乐（中国）投资有限公司提出与四川韵律事业发展公司终止《合作经营合同》的仲裁申请，即第 111 号仲裁案。

2005 年 1 月，该仲裁院以不构成根本违约的"不配合检查"和"跨区销售"为由，裁决终止《商标使用许可合同》和《浓缩液供应合同》。但引人注目的是，由三名仲裁员组成的仲裁庭并没有形成一致意见，其中四川百事可乐饮料有限公司指定的仲裁员任继圣不仅拒绝在裁决书上签字，还出具了一份与另两名仲裁员观点截然相反的长达 40 多页的保留意见。

2005 年 7 月 7 日，该仲裁院裁定终止四川百事可乐饮料有限公司与四川广电的合作经营企业合同与章程。

在该仲裁案审理的三年里，我国的任继圣律师运用其扎实的国际法学知识和突出的仲裁辩论技能，为此案作出了贡献。任继圣律师作为中方唯一指定的仲裁员参与案件的仲裁审理，对我国律师行业，尤其是国际商事领域的律师团体的影响是巨大的。在 WTO 大背景下，合资双方发生争端应当如何处理，律师应当如何运用国际商业法规解决矛盾是中国入世初期面临的巨大考验，任继圣律师为广大律师提供了可以借鉴和学习的先例，为中国在商事国际仲裁领域的进一步探索贡献了力量。

5. 律师及律师事务所从事证券法律业务资格审批制取消

2002 年 12 月 23 日，中国证监会、司法部联合发布了《关于取消律师及律师事务所从事证券法律业务资格审批的通告》①。根据该通知，自 2002 年 11 月 1 日《国务院关于取消第一批行政审批项目的决定》发布之日起，下列行政审批项目予以取消：律师事务所从事证券法律业务资格审批、律师从事证券法律业务资格审批、外国律师事务所协助中国企业到境外发行股票和股票上市交易备案。律师及律师事务所从事证券法律业务不再受资格的限制。至此，在我国已实行十年之久的证券法律业务资格审批制宣告结束。

证券律师资格是具有中国特色的律师从事证券行业的特许准入制度，从它诞生的那一天起，就带有强烈的行政色彩，在律师行业内人为地设置了职业领域、业务类型的障碍不符合市场经济条件下的公平竞争原则，所以也受到很多律师的指责。自 2000 年起，监管部门已经考虑不再举办律师证券从业资格考试，并准备在适当的时机撤销这一行业限制。历经两年多的时间，经国务院批准后，终于正式取消了这一在律

---

① 1993 年 1 月 12 日，中华人民共和国司法部、中国证券监督管理委员会发布《关于从事证券法律业务律师及律师事务所资格确认的暂行规定》，我国的证券法律业务资格审批制由此确立。

师行业内设置的从业壁垒，从而向律师业发展的市场化挺进了一步。①

取消证券律师资格为所有律师提供了公平的执业机会，任何具有该领域业务专长和执业能力的律师事务所及律师，均可以从事证券业务。这无疑会增强证券法律服务市场的竞争，激励更多即将或已经从事证券法律业务的律师不断提高自身的业务素质和专业技能。

证券律师资格的取消是在中国入世的大背景下，中国律师行业的又一次历史性变革，市场化而非资格限定的证券律师行业必将在发展中形成。证券律师行业作为证券业务领域中非常重要的一个专业分支，它的形成将会推动和促进中国律师其他专业分支的发展，从而使中国律师在市场化规则中不断走向成熟。②

2003 年

1. 律师出庭统一着装制度建立

2003 年 1 月 1 日，司法部下发《司法部关于实行律师出庭统一着装制度的通知》，要求自 2003 年 1 月 1 日起，律师担任辩护人、代理人出庭时，必须着全国统一律师出庭服装、佩戴律师出庭徽章。为实施这一制度，司法部在该通知中要求律师遵守中华全国律师协会于 2002 年 3 月 30 日第四届第

① 魏现州："谁能胜任证券法律业务 证券律师资格的过去和现在"，载《中国律师》2003 年第 6 期，第 20~21 页。
② 魏现州："谁能胜任证券法律业务 证券律师资格的过去和现在"，载《中国律师》2003 年第 6 期，第 23 页。

十二次常务理事会颁布（修订）的《律师出庭服装使用管理办法》，同时律师协会做好相关组织实施工作。

律师服装由律师袍和领巾组成。律师袍由于泽正①应中华全国律师协会邀请设计。他设计的三款样式（分别为西服领样式、便服领样式和小翻领样式）中，便服领样式获得中华全国律师协会第四届第二次理事会多数与会者的认可。律师出庭服装的设计，以庄重的色调、鲜明的标识、大方的款式为设计的基本理念，辅之以简洁实用、便于携带等特点。胸前佩戴律师徽章，领口配有深红色领巾。②

根据上述管理办法，律师担任辩护人、代理人参加法庭审理，必须穿着律师出庭服装，并且仅能于法庭审理过程中穿着，其他任何时间、场合均不得穿着。

各级律师协会对律师出庭服装的使用实行监督检查。对违反使用规范的，参照中华全国律师协会《律师协会会员处分规则》，由律师协会予以训诫处分，情节严重者，予以通报批评。

中华全国律师协会认为，律师统一出庭着装能够体现律师协会的行业自律，有利于律师行业自身发展，提高行业组织的自律性和凝聚力。统一律师出庭着装是国家司法制度和法律权威的体现，也是对律师在法庭上法律地位的一种确认，有利于维护律师的执业形象，体现律师整个行业的风采。中国律师统一着装，是律师业发展的必然趋势，对于树立中国律师形象，整肃中国法律服务市场将起到至关重要的积极作用。③

---

① 于泽正是大连碧海企业集团公司首席设计师，曾多次获全国服装设计奖，参与和主持了公安、检察及法院服装的设计。参见三火："司法界一道风景线——律师出庭统一着装侧记"，载《中国律师》2003 年第 2 期，第 12 页。

② 三火："司法界一道风景线——律师出庭统一着装侧记"，载《中国律师》2003 年第 2 期，第 12 页。

③ 三火："司法界一道风景线——律师出庭统一着装侧记"，载《中国律师》2003 年第 2 期，第 12 页。

2. 律师协会使用统一会徽

2003 年 1 月 1 日，司法部下发《司法部关于实行律师出庭统一着装制度的通知》，要求各地律师协会使用统一会徽标识，使用办法按照中华全国律师协会制定的《律师协会标识使用管理》办法执行。

▲ 律师协会会徽

律师行业使用统一会徽的夙愿早已有之。

1999 年 4 月 28 日，中华全国律师协会第三届理事会提出建议："要设计出一个统一的，充分反映中国律师行业特点的中华全国律师协会会徽。"经第四次全国律师代表大会决定：在全国范围内开展征集中华全国律师协会会徽工作，通过公开征集，最大范围地选择出最佳设计方案①。

截至 2000 年 3 月 1 日，中华全国律师协会共征集到 348 份会徽设计稿样。

2000 年 3 月 11 日，中华全国律师协会召开常务理事会初评，共选出 40 份作品。

随后，40 份作品及设计说明被刊登在中华全国律师协会会刊《中国律师》上，征集律师的评选意见。②

2000 年 11 月 6 日，经司法部党组认真讨论，一致认为湖南师范大学职业技术学院装潢系教师孙舜尧的作品，较符合

---

① 为此中华全国律师协会专门成立了由司法部领导、中华全国律师协会会长、常务理事组成的"中华全国律师协会会徽征集、评选委员会"。中华全国律师协会先后在《法制日报》《中国律师》以及设计专业领域的杂志《设计与装潢》等上刊登了中华全国律师协会会徽征集广告。参见三火："司法界一道风景线——律师出庭统一着装侧记"，载《中国律师》2003 年第 2 期，第 10 页。
② 三火："司法界一道风景线——律师出庭统一着装侧记"，载《中国律师》2003 年第 2 期，第 10 页。

中华全国律师协会会徽的设计要求，但在颜色、五角星的布局等方面尚有不足，修改后，可定为律师协会会徽。

作者和相关专家修改后，获得司法部党组通过。同时经过中华全国律师协会第四届常务理事会的研究，决定在不改变会徽图案的基础上将"中华全国律师协会"字样改为"中国律师"，作为行业的统一标识——中国律师徽章。此决定及设计样式报经司法部党组通过。①

2000年11月18日至20日，中国律师2000年大会通过会徽和中国律师徽章样式。

2000年11月20日，中华全国律师协会第四届第二次理事会、会长联席会通过会徽和中国律师徽章样式。

该律师协会标识由一大一小两个同心圆、五颗五角星、三组正反相背代表律师的"L"图案组成，蓝色、淡黄色为会徽主要色调。律师协会会徽在律师协会标识图案加外圈标有"中华全国律师协会"，为中华全国律师协会专用会徽；各级律师协会会徽标识图案加外圈标有本律师协会黑体、中英文字样，为本律师协会专用会徽。

律师协会标识、会徽的使用范围限于：（1）各级律师协会、专业委员会和律师事务所；（2）律师协会会员入会、宣誓等重大仪式以及律师协会、律师事务所组织的有关活动中使用的标牌、旗帜、文件、材料、桌签等；（3）各级律师协会颁发的奖状、荣誉证章、证书、证件等；（4）各级律师协会和律师事务所出版的报刊、图书及其他出版物；（5）各级律师协会和律师事务所、律师工作中使用的信签、信封、名片、礼品和其他有关律师业务的办公用品、服饰以及用于对外的宣传品上；（6）其他用于律师协会、律师事务所的情况。除前款规定外使用律师协会标识、会徽的，应经中华全国律师协会

---

① 三火："司法界一道风景线——律师出庭统一着装侧记"，载《中国律师》2003年第2期，第11页。

批准。不得用于以下方面：（1）不得用于任何以营利为目的商标、商业广告；（2）律师出庭徽章不得用于平时佩戴；（3）不得用于与律师职业无关的任何个人活动；（4）其他不适于使用的场所。

律师徽章内圈图案为律师协会标识，外圈标有"中国律师"黑体、中英文字样，为纯铜镀镍材质，直径分 40 毫米和 18 毫米两种。40 毫米徽章为执业律师出庭佩戴专用标识；18 毫米徽章为律师平时佩戴标志。执业律师出庭必须佩戴徽章。律师对徽章要加以妥善保管，防止丢失，不得转送他人佩戴；如有丢失，应立即报告当地律师协会和省级律师协会，由所在省、自治区、直辖市律师协会向中华全国律师协会提交补发申请。对违反规定使用律师协会标识、会徽及律师徽章的行为，参照中华全国律师协会《律师协会会员处分规则》，由律师协会予以训诫处分，情节严重者，予以通报批评。

律师协会会徽的图案标识，反映了律师的职业价值和工作理念，有助于提升律师的职业形象。统一会徽的使用范围、制式标准体现了律师行业的专业性，体现了律师作为司法参与主体追求庄重严谨的行业风尚。自 2003 年司法部要求统一使用会徽以来，得到了各地律师协会、律师的自觉遵守、支持。规范会徽的使用方法也体现出律师协会管理水平的提升，展现出自身对规范化、正规化管理的意愿。

3.《司法部关于进一步规范兼职律师管理工作的通知》发布

2003 年 1 月 8 日，《司法部关于进一步规范兼职律师管理工作的通知》发布，对兼职律师的管理作出进一步规范。

1996 年《律师法》颁布后，司法部制定了《兼职从事律师职业人员管理办法》，明确规定法学院校（系）、法学研究单位从事教学、研究工作的人员，具备条件的，可以兼职从事律师职业。兼职律师对我国律师行业、法律制度的重建发挥着重要作用。

但相较于《律师法》对专职律师的管理愈加细化明晰，兼职律师的管理却存在较多疏漏。例如，有些地方没有严格按照有关规定颁发兼职律师执业证，使一些不在法学院校（系）、法学研究单位从事教学、研究工作的人员也领取了兼职律师执业证。对他们的管理不足影响了律师行业的严肃性和律师队伍的声誉，妨碍了律师管理的正常秩序，也不适应新形势下完善我国律师类型结构的要求。

为此，司法部决定在2003年年检注册时对兼职律师队伍进行清理和规范。《司法部关于进一步规范兼职律师管理工作的通知》对兼职律师的注册、向专职律师转化以及退出兼职律师队伍后的律师事务所善后工作作出相关规定。

根据该文件规定：（1）各级司法行政机关要在2003年律师年检注册时对本地区兼职律师的情况进行一次全面清理，并严格依照《律师法》和《兼职从事律师职业人员管理办法》的有关规定，对每名兼职律师是否符合规定的条件进行审查，对不符合担任兼职律师条件的人员一律不得注册。（2）对不符合兼职律师条件的人员应通知其所在律师事务所，告知其不得再接受新的业务，正在办理的案件，由所在律师事务所妥善处理。（3）具备下列情形的人员，可按有关规定转为专职律师：①法学院校（系）、法学研究单位从事教学、研究工作的兼职律师，退休后申请继续执业的；②已注册为兼职律师的机关、企事业单位工作人员，辞去现职的。

随着我国律师行业的发展，社会对兼职律师已不再满足于律师人数的补充作用，社会期待其在法学理论研究和其他专业知识领域补足专职律师的缺陷。因此，对于兼职律师的要求应更加严格，清退不符合相关资历者。同时，规范兼职律师队伍也为当年司法部推行的公职、公司律师试点铺平道路，引导被清退的兼职律师作出新的职业选择，律师行业因而得到更为合理的布局和管理。

4. 司法部法律援助中心职能进一步明确

2003 年司法部下发《司法部关于进一步明确法律援助中心职能的决定》，对司法部法律援助中心的职能作出更加明确、详细的规范定位。

中央编制办公室于 1996 年 12 月 18 日批准成立的司法部法律援助中心，是直属于司法部的正局级行政性事业单位。法律援助工作逐步由各地试点向中央统一规范发展，该中心缺乏明确的职能定位等问题逐渐显现。为此，司法部在 2003 年发布《司法部关于进一步明确法律援助中心职能的决定》。①

根据现行有效的《国务院办公厅关于印发司法部职能配置内设机构和人员编制规定的通知》第 2 条第 5 款和《司法部关于司法部法律援助中心依照国家公务员制度管理批复意见的通知》等有关规定，司法部法律援助中心的职能是：指导监督法律援助工作是司法部的重要职责。中心作为司法部直属单位，在司法部领导下，代表司法部具体负责指导、监督全国的法律援助工作，履行以下职能：（1）研究起草有关法律援助工作的政策和法律、法规、规章及规范性文件；（2）指导、监督地方法律援助工作及其开展情况；（3）组织宣传法律援助制度；（4）管理法律援助经费；（5）组织法律援助制度和理论研究；（6）负责指导全国"12348"法律服务专线工作；（7）承办司法部交办的其他有关事项。

---

① 依据司法部关于 2014 年公布的《司法部现行有效规范性文件目录》（截至 2013 年年底），该决定目前已失效，但根据与司法部法律援助中心相关法律文件内容，可推知该决定确立的司法部法律援助中心的职务内容得以保留。

司法部法律援助中心不直接承担法律援助工作，与提供法律帮助的律师和律师事务所存在业务指导关系。

法律援助自 1993 年通过正式文件进入公众视野后，历经十年发展，已然走过了单纯依靠个别律师事务所作为慈善行为提供的阶段，逐步成为政府与律师责权分工明确的社会福利事业。司法部通过明确法律援助中心的职务内容，有助于该机构作为专门单位，在统筹管理各地方法律援助中心、参与法律援助政策法规制定等事务上发挥作用。有利于我国律师了解法律援助相关条文和形势政策，提升工作水平，满足弱势群体获得法律平等保护的服务需求。

5. 我国首位律师代表直选律师协会会长产生

2003 年 7 月 17 日，我国第一位律师代表直选律师协会会长在深圳产生。广东融关律师事务所主任徐建，这位曾经创办过我国首家不要编制、自收自支律师事务所的改革先锋，又一次成为探寻律师协会会长选举制度创立的领头人。

20 世纪，深圳市律师制度的创新以促进业务领域拓展和律师事务所改制为中心，使律师从业人数、业务水平和行业自律管理等方面均蓬勃发展。

但 21 世纪，随着改革开放向内地的纵深推进，京、沪律师"南下"、香港地区律师"北望"，深圳市律师行业发展受困，整体水平落后于京、沪、渝三地同行。这大大刺激了深圳市律师，他们决定把律师协会自治作为"自救"的起点。

2002 年，深圳市 100 余名律师联名推荐已年过半百的徐建律师担任深圳市律师协会会长的候选人。[①] 这使得徐建律师深受感动，加之他也认为自己对深圳市律师行业发展有着一份责任和难以割舍的深爱，他开始着手起草律师协会新章程。

---

① 文心："代表直选会长：是标本还是榜样——深圳律师启动自治进程"，载《中国律师》2003 年第 9 期，第 34 页。

　　他起草的章程在 2003 年 7 月 18 日召开的深圳市律师协会第四次会议被 2000 余名在场律师表决通过。这份章程的突出特色在于律师协会会长由律师一人一票直选产生，当选会长及其副会长每年应向理事会作述职报告，如有超过半数的理事对述职报告投不信任票，该会长、副会长必须辞职。

　　与引咎辞职制相联系，该章程还规定了弹劾制："代表行使下列职权：提议罢免理事、会长、副会长。"其目的是保障律师协会的权力部门对协会会员负责，恢复律师协会的民主、自治。

　　在该章程通过后，徐建竞选演说中的十条工作纲领获得青睐，成为众望所归的新一任深圳市律师协会会长。

　　根据表决通过的律师协会章程，会长有一定的"组阁权"。最终，张勇、张敬前、张丽杰、高树任副会长，赵志成任律师协会秘书长，他们与会长共进退。其余理事从 32 名候选人中差额产生，新当选的理事绝大部分是新鲜血液。①

　　这次律师协会改选吸引了深圳市律师们热情参与，时任大会主席团成员黄振芬局长感叹说："三届律协 15 个理事，开一次会凑齐过半数的 8 个人要等 1 个小时。而这次代表大会，代表们来得非常整齐，积极性空前高涨。"各界对这种选举方式均表达出肯定态度，对它能带动的律师行业发展活力表示期待。

　　徐建曾担任过我国香港地区中港司机年会、中港运输会、中港货柜车主协会三个公会的法律顾问，并曾参与过深圳市体制改革方案的起草工作，非常熟悉行业协会的规则运作。他认为律师协会是行业协会中组织最严密、管理最严格的行业协会，而律师则是最具民主法治精神、最富政治参与热情、最有经济基础、综合素质最高的职业群体。因此，律师协会

---

① 文心："代表直选会长：是标本还是榜样——深圳律师启动自治进程"，载《中国律师》2003 年第 9 期，第 35 页。

首创代表直选会长加竞选的制度设计便不足为奇。①

此次改选仅是深圳市律师协会改革的开端，作为极具法治精神的行业自治组织，律师协会同样重视程序的民主法治和规则的制度化。2003年7月29日，新理事会召开二次会议，表决通过了《理事会议议事规则》。2004年的律师代表大会上，徐建会长建议完善律师协会制度，修改《深圳市律师协会章程》。会后，他几下香港地区，八易其稿，将原来5000字的《深圳市律师协会章程》增改为1万字，创新就达15处之多。如律师协会会长、副会长、理事及秘书长全部由执业律师担任；竞选产生会长、副会长、理事，候选人一律多于实际当选人数。②

深圳市律师协会的民主选举体制得以建立并被不断完善，以较高水平的成文规章制度辐射其他省市律师协会的制度建设。此外，深圳市律师协会会长直选制的创立，离不开深圳市司法局的支持，政府对行业组织的规制与行业组织自治选举制度在此有机结合，成为行业组织自治制度的良好范本，是律师组织自我革新的里程碑。

6. 基层律师事务所转制

2003年7月，时任司法部基层工作指导司副司长杜茂在全国司法厅（局）长会议上的讲话中主张将基层法律服务所一部分转变为律师事务所，一部分过渡为法律援助体系的一部分，通过政策调节逐步减少并消亡现有基层法律服务所。同时初步确定了我国基层法律服务所的性质为"公益性社区

---

① 文心："代表直选会长：是标本还是榜样——深圳律师启动自治进程"，载《中国律师》2003年第9期，第35页。

② 郑荣昌："徐建：律坛改革家"，载《法律与生活》2010年第13期，第32页。徐建对《深圳市律师协会章程》的修改其实也响应了司法部的要求，司法部在2003年提出律师协会会长、副会长、常务理事要由执业律师担任，非执业律师不得再担任律师协会的领导。

法律服务组织，是在政府主导和扶持下为特定地域和特定对象服务的公益性、便民性、低收费的法律服务组织"。

我国的基层法律服务机构由来已久。但是，基层法律服务机构固有的管理体制、服务能力缺陷，在群众法律服务需求提升、律师制度恢复重建的冲击下越发明显。另外，从国内外的法律服务市场考察，我国城乡基层法律服务机构也需要改革转制，以此与律师事务所取得协调，统一法律服务市场准入标准、管理标准，提升法律服务行业服务能力。

司法部于 21 世纪伊始制定了《基层法律服务机构脱钩改制实施意见》，要求法律服务所参照《合伙律师事务所管理办法》脱钩改制为个人合伙所，实行自主执业、自收自支、自我管理、自我发展的自律性运行机制。

"乡镇法律服务所基于社会需求而自发产生之后，是在一种没有理论论证、没有法律规范的背景下，并依赖于政策和行政手段推动扩展的机制。这种与生俱来的弊端，就决定了它的生死成败对政策有很强的依赖性"①。自该年度始，全国基层法律服务所数目、从业人数均有所减少，业务量处于不稳定状态。

各地响应相关政策，试验基层法律服务机构的改制，试点从城市街道开始。如江苏省自 2002 年以来，众多大中城市先后启动基层法律服务所脱钩改制工作，基层法律服务所逐渐成为自主经营、自我管理、自收自支、自负盈亏的合伙性质的中介机构，被正式推向市场。鉴于退出诉讼，部分基层法律服务工作者将失去生存基础，基层法律服务所的社会职能更无法实现。南京市司法局以玄武区大众法律服务所为试点，探索基层法律服务所转制成律师事务所的途径。南京玄

---

① 唐鸣、陈荣卓："农村法律服务：何去何从？——对 2000 年以来中国乡镇法律服务所改革的反思"，载《华中师范大学学报（人文社会科学版）》2008 年第 3 期，第 6 页。

武区在改制中将基层法律服务所转制为律师事务所的做法顺应了时代发展潮流，为法律服务市场的规范和拓展提供了一个可供选择的途径。但是，由于基层法律服务所转制成为律师事务所并没有直接相关的法律、政策支持、规制，因此在实际转制工作中也面临着一些问题。[①]

对于基层法律服务机构，起初学界的主流观点主张取消。

但从各地方的实践情况来看，基层法律服务机构在很长时间内发挥了不可替代的作用，这里的法律工作者虽没有律师的法律知识丰厚，但更贴近基层百姓，符合基层法律纠纷集中在民事纠纷的实际需求。

2003 年，在全国司法厅（局）长座谈会上，时任司法部部长张福森发表讲话，强调基层法律服机构应保持公益性，同时我国的法律服务市场应拓展广度与深度，规范服务行为，规范法律服务秩序，加强对法律服务人员、法律服务机构的资质管理，协调好律师、公证、基层法律服务、法律援助工作的关系及其发展布局。[②]农村基层法律服务机构也同大中城市一样，在诉讼领域不能有律师和基层法律服务队伍并存，但是解决这个问题是一个长期的过程。当前，在一些经济比较发达、律师业比较成熟的地区，应该先走一步。[③]并初步确立了基层法律服务机构向律师事务所和法律援助机构转制的改革方向。这一方向的确定也为解决保障基层法律服务机构公益性与自负盈亏律师事务所营利性矛盾提供了一种折中方案。因而，对于基层法律机构存废的态度也由改革前，主张

---

① 主要问题是合伙人、负责人资格以及律师助理执业几方面，具体参见陈荣卓、唐鸣："城乡基层法律服务所改革：区域选择与实践比较"，载《江汉论坛》2010 年第 2 期，第 105 页。

② 张福森："法律服务的数量与质量应当并重——张福森同志在全国司法厅（局）长座谈会上的讲话（摘要）"，载《中国律师》2003 年第 9 期，第 5 页。

③ 张福森："法律服务的数量与质量应当并重——张福森同志在全国司法厅（局）长座谈会上的讲话（摘要）"，载《中国律师》2003 年第 9 期，第 7 页。

废弃该制度，转为部分认可该制度存在的历史和现实价值。

日后的实践证明，基层法律服务机构改革有必要但不能盲目为改革而改革，制度设计上需考虑兼顾律师利益与基层法律机构服务人员、城乡居民的利益，保障律师与基层法律服务工作者合理划分职务范围，保障人民群众，特别是处在能聘请律师和满足法律援助条件之间断裂地带的人民的法律利益是政策制定者需要关注之处。

7. 我国第一部法律援助行政法规颁布

2003 年 7 月 21 日，温家宝总理签署第 385 号国务院令《法律援助条例》，这是我国首部专门围绕法律援助所制定的行政法规，于 2003 年 9 月 1 日正式实施。在其颁行前后，司法部组织多次讨论会、宣传会，可以说"法律援助"是 2003 年我国司法界的关键词，作为法律援助提供的直接主体，律师与此息息相关。

1993 年起，时任司法部部长肖扬就提出要建立我国法律援助制度，这一想法率先在《刑事诉讼法》《律师法》《老年人权益保障法》中得以体现。我国法律援助制度的建立从地方试点、部门法中零星规范走向以法律援助制度为核心制定专门法规，为法律援助工作的发展提供了重要的制度保障，使法律援助事业的发展进入一个崭新的阶段。

《法律援助条例》共六章 31 条，内容包括总则、法律援助范围、法律援助申请和审查、法律援助实施、法律责任和附则。

律师是法律援助的主力军，《法律援助条例》与律师关系密切。据 2003 年的统计资料，当年从事法律援助的法律专业人员 7643 名中有 4555 人拥有律师资格，[①] 约占法律援助机构总人数的 59.6%。

---

① 蒋建峰、郭婕："2003 年全国法律援助统计分析"，载《中国司法》2004 年第 3 期，第 78 页。

《法律援助条例》将提供法律援助的责任归于政府，明确要求中央和地方各级政府将法律援助所需经费列入地方预算，修改了《律师法》加诸法律援助责任于律师的责任体系。律师仅在法定条件下负有提供法律援助的义务，该法定条件体现在第 27 条、第 28 条、第 29 条。这三条分别规定了律师事务所不得拒绝法律援助机构的指派，律师无正当理由不得拒绝接受、擅自终止法律援助案件，在代理中不得接受财物、违反职业道德或执业纪律，否则将受到行政处罚。

政府承担法律援助经费筹措责任，分担了律师承办法律援助诉讼不赚钱还要自掏腰包的经济压力，[1] 提升了律师接办法律援助案件的积极性。

为使各地充分重视《法律援助条例》，增进各地对其核心精神的理解，司法部于同年 8 月组织一系列座谈会与研讨会。

同年 8 月 4 日，司法部在京召开学习贯彻《法律援助条例》座谈会。时任司法部部长张福森、副部长段正坤，国务院法制办副主任李适时，司法部、国务院法制办、共青团中央、中央政法委、中华全国总工会、最高人民法院、最高人民检察院、公安部、财政部、全国妇联有关部门领导及人员，北京大学法学院、清华大学法学院、中国政法大学法学院、中国社会科学院法学所的专家学者等人士出席了座谈会。会议介绍了《法律援助条例》的出台背景及重要意义，同时听取了与会专家学者对该条例的基本精神及贯彻措施的意见与建议。

8 月 26 日至 27 日，司法部在杭州召开全国法律援助工作会议。

2003 年 9 月 12 日，司法部下发《关于贯彻落实〈法律援助条例〉促进和规范法律援助工作的意见》，对 9 月 1 日已正

---

[1]　一些地方要求律师每人每年全额自费承办一两起法律援助案件，除此之外，对于法律援助中心指派的案件也须承办，但可以得到一定的补贴。参见《河南省司法厅关于律师承办法律援助案件有关事宜的通知》（1999 年 4 月 21 日发）。

式实施的《法律援助条例》的贯彻落实提出具体意见。

该意见首先强调了《法律援助条例》的出台对于实现我国法制建设、促进社会公平和正义的重要意义；其次该意见明确了法律援助中各方主体的定位和义务，其中司法行政部门负责监督管理法律援助工作，法律援助机构具体负责组织实施法律援助工作，律师是法律援助的主要提供者，应当履行法律援助义务，同时鼓励社会力量参与法律援助工作。该意见对于律师事务所和律师履行法律援助义务提出了更为明确、具体的要求。它允许在经济欠发达的少数边远县级地方，现阶段设立法律援助机构确有困难的，当地政府司法部门可以委托律师事务所行使法律援助机构的职责，强调律师事务所需按照《法律援助条例》指派律师。它授予地方司法部门以律师承办法律援助案件数量为依据考核律师，督促律师普遍履行义务。同时它要求律师协会对律师接办法律援助案件提供支持和协助。

为了能扩大《法律援助条例》的社会认知度，2003 年 8 月至 12 月，司法部牵头中央六家单位开展了"法律援助在中国——大型公益活动"。

《法律援助条例》的颁布，对于我国法律援助近十年的探索既是一种总结，也是一种升华。它的颁布从法律上肯定了法律援助的地位和价值，为该制度的运行和完善提供了基础。同时，正如时任司法部部长张福森所说，法律援助是司法制度的重要组成部分。新近颁布的《法律援助条例》规定，国家鼓励社会对法律援助活动提供捐助，鼓励和支持社会组织利用自身资源为经济困难的公民提供法律援助，从立法上肯定了参与和支持法律援助事业是全社会的共同使命和崇高美德。[1] 这为我国法律援助的开展奠定了经费支持的来源基础。

---

[1] 李华鹏："万众携手 牵手正义'为实现公平和正义·法律援助在中国'大型公益活动启动"，载《中国律师》2003 年第 9 期，第 95 页。

《法律援助条例》以国家承担替代了《律师法》规定的律师对法律援助的责任，更为符合现代法治文明国家的发展规律。同时该条例及司法部发布的部门规章，对于法律援助的管理也提出了要求，律师提供法律援助被作为一种职业义务确定下来，并接受司法部门监管，更有利于法律援助的实现和服务质量的提高，被代理人的权益得到更加周全的保护。

当然，我国法律援助的发展仅有十年时间，且东西部、城乡二元间的发展差异较大，使法律援助仍存在经费保障不足；律师人数不足，难以满足人民群众的法律服务需求；律师执业保障不完善削减其接办刑事辩护案件的积极性，以及律师等法律援助办案人员办理法律援助案件时，要在向法院、检察院、公安、劳动仲裁、工商、档案、房屋土地管理等部门立案、查阅复制案卷、调查取证等环节交纳相关的费用，办理法律援助案件成本高等问题。限于这些客观问题，也就难以对各地开展的法律援助活动确立统一的管理标准。可见，《法律援助条例》的规范较为粗疏，可操作性有待加强，还需要大量司法部、地方的规章加以明细，以满足地方实际，切实加强对法律援助服务的管理。同时如何激发律师参与法律援助的热情、保障他们的权利也是后期改革中亟须解决的问题。

8. 珠海市出台全国首个律师执业保障条例

2003 年 11 月 27 日，广东省人大常委会第七次会议正式审查批准通过的《珠海市律师执业保障条例》，成为我国首个律师执业保障条例。

律师在地区政治稳定、经济发展、民主法治等方面发挥着重要的积极作用，但其自身的执业权益却难获保障，特别是 1997 年新《刑法》第 306 条关于"律师伪证罪"的专门条款更是加大了律师的执业风险。为此，许多律师常在执业过程中战战兢兢，影响了他们的工作积极性。

如何保障律师的执业权益成为 20 世纪以来法学学者的研究热点，也成为律师协会的工作重点。2002 年 6 月，珠海的公检法司等部门曾联合召开座谈会，以会议纪要的形式规定了一些保障律师执业权利的具体措施。但由于受内部文件性质及效力的制约，纪要的执行情况不是很理想。2002 年 11 月初，在珠海市人大常委会组织的部分市人大代表对全市律师执业状况的视察中，律师界反映了调查取证难、阅卷难、会见难三种主要困难，希望珠海市人大常委会通过地方立法的方式保障律师的执业权利，引起了人大代表的共鸣。①

2002 年 11 月底，由珠海市较有影响力的六名律师起草的《珠海市律师服务保障条例》作为律师执业保障法的第一稿就出台了。该条例经多次征求意见、讨论修改后，先后易名为"珠海市律师规范和权利保障条例""珠海市律师执业管理条例"。2003 年 5 月中旬，珠海市人大常委会对其展开审查，并确定该法规的立法目的在于提高律师执业保障程度，条例的价值应定位于权利本位，为此将条例名称确立为《珠海市律师执业保障条例》。2003 年 7 月，珠海市人大常委会对草案一审，对于草案中的律师会见被告人的次数和时间出现的争议，遂成立由珠海市人大法工委和公检法司等相关人员联合组成的调研组，对立法再次进行调研。

调研组先后赴北京市和广州市考察、交流。② 调研中，全国人大常委会法工委及司法部等部门的领导和同志一致认为，珠海市在全国立法条件尚不成熟的情况下，制定律师执业保

① 陈汝华、林新锋："珠海经验：优化律师执业环境的探索与实践"，载《中国律师》2011 年第 6 期，第 31 页。
② 对于律师执业权利保障的规范虽然在其他地区也有尝试，如北京市检察院 2003 年 8 月推出的 69 条维护诉讼参与人合法权益的新措施，北京市海淀区人民检察院试点律师提前介入刑事案件，在审问犯罪嫌疑人时陪同出席等做法。

障这样一个地方性法规具有积极意义，对国家修订《律师法》《刑事诉讼法》具有先行先试的探索意义。[1]

2003 年 9 月 26 日，珠海市第五届人大常委会第三十八次会议表决通过了《珠海市律师执业保障条例》，11 月 27 日广东省人大常委会批准通过，自 2004 年 3 月 1 日起正式实施。该条例共 32 条，以解决律师调查取证难、阅卷难、会见难为核心，规范全面且重视立法细节，力争更具可操作性。同时，该条例明确规定了国家机关及有关单位应当在各自的职责范围内为律师依法执业提供保障和便利，详细规定了律师在诉讼及其他业务中的各项执业权利及权利救济、保障途径。该条例规定，律师会见在押犯罪嫌疑人的次数和时间应当得到保障；律师在行使调查取证权时只需出示授权委托书、律师执业证书和律师事务所介绍信；律师要求确认所复制的材料来源的，有关单位应当予以确认；律师询问案件程序进展情况的，侦查机关、公诉机关应当如实告知；有关机关对律师依法提交的材料原件和文书原件应当签收；在送达裁判文书时，应当通知律师可以领取文书副本。[2]

一个地方法治环境的好坏，很大程度上要看律师作用的发挥程度，看律师参与诉讼、参与社会和经济活动的深度和广度。律师执业权利得到充分尊重和保障，本质上是对法治社会中公民权利的保障，更是对民主法治社会建设的促进。珠海市在充分调研、重视落实、加强协调基础上以法规形式专章保护律师权利体现了该市对律师权益的维护，对律师行业的重视。特别是该法颁行实施后，重视执法实然效果的反馈监督，为律师执业提供了良好环境。

---

[1] 陈汝华、林新锋："珠海经验：优化律师执业环境的探索与实践"，载《中国律师》2011 年第 6 期，第 31 页。

[2] 王新友、曾献文："全国首个律师执业保障条例出台"，载《检察日报》2003 年 12 月 10 日，第 1~4 版（综合新闻版）。

当然，限于该条例的法律位阶较低等现状，它所发挥的作用较为局限，只能暂时性地解决一些问题，对于全国性律师执业保障仅能起到推动相关立法、提供立法经验的作用。

2004 年

1.《律师执业行为规范（试行）》通过

2004 年 3 月 20 日，第五届中华全国律师协会第九次常务理事会审议通过并施行《律师执业行为规范（试行）》。

该规范共十三章 190 条，内容涉及律师的职业道德、执业前提、执业组织、委托代理关系的建立、律师收费规范、委托代理关系的终止、执业推广、律师同行关系中的行为规范、律师在诉讼与仲裁中的行为规范、律师与律师行业管理或行政管理机构关系中的行为规范、执业处分等。

律师执业行为，即律师在法律允许的范围内从事与律师职务相关的活动。21 世纪之初，我国经济体制改革不断深入，律师执业范围也在逐渐扩大，一些问题亦相伴而生，损害了当事人的利益，损害了律师行业的社会公信力，损害了司法公平与正义，因此，明确律师在执业过程中的权利和义务是极其必要和迫在眉睫的。

综合考量律师与法官及当事人的关系处理问题，新颁布的《律师执业行为规范（试行）》在原有规定的基础上，进行了较为充分的细化和拓展，使之更加健全和完善。一方面，该规范结合行业客观规律对规范进行了细化。例如，"委托代理关系的建立"一章，分别从委托代理的基本要求，接受委托的权限，禁止虚假承诺，禁止非法谋取委托人的利益、利益冲突与回避，保管委托人财产、转委托等方面作出规定；在"禁止不正当竞争"一节中，分别规定了律师与律师事务所在与委托人及其他人员的接触中、在与行政机关和行业管理部门的接触中以及在与司法机关及司法人员的接触中禁用的不正当竞争手段。另一方面，该规范加入了一些新的内容。例如，第三章"执业前提"中增加了律师应当进行执业宣誓的规定；第四章"执业组织"增加了律师事务所内部管理的相关规定；第六章"律师收费规范"明确了律师费用收取的原则、可以考虑的合理因素、收费方式、应当由委托人另行支付的费用、终止协议后律师费用收取等问题；第八章"执业推广"明确了业务推广原则、律师广告规范、律师宣传规范。

随着该规范的发布与推广，各地陆续开展了一系列的律师队伍教育整顿工作。例如，深圳市福田区司法局组织该区198 名执业律师进行了考试，内容涉及《律师法》《律师执业行为规范（试行）》《律师和律师事务所违法行为处罚办法》等，并以规范律师与法官的关系、规范律师事务所内部管理和规范律师个人行为为重点开展监督教育活动。

《律师执业行为规范（试行）》集中体现了中华全国律师协会作为律师行业管理组织，为构建我国的律师行业规范体系所作出的贡献，对提高我国律师执业行为的规范性有极大的促进作用，为发挥律师维护公平正义的作用、实现律师行业运行的制度化、提高律师队伍的质量提供了坚实的制度保障。

2.《关于规范法官和律师相互关系维护司法公正的若干规定》出台

2004 年 3 月 19 日，最高人民法院、司法部联合发布《关于规范法官和律师相互关系维护司法公正的若干规定》，这是我国第一个系统规定法官和律师在职务内和职务外活动中相互关系的文件。该文件旨在加强对法官和律师在诉讼活动中的职业纪律约束，规范法官和律师的相互关系，维护司法公正。

该规定共 17 条，内容包括法官不得私自单方面会见当事人及其委托的律师、律师不得违反规定单方面会见法官等。

同年 6 月 3 日，最高人民法院、司法部为贯彻落实《关于规范法官和律师相互关系维护司法公正的若干规定》，召开电视电话会议。会议由时任最高人民法院党组副书记、副院长曹建明主持，时任最高人民法院院长肖扬、时任司法部部长张福森出席会议并讲话。

我国律师制度恢复重建二十多年来，律师队伍已经成为建设社会主义法治国家的一支重要力量。截至 2004 年，我国共有律师事务所 1.1 万多家，执业律师 10.2 万多人。广大律师正积极从事着刑事辩护、诉讼代理、法律援助和非诉讼法律服务工作，为促进国家法律的正确实施，维护人民群众的合法权益作出了积极贡献。不可否认，近年来，在从事诉讼业务的律师中，出现了请吃饭、送钱、送物，办"关系案""金钱案"等现象。这些问题尽管只是个别现象，但影响很坏，必须采取有力措施，认真加以解决。

肖扬在会议上指出："正确认识法官与律师相互关系，认清其非正常关系的危害，培养法官独立、中立、诚信的品格，健全完善教育、监督、惩戒制度，在法官与律师之间建立起良性规范、堂堂正正的关系，为维护司法公正而努力。"他强调："要健全和完善教育、监督、惩戒等制度，形成规范法官和律师相互关系的综合体系。"肖扬欢迎律师和社会各界对法官进行监督。人民法院欢迎律师以对事实负责、对法律负责的态度，对法官的违法行为进行大胆的检举揭发。

张福森在会议上指出："各级司法行政机关和律师协会要切实加强领导，抓好《关于规范法官和律师相互关系维护司法公正的若干规定》的贯彻落实。要认真组织律师学习领会规定的精神实质，严格对照规定的要求，检讨执业活动中存在的问题，纠正错误，矫正偏差，不断提高自律意识和自律能力。要加大监督检查的力度，对于违反规定的行为，要依照相关规定，予以严肃查处。要积极加强与人民法院的沟通，相互配合，相互支持。要认真听取人民法院和法官对律师执业活动的意见和建议，认真处理对律师违反执业纪律的投诉反映，做到投诉一件，查处一件。"

中华全国律师协会、北京市高级人民法院、山东省高级人民法院、北京市司法局四个单位在会上介绍了贯彻实施该规定的有关工作情况。

该规定的出台具有重要的现实意义和社会意义。一方面，该规定的颁布实施有利于依法构建法官与律师之间必要的隔离带，消除当事人和社会公众对诉讼过程、裁判结果的不信任感，有利于加强法官与律师的纪律监督。另一方面，加强对律师与法官的纪律约束不仅有利于促进司法的实体公正和程序公正，对树立形象公正更是具有重要意义。

紧随该规定颁布而召开的电视电话会议，强有力地促进了该规定的实施，在实践层面健全了对法官和律师这两个法治参与主体的监督和惩戒。这对推动法官与律师之间正常交往、提高法官职业与律师职业的声誉和形象、维护司法公正、树立司法权威具有重要意义。

3. 纪念法律援助制度建立十周年，《法律援助条例》实施一周年座谈会召开

2004年8月29日，司法部在京举行"纪念法律援助制度

建立十周年,《法律援助条例》实施一周年"座谈会。

时任全国人大常委会副委员长顾秀莲、时任司法部部长张福森出席会议并讲话。中央国家机关、社会团体、院校、科研机构专家、律师、受援人等各界人士受邀出席会议,就法律援助制度建立十周年以来和《法律援助条例》颁布实施一年以来法律援助工作的发展变化,法律援助制度建设和《法律援助条例》贯彻中存在的困难和问题,如何进一步完善法律援助制度和贯彻实施《法律援助条例》等方面发表了自己的观点和见解。

法律援助制度建立十年来,全国各地解答法律咨询近600万人次,办理各类法律援助案件81万件,有130万人获得了法律援助诉讼服务,取得了良好的社会效果。截至2004年6月,全国各地已经建立政府法律援助机构2892个,法律援助专职人员共9798名,其中近50%的人员已取得律师执业资格和具有大学本科学历。全国十二万多名律师、十几万名基层法律服务工作者和工、青、妇、残等社会团体以及法律院校的法律援助志愿者,也积极参与了法律援助工作。

当前法律援助工作既适逢良好的发展机遇,又面临严峻的形势,法律援助经费不足,尤其是西部及一些经济欠发达地区的基层,法律援助经费仍然严重短缺;法律援助工作与相关部门的协作配合机制尚未建立;不少省份还没有采取措施落实《法律援助条例》规定的"法律援助范围""公民经济困难的标准""法律援助办案补贴标准"三个授权事宜,导致《法律援助条例》的有关规定不能落到实处。

法律援助的种种困境在律师界也引起广泛思索。在实践中,律师法律援助服务的质量普遍偏低,主要表现在律师资历较低、积极性不高等方面,律师法律援助服务的成绩主要体现在"量"上,而其问题主要出在"质"上,这已然影响到法律援助制度最重要的初衷,值得业内人士反思。

此次座谈会的召开，极大地促进了我国法律援助事业的发展，使法律援助越来越多地受到政府的重视和全社会的关注，为更多缺乏法律知识和操作能力的人能够获得政府或社会的帮助进而有效维护自身合法权益，奠定了更为坚实的基础。律师作为提供援助的主要力量，全社会对其社会责任感和职业道德水平提出了更高的要求，有助于行业质量的整体优化。

同时，此次座谈会总结了十年来法律援助工作的经验和教训，指出目前最大的问题是供需失衡问题，解决这一问题在客观上将促进我国律师队伍的扩大化和精细化，对我国进一步建设专业技能高、职业道德好的律师人才队伍具有一定的推动作用。

4. 律师失职被判高额赔偿

2004 年 12 月 13 日，北京市第二中级人民法院审判了一起震动律师业的案件，因受委托的律师失职导致客户被骗 1 亿元，3 名律师事务所合伙人被法院判赔 800 万元损失，并返还 100 万元律师费。这是截至当时，律师行业遭遇的最为高昂的赔偿。

2001 年 7 月，燕化公司准备与金晟公司合作，开发紫宸苑住宅小区项目。为查清对方底细，燕化公司聘请北京市某律师事务所作为法律顾问展开调查。在一番审查之后，北京市某律师事务所作出了结论：项目确实在金晟公司名下。燕化公司这才放心地向金晟公司支付了 1 亿元项目转让费，买下了紫宸苑住宅小区项目。作为对法律顾问的回报，燕化公司向北京市某律师事务所支付了 100 万元的高额律师费。

可到了 2002 年 5 月，燕化公司惊讶地发现在紫宸苑住宅小区项目的土地上，另一家公司已开始施工建设。燕化公司立即展开紧急调查，结果却让他们震惊不已：金晟公司根本不是紫宸苑住宅小区项目的所有人，燕化公司拱手交出的 1 亿元被凭空骗走。

事实上，原来金晟公司的一个股东确实签订过紫宸苑住宅小区项目的转让协议，还私自上报立项申请，骗取了北京市计委对该项目的批复。但因为一直未支付转让款，金晟公司的 3 个股东最终退出了项目。紫宸苑住宅小区项目被转让给了别人。在此情况下，金晟公司刘某某等人还打着紫宸苑住宅小区项目的名义，凭借失效的规划文件，与燕化公司签订继续开发紫宸苑住宅小区项目的协议，诈骗了燕化公司 1 亿元。[①]

燕化公司认为北京市某律师事务所的律师工作敷衍，严重违约。法院最终认定北京市某律师事务所提供法律服务时存在重大过错，履行《委托协议》义务不符合约定，对燕化公司支付 1000 万元定金的经济损失应承担违约责任。考虑到燕化公司自身也有失察之责，法院判决该律师事务所 3 名合伙人共同赔偿燕化公司 800 万元，并返还 100 万元律师费。

"800 万元赔偿案"对律师的社会公信力是一次打击，但与此同时，它也为律师行业敲响了警钟，只有提升业务能力，加强预防性风险保障，才能真正化解律师执业风险。

律师行业只有真正提高服务技能和服务质量，建立和完善风险预防和化解机制，才能更为有效地预防和规避风险的发生，才能真正维护好本行业的社会公信力。

5. 首届中国—东盟自由贸易区法律事务研讨会召开

2004 年 11 月初，中国—东盟博览会秘书处、法制日报社、

---

① 邱伟："3 名律师被判赔偿 800 万"，载《中国保险报》2004 年 12 月 23 日，第 3 版。

广西壮族自治区律师协会联合举办了"首届中国—东盟自由贸易区法律服务研讨会"，到会代表达 130 多人。

此次研讨会的宗旨是，围绕自由贸易区建设的热点问题，通过对该自由贸易区涉及的投资、经贸框架下法律事务的研究和探讨，增进各方对中国—东盟自由贸易区法律、政策的了解，预防和减少投资、商贸风险与纠纷。为各国参展方之间创造对话交流平台，完善中国与东盟全面经济合作服务体系，创造有序、透明、稳定的经贸投资环境。

此次会议上，中国政法大学国际法学院副院长张丽英发表了题为"区域经济一体化和法律服务"的精彩演讲。而后，国际司法桥梁基金会律师詹妮弗·史密斯、新加坡国际仲裁中心中国区经理葛黄斌，英国康永华律师事务所广州代表处主任康永华、《中国律师》杂志社总编辑刘桂明、美国乔治城大学法学中心研究员龚红柳依次发表了主题演讲。许多专家呼吁，中国律师界应积极主动介入重大国际商务活动，努力为促进中国—东盟自由贸易区健康有序发展提供优质法律服务。与会专家围绕区域经济一体化和法律服务的开放、自由贸易区与法制建设、自由贸易区框架下的法律制度、中国法律服务的现实障碍、中国—东盟自由贸易区框架内的经贸争端解决机制等议题，进行了充分的交流与探讨。

把法律服务提升为中国—东盟博览会的系列活动之一，将法律服务作为重大国际商务活动的重要话题进行专题研讨，在当时国内举办的各类大型国际商务活动中尚属首次。

与会人士表示，随着今后每届法律服务研讨会探讨内容的更加广泛、深入，必将为增进东盟各成员方对中国—东盟自由贸易区法律、政策的了解，预防和减少投资、商贸风险与纠纷，逐步完善成员方各自投资、经贸法律规范，促进司法协助，推进中国—东盟自由贸易区法制建设进程发挥积极作用。

作为以发展中国家构成的全球最大的经济体，中国—东盟自由贸易区有着巨大的发展潜力以及光明的发展前景。然而，要使其顺利运行，使各国经济快速发展，需要以条约、协议、国内法等约束并指引中国—东盟自由贸易区的经济活动。这些法律规范性文件具有多元化、框架性、灵活性、复杂性的特点，①因此需要专业化的法律服务团队为参与其中的各个经济组织保驾护航。

这一重任理应落在律师的肩上。中国律师一方面需要快速学习新知识，丰富自己，提高自己；另一方面应当多参与对外交流、研讨，将自己的学习成果在实践中进行检验，中国—东盟自由贸易区法律事务研讨会就为中国律师提供了这样一个平台。此次研讨会就汇集了东盟国家司法、经贸官员、WTO 专家组专家和其他自由贸易区专家，为中国律师开启了一个新的学习与实践的窗口。

2005 年

1. 第六次全国律师代表大会召开

2005 年 6 月 14 日，第六次全国律师代表大会在北京人民大会堂隆重召开。来自全国 31 个省、自治区、直辖市的近 300 名律师代表参加了本次大会。大会进行了中华全国律师协会换届工作，审议并通过了第五届中华全国律师协会理事会工作报告和财务报告，一批优秀的律师事务所和律师受到

---

① 参见黄信："中国—东盟自由贸易区法律合作研究"，载《广西财经学院学报》2011 年第 5 期，第 13~14 页。

表彰。

此次律师代表大会指出，我国当前正处于改革与发展的关键时期，律师工作也面临着机遇与挑战。同时对律师工作提出了几点要求与期望。

一是要充分发挥律师工作在构建社会主义和谐社会中的重要作用。构建社会主义和谐社会的目标，赋予我国律师业光荣的历史任务和时代使命，也为广大律师充分发挥作用提供了广阔的舞台。

二是要加快实现律师管理体制创新，努力造就高素质的律师队伍。加强律师队伍建设，提高律师队伍素质，是构建社会主义和谐社会的必然要求，也是进一步推进律师业改革发展的客观需要，要常抓不懈。

三是要高度重视，加强领导，努力为律师业的改革发展创造条件。坚持党对政法工作的领导，是我们必须坚持的重大政治原则，是我国司法体制的政治优势和重要特征，也是律师工作沿着正确方向前进的根本政治保证。各级党委、政府一定要从实践"三个代表"重要思想，维护司法公正，促进依法治国，构建和谐社会的高度，切实加强对律师工作的领导，为律师队伍建设和律师制度完善创造良好的社会环境。

此次大会还对自律师制度恢复以来，律师队伍的建设和律师业务的发展作出了总结与高度评价。党的十一届三中全会以来，特别是党的十五大提出依法治国的基本方略后，我国的律师队伍逐步壮大，素质不断提高，服务领域不断拓宽，律师工作得到了快速发展，取得了显著成绩。广大律师已经成为维护司法公正、促进依法治国、服务社会主义现代化建设的一支重要力量，在我国政治、经济、社会生活的各个方面都发挥着越来越重要的作用。

2. 为侨资企业服务法律顾问团成立

2005 年 6 月 17 日，国务院侨务办公室在北京人民大会堂宣布"为侨资企业服务法律顾问团"成立。时任全国政协副主席罗豪才和时任全国人大华侨委员会主任委员陈光毅及相关部门负责人出席了会议，并为首批 20 名特邀律师颁发了聘书。

罗豪才在会上表示，中国政府十分重视华侨华人在中国经济建设和社会发展进程中的重要作用。中国政府制定了多种政策措施，鼓励华侨华人投资中国内地，保护他们投资的合法权益，努力改善投资软环境。国务院侨办决定组建"为侨资企业服务法律顾问团"，是侨务部门适应新形势，贯彻落实依法治国基本方略，全面进行依法行政和深化为侨胞服务工作的重要举措和新的尝试，具有十分重要的意义。[①]

时任国侨办副主任李海峰在国务院侨务办公室"为侨资企业服务法律顾问团"第一次全体会议上表示，改革开放以来，华侨华人、港澳地区同胞投资企业，不同程度地推动了中国各地经济发展，在加快中国现代化建设进程中发挥了积极作用。而华侨华人、港澳地区同胞加速在中国内地投资的过程中，经济纠纷也时有发生。这不仅损害了他们的利益，也影响了中国对外开放的良好形象。希望"为侨资企业服务法律顾问团"能够切实维护华侨华人、港澳地区同胞在中国内地投资的各项合法权益，推动华资企业更快、更健康地发展，以促进更多海外企业来华发展。同时，也希望通过"法律顾问团"，不断提高侨办依法行政、"依法护侨"的工作水平。[②]

---

① 杨静："国侨办成立法律顾问团服务华资企业"，载《中华民族报》2005 年 7 月 5 日，第 9 版。
② 杨静："国侨办成立法律顾问团服务华资企业"，载《中华民族报》2005 年 7 月 5 日，第 9 版。

国务院侨务办公室成立该法律顾问团，旨在加大依法护侨工作力度。

此次会议还明确了"为侨资企业服务法律顾问团"的职责，主要包括：为国务院侨办涉侨经济事务和相关政策制定提供法律咨询；参加有关维护华商合法权益的公益活动；为国务院侨务办公室介绍的华裔提供一般性法律咨询；根据国务院侨务办公室介绍和双方协商，为华商提供专项法律服务；为国务院侨务办公室介绍的特殊涉侨经济案件无偿提供法律援助等。

截至 2014 年 11 月，共计 106 名律师先后受聘"为侨资企业服务法律顾问团"特邀律师。此外，全国各省、自治区、直辖市和副省级城市已经成立 27 个"为侨资企业服务法律顾问团"，为侨商提供无偿法律援助，帮助侨商协调解决经济纠纷，处理涉侨案件，深受侨商赞赏。据不完全统计，由 28 名律师组成的第三届国务院侨务办公室"为侨资企业服务法律顾问团"先后处理近 300 件涉侨案件，免费咨询、解答问题万余人次。

"为侨资企业服务法律顾问团"的特邀律师，在维护海外侨胞投资合法权益，助力侨资企业更好更快发展，丰富为侨服务手段，推动地方政府改善投资环境等方面发挥了积极作用，已成为侨务部门维护侨商投资合法权益的重要力量。

3. 中华全国律师协会设立对日索赔法律援助基金会

2005 年 7 月 29 日，中华全国律师协会在新闻发布会上宣布，该协会与中国法律援助基金会一起设立了"对日索赔法律援助专项基金"，该基金有保底资金 30 万元。

20 世纪 80 年代以后，日本侵华战争中的受害者和家属在中日两国非政府团体的支持下，拿起法律武器，在日本法院起诉日本政府及关联企业，要求讨回历史公道并进行赔偿。1995 年，中国女律师康健回应了日本律师的询问，愿意与日本律师一起共同推进这一维护人权与民族尊严的事业。

此后，以康健为代表的一批中国律师接受日本侵华战争受害者的委托，积极投身于这项事业。

这类诉讼一般是由中国律师参与国内的调查取证，日本律师代理在日本法庭起诉并诉讼。因其不具备政府背景，没有政府参与，所以被称为民间对日索赔诉讼。

中国官方虽然已经放弃日本的侵华赔款，但民间对日索赔却从来没有停止。随着一个个"二战"受害人、目击证人的辞世，对日索赔显得越来越紧迫，越来越艰难。而真正影响索赔进程的我方原因就是资金不足，起先索赔都是日本律师代理并且由个人垫资，现在中国律师有了长足的进步，资本也有了相当的积累，能够承担起对日索赔这个民族的、历史的责任。

2002 年，中华全国律师协会常务理事会决定成立民间对日索赔诉讼工作指导小组，由时任副会长于宁律师担任小组主任，康健、武晓骥、李大进等律师为副主任，承担起了带领这一领域的律师维护民族大义、维护人权的历史责任。谢怀栻等一批著名法学家成为小组的顾问，为小组开展工作提供法学理论的后援。①

2005 年，中华全国律师协会牵手法律援助基金会成立了民间对日索赔法律援助专项基金，使中国律师从事民间对日索赔诉讼有了经济上的支持。为了做好这项工作，保证最大限度地用好社会各界的捐赠，小组成员成立了专门的审核小组，全力支持律师们的正义行动。

① 参见邢五一："民间对日索赔诉讼：风风雨雨十几年 全国律协民间对日索赔诉讼工作指导小组工作会议侧记"，载《中国律师》2011 年第 2 期，第 43 页。

对日索赔法律援助基金的设立，表明了中国律师的态度，就是要汇集全社会的力量，将索赔战争打到底，直至日本政府低头认罪。这不是钱的问题，而是民族尊严的问题。

时至今日，抗日战争胜利已逾70年，但南京大屠杀受难者的哀号仍不绝于耳，慰安妇的无助与绝望仍令人义愤填膺，中国劳工洒下的汗水和血水更是令人扼腕叹息。在众多苦难和暴行中幸存的中国人民，仍久久不能抚平其所受到的心灵与精神的折磨。如何抚慰他们的心灵，使他们安度晚年，唯有一纸胜诉的裁判文书。

在民间对日索赔诉讼中，律师无异于抛头颅、洒热血的战士，他们手中的笔、口中的舌、律动的唇都化作了精良的武器，他们胸怀民族尊严、思虑受害者人权，为受难者的切身利益而战。

4. 第五届中国律师论坛召开

2005年11月4日，第五届中国律师论坛在天津开幕，是被传媒誉为规格最高的一次中国律师论坛。1000多位来自全国各省、自治区、直辖市的律师精英和70余位各国律师和外国驻华律师事务所代表参加。

上午8点半，来自德国汉堡律师协会的代表率先演讲，论坛正式"开讲"，之后我国香港地区律师协会会长罗志力、我国澳门地区律师公会主席华年达、韩国仁川律师协会会长李基文先后演讲。

此次论坛是第一次由地方政府和中华全国律师协会共同举办的，时任天津市委副书记、市长戴相龙代表天津市委、市政府对论坛的召开表示祝贺，他指出，律师作为我国法律制度的重要组成部分，在构建和谐社会中有着独特的功能，发挥着重要的作用。

时任司法部副部长段正坤在致辞中说，本次论坛主题确定为"构建和谐社会与律师业发展"，具有十分重要的意义。律师工作与构建和谐社会息息相关，律师在构建和谐社会中有独特的功能，发挥着重要的作用。目前全国律师事务所已经发展到 11 000 多家，律师已经近 12 万人，律师队伍是保障和促进构建和谐社会的重要力量。要充分发挥律师的职能作用，着力打造现代律师业，为构建社会主义和谐社会提供优质的、高效的法律服务。

时任中华全国律师协会会长于宁在开幕式上说，中国律师事业正处在一个最好的发展时期。建立法制社会的目标和和谐社会的理念，为律师的活动提供了更加广阔的空间，本次论坛正值第十一个五年发展规划之际。经济和社会各项事业的发展离不开法律和法律人，特别是律师的活动。我们要紧紧抓住这一历史的契机，把我们的事业推向前进。

时任我国香港特别行政区政府律政司司长黄仁龙也出席了此次大会并致辞。

在下午的分论坛中，律师们就"律师管理与发展""律师业务与拓展""律师角色与使命"三个主题进行探讨。上海市律师协会会长吕红兵的演讲题目为"护法律权威、促社会和谐"、北京市律师协会律师事务所管理指导委员会主任王隽的演讲题目为"论合伙律师事务所的规范化管理"、吉林省律师协会副秘书长宋占文的演讲题目为"律师文化与律师管理"。[①]

本次论坛的高规格不仅体现在外在形式上，从内在实质来看，论坛以"构建和谐社会与律师业发展"为主题，充分表达了中国与各地区、各国家律师界充分交流、共谋发展、共创和谐的心声。此外，本次论坛的一大特色就是"国际化"，

---

① 更多主题演讲主要内容请参见张文静："关于律师管理与发展的理性思考——第五届中国律师论坛主题演讲摘要"，载《中国司法》2006 年第 1 期，第 53~56 页。

中国律师的国际知名度及影响力日益扩大，这才是超越形式层面的更大价值。

5. 北京多家律师事务所推出"一元律师"服务

2005年"12·4"法制宣传日期间，北京30家律师事务所推出了"一元律师"会员制法律服务，市民每天只需付一元多钱，就可获得一年的免费法律咨询。据介绍，全国有500家律师事务所加盟了北京的"一元律师"服务。

北京的"一元律师"服务并非首创，在上海、重庆等地，这种会员制法律服务早已悄然登录。早在一年前，上海外资企业宗诚管理顾问公司已经推出"一元律师"服务，当时，社会各界对此褒贬不一。

清华大学学者张建伟评论道："依据《律师法》的规定，现在的律师服务与管理体系是由司法行政机关—律师协会—律师事务所—律师构成，并无商业机构的一席之地，如果允许商业机构介入法律服务市场，势必打破这一法定体系。"

张起淮律师更是直言："一元作为律师的收费标准，明显不合理，有不正当竞争之嫌。"

对于"一元律师"对整个律师业的长远影响，张建伟断言："一元律师的商业化运作不仅会侵蚀律师行业的非商业性，而且还会干扰先行律师的行业管理。"

鉴于此，时隔一年后，北京在推出"一元律师"法律服务时摒弃了企业这一商业主体在律师领域运作的模式，而是由全国的律师事务所积极加盟，这就更加符合《律师法》的规定。

购买"一元律师"服务，其实只是平时可以享受到一些法律咨询的服务，而如果真正打起了官司，聘请律师的费用还是要另外计算的。因此，"一元律师"并不意味着"廉价"

的法律服务，而更加类似于一种"法律保险"。①

"一元律师"的出现对于重新配置律师资源也不无裨益。在政府律师和公益律师之外，允许鼓励更多的律师为公众个人提供法律服务，不仅有助于解决律师行业自身所面临的困境，而且有助于普通公众树立起对法律的信仰。

律师行业的最终目标应该是为社会公众提供服务，不能只盯着金钱而忽视了社会责任。在关注民生的呼声越来越高的现在，"一元律师"的出现无疑是律师读懂了关注民生的一种真实体现，这一模式最终将会使更多的人享受得起法律服务。

6. 佟丽华律师当选 2005 年度中国法制新闻人物

2005 年 12 月 25 日，由《法制日报》主办、有关国家机关参与评审并予以支持的 2005 年度中国法制新闻人物暨十大法制新闻评选在北京人民大会堂隆重揭晓。北京致诚律师事务所主任佟丽华当选 2005 年度中国法制新闻人物。

佟丽华，毕业于中国政法大学，时任中华全国律师协会未成年人保护专业委员会主任，北京青少年法律援助与研究中心主任，北京市致诚律师事务所主任。曾两次获得司法部"全国法律援助先进个人"称号，2005 年被评选为"全国优秀律师""年度十大法治人物"。

佟丽华律师在大学期间就创办了"准律师协会"，功课之余，他上街头、下农村搞普法宣传，答复咨询求助。在那段时间里，还是学生的佟丽华接触到不少处境困难的人，这给他带来了很大的冲击与震撼，也在一定程度上影响了佟丽华的职业发展。

毕业在即，佟丽华并没有遵从父母的意愿进入机关，而

---

① 赵志疆："'一元律师'值得期待"，载《中国经济导报》2005 年 12 月 3 日，第 B01 版。

是毅然决然地选择了他挚爱的律师行业。在实践中佟律师看到了不同的问题，也了解了各种群体，其中就包括青少年群体和农民工群体。

佟律师贫苦的出身以及长时间对弱势群体的关注，使得他在选择业务方向时没有从事那些收入丰厚的经济、商事业务，而是选择成为一名公益律师。佟律师在接受采访时说道："当我看到很多在社会上处于弱势的人需要帮助时，我总忍不住要伸手去帮他们。我很小的时候就亲眼见到有些农民在纠纷中十分无助、茫然，他们非常渴盼有人尊重、帮助他们，他们的眼神深深地打动了我。"①

佟丽华一直跋涉在这条无太多人问津的道路上，而他并非一时冲动选择了这一公益事业。据佟律师回忆，最困难的时候，由于工作资金不足，他曾将自己170多平方米的房子变卖。目前，在他所设立的北京青少年法律援助与研究中心里，商业律师仅有6人，其余20名均为专职的公益律师。现在我们可以看到像佟丽华这样为了青少年的合法权益，为了弱势群体的利益，为了公益事业而尽心竭力的律师已经大有人在。从以佟丽华律师为代表的律师身上，人们可以看到，律师在实现个人价值的同时还肩负着一定的社会责任，有着更高的精神追求！

① 肖潘潘、李茸："'年度十大法治人物'佟丽华：一个公益律师的跋涉"，载新华网新华法治栏目，http://news.xinhuanet.com/legal/2005-12/09/content_3897086.htm，最后访问日期：2015年12月18日。

2006 年

1. 江苏律师代理首例反倾销案胜诉

2004 年 7 月 7 日，印度商工部宣布，决定对原产于中国的橡胶助剂进行反倾销立案调查。在被调查的中国企业名单中，南京化学工业公司赫然在目。面对突如其来的倾销指控，南京化学工业公司显示了快速的应急反应能力。以原南京化工厂厂长张培毅为首的企业领导班子，果断决策，决定聘请律师积极应诉，保护自身的合法权益，并由张培毅亲自负责，迅速成立反倾销应诉工作小组。

反倾销案件不同于一般的案件，需要专家型的反倾销律师。2004 年 7 月 14 日，在完成初步调查问卷的填答之后，企业在律师的指导下，专函向商务部做了专题汇报。

2004 年 7 月 19 日，南京化学工业公司最终聘请了知识律师事务所的执业律师颜延博士担任本案的代理人，而此刻距离答辩的最后期限，只有 28 天的准备时间。

在正式接受聘请之后，以颜延博士为首的专家律师队伍进驻南京化学工业公司，现场指导各项应诉工作。企业动员了大量的一线工作人员，实事求是地按照印度官方的要求，及时准确地提供了成本、销售等方面的会计资料。

2005 年 2 月 26 日到 3 月 2 日，印度商工部调查专员 DAS 先生来宁进行现场核查，我方律师全程参与。

2006 年年初，印度商工部终裁决定：南京化学工业公司出口印度的 CBS 橡胶助剂没有对印度国内产业造成实质性损害，不对原南京化工厂的上述产品征收反倾销税。

至此，历时一年的印度对华橡胶助剂反倾销一案，经历了初步调查、补充调查、听证、现场核查等法定程序之后，终于取得了胜利。

据案件主办律师颜延博士介绍，目前，我国企业应对外国的反倾销诉讼案件，基本都是由北京的一两家律师事务所代理的，上海的律师事务所都非常少。知识律师事务所的律师作为江苏律师首次直接代理此类案件并胜诉，是在时间短、任务紧的情况下，通过企业、政府与中介机构等各方的密切配合取得的，十分不易。

应诉虽然告一段落，但留给我国的思考似乎才刚刚开始。

由于中印之间在经济发展水平、产业特性上存在一定的相似性，印度对华反倾销最为积极，是世界上对华反倾销调查案件最多的国家之一。

化工产业是印度对华反倾销的"重灾区"，而橡胶助剂反倾销是印度对华反倾销策略的一部分。因此，印度商工部决定对原产于中国的橡胶助剂进行反倾销立案调查也就不足为奇。

本案的应诉，一方面有效地促使了企业基础管理水平的提高，另一方面对江苏省有关政府部门、企业、律师业正确认识当前印度对华贸易反倾销调查案件的现状及诉讼特点具有重要的指导作用。

此外，本案的胜诉标志着诸如江苏等部分省市的律师在北京、上海、深圳律师领衔的格局下开始异军突起，这对中国律师业的协调发展、健康发展具有积极意义。

2. 多家内地律师事务所首次在我国香港地区开设办事处

2006年3月6日，经中国司法部批准及香港律师会同意，金杜律师事务所成为首家在我国香港地区开设办事处的内地律师事务所。

金杜律师事务所与香港夏佳理方和吴正和律师事务所同日宣布结成战略联盟，统一策略、资源、管理及系统，并准备在相关法律允许时，进行全面合并。

金杜律师事务所成立于 1993 年，是中国内地首批以合伙形式执业的律师事务所之一，在融资与能源、证券、公司事务及知识产权等领域有比较强的实力。香港夏佳理方和吴正和律师事务所创办于 1988 年，在公私营资产、合并与收购、证券、商业及企业事务、房地产等领域获得良好的称誉。

金杜律师事务所合伙人王俊峰律师表示，对金杜律师事务所作为首家来我国香港地区开业的内地律师事务所感到鼓舞。[①]

王俊峰进一步表示，金杜律师事务所与香港夏佳理方和吴正和律师事务所在我国香港地区的紧密合作，将进一步发挥其在中国、日本及美国的业务网络，向客户提供具有国际水平的法律服务。

2006 年 6 月 16 日，君合律师事务所宣布在我国香港地区成立分所。

君合律师事务所同时宣布与香港王小军律师行联营，以加强与我国香港地区律师事务所的合作和资源共享，协助客户处理在我国内地和香港特区的相关法律业务。

君合律师事务所成立于 1989 年，是中国内地首批以合伙形式执业的律师事务所之一，其主要业务领域包括外商投资、兼并与收购、证券资本市场、金融与银行、基础设施建设与项目融资以及房地产等。

君合律师事务所管理合伙人马洪力表示，随着中国加入世界贸易组织以及内地与我国香港地区的经济关系日趋密切，特别是内地经济持续发展孕育了前所未有的商机，也使得与

---

① 陈思武："内地律师事务所首次在香港开设办事处"，载新华网，http://news.xinhuanet.com，最后访问日期：2016 年 1 月 2 日。

内地相关的法律服务的需求持续高涨。君合律师事务所将充分利用我国香港地区作为世界金融和贸易中心的优势，增进内地与我国香港地区的优势互补，提升服务质量，满足国内外客户的不同需求。

3.《中华全国律师协会关于律师办理群体性案件指导意见》通过并试行

2006 年 3 月 20 日，中华全国律师协会第六届第四次常务理事会通过并试行《中华全国律师协会关于律师办理群体性案件指导意见》。

当前，我国处于建设社会主义和谐社会的重要时期，正确处理群体性案件对建设和谐社会至关重要。群体性案件较多发生在土地征用征收、房屋拆迁、库区移民、企业改制、环境污染以及农民工权益保障等方面。群体性案件通常有着较为复杂的社会、经济、政治等原因，对国家、社会有着不容忽视和不同程度的影响。为发挥律师在群体性案件中维护社会稳定，促进社会主义法制建设的积极作用，保障律师的执业权利，更好地维护当事人的合法权益，中华全国律师协会制定了该指导意见。

首先，该指导意见对群体性案件进行了界定，即指一方当事人众多（十人以上）、基于同一或类似的事实问题或法律问题而引发的共同诉讼或非诉讼（包括调解、裁决、仲裁、复议等）案件。律师应依法接受委托，在其受委托范围内为群体性案件的委托人提供法律服务。并且指明，在群体性案件中，律师可以接受群体当事人的委托，为其提供法律咨询，参与诉讼或非诉讼；也可以作为有关机关、企事业单位的法律顾问提供咨询服务，协助处理和解决群体性纠纷，代理诉讼或非诉讼法律事务。

其次，律师办理群体性案件，应当通过法律途径，就法律问题履行职责；应以高度的社会责任感，积极参与和促成群体性案件的妥善解决；应遵守宪法与法律，恪守职业道德和执业纪律，以及其他行业规则，并接受国家、社会和当事人监督；应处理好与当事人、司法机关、政府、媒体和公众等方面的关系。

最后，律师办理群体性案件，律师协会应当予以支持、指导和监督。律师应遵守备案制度，集体讨论，加强督导，做好咨询接待工作。律师应政府有关部门要求参与上访接待工作，应处理好维护社会稳定与维护群体当事人合法权益的关系。根据群体性案件的具体情况，律师事务所可以依法与当事人签订委托代理协议，也可以与其授权的代表人、代理人签订委托代理协议。群体性案件结案后，承办律师应及时向律师事务所负责人报告结案情况，具有重大社会影响的还应向所属律师协会报告。律师事务所应当保证办理群体性案件档案的完整、详尽、有序和整齐。

历史经验一再表明，法治是社会正义的最终保障，而律师则是社会正义的"搬运工"。在我国构建和谐社会的过程中，独立的、有学识的律师群体处于国家机构与市民社会的衔接部位，起着法治秩序"安全阀"的作用。

4. 粤港律师事务所首次"联姻"

2006 年 4 月 5 日，香港冯元钺律师事务所与广东中元律师事务所联营在广州成立，这是《内地与香港关于建立更紧密经贸关系的安排》实施后，广东律师事务所首次与香港律师事务所的"联姻"。

时任广东省司法厅律师管理处副处长刘绍含介绍说，法律服务开放是《内地与香港关于建立更紧密经贸关系的安排》中服务业开放的主要内容，其中联营又是两地法律服务合作的主要形式之一。然而《内地与香港关于建立更紧密经贸关系的安排》实施初期有关开放内地法律服务业的文件规定，允许香港律师事务所与其驻内地代表处机构所在地的一家内地律师事务所联营。其中"所在地"的范围有多大，成为两家律师事务所能否实现联营的关键因素。

2005 年 10 月，中央政府与香港特区政府签署了有关《内地与香港关于建立更紧密经贸关系的安排》的第二个补充协议，对"所在地"的适用范围进行了扩大性解释，即只要香港律师事务所在内地设有代表机构，其联营对象可在代表机构所在的省、自治区或直辖市范围内选择。补充协议自 2005 年 1 月 1 日实施，是《内地与香港关于建立更紧密经贸关系的安排》第三阶段的一项重要成果，为香港冯元钺律师事务所与广东中元律师事务所的联营铺平了道路。

广东中元律师事务所合伙人黄东伟说："实施联营后，两地律师事务所之间已有的合作将以合法化的形式固定下来，从而能促使粤港两地律师事务所取长补短，优势互补，为两地客户提供更系统和高效的一站式法律服务"，"双方在道义上共同承担责任，在法律上各自承担后果"，"由于客户群出现重叠，联营双方构成了'一荣俱荣、一损俱损'的关系，这将促使我们努力为客户提供更加优质的服务"。

2007 年

1. "中国刑事法律制度的科学构建及法律适用高层论坛" 在京举行

2007 年 1 月 13 日至 15 日，由中国法官协会、中国检察官协会、中国警察协会、中华全国律师协会、中国法学会研究部、中国刑警学院联合主办的"中国刑事法律制度的科学构建及法律适用高层论坛"在京举行。①

时任最高人民法院副院长张军，最高人民法院审委会委员刘家琛，最高人民检察院、中国警察协会、中国刑警学院的有关负责人出席开幕式并讲话。② 全国公、检、法系统及律师界 400 多人参加了此次论坛活动。如此大规模的刑事司法研讨会在我国尚属首次。

此次论坛主要是根据我国多年来实施《刑法》和《刑事诉讼法》的经验与问题，探索今后如何进一步提高刑事办案质量，特别从立法与司法、实体与程序等方面进行了有益的探讨，从而为进一步健全我国刑事法律制度提供理论和实践的依据。③

会议认为，我国刑事法律的科学构建目前处于关键发展的机遇期，因此要进一步完善刑事立法，要用科学发展观来指导刑事立法。

---

① 本刊编辑部："中国刑事法律制度的科学构建及法律适用高层论坛综述"，载《吉林公安高等专科学校学报》2007 年第 1 期，第 125 页。

② 唐亚南："'中国刑事法律制度的科学构建及法律适用'高层论坛在京举行"，载《人民法院报》2007 年 1 月 14 日，第 1 版。

③ 柴春元、吕瑞云："完善刑事法制　打造和谐司法"，载《检察日报》2007 年 1 月 18 日，第 3 版。

会上，我国多位刑事司法界专家及学者作了专题报告。其中，最高人民检察院检委会专职委员戴玉忠从四个阶段介绍了我国刑事法律制度的发展与立法方式的改革与完善过程。时任最高人民法院副院长张军就"法官的自由裁量权"发表观点。中国刑法学界的奠基人、国际刑法协会中国分会主席高铭暄对现行《刑法》及一个单行法、六个修正案中 435 个罪名、465 个条款从宏观上、框架上做了介绍和分析。北京大学法学院陈兴良教授具体阐释了"宽严相济"的政策。许小平律师在大会上发出了"全社会的法律人都要关心您身边的穷人"的呼吁。[①]

这次论坛的成功举办为我国刑事法律与刑事司法制度的发展与完善提供了有益借鉴。学者及司法界人士关于刑事诉讼证据、定罪量刑标准等问题的探讨为刑事律师提供了办案指引，有利于律师更好地从事刑事代理活动。作为唯一一位在会上发言的律师，许小平律师的发声及宽严相济、保障人权等观点的提出对打造和谐司法意义重大，是对构建和谐社会理念的积极回应。

2. "全国维护职工权益杰出律师"表彰会召开

2007 年 3 月 27 日，由中华全国总工会、司法部、中华全国律师协会联合举行的首届"全国维护职工权益杰出律师"表彰会在北京人民大会堂召开。

为促进劳动关系和谐稳定，加强维护职工合法权益的法律服务和援助工作，充分发挥律师在协调劳动关系、维护职工合法权益、维护社会公平与正义、建设和谐社会中的作用，中华全国总工会、司法部决定从 2006 年起，每两年开展一次"全国维护职工权益杰出律师"评选表彰活动。首届评选活动

---

① 朱生栋："做弱者的贴心人——陕西许小平律师事务所二三事"，载《中国律师》2007 年第 8 期，第 28 页。

于 2006 年 8 月启动，历时数月，最终十位律师：秦希燕、王克俭、佟丽华、马瑛、高明芹、修保、刘国斌、黄东平、桑云、朱素宝获得首届"全国维护职工权益杰出律师"这一荣誉称号。

获奖律师代表，北京市致诚律师事务所主任佟丽华介绍了自己创建北京市农民工法律援助工作站，帮助农民工依法维权的经验。湖南秦希燕联合律师事务所主任秦希燕代表首届"全国维护职工权益杰出律师"宣读了倡议书，向全国广大律师发出了"更多关注职工群众，更加努力维护职工合法权益，共树律师良好社会形象，为促进发展和谐劳动关系，共创和谐社会作出更大贡献"的倡议。①

时任中共中央政治局委员、全国人大常委会副委员长、中华全国总工会主席王兆国会见了首届当选的"全国维护职工权益杰出律师"，并给予高度评价，对广大律师和工会法律工作者为维护职工权益所作出的努力给予充分肯定。他指出，面对新形势、新任务，广大律师要在发展和谐劳动关系中，积极帮助工会和职工监督企业依法开展经营管理活动，充分发挥法制宣传和普法教育功能，引导职工通过理性合法的方式维护自身权益，坚持为职工特别是困难职工、农民工提供及时有效的法律援助。各级工会要积极为律师开展维权工作创造良好条件，及时研究解决律师在维护职工合法权益中遇到的困难和问题；要努力培养和造就一支高素质的工会法律人才队伍，竭诚为职工服务，在实现共建共享和谐社会的进程中发挥积极作用。②

自此次表彰会始，中华全国总工会、司法部、中华全国

---

① 参见华鹏："构建和谐社会背景下的'全国维护职工权益杰出律师'"，载《中国律师》2007 年第 5 期，第 22~27 页。

② 杨傲多："全国维护职工权益杰出律师表彰会举行 秦希燕等 10 名律师当选"，载《法制日报》2007 年 3 月 28 日，第 1 版。

律师协会每两年联合举办一次全国评选，一直延续至今。"全国维护职工权益杰出律师"表彰会的召开是对律师依法开展维护职工合法权益工作的重大支持，为职工维权充分发挥律师作用创造了良好的环境和条件，有助于弘扬当代律师扶弱助困、匡扶正义的职业风尚，也激励着更多律师加入职工维权的法律服务和法律援助工作中。

3.《中华全国律师协会申请律师执业实习人员实务训练指南（试行）》颁布

2007 年 7 月 30 日，中华全国律师协会颁布了《中华全国律师协会申请律师执业实习人员实务训练指南（试行）》，对申请律师执业人员的实习活动进行了详细规定。该指南共三编 32 条，其中重点为第二编的分则部分。该部分包括委托代理关系建立和维护、诉讼与仲裁、法律顾问、其他业务四章内容，共 23 条。

根据该指南，实习期间，每名实习人员至少应当在指导律师的指导下参与 10 次接待当事人的活动。通过实务训练，实习人员应掌握接待当事人的相关技能，了解当事人与律师事务所建立委托关系时的注意事项以及委托代理关系建立后的注意事项，知悉律师事务所终止委托代理关系和可以拒绝辩护或代理的情形。

在诉讼和仲裁业务中，实习人员在调查取证时应遵守合法、客观、全面、及时的基本原则和相关的工作规范。对民事、刑事、行政诉讼程序以及仲裁工作中涉及的律师业务基本技能，实习人员需熟练掌握。

关于法律顾问业务，实习人员应掌握签订法律顾问合同的注意事项、在担任法律顾问期间应遵守的工作规范。

此外，实习人员还需掌握起草法律咨询文书和合同、参与商务谈判业务，并就律师业务中的一项或几项重点掌握，^① 形成开发新业务的能力。

《中华全国律师协会申请律师执业实习人员实务训练指南（试行）》为申请律师执业人员的实习活动提供了极具操作性的规范依据，有利于保证实习活动的质量，提高新执业律师的整体素质，从源头上对律师队伍的素质进行把关，为我国律师行业的持续、稳定发展奠定了坚实基础。

4.《中华全国律师协会申请律师执业人员集中培训大纲（试行）》颁布

2007 年 7 月 30 日，中华全国律师协会颁布了《中华全国律师协会申请律师执业人员集中培训大纲（试行）》，对申请律师执业人员集中培训的内容作出了具体规定。该培训大纲包括构建社会主义和谐社会与开展社会主义法治理念教育、律师职业道德与执业基本规范、律师执业基本素养、律师执业基本技能四部分内容，每部分都提出了培训的总体要求及基本内容。

与《中华全国律师协会申请律师执业实习人员实务训练指南（试行）》相比，该培训大纲更为全面、具体，增加了社会主义法治理念教育、律师职业道德与执业基本规范、律师执业基本素养三部分内容，并对不同律师业务应掌握的职业技能进行了说明。

根据该培训大纲，申请律师执业人员在今后的律师执业实践中应牢固树立社会主义法治理念；熟悉我国律师职业道德的基本规范、基本原则、基本要求，自觉遵守律师执业基

---

① 该指南将律师业务分为公司法律业务、金融证券法律业务、房地产法律业务、建设工程法律业务、国际贸易法律业务、反倾销法律业务、海商及海事法律业务、劳动争议法律业务、知识产权法律业务、医疗纠纷法律业务、其他法律业务十一类业务。

本规范，重点掌握律师与委托人关系规范；了解律师职业功能、职业价值以及执业所应具备的基本素养，重点掌握律师在客户开拓、律师访谈、律师谈判、律师法律调研等方面的方法和技能；掌握律师办理刑事诉讼业务、民事诉讼业务、仲裁业务以及法律咨询、法律顾问、律师调查、代书、合同、公司等非诉讼领域的律师业务技能。

《中华全国律师协会申请律师执业人员集中培训大纲（试行）》体现了我国对申请律师执业人员的基本要求，为申请律师执业人员的业务提升提供了指南，有利于其有针对性地培养并提高自身能力。该培训大纲虽为规范申请律师执业人员的集中培训而制定，但其内容对执业律师也有一定的示范效应，是整个律师队伍的基本执业参考标本。

5.中华全国律师协会青年律师工作委员会成立

2007年9月29日，中华全国律师协会青年律师工作委员会成立暨第一次工作会议在北京召开。会议由青年律师工作委员会主任吕红兵主持，中华全国律师协会会长于宁、秘书长邓甲明分别在会上作了重要讲话。于宁会长指出，成立青年律师工作委员会是强化青年律师工作的重要步骤之一，该委员会的设立与有效运行将会是青年律师成长规制的重要依托。邓甲明秘书长则对青年律师工作委员会的工作提出了具体建议，他希望委员会能尽快摸清底数，掌握目前青年律师的生存现状，了解广大青年律师最迫切、最亟须解决的问题，进一步推进我国律师业的有序发展。

这次会议主要讨论了青年律师工作委员会的职责和2007年的工作计划。委员们就青年律师的工作定位、完善实习律师制度与监督措施、建立青年律师执业技能培养计划、改革律师事务所的管理机制及收入分配方式、组织侧重于青年律师的培训、建立青年律师培养基金、成立青年律师专项培训讲师团、帮助青年律师维权、在地方律师协会中设立青年律师工作委员会的工作机构等方面提出了各自的看法并进行了热烈的讨论。①

青年律师是我国律师队伍的重要组成部分，其成长成才关系着我国律师行业的持续发展能力，对律师行业的兴衰具有重大影响。中华全国律师协会青年律师工作委员会的成立，有利于优化青年律师成长成才环境，帮助提高青年律师执业能力，凝聚青年律师领军人才，展示青年律师良好的社会形象，使其早日成长为我国律师队伍的中坚力量。

6. 中国共产党第十七次全国代表大会首次出现三位律师代表

2007 年 10 月 15 日，重庆市律师协会会长孙发荣律师、湖南天地人律师事务所主任翟玉华律师、安徽省巢湖市法律援助中心主任赵玉中律师出席中国共产党第十七次全国代表大会。对于律师行业来说，这是全国党代会中首次出现律师身影。

10 月 18 日，中华全国律师协会为三位律师代表举行欢迎座谈会，孙发荣、赵玉中和翟玉华分别交流了他们当选党的十七大代表后的心情以及为参加党的十七大所做的准备工作。

孙发荣说，当选为党的十七大代表，不仅仅是个人的光荣，对律师界来说，也是一件非常大的事。律师界第一次有了党的全国代表大会代表，说明律师的社会地位提高了，并且在社会经济生活中起到了越来越重要的作用。

赵玉中则坦言，当选党的十七大代表是他从来没有想过的事情。"我来自基层，是一名普普通通的法律工作者。我只是在工作中履行着自己的职责。"赵玉中比喻自己只是一座桥

---

① 潘攀："青年律师有了自己的'家'记全国律协青年律师工作委员会成立"，载《中国律师》2007 年第 11 期，第 92 页。

梁，把党和政府的温暖传递给那些打不起官司的弱势群体，"通过我这座桥梁，让更多贫穷百姓得到司法救济，拥有更多免费打官司的机会"。

翟玉华表示，"党中央重视律师，给律师应有的地位。历史把你推到这样一个舞台上，就赋予你一定的历史责任。我应该尽好这份责任，做好一名党代表。大家选我当党代表，是对我的信任，是对我的鼓励，我会用自己的行动来回报这些信任与鼓励"。①

律师首次当选党代表是律师参政议政的开端，体现了律师政治地位与社会地位的提升。把律师纳入党代表之列，体现了党中央、地方党委对律师职业的肯定和重视。这不仅是个人的荣耀，更意味着律师将成为推动我国民主政治、依法管理和科学管理的重要力量，这是历史赋予律师的责任。②

7.《律师法》修订通过

2007 年 10 月 28 日，第十届全国人民代表大会常务委员会第三十次会议修订通过了新的《律师法》。这是《律师法》颁布以来的第二次修订。③

新修订的《律师法》删除了原《律师法》第六章关于法律援助的内容，将第二章标题"律师执业条件"修改为"律师执业许可"，将第四章标题"执业律师的业务和权利、义务"修改为"律师的业务和权利、义务"。新修订的《律师法》包

---

① 杨悦新、赵阳："律师代表带着'礼物'回娘家"，载《法制日报》2007 年 10 月 20 日，第 2 版。

② 王同义："党的十七大代表中首次出现律师身影"，载《中国律师》2007 年第 9 期，第 41 页。

③ 《律师法》于 1996 年 5 月 15 日由第八届全国人民代表大会常务委员会第十九次会议通过，2001 年 12 月 29 日第九届全国人民代表大会常务委员会第二十五次会议通过了《全国人民代表大会常务委员会关于修改〈中华人民共和国律师法〉的决定》，此为《律师法》的第一次修正。

括总则，律师执业许可，律师事务所，律师的业务和权利、义务，律师协会，法律责任，附则。

除了章节内容的调整，新修订的《律师法》对诸多条文都进行了修订，主要体现在以下几个方面。

第一，对律师的定位有所修订。与旧法将律师定位为"为社会提供法律服务的执业人员"不同，新法将律师定位为"为当事人提供法律服务的执业人员"，并提出律师肩负着"维护当事人的合法权益、维护法律正确实施、维护社会公平和正义"三项使命。

第二，强调对律师执业权利的保障。在总则部分第 3 条专门增加一款，规定"律师依法执业受法律保护，任何组织和个人不得侵害律师的合法权益"。在"律师的业务和权利、义务"一章增加多个条文，规定了律师会见犯罪嫌疑人、被告人的权利，律师查阅、摘抄、复制与案件有关的材料的权利，申请人民检察院和人民法院调查取证或申请人民法院通知证人出庭作证的权利，并将律师的辩护权由旧法的一款变更为独立的一条。此外，新法第 37 条专门规定了律师的法庭言论豁免权和律师在参与诉讼活动中被依法拘留、逮捕后有关机关的 24 小时通知义务。

第三，对律师事务所的设立条件进行了调整。新法增加了对律师事务所设立人的规定，要求"设立人应当是具有一定的执业经历，且三年内未受过停止执业处罚的律师"，对旧法中明确规定的"十万元以上的人民币资产"不再做强制性要求，改为"有符合国务院司法行政部门规定数额的资产"。

第四，关于律师事务所的设立形式有较大变化。旧法中规定我国律师事务所的设立形式包括国家出资设立的律师事务所、合作律师事务所、合伙律师事务所；新法则规定了合伙律师事务所、个人律师事务所、国家出资设立的律师事务所三种形式。至此，合作律师事务所正式退出历史舞台，我国律师事务所的形式也由此确定并得以延续。

第五，对律师和律师事务所的法律责任的规定进行了完善。新法关于律师法律责任的规定由旧法的六个条文增加为十个条文。对律师违法行为的处罚在原有的警告、停止执业六个月以上一年以下、吊销律师执业证书、追究刑事责任四档基础上增加了停止执业三个月以下、停止执业三个月以上六个月以下两档，并规定了警告、停止执业的同时可以处以罚款。关于律师事务所的法律责任，首先新法明确增加了律师事务所违法行为的情形，并将违法行为的处罚由旧法规定的责令改正、没收违法所得、并处罚款、责令停业整顿或吊销执业证书调整为警告、停业整顿一个月以上六个月以下、可处以罚款、没收违法所得、吊销律师事务所执业证书，并对律师事务所负责人给予警告或处以罚款。经过修订，新法关于律师和律师事务所的法律责任体系的设计更加科学。

《律师法》的修订通过是我国律师立法的重大进步，受到了社会的高度关注和称赞。

时任上海市律师协会会长吕红兵认为，新《律师法》是一部规范律师执业行为、维护律师执业权益的重要法律；是一部关于人民权益保障、维护社会公正的涉及面很广的"大法"。新《律师法》很好地处理了规范、保护与促进发展的关系。[1]

众多学者也从多个视角对新《律师法》进行了点评。有学者认为，新《律师法》对律师权利作出许多重要的修改与完善，对律师刑事辩护"三难"问题几乎均作出了决定性、根本性的改善，非常值得肯定。[2]有学者则以律师权利完善为

---

[1] 吕红兵："规范、保护、发展——新《律师法》印象"，载《中国律师》2007年第12期，第20页。

[2] 李贵方："《律师法》的改进与辩护权的完善与保障"，载《法学》2008年第7期，第37页。

切入点，认为《律师法》的修改在推动检察工作积极创新方面有着重要功能，它将进一步引导检察机关的司法认知，调整检察机关的司法行为，推动检察机关评价体系的重构。① 还有学者评价，《律师法》的修改对于完善律师及犯罪嫌疑人的权利保护，促进民主法制建设，维护社会公平正义，推进依法治国具有重要意义。②

新《律师法》的进步之处有目共睹，但新法仍有需要完善之处，特别是《刑事诉讼法》未就相关内容进行修订影响了部分法律人士对新《律师法》的乐观态度。

新《律师法》关于律师执业权利和律师事务所形式的规定具有重大变革意义，是我国律师制度发展史上的里程碑事件。虽然该法以律师及律师事务所为规范主体，但该法关于保障律师辩护权、调查取证权等执业权利的规定具有重大进步与明显先进性。时隔五年之后，《刑事诉讼法》才进行修订，其中关于律师执业权利的完善与新《律师法》的奠基作用不无关系。

8. 南京大屠杀幸存者案跨国审理告捷

2007 年 10 月 31 日，78 岁的南京大屠杀幸存者夏淑琴老人在中国江苏法德永衡律师事务所主任谈臻和南京市法律援助中心主任陈宣东等人组成的律师团陪同下，远赴日本，出庭参加东京地方裁判所对她反诉日本右翼历史学者东中野修道、日本展转株式会社侵犯名誉权案的审理和宣判。

2007 年 11 月 2 日下午，东京地方法院女审判长三代川三千代法官用了 20 分钟的时间宣读了长达 33 页的判决书，法院认为，《南京大屠杀的彻底检证》的作者东中野修道在书

---

① 孙麒："论新律师法对检察工作创新的功能性作用"，载《法治论坛》2009 年第 1 期，第 243 页。

② 沙云飞、谢杰："《律师法》修改对检察工作的影响及对策"，载《政治与法律》2008 年第 7 期，第 150 页。

中所述情况不真实，损害了原告的名誉，法院判处作者和出版社赔偿原告400万日元（折合59.97万元人民币）。至此，这场历时七年的诉讼终于取得了胜利。

案件起源于2000年的夏天，夏淑琴在中国媒体上得知，日本亚细亚大学教授东中野修道和日本自由史观会成员松村俊夫，分别通过日本展转株式会社出版了《南京大屠杀的彻底检证》《南京大屠杀的大疑问》两本书，书中污蔑她是南京大屠杀的假证人。2000年11月，为了捍卫自己的名誉权和南京大屠杀幸存者的尊严，时年71岁的夏淑琴决定通过法律维护自己的名誉。

2000年11月28日，中国人权发展基金会在北京保利大厦举行新闻发布会，宣布成立以史学家任继愈为团长、中华全国律师协会会长高宗泽为法律顾问、中国抗战史学会会长白介夫为抗日战争史顾问的诉讼援助团，支持南京大屠杀幸存者夏淑琴的正义行动。

中华全国律师协会为夏淑琴老人指定了优秀的辩护律师——北京天达律师事务所律师顾永忠、李大进和江苏法德永衡律师事务所律师谈臻，并由谈臻律师代表夏淑琴在南京以侵害名誉权为由，向南京市中级人民法院提起诉讼，要求东中野修道、松村俊夫和日本展转株式会社立即停止侵害、赔礼道歉、赔偿损失。

2004年11月23日、25日，南京市玄武区人民法院受南京市中级人民法院的指定，公开开庭审理了南京市民夏淑琴诉日本国民松村俊夫、东中野修道、日本展转株式会社名誉侵权案。代理律师谈臻、李大进向法庭提交了5组31份证据、摄影资料和证人当庭所做的证言，这些证据都以严密的证据链证明了夏淑琴的身份和经历，以铁的事实还原了当年历史的真相。

2006年8月23日，南京市玄武区人民法院第二次开庭对夏淑琴案进行审理并作出判决。法庭认为，日本国民松村俊夫、东中野修道、日本展转株式会社在其撰写和出版的《南京大屠杀的彻底检证》《南京大屠杀的大疑问》两书中，以主观推测代替客观事实，构成了对夏淑琴名誉的侵害，侵权成立。法院判处侵权者停止侵害、赔礼道歉、赔偿 160 万元人民币。被告没有上诉，此案判决已经生效。

南京夏淑琴案尚未审结，东中野修道和日本展转株式会社就向日本东京地方法院对夏淑琴提起诉讼，以出版《南京大屠杀的彻底检证》一书未损害夏淑琴的名誉为由，要求日本法院确认夏淑琴在中国法院起诉他们侵犯名誉权的侵权事实和形成的相应债务不存在。

2005 年 12 月，在中国律师的帮助下，夏淑琴在南京与日本律师办理了委托代理手续。回国后，具有正义感的日本律师组成了律师团，为夏淑琴的应诉进行准备。中日两国律师第一次为了维护南京大屠杀的历史真相和幸存者的名誉联起手来。

2006 年 6 月 30 日，夏淑琴和代理律师在东京地方法院出庭应诉，东中野修道和日本展转株式会社乱了方寸。他们本以为在中国的诉讼他们没有出庭，在日本的诉讼夏淑琴也不会出庭。没想到夏淑琴来了，而且是带着充分的证据来了。法庭上出现了戏剧性的场面，原告当庭撤诉，被告反诉了撤诉的原告。夏淑琴提出反诉要求被告停止侵害、公开道歉并赔偿损失。

2006 年 7 月至 2007 年 11 月，案件在日本法院进行过三次庭审，夏淑琴的代理律师围绕东中野修道的"假证人"之说，向东京地方法院提供了数十份相关证据，清楚地证明了夏淑琴幸存者的身份。而被告从始至终没有向法庭提交过任何证据。最终，东京地方法院判决夏淑琴胜诉。

值得一提的是，为了让媒体充分了解庭审和判决情况，中日两国的律师团在判决结束后的第一时间，在法院的记者厅召开新闻发布会，向四五十位日本记者介绍了庭审情况和律师的基本看法。日本律师认为，法庭主持了正义，认定了事实，维护了中国公民夏淑琴的名誉权。中国律师谈臻对判决基本满意，认为它维护了法律的公正，用法律的形式确认了南京大屠杀这一历史事实，判定东中野修道和日本展转株式会社对夏淑琴名誉侵权成立，并给予赔偿。但遗憾的是，由于日本法律和中国法律的差异，法院没有支持夏淑琴要求侵权者在中日两国主要媒体上道歉和立即停止、销毁侵权作品的诉讼请求。①

夏淑琴老人跨国诉讼历时数年终获胜诉，这不仅对夏淑琴老人个人具有特殊意义，更是以法律的形式确认和维护了历史真相，也是对千千万万南京大屠杀遇难同胞的告慰。

这份来之不易的正义离不开夏淑琴老人的坚持，更离不开本案代理律师团的努力与付出和中华全国律师协会等机构的支持。中国律师们强烈的爱国精神和历史使命感激励着他们不畏艰难，远赴日本，进行跨国诉讼。他们用实际行动向世界展示了中国人民维护历史真相、捍卫民族尊严的决心和勇气，他们的凛然正气在中国律师和中华民族的发展史上必将熠熠生辉。

① 参见邢五一："胜诉：南京大屠杀幸存者案跨国告捷"，载《中国律师》2007年第12期，第35~37页。

2008 年

1. 中组部下发通知要求加强律师党建工作

2003 年 8 月 5 日，中央组织部、司法部党组下发《关于进一步加强和改进律师行业党的建设工作的通知》，明确要求从党员律师、基层党组织两方面着力加强律师行业的党建工作。

该通知要求进一步做好律师党员的教育、管理和服务工作，切实加强律师行业党员队伍建设。具体要求是：（1）各级司法行政机关和律师协会党组织做好律师党员信息采集工作，明确本地区律师的政治面貌、党员组织关系从属状况、思想状况，各级党委组织部门和司法行政机关党组织互通共享律师党员信息数据。（2）为律师党员提供组织关系接转服务，为进入律师事务所的党员律师（指专职律师或工作时间 6 个月以上的律师），提供转入律师事务所党组织服务，律师事务所尚未建立党组织的，党员组织关系转入工作所在地司法行政机关或律师协会党组织，在当年 6 月底前完成上述工作。同时，对退（离）休后到律师事务所工作或一时不能接转正式组织关系的，要及时转入临时组织关系，并要求其持流动党员活动证，参加党组织的活动。对于转入或转出律师事务所的党员，要实行组织关系接转回执制度。对于初进律师事务所、原来已是预备党员或入党积极分子的，党组织要加强沟通协调，做好相关材料的衔接和移交工作，加强培养教育。（3）组织律师党员积极参加法律援助和社会公益活动。（4）建立健全律师党员联系群众、党员民主评议、党员党性定期分析、党内关怀和监督等制度。（5）表彰和宣传在维护法律尊严、服务社会、促进社会公平正义工作中有突出贡献的律师党员。

对于加强律师行业党的基层组织建设，该通知做出如下要求安排。（1）建立党组织，扩大基层党组织覆盖面，对有3名以上正式党员、具备建立党组织条件的律师事务所，要指导帮助单独建立党组织；对党员人数少、暂不具备建立党组织条件的，要在综合考虑办公地点、业务类别等情况基础上，由两个或两个以上的律师事务所联合组建党组织。以运行较为规范、具有一定社会影响力的律师事务所作为工作重点，力争一年左右建立党基层组织。（2）各省（区、市）和副省级城市律师协会应设立党的基层委员会，各市（地）律师协会应设立党的基层委员会或总支部委员会。律师协会党组织一般由同级司法行政机关党组织负责管理；律师事务所党组织一般由当地律师协会党组织负责管理，没有成立律师协会的地区，可由当地根据实际情况，确定党组织隶属关系。（3）要大力加强律师协会和律师事务所党组织的领导班子建设，注意选好配强党组织负责人，并采取灵活多样的形式加大对党务工作者的培训力度。

对于上述工作，该通知要求进一步明确工作职责，切实加强对律师行业党的建设的领导和工作指导。要求律师协会党组织要结合开展行业自律，积极协助司法行政机关党组织指导律师事务所健全党的组织、开展党的工作。建立定期沟通机制，省级党委组织部门和司法行政机关党组织每年至少要研究一次律师行业党建工作，沟通掌握情况，研究解决问题，作出工作部署。加强调查研究和督促检查，及时总结推广好的做法和经验，不断提高律师行业党建工作的规范化、制度化水平。

针对组织部发布的该通知，中共中华全国律师协会党组研究制定了《〈关于进一步加强和改进律师行业党的建设工作的通知〉的若干意见》，对如何加强律师党建工作提出建设部署。该意见从三个方面，制定了十二条具体规定以落实律师行业党建工作开展。首先，在思想认识方面，充分认识加强和改进律师行业党的建设工作的重要性和必要性。推进党建工作既是十七大对律师工作提出的要求，也是律师事业坚持正确的政治方向的重要保障，更是律师行业又好又快内在发展的必然要求。其次，要求各级律师协会党组织大力开展学习教育活动；配合司法行政机关党组织加强党组织领导班子建设；把加强律师事务所党组织建设作为首要任务，指导帮助律师事务所单独或联合组建党组织，实现党的组织和党的工作对律师行业的广泛覆盖；建立健全党建工作制度，建立健全律师党员信息采集制度、党员发展制度、探索完善律师党员参政议政制度；宣传优秀党员事迹，树立典型人物；充分发挥协会职能作用，以律师执业活动考核和律师协会培训为载体推动党建工作的发展。最后，通过与当地司法机关部门增强沟通，切实加强对律师行业党的建设工作的指导，包括建立党建工作责任制、各地律师协会党组织定期沟通交流机制，并要持续开展调研工作辅助上述目标实现。

上述两份文件的相继出台，表明随着我国律师行业的发展壮大，律师行业发展情况越来越引起国家的关注，特别是律师业的政治方向。因其作为法治中国建设的重要参与者，工作中与政治存在诸多交集，律师的政治觉悟要时刻保持警醒，政治立场保持坚定正确。律师行业党建工作的扎实开展将是律师行业管理完善的重要前提，是影响律师行业的发展方向和建设气象的精神指引。

2. 我国颁布《律师执业管理办法》等一系列律师管理类规章

2008 年 7 月 18 日，司法部发布《律师事务所管理办法》与《律师执业管理办法》。在《律师法》等法律法规背景下，以部门规章形式对律师事务所设立许可、律师执业准入、执业行为监督作出进一步规范，同时强调保障律师依法执业的权利。

《律师事务所管理办法》共七章，55 条。该办法明确了律师事务所的设立条件，细化了律师事务所设立许可、变更和终止的程序，规范了律师事务所执业和管理规则，明确了司法行政机关对律师事务所的监管职责及其层级配置，完善了两结合管理体制[①]及其协调、协作机制。[②]

《律师事务所管理办法》明确了律师事务所的出资形式分为国家出资、合伙出资和个人出资三种，其中合伙律师事务所分为普通合伙律师事务所和特殊合伙律师事务所。在该办法对律师事务所的设立条件和设立程序作出统一规范的基础上，分别又对三种律师事务所设立的实体、程序条件作出更为具体明确的规范。例如，设立普通合伙律师事务所，合伙人三人以上即可，注册资本 30 万元以上即可，而特殊普通合伙律师事务所则需要有二十名以上合伙人，注册资本 1000 万元以上。个人律师事务所对于执业律师的要求则体现在对律师执业年资需达到五年以上和执业状态需为全职的限制，但相应降低了注册资本的"门槛儿"，注册资本降至 10 万元。国资所的设立为批准设立，批准机关是当地县级人民政府，并由其提供编制和经费保障。该管理办法同时赋予省级司法机关就律师事务所设立条件的自由裁定权力，以便更为合理地配置律师事务所的资源分布。同时该办法对于律师事务所的运行、变更、终止均作出较为详细的规范。

该管理办法在第六章律师事务所执业和管理规则中，较

---

① 两结合管理体制，是指司法行政机关监督指导和律师协会管理相结合的管理形式。

② 董磊："《律师事务所管理办法》和《律师执业管理办法》出台 严格特殊的普通合伙律师事务所设立条件"，载《经济日报》2008 年 7 月 29 日，第 15 版。

为清晰地界定了律师与律师事务所之间的关系。律师承办业务统一由律师事务所承接，律师因工作失误对客户造成的损失由律师事务所承担替代责任，保留向过错律师追偿的权利。为分散律师事务所的赔偿风险，该管理办法要求律师事务所建立执业风险、事业发展、社会保障等基金。

《律师执业管理办法》共六章，52 条，分为总则、执业条件、许可程序、行为规范、监督管理和附则。相较于《律师法》，在实体方面，《律师执业管理办法》规范更为细致，如在总则部分，明确提出司法行政机关和律师行业协会应维护律师的执业权利；律师执业证书应当载明的内容、制作的规格、证号编制办法，并由司法部统一制作。在程序方面，《律师执业管理办法》对执业申请、变更和终止所需递交材料清晰列明，并对《律师法》部分内容有所补充，如申请兼职律师执业还应当提交所在高校、科研机构从事法学教育、研究工作的经历及证明材料。更重要的是，《律师执业管理办法》对相应行政部门的职责加以明确，包括行政机关的审核答复时间、材料补正办法，由此为律师执业提供良好的行政环境。

两个规章根据《律师法》等法律法规规定，遵循合法、合理、注重可操作性、原则性与灵活性相结合的原则，适应新时期我国律师工作改革发展的需要，兼顾各地律师业发展不平衡的现状，在总结提炼律师管理实践成功经验的基础上，对新《律师法》有关律师事务所设立许可、律师执业许可和对律师执业管理的规定作了进一步细化、补充和完善。

在此后，围绕律师事务所管理和律师执业管理，司法部又陆续出台了《律师和律师事务所执业证书管理办法》《律师事务所年度检查考核办法》《律师和律师事务所违法行为处罚办法》等规章，由此可见，我国对律师行业的行政管理越发重视、越发细致，以制度形式不断完善，同时力图提高行政效率，弥合行政管制为律师行业带来的规范化与效率降低的裂痕。

3.汶川地震，律师在行动

2008 年 5 月 12 日，四川省汶川县发生 8.0 级大地震，这是继唐山大地震后我国发生的震级最高、造成伤亡最惨重的一次地震。在这次重大自然灾害面前，律师群体既如同普通群众一般，经受苦难、奉献爱心，更利用专业法律知识解决灾区群众的急难，为灾区重建工作贡献良多。

大灾突至之时，许多四川省律师就已积极投身到救灾活动中。德阳市律师协会、绵阳市律师协会、广元市律师协会以律师协会的形式，成都、阿坝、雅安等市州则以律师事务所为单位筹资筹物，派出志愿者参与具体的救灾行动。参与救灾活动的律师不只有四川省，全国各地即便是经济欠发达地区的律师事务所也均尽己所能，为灾区捐款、捐物。衡平律师事务所率先发出倡议，呼吁全省律师积极援助灾区；金杜、大成、四方达等律师事务所四川分所协调其总所和省外的联盟所，为灾区捐款近百万元；商信律师事务所协调广东绿茵阁集团为灾区捐赠了价值 500 万元的救灾药品。①

更重要的是，律师们立足本职工作，以法律援助为救灾第二战场，开展了务实有效的救灾工作。他们运用专业业务知识，研讨地震等自然灾害语境下的法律问题、向党委和政府提供法律建议，力争尽快协助促进混乱无序的社会秩序逐步平稳，协助提升政府服务效率，确保依法行政，为企业和民众提供法律咨询服务，促进企业尽快恢复生产经营，维护公共利益和灾区群众的合法权益。

面对突如其来的地震灾害，律师们舍小家顾大家的奉献精神，临危不乱、维护法治社会建设的专业精神又为律师行业的荣耀增添了一抹亮色，受到了社会、政府的全面认可。

---

① 夏焕良："不屈的脊梁 闪光的情怀 来自四川律师行业抗震救灾现场的报告"，载《中国律师》2008 年第 10 期，第 16 页。

面对重大自然灾害下的混乱无序和缺乏相关经验的措手不及，广大律师仍能保持客观、理性，完善相关立法，帮助政府和群众运用法律工具，解决突发灾难引发的一系列问题，体现出他们的专业素养和专业技能。他们对法治精神的坚守，才使得地震灾区的民事、商事、行政、刑事法律关系的相关矛盾得以顺利解决，平稳高效地促使社会恢复常态，为后期重建工作扫清障碍。

4. 律师为北京奥运会保驾护航

2008 年 3 月 1 日，北京市司法局隆重召开"首都律师'服务奥运、促进和谐'动员大会"。这一大会的召开既是对律师参与奥运会前期准备工作的认可和总结，更是对律师参与奥运会举办的需求和邀请。实践证明，来自首都和奥运会协办城市的律师们确实不负众望，高效、高质量地完成了奥运会法律服务工作，为我国首次举办奥林匹克夏季运动会保驾护航。

在此次会议上，首先，司法部相关领导肯定了在北京市奥运会筹备的六年中，首都及其他协办城市律师们为此所做的各项扎实有效的法律服务工作。其次，为确保奥运会胜利召开，司法部相关领导提出了对北京律师的四点意见：一是充分认识北京举办奥运会的重大意义，切实增强服务奥运的历史使命感和工作责任感；二是认真履行律师工作职责，努力提供优质高效的法律服务和坚强有力的法律保障，律师工作的主要任务就是"提供法律服务、参与法制宣传、化解社会矛盾纠纷和促进完善立法"；三是培育良好的律师职业素养，展现新时期我国律师的精神风貌和执业风采，做到"践行宗旨、勤于奉献、文明执业"；四是加强组织领导，保障律师服务奥运各项工作取得实效，司法行政机关、律师协会要履行好组织领导、统筹协调和指导监督的职责，建立严格的责任制，一项一项地明确责任，一项一项地研究措施，一项一项地落实到责任单位和责任人。

此外，会上还发出了《首都律师服务奥运促进和谐倡议书》，成立了律师奥运法律服务机动小组。律师奥运法律服务机动小组以北京市律师协会各专业委员会的骨干律师为主，共 25 名。律师奥运法律服务机动小组成员与律师协会各专业委员会律师构成奥运期间突发事件法律问题应急队伍，遇有突发事件，市司法局可以根据具体情况指派该机动小组为各政府部门提供法律服务。其实，早在北京奥运会申办之时，许多律师就已兢兢业业地为奥运会的成功举办贡献力量。

资料显示，2000 年 3 月，北京市铭泰律师事务所正式接受北京奥申委委托担任其法律顾问。在 2001 年 2 月，国际奥委会评估委员会来北京市考察申办情况期间，该所战宁律师代表北京奥申委就如何有效保护奥运标志、口号，如何避免奥运会期间隐性推销和维护国际奥委会权益等涉及专利、商标、国际公约履行问题向国际奥委会评估委员会作出英文陈述，并解答了同行而来的律师们的问题。他的专业表现获得了肯定。

在此后的奥运会筹备过程中，筹备委员会面向世界招标专门法律顾问机构。北京金杜律师事务所经过重重竞争，最终脱颖而出，成为我国首个大型运动会专业法律顾问机构。奥运会法律事务是一个复杂而独特的体系，中国几乎所有的律师事务所对奥运会法律事务的认知为"零"。在成功举办高质量的我国首届奥运会的光荣梦想感召下，在精益求精专业服务的职业精神贯彻中，北京金杜律师事务所的律师们快速积累了大量相关知识经验。他们一步一个脚印，为奥运会的顺利开展提供了扎实的服务。一份长长的项目清单记载了中国律师的努力：2002 年，参与北京奥运会市场开发计划协议的谈判与修改；2003 年，参与北京奥运会会徽应征方案的评选与知识产权保护工作；2004 年，起草北京奥运会合作伙伴协议；2005 年，参与奥运会吉祥物商标注册保护工作……[1] 他们提供的服务类型极为丰富、数量也相当庞大，但依然能保持工作的高度准确性。北京金杜律师事务所律师刘岩说，北京奥组委迄今没有发生一起重大的诉讼案件[2]。

在北京奥运会的背景下，律师界还创造了许多第一，其中比较有典型意义的就是 2007 年 1 月 8 日，北京市君合律师事务所刘驰律师被任命为国际体育仲裁院 2008 年北京奥运会临时仲裁庭仲裁员，他是该临时仲裁庭中三位亚洲仲裁员之一，也是唯一的一位中国籍仲裁员。[3]

青岛作为北京奥运会帆船项目的协办城市，为成功举办北京奥运会也付出了大量努力，其中也包括琴岛律师事务所的努力。2003 年 6 月 18 日，琴岛律师事务所被奥林匹克运动会组织委员会帆船委员会（青岛）（以下简称青岛奥帆委）主席、青岛市市长聘请为青岛奥帆委的常年法律顾问单位。作为法律顾问单位，琴岛律师事务所为青岛奥帆委建立健全合同管理制度、合同履行监督制度提供了全方位服务，针对青岛奥帆委对外签署的合同文本及履行中遇到的问题提出了许多建设性的意见。[4] 同时，琴岛律师事务所的律师还带头直接参与了奥运法治宣传活动。此外，还有大量的律师自发成为志愿者，为奥运会提供法律服务。

北京奥运会的成功举办获得了世界各国的交口称赞，其中法律服务工作功不可没。"在全世界苛刻、挑剔的眼光中，

---

[1] 徐伟、杜萌："15000 名律师扛起奥运'法律大旗'"，载《法制与经济（下旬刊）》2008 年第 9 期，第 1 页。

[2] 徐伟、杜萌："15000 名律师扛起奥运'法律大旗'"，载《法制与经济（下旬刊）》2008 年第 9 期，第 1 页。

[3] 燕子："为了共同的梦想——记为奥运顺利召开而忙碌的北京律师"，载《中国律师》2008 年第 6 期，第 39 页。

[4] 阿琴："琴岛律师 情系奥运 山东琴岛律师事务所迎办奥运纪事"，载《中国律师》2008 年第 9 期，第 23 页。

中国律师用最优质、最高效的法律服务，扛起了为北京奥运服务的'法律大旗'！"北京奥组委中国法律顾问机构律师宁宣凤的语气中充满着自豪。①

北京奥运会是一个推动各行业与世界接轨的重要机会。中国律师服务奥运的法律实践，为大型活动组织机构的法律工作提供了值得借鉴的宝贵经验，同时也为中国的法治进程贡献了自己的力量。中国律师以其专业、精确、负责的服务参与了北京奥运，护航中国的百年奥运梦，向世界展示了中国律师的专业风采，有力地保护了奥组委和各国的法律利益。北京奥运会对于中国律师了解世界、走向世界，获得世界认可同样也是一个难得的机会与平台。

2009 年

1. 第二届"全国维护职工权益杰出律师"揭晓

第二届"全国维护职工权益杰出律师"评选活动由全国总工会、司法部、中华全国律师协会联合举行，2009 年 1 月揭晓；汪芳泉、刘彦、方美军、时福茂、周晓明、柳平、徐兰芳、林志祥、刘立伟、刘丕峰 10 位律师当选。本届活动的举办对发展和谐劳动关系，贯彻中国特色社会主义工会维权观，稳定职工队伍，完善工会组织领导下的维权机制，具有重要的意义。

---

① 徐伟、杜萌："15000 名律师扛起奥运"'法律大旗'"，载《法制与经济（下旬刊）》2008 年第 9 期，第 2 页。

2. 全国首家直辖市区（县）律师协会成立

2009 年 11 月 2 日上午，北京市宣武区律师协会揭牌，全国首家直辖市区（县）律师协会正式成立。

11 月 2 日上午，北京市司法局召开建立区（县）律师协会工作会议。北京市律师协会秘书长、副秘书长、理事、监事、宣武区律师协会新当选会长、副会长、监事长及相关新闻媒体单位共 120 余人参加了大会。

会上，北京市律师协会会长张学兵和宣武区律师协会会长李晓斌共同为宣武区律师协会揭牌。北京市司法局律管处处长萧骊珠就北京市司法局出台的《关于建立区（县）律师协会进一步完善我市律师管理和服务体制的工作意见》做了起草说明。宣武区司法局副局长王爱民介绍了建立宣武区律师协会的具体做法和经验。张学兵会长做了大会发言。北京市司法局副局长董春江就建立区县律师协会工作进行了具体部署。会议最后，北京市司法局副局长王友江代表北京市司法局对宣武区律师协会的挂牌成立表示祝贺，并就建立区县律师协会工作提出了具体要求。

宣武区律师协会成立后，由其统一进行辖区内律师和事务所的日常管理、服务、业务指导及监督等工作。2010 年年初，宣武区律师协会向全体律师发放调查问卷，了解律师生存状况和执业状况，了解其对宣武区律师协会的看法，为之后的管理工作留存了基础数据。3 月 17 日，宣武区律师协会开始实行律师接待制度，每周二、四接待本区律师投诉和群众来访，并同时开通便民服务热线。此外，宣武区律师协会还建立了工作计划台账、协会领导成员分片包所等工作制度。11 月，宣武区律师协会举办了协会成立一周年座谈会，总结交流了协会一年以来的工作成效和经验。

时任北京市律师协会会长张学兵在接受《中国律师》记

者的采访时指出，区（县）律师协会的设立具有四个层面的意义。第一，从服务角度，区（县）律师协会能够更好地发挥行业协会联系律师、服务律师、管理律师的职能，"现北京律师已达到 23 000 人，仅靠市一层律师协会很难覆盖所有律师的需求"。第二，从管理角度，新《律师法》实施后，律师的日常管理工作已移交到区（县）司法局，对辖区内律师事务所的要求也随之加强，区（县）律师协会的设立也有来自区（县）司法行政机关的要求。第三，中央政法委将创新社会管理作为政法系统重点工作之一，北京率先建立区（县）律师协会正是一种积极有益的尝试。第四，各区（县）律师对此持欢迎的态度。①

宣武区律师协会作为北京市试点成立的第一家区（县）律师协会，尽管由于宣武区与西城区合并为新西城区之后，宣武区律师协会也成为历史，但是其自筹备时起一年多的成功探索让人们看到了区（县）律师协会设立后非常正面的意义和作用，为之后区（县）律师协会的建立和发展提供了有益的经验。

3. 各地律师协会举办律师制度恢复 30 年庆祝活动

2009 年年末，各地律师协会纷纷举办律师制度恢复 30 年的庆祝活动。

1978 年，第五届全国人大通过的《宪法》中恢复刑事辩护制度，标志着"无律师"时代的终结，开启了中国律师制度的恢复与重建。

回顾中国律师制度恢复重建 30 年走过的历程，中国律师不仅是中国法制建设的参与者、见证者，也是中国法治进步的推动者。为纪念中国律师制度恢复重建 30 周年，中华全国

---

① 静水："继往开来，完善管理与服务——北京率直辖市之先建立区县律协"，载《中国律师》2010 年第 12 期，第 47 页。

律师协会以及北京、上海、安徽、浙江、广西等各地律师协会相继以多种形式举办庆祝活动，为律师业的发展翻开新的一页。

在浙江，省司法厅、省律师协会于 2009 年 12 月 11 日联合举行"浙江省纪念律师制度恢复 30 周年大会"。社会各界人士及律师代表共千余人出席会议。30 年间，浙江省的律师执业机构由 14 家发展到 782 家，执业律师由 50 名壮大至 8041 名，并首次出现"亿元所"，律师服务领域也已从传统的诉讼领域逐渐扩大到涉及贸易、投资、金融、企业并购、知识产权、房地产等众多非诉讼领域。与此同时，为配合此次纪念活动，浙江省律师协会发布了《浙江律师纪事》，举办了"浙江律师书画摄影作品展"，举行了律师文艺演出等，热情讴歌了律师制度恢复 30 年来取得的巨大成就，抒发了对浙江律师事业的美好祝愿。

在广西，律师制度恢复 30 周年暨广西壮族自治区律师协会成立 25 周年纪念大会于 2009 年 12 月 25 日在南宁隆重举行。律师制度恢复 30 周年和广西壮族自治区律师协会成立 25 周年来，广西律师的数量由少变多，实力由弱变强，业务由简单变广泛。30 年来，广西律师为 100 多部法律法规、规章、规范性文件提供法律意见及建议；共办理刑事案件 17.64 万件，民商事案件 37.32 万件，行政案件 1.73 万件，非诉讼业务 9.2 万件，担任企业法律顾问 7.43 万家。2009 年，广西壮族自治区律师协会接受自治区法制办委托，组织专家起草《漓江生态环境保护条例（草案）》，这在广西属于首例，亦走在全国前列。[①]

我国的律师事业在 30 年来取得了巨大的成就，但仍需要一代又一代人的努力，将管理做得更规范，将律师事业不断

---

① 罗侠："律师制度恢复 30 周年暨广西律师协会成立 25 周年纪念大会在邕召开"，载《广西日报》2009 年 12 月 26 日，第 4 版。

地传承和发展下去。

2010 年

1. 北京市律师协会涉间接地域歧视

2010 年 1 月 18 日起，人事档案不在北京所属指定人才机构的人员将无法获得在北京申请做实习律师的资格。而早在新年伊始，北京市司法局就在其颁布的《律师执业管理办法实施细则》中规定，持外地执业资格证的律师想转入北京，也需提供北京市所属指定人才机构出具的人事档案关系存放证明。北京市律师协会的这一系列规定，被指企图通过存档来限制非京籍法律人士进京执业，涉嫌间接的户籍歧视。

根据北京市律师协会公告规定，本市实习律师申请程序不变，但申请的材料相比往年有了一大变化，即人事档案存放地必须为北京市所属指定人才机构，包括北京市人才交流中心、北京市司法局律师库、各区县人才交流中心、街道办事处。这一规定从表面来看，似乎旨在规范并方便在京执业律师的管理，但按照北京人才机构的存档条件，存档人一般需具有北京户口。

这意味着，没有北京户口的人，很难在北京各律师事务所实习，亦不能获得北京律师执业资格证。与此同时，外地律师要进京变更执业机构同样受到档案这一限制。

北京市律师协会的户籍限制规定一出台立即引发了轩然大波。有律师对记者说，"这种规定是不合理的，有着明显的歧视。比如在广州申请到律师事务所实习的人员就没有人事档案这一要求，只要求出具暂住证和户档保管合同证明即可"，"《律师法》并未对实习和执业申请人的户籍和档案作出明确要求。北京市司法局出台的管理办法属政策性文件，不能与法律相冲突"。①

在众多责难与质疑声中，北京市律师协会仍然维持了存档限制这一变革。直至 2013 年，北京市律师协会放低了非京籍律师实习的门槛，即便没有北京户籍，但取得全日制研究生学历学位或海归研究生学历学位的申请人，可将档案存至北京双高人才发展中心，由此顺利获得实习律师资格，继而在北京顺利执业。

2. 司法部通报某律师违法违纪案

2010 年 3 月 18 日，司法部向各地司法行政机关就某律师违法违纪案件发出通报。通报指出，2 月 9 日重庆市第一中级人民法院以某律师犯辩护人伪造证据、妨害作证罪，依法作出有期徒刑 1 年 6 个月的终审判决。依照我国《律师法》规定，执业律师被认定刑事犯罪后，其律师资格或被省级司法行政机关吊销。2 月 20 日，北京市司法局作出了依法吊销该律师执业资格证书的决定。

司法部通报进一步分析了该律师刑事犯罪背后的深层原因。文中指出，该律师从一名执业律师变成违法犯罪分子，究其根本原因，就是在执业理念上背弃了中国特色社会主义法律工作者的本质要求，在执业行为上违反了法律对律师执业的基本规范，在执业操守上违背了律师应当具有的基本职业道德准则。

由于该案存在巨大的社会影响，3 月 1 日，司法部专门召

---

① 李海若："北京律协提高门槛，非京籍无望在京实习律师"，载正义网，http://news.jcrb.com/jxsw/ 201001/t20100122_303929.html，最后访问日期：2016 年 3 月 30 日。

开全国律师队伍建设电视电话会议，决定从 3 月开始到年底，利用该案，在全国律师队伍中开展警示教育。

司法部首先肯定了我国律师制度恢复、建设、发展的成绩，指出广大律师高举中国特色社会主义伟大旗帜，秉持良好职业道德，依法开展法律服务，为落实依法治国基本方略，促进经济社会发展作出了积极贡献。律师队伍的主流是好的，是党和人民可以信赖的队伍。

随后，司法部亦严肃地提出，该案对律师社会形象的影响是严重的、恶劣的，各级司法行政机关、各地律师协会和广大律师要充分认清律师违法犯罪的危害，切实从中汲取教训，引以为戒，警钟长鸣。

司法部进一步指出，律师应当不断地完善自身素质，努力成长为中国特色社会主义的法律工作者、经济社会又好又快发展的服务者、当事人合法权益的维护者、社会公平正义的保障者、社会和谐稳定的促进者。从内在来讲，律师应当不断学习、不断修炼，形成良好的专业素养和道德修养；从外在来看，律师事务所、各地司法行政机关应当建立和优化律师管理、监督制度，提升律师的社会形象，增强律师依法履行职责。

3. 司法部颁布实施《律师事务所年度检查考核办法》

2010 年 4 月 8 日，司法部正式颁布实施《律师事务所年度检查考核办法》。该办法旨在加强对律师事务所执业和管理活动的监督，规范律师事务所年度检查考核工作。

该办法共分六章 33 条。第一章总则，规定了立法目的和依据、适用原则、考核机关等内容，明确了律师事务所年度检查考核制度的基本定位；第二章规定了年度检查考核的内容及主要事项；第三章规定了考核等次的设定以及不同等次的评定标准；第四章规定了年度检查考核实施的基本制度安排，具体规定了实施时间、报送材料、初审程序、考核程序、考核公示、暂缓考核、问题处理、结果入档等各环节的操作方法与要求，对不合格所、对不参检所的处理作了规定，并明确规定了律师事务所年度检查考核与律师协会对律师执业年度考核的衔接机制；第五章规定了年度检查考核结果的备案和公告、考核总结报告程序；第六章附则，规定了分所考核、生效日期等内容。

由此可见，律师事务所年度检查考核制度是《律师事务所年度检查考核办法》的核心内容。该办法明确规定律师事务所年度检查考核，是指司法行政机关定期对律师事务所上一年度的执业和管理情况进行检查考核，对其执业和管理状况作出评价。同时，明确规定了该制度的功能和目的，即通过年度检查考核，应当引导律师事务所及其律师遵守宪法和法律，加强自律管理，依法、诚信、尽责执业，忠实履行中国特色社会主义法律工作者的职业使命，维护当事人合法权益，维护法律正确实施，维护社会公平和正义。

因此，律师事务所年度检查考核制度是司法行政机关对律师事务所执业、管理状况的一种考核评价机制。它有别于过去的年检制度，并不仅仅着眼于律师事务所的客观资质及经营状况；也不同于评先创优机制，突出展现各个律师事务所的优势与前景。该年度检查考核制度是司法行政机关对各个律师事务所的一种重要的指导、管理手段，不仅关注律师事务所整体的运行，同时也关注律师个人的执业水平、道德等问题；不仅要肯定各个律师事务所的优势与特长，同时更要积极发现问题，提高律师及其所在律师事务所维护法律正确实施、维护社会公平正义的能力。

4. 律师界第一所"黄埔军校"成立

2010 年 4 月 26 日上午，法学界、教育界以及律师界新生事物、我国第一所由高校法学院创办的律师学院——中国人民大学律师学院正式成立。时任最高人民法院副院长张军、最高人民检察院副检察长朱孝清、中国人民大学校长纪宝成、中国人民大学法学院院长韩大元等出席大会。来自国家法官学院、国家检察官学院的领导，各省律师协会代表，英国律师学院代表以及国内外多家律师事务所的业界代表共同见证了此次盛会。

成立大会由中国人民大学法学院副院长、律师学院执行院长龙翼飞教授主持。首先，中国人民大学副校长冯惠玲教授宣读了律师学院成立的决定。随后，中国人民大学校长纪宝成，律师学院名誉院长、最高人民法院原常务副院长祝铭山，律师学院顾问委员会主任、中华全国律师协会原会长任继圣，律师学院顾问委员会副主任、司法部原副部长肖建章等一同为律师学院揭牌。律师学院名誉院长祝铭山点击开通了律师学院网站。①

纪宝成校长指出，中国人民大学律师学院的成立，是中国人民大学实施"十年腾飞"战略，建设世界一流大学的重要举措，是学校发展史上的一件大事；同时，律师学院的成立，也是响应国家号召、顺应社会发展、探索中国律师职业教育发展新途径的重要举措。②

时任最高人民法院副院长张军在致辞中指出，成立中国人民大学律师学院不仅对律师界意义重大，而且对整个司法界和法治社会建设也具有深远的影响……司法是社会正义的最后屏障，这一屏障需要法官、检察官与律师共同建设。

时任最高人民检察院副检察长朱孝清表示，律师学院的

---

① 李业顺、吴长军："中国律师执业教育迎来春天——全国第一所律师学院在中国人民大学成立"，载《国际商报》2010年4月28日，第13版。

② 蒋安杰："打造中国律师的第一所'黄埔军校'"，载《法制日报》2010年4月28日，第12版。

成立对我国法治社会建设益处良多，有利于推进律师业向高层次国际化发展、有利于提升法学院校的办学水平、有利于培养更多理论知识与实践能力卓著的年轻法学学子。高水平的律师学院是一个国家律师业发达的表现，同时也体现了一个国家法治发达程度。

中国人民大学律师学院的成立得到了众多法律人士的鼎力相助。中国人民大学法学院 78 级校友出资 500 万元作为首批发展基金，中国人民大学客座教授杨旺坚先生表示，将为律师学院与法学院发展基金捐赠 1500 万港元。

中国人民大学律师学院首任院长由学校法学院 78 级校友徐建律师担任，律师学院发展目标聚焦于"国内第一、世界知名"。

中国人民大学律师学院的成立是大学教育机构探索先进办学理念和机制，开创新型的社会力量办学模式的措施。律师学院与法学院互利共生、相辅相成。一方面，律师学院的设立有利于完善高校法学院的教学、科研和人才培养模式，加强高校法学教育与法律实务的紧密结合，对于构建新时期中国高校教育资源社会化发展模式具有重要意义。另一方面，法学院的传统优势、国内外影响力、技术条件、知识储备以及师资储备等软硬件条件均能为律师教育提供同国内机构合作、进行学术交流的广阔平台，也能为律师教育创造国际影响力、迎接国际化竞争挑战提供助力与保障。

5. 河南省法院系统开出首张律师调查令

2010 年 5 月 6 日，郑州市中原区人民法院执行局开出河南省法院系统首张律师调查令。

该事件要从三年前说起。2007 年 5 月 10 日，河南郑州瑞龙纺织有限公司（以下简称瑞龙纺织）和山东济宁市新丰纺织有限公司（以下简称新丰纺织）签订了一份买卖合同，合同约定瑞龙纺织向新丰纺织提供布匹，新丰纺织收到货后，应在 2007 年 5 月 25 日前付清货款。合同签订后，瑞龙纺织如期交货，但新丰纺织收到货后却没有支付货款。

2009 年 3 月，瑞龙纺织将新丰纺织起诉到法院，要求其支付货款及利息。4 月底，法院判决新丰纺织的行为已构成违约。一审判决后，新丰纺织没有上诉。

判决生效后，瑞龙纺织向法院申请强制执行。瑞龙纺织了解到新丰纺织的办公地点有一套房产，但产权不明，遂向郑州市中原区人民法院递交了"申领调查令申请书"，瑞龙纺织委托的聂建律师和另外一名代理人为"持令人"。

郑州市中原区人民法院执行局开出的首张律师调查令写明：济宁市房管局在限期内向持令人提供本调查令所调查事项的证明材料，无正当理由拒不提供或者不如实提供的，将承担由此产生的法律责任。该调查令的有效期为一个月。

按照《民事诉讼法》规定，申请执行人在申请法院强制执行时，负有提供被执行人财产线索的举证义务。这就要求申请执行人进行调查取证，其中包括聘请律师来帮助调查。

河南省高级人民法院发布的《关于在执行程序中使用调查令的若干规定（试行）》指出，在执行案件中，受委托的律师可以调查被执行人的工商登记等基本情况和房地产登记、机器设备登记等财产情况，以及被执行人是否对第三人享有到期债权、被执行人有无实际履行能力等情况。该规定亦明确指出，接受调查人应当于收到调查令之日起 7 日内向持令人提供调查令所指定的证据。

时任河南省高级人民法院执行局副局长曹卫平说，人民法院的执行资源毕竟有限，鉴于此，河南省高级人民法院推行律师调查令制度，将法院调查和律师调查结合起来，从而提高执行效率，但并不是所有的案件都适用调查令，比如，对于涉及国家机密、商业机密的内容，或者与本执行案无关的、不宜由律师调查的证据，被调查人有权拒绝提供。

当然，律师调查令存在的问题也是不容忽视的。正如时任河南省中原区人民法院执行局二大队副大队长李晓乐所说："调查令的举措本意是好的，但济宁市房管局是否配合还是个未知数……不少律师在调查取证时都会遭到拒绝，一句'内部有规定'就能把律师拒之门外。"

我国《刑事诉讼法》明确规定了辩护律师的调查取证权；我国《民事诉讼法》虽未明确规定代理律师的调查取证权，但若干条文中均对此有所体现。但是如何确保律师调查取证权的行使是我们亟待解决的难题。无论是刑事诉讼抑或民事诉讼，律师对其提出的主张均具有证明的义务，这种证明并非自己脑中的自向证明，而是要说服法官的他向证明，证据则是证明的基本元素，律师理应享有收集所需证据的权利，并且能使这项权利落到实处。

目前，律师的调查取证权利，在大多数国家机关和部门，得不到有效配合和支持，因为律师往往被看作是一个"私人"。归根结底，这是能否将律师看作和公安、检察院平等的诉讼参与者的法律问题。

6. 北京律师收费政府指导价出台

2010 年 5 月 14 日，北京市发展改革委公布《北京市律师诉讼代理服务收费政府指导价标准（试行）》和《北京市律师服务收费管理实施办法（试行）》，对全市刑事、民事、行政诉讼案件的律师服务收费标准进行了统一规定。

根据规定，刑事案件的收费将按照各办案阶段分别计件确定收费标准，一审阶段，每件收费 4000 元至 30 000 元。民事诉讼案件则将按照审判阶段确定收费标准，计件收费标准为每件收费 3000 元至 10 000 元。行政诉讼案件和国家赔偿案件以每个审判阶段计件确定收费标准，计件收费标准为每件 3000 元至 10 000 元，下浮不限。计时收费标准为 100 元至

3000 元／有效工作小时，下浮不限。

新标准在受到市民欢迎的同时，也在北京律师界引发了一场争论。

有学者认为，"对律师主要业务活动实行地方政府分别制定指导价并直接干预收费的做法并不符合法律人自治的原则，也有损于根据律师与客户的合意确定服务报酬这一自由职业的本质。"①

但亦有学者指出，律师服务收费实施指导价是有明确法律依据的，《价格法》《律师法》《律师服务收费管理办法》等有关法律、法规和规章均是上述两个办法的上位规范性文件。

但由于上述两个办法并未配备有效的违规处罚措施因此并不能切实地指导社会实践的运行。

7. 上海律师让世博会更美好

2010 年 5 月 14 日，由来自上海市卢湾区的 200 多位律师志愿者组成的上海世博会城市志愿者服务站，在世博会期间，无偿为国内外宾客提供法律咨询、语言翻译、应急救援等志愿服务，充分展示了中国律师的精神风貌与文明素养。

早在北京奥运会期间，上海律师为国家举办大型活动提供志愿服务的能力就已表现得淋漓尽致。对于在家门口举办的世博会，有着高度社会责任感的上海律师自然是义不容辞。他们秉承奥运志愿服务的优良传统，世博会召开一年前就开始了世博会的志愿服务。

在世博会申办之初，一些知名的律师事务所较早地意识到世博会的举办可能为上海律师的法律服务带来新的空间，于是纷纷走上前台，利用各自的专业优势，为世博会的筹备提供各项法律服务。服务范围包括场馆建设、门票管理、知识产权保护、

---

① 李国民："律师收费是否需要'指导'？"，载《检察日报》2010 年 5 月 19 日，第 5 版。

特许经营以及国外参展商利益的保护等诸多方面。

2009 年 5 月 15 日，浦东新区成立了迎世博法律志愿团，拉开了律师为世博会一线进行志愿服务的序幕。志愿团由浦东新区的 57 家律师事务所的 277 名律师志愿者组成。2009 年年底，法律志愿团在陆家嘴成立了志愿者工作室，每周一个上午为市民免费提供法律服务。

世博会开幕后，上海律师法律志愿团不仅在世博园内为游客及参展方提供志愿服务，而且还在上海 18 个区、县根据自身的特点为保障世博会顺利进行、为世博会增光添彩提供各种各样的志愿服务。[①]

虽然法律志愿团内每一位律师都有着自己的繁忙业务，但都把志愿者工作看得很重要，从心里愿意为社会服务。一位从事金融业务的律师因为出差不能按时到咨询点值班，心里一直感到内疚，觉得失去了一次为世博会服务的机会。还有的律师说，因为是无偿服务，带给人们精神层面的东西更多。当一位律师得知要出差的那天正好轮到他值班时，他推迟了出差时间，赶来值班，他认为，无偿为市民服务，是一个公民应尽的社会责任。[②]

8. 中共中央办公厅、国务院办公厅转发《司法部关于进一步加强和改进律师工作的意见》

2010 年 9 月，中共中央办公厅、国务院办公厅转发了《司法部关于进一步加强和改进律师工作的意见》。

该意见对加强律师队伍教育管理工作提出了五个方面的措施，分别是加强律师思想政治建设、职业道德建设、业务素质建设、加强对律师执业活动的指导监督以及加强律师事

---

① 参见胡峥："世博会成为上海律师的重要舞台"，载《民主与法制时报》2010 年 5 月 3 日，第 D01 版。

② 邢五一："我们让'世博'更美好"，载《中国律师》2010 年第 5 期，第 7 页。

务所建设管理。同时，该意见还从四个方面对进一步健全完善律师工作体制机制作出了具体规定，分别是健全律师执业准入机制、执业状况评价机制、律师执业奖惩机制以及律师管理体制。

该意见强调从加强律师执业权益保障，完善律师工作经费保障，完善律师行业财税、劳动用工和社会保障，健全律师人才培养选用机制，加强律师管理工作力量和经费保障这五个方面加大律师行业发展的政策扶持和保障力度。最值得一提的是，该意见指出要从加强和改进党对律师工作的领导、加强律师行业党建以及健全律师党员的培养适用制度这三个方面大力加强律师行业党的建设。

为贯彻落实该意见的精神，加强对律师行业党建工作进行全面部署，中共中央组织部、司法部在北京联合召开了全国律师行业党的建设工作会议。会议强调，要全面加强律师行业党的思想建设、组织建设、作风建设、制度建设和反腐倡廉建设，努力提高律师行业党的建设科学化水平，充分发挥律师行业党组织的政治核心作用和律师党员的先锋模范作用，为推进律师事业发展和加强律师队伍建设提供坚强政治保证。该意见的出台，对于坚持和完善中国特色社会主义律师制度、促进律师工作更好地服务党和国家工作大局，将起到十分重要的作用。

我国的律师制度是中国特色社会主义法治的重要组成部分，理应与法治的建设和完善一脉相承。因此，加强和改进律师工作，必须高举中国特色社会主义伟大旗帜，以党的重要思想方针为指引。相信在各级党委、政府、司法行政机关及社会各界的重视、关心和大力支持下，经过司法行政机关和广大律师的共同努力，一定能够促进我国律师事业的快速、正确发展，为完成全面建设小康社会奋斗目标、构建社会主义和谐社会、实现中国梦作出更大的贡献。

9. 全国首份律师社会责任报告出炉

2010 年 11 月 27 日，北京市律师协会在第二届北京律师论坛上发布了历时半年调查完成的《北京律师社会责任报告》，这也是全国首份关于律师社会责任的报告。

北京市律师协会制作此份报告旨在改变社会公众与媒体对律师行业了解不够充分、占有信息不全面的状况，引导全体律师勇于承担社会责任。在此背景下，北京市律师协会委托《法制日报》社、《法制与新闻》杂志社和中国政法大学的部分师生共同组成课题组，调研了北京律师在过去 30 年履行社会责任的状况和特点，研究律师履行社会责任的路径和方法，进而起草并向社会发布了《北京律师社会责任报告》。

调研数据显示，97.09% 的北京律师愿意履行社会责任。参与调研的律师中 34.41% 的律师具有硕士及以上学位，50.85% 的律师参与过知识产权保护案件，39.19% 的律师参与过企业兼并案件，12.27% 的律师参与过企业的海外上市案件，11.84% 的律师办理过涉及环境保护的案件。[1]

《北京律师社会责任报告》大篇幅介绍了北京律师在社会经济发展方面承担的社会责任及作出的贡献，具体体现在：通过保护民族产业的整体利益进而维护国家利益，如通过代理反倾销案件维护行业利益和国家利益；保障和促进企业的合法经营，如促使企业依法纳税，对企业员工进行法律培训，帮助企业建章建制，帮助企业预防风险，帮助调整劳资关系，让企业合法用工等。

除了追求社会经济高速发展，律师在经济运行中履行社会责任的方式多种多样。《北京律师社会责任报告》指出，近3 年来，北京律师每年办理法律援助案件超万件。北京市律

---

[1] 廖卫华：“律师界首份社会责任报告出炉：律师在经济运行中任重道远”，载《法人》2010 年第 12 期，第 44 页。

师协会还成立了专门的公益法律咨询中心提供免费法律服务。此外，北京律师凭借自己的法律专业能力，参与化解社会矛盾，消解纠纷，2010 年 1 月至 10 月，一共受理案件 13 000 余件，成功调解 8000 余起。在保持行业收入稳步增长的同时，北京市律师协会每年从会费总额中提取 1.5% 专门用于公益捐赠，每年用于公益活动的费用近百万元。

作为全国首例律师责任报告，《北京律师社会责任报告》科学详尽地介绍了北京律师在政治、经济、社会三个方面对社会发展作出的重要贡献，使社会公众更好地了解了律师群体及其工作模式，为律师业务后续高速发展扫清了道路。正如长年开展法制宣传工作的北京易行律师事务所主任刘凝律师认为的，当前，律师行业面临快速发展后的困惑和"瓶颈"，外有公众的怀疑和误解，内有对行业发展前途的焦虑和担忧，在这种情况下，广大律师只有自觉承担社会责任，时刻把社会公平正义作为自己行为的标杆，扶危助弱，积极化解社会矛盾冲突，努力做和谐社会的建设者，才能赢得社会的尊重和理解，获得更大的发展空间。[1]

10. 律师在场制度试点工作开展

2010 年 12 月 5 日，《辩护律师旁听讯问的实施办法（试行）》开始在北京市人民检察院第二分院试行。

该办法规定，辩护律师旁听讯问暂时试行于犯罪嫌疑人未被羁押案件，同时旁听律师限于在审查起诉阶段受犯罪嫌疑人聘请，为其辩护的执业律师。

该办法指出，在启动程序上，犯罪嫌疑人、辩护律师、公诉部门均有权提出。公诉部门在通知被羁押犯罪嫌疑人接受讯问时，应告知其有权请求辩护律师旁听，犯罪嫌疑人也

---

[1] 廖卫华："律师界首份社会责任报告出炉：律师在经济运行中任重道远"，载《法人》2010 年第 12 期，第 45 页。

有权拒绝辩护律师旁听。律师旁听讯问时可以记录，可向犯罪嫌疑人解释有关法律规定，对讯问人提出的与案件无关的问题可提出异议，发现违反法律规定及侵犯犯罪嫌疑人合法权益的情况，可提出意见或代为提出控告。讯问完毕后，经讯问人允许，辩护律师可补充发问，核对讯问笔录，针对遗漏或差错提出补充或改正建议，并签字。

允许辩护律师旁听讯问在北京市检察机关中尚属首次。然而，律师在场权在国外早已有之。早在 1966 年，美国联邦最高法院在著名的 Miranda vs. Arizona 案中正式确立被告人在警察讯问时具有律师在场权，认为律师在场权是对美国宪法第五修正案规定的反对自我归罪特权的程序保障。英国在 1984 年《警察与刑事证据法》中规定，必须允许律师在审讯时在场，只有在律师的行为使警察不能向嫌疑人提问的情况下才能要求律师离开。

李肖霖律师认为，律师在场权的本质是公民私权的延伸，是对公权实行的监督，能有效防止刑讯逼供和冤假错案的产生。实行律师在场制度，无论是从程序上还是从实体上，都具有深远而又积极的意义。[1]

但亦有学者提出，我国律师在场制度存在一些限制与不足。笔者认为，法治进步是一个循序渐进的过程，本次试点工作虽仅适用于特定嫌疑人、特定诉讼阶段，但这已经迈出了保障犯罪嫌疑人合法权益的一小步。随着我国侦查能力与侦查技术的提升、刑事诉讼理念的转变，相信律师在场制度会被完整设立并广泛运行。

---

[1] 王健："'律师在场权'的北京探索"，载《民主与法制》2011 年第 7 期，第 13 页。

2011 年

1. 北京律师首届书画摄影作品展开幕

2011 年 1 月 22 日，由北京市司法局和北京市律师协会联合举办的"做中国特色社会主义法律工作者——北京律师首届书画摄影作品展"开幕式在北京民族文化宫举行。

本次活动共收到来自律师、律师事务所工作人员、司法行政系统工作人员的书画摄影作品 370 多件，其中书画作品 29 件，摄影作品 346 件。作品内容体现了北京律师昂扬向上的精神风貌和丰富多彩的文化生活，反映了伟大祖国社会主义建设和律师事业发展的新气象、新风尚、新成就。

时任北京市司法局党委书记、局长于泓源在接受采访时介绍说："本次书画摄影作品展是首都律师行业 2011 年文化建设系列活动的'开场大戏'。北京市司法局希望通过书画摄影展、红歌赛、成立党建研究会等一系列丰富多彩的活动，进一步加强律师文化建设，培养和形成符合中国特色社会主义核心价值体系的律师职业精神，增强自觉做中国特色社会主义法律工作者的使命感和责任感。"他进一步指出，"我们要建设的'首都律师'文化品牌必须是符合中国特色的社会主义律师文化品牌，融律师思想观念、思维方式、行为规范、职业操守于一体，反映律师对服务社会的总体认识、基本理念和理想追求"。①

通过举办律师书画摄影作品展，进一步巩固了"首都律

---

① 刘中琪："北京律师首届书画摄影作品展开幕 打造'首都律师'品牌"，载 http://china.cnr.cn/gdgg/201101/t20110122_507612149.html，最后访问日期：2016 年 2 月 2 日。

师做中国特色社会主义法律工作者"主题教育实践活动的成果，按照"政治坚定，法律精通，维护正义，恪守诚信"的要求，进一步推动了首都律师文化建设，通过艺术的形式展示首都律师的精神风貌、讴歌首都律师的高尚情怀、树立首都律师的良好形象，以文化促发展、以文化促管理、以文化活跃工作、以文化凝聚人心，培养和形成符合中国特色社会主义核心价值体系的律师职业精神，增强自觉做中国特色社会主义法律工作者的使命感和责任感，更好地展现首都律师风采，歌颂首都律师的辉煌成就，宣扬律师对社会的重要贡献。[1]

2. 上海首创律师业年金保险制度

2011 年 1 月 26 日，上海市律师协会和中国人寿保险上海分公司签订了《上海律师行业年金保险合作协议》。[2]这是一项重大的行业"民生工程"，在全国律师界尚属首创。

在签约仪式上，上海市律师协会副会长厉明介绍了相关背景和方案。他说，建立律师行业年金保险（补充养老保险）制度是广大律师的心愿，上海市律师协会开展了数年的调研和论证，在广泛听取业内意见的基础上，制订了《上海律师行业年金保险（补充养老保险）实施方案》，并提交第八届律师代表大会第二次临时会议审议，由律师代表无记名投票表决通过。

该项方案共由三部分组成：第一部分是律师行业年金增值收益方案，主要内容为人寿保险对由上海市律师协会提供的缴费金额进行增值运作（首笔缴费金额约为人民币 4000 万元）；第二部分是个人会员补充养老保险方案，上海市律师协

---

① 吴意："做中国特色社会主义法律工作者——北京律师首届书画摄影作品展开幕"，载《中国律师》2011 年第 2 期，第 12 页。

② 《中国律师》杂志社、中国律师网："2011 年度中国律师行业最受关注的新闻事件"，载《中国律师》2012 年第 1 期，第 82 页。

会的个人会员自愿选择是否参加，愿意参加的，交费每年不少于500元，上海市律师协会每年给予补贴500元，律师在达到法定退休年龄时，可采取多种方式领取养老金；第三部分是律师事务所人才激励保险方案，律师事务所为建立人才激励机制，可根据自身情况自愿加入本方案，享受保险协议约定的相关保险条件。

时任上海市律师协会副会长厉明认为，实施方案体现了以下特点：（1）进一步体现会费"取之于会员、用之于会员"的基本原则；（2）进一步提升律师退休后的收入水平；（3）进一步发挥"团体效应"的政策优势；（4）进一步借鉴律师业发达国家或地区的成熟经验；（5）进一步解决好会费结余保值增值的问题。[①]

中国人寿保险上海分公司工作人员指出，"律师的使命是维护公平正义，律师职业令人尊敬，能为律师行业服务是我们的荣幸！请上海律师放心，投保中国人寿是无悔的选择，我们将认真做好这个项目，为上海律师服务"。

时任上海市司法局副局长刘忠定认为，"建立覆盖1100家律师事务所和12 000名律师的律师行业年金保险制度，通过行业互助的形式为律师福利事业提供坚实保障，是第八届理事会做的一件有利于行业发展的好事，希望上海市律师协会与中国人寿保险公司精诚合作，确保律师行业年金保险的健康发展，为广大律师造福"。

上海市律师协会根据广大律师的意愿，借鉴律师业发达国家和地区的成熟经验，率先建立上海律师行业年金保险制度，建立律师补充养老保险制度，是第八届理事会深谋远虑、造福律师的一项重要举措，旨在通过与中国人寿保险公司的合作，实现会费结余的保值增值，提升律师退休后的收入水平，

---

① 党文俊："行业自律管理水平跃升新高度——上海律协完善行业管理新举措"，载《中国律师》2011年第1期，第80~81页。

更好地解除广大律师退休养老的后顾之忧。

律师行业年金保险制度的建立，有助于增强律师行业的吸引力、凝聚力和向心力，促进律师事业长期、稳定、健康发展。

3. 全国 213 个无律师县将增派专业律师

2011 年 2 月 9 日，《中国日报》（英文版）报道，自 2011 年起，我国中西部地区 213 个无律师县，将至少会有一名专业律师为当地百姓提供法律援助服务。

时任司法部法律援助司司长孙剑英在接受《中国日报》专访时说："在中国广大的西部地区，法律援助资源严重匮乏。由于地域经济发展不平衡和受当地恶劣自然条件影响，目前仍有 213 个贫困县没有律师为当地百姓提供法律援助服务。因此，相比中国东部和南部等发达省份，西部地区更加迫切需要专业的法律人才为当地百姓提供法律服务。我们将通过志愿者法律援助行动和适当降低司法考试分数来鼓励更多专业律师和毕业大学生来西部地区就业。司法部和相关部门也将投资 1200 万元来保障该项工作的顺利进行。"

2009 年，司法部、团中央和中国法律援助基金会启动"1+1"中国法律援助志愿者行动，选派专业的律师和志愿者到青海、宁夏、重庆等 13 个省（区、市）和律师人才短缺的县去提供法律援助服务。截至 2010 年年底，共有 130 名律师和 300 名大学生被选为法律志愿者参加了该项目。[①] 其中，2009 年法律援助志愿者办理 1536 起案件，2010 年则上升到 3182 起，增幅达到 52%。

北京高通律师事务所马律师，放弃薪水丰厚的工作，于 2010 年 7 月到甘肃省山丹县提供法律援助。她曾坦言："大多数的案件都是琐碎的小事，如家庭和邻里的纠纷、牲畜的丢失、

---

① 《中国律师》杂志社、中国律师网："2011 年度中国律师行业最受关注的新闻事件"，载《中国律师》2012 年第 1 期，第 82 页。

假种子和假化肥案件以及为农民工维权。这些案件标的额不大，但并不意味着这些案件不复杂。一个600元的赔偿案件对一名城市居民来说可能算不了什么，但是对当地百姓来说，这可能意味着他们的全部。"她进一步说道："通过志愿者服务项目，我能实现自我的价值……每次接触到村民渴望的眼神和他们淳朴的生活状态，我真的非常感动，愿法律援助照亮整个西部，整个没有律师的地方……"

通过法律援助让普通百姓也能获得律师服务，切实保护委托人的合法权益，实现司法的公平和正义，有利于社会的和谐与稳定。

4. 北京市律师协会开展"了解律师 走近律师——北京市律师协会开放日"活动

2011年4月15日，北京市律师协会开展了"了解律师 走近律师——北京市律师协会开放日"活动，百余名社会各界人士走进北京市律师协会。

活动现场通过播放宣传片、讲解宣传展板、发放宣传资料、参观协会办公楼等方式，使大家了解北京市律师协会；通过设立法律服务咨询台、现场义务解答法律问题，增强大家对北京市律师协会工作的知晓率和满意度。在开放日活动的近两小时内，共接待群众现场咨询近百人次。咨询的内容几乎涵盖了社会生活的各个方面，特别集中在房屋拆迁、买卖以及承租所产生的法律纠纷；继承、婚姻产生的财产分割纠纷；劳动人事关系引起的法律纠纷等。青年律师们认真、专业、热情的解答，充分展现出北京青年律师们的专业素质和精神风貌，赢得了在场领导嘉宾以及群众的一致认可。

时任北京市律师协会党委常务副书记李公田、会长张学兵等来到公益法律咨询现场，亲切慰问了青年律师们，对他们积极参与公益活动提出了表扬，希望广大青年律师们充分发挥专业优势，为化解社会矛盾、建设和谐社会作贡献。参加此次开放日活动的青年律师们纷纷表示，通过团工委组织的这次活动，他们更加了解了公益法律服务的内涵以及群众的法律需求，拉近了与群众之间的距离，今后将更积极地参与协会团工委组织的公益活动中。

此次活动，充分展现了青年律师们积极参与协会组织的公益活动的热情，不仅达到了历练青年律师和增长律师才干的目的，还为北京市律师协会团工委开展青年团员律师工作拓宽了思路。

5. 全球最大的儿童保护志愿律师网络建成

2011 年 5 月 11 日，北京致诚公益青少年法律援助与研究中心主任佟丽华在致诚公益十二年社会管理创新探索座谈会后透露，全球最大的儿童保护志愿律师网络已经建成。在该法律援助中心的支持和推动下，加入"中国律师未成年人保护志愿协作网络"的律师已经超过 8900 人，成为全球最大的儿童保护志愿律师网络。

1999 年的某一天，一位北京市民电话告知佟丽华，说有两个广西女孩（大的 11 岁、小的 7 岁）被她们的父亲骗上来北京的火车，下了火车，父亲就把她俩扔在了北京，到现在已有两个多月了。这位市民希望中心能为这两个女孩提供法律帮助。佟丽华放下电话，立即去看望了这两个女孩，并决定为她们提供法律援助。中心自费派律师送两个孩子返回广西，并在当地有关部门与当地律师的协助下，妥善安置了两个孩子。

这两个小女孩尽管被成功送回了广西，但佟丽华在想，如果再发生类似的事情，又该怎么办呢？显然，将会有更多的人需要法律援助。

于是从 1999 年开始，依托北京市致诚律师事务所，致诚公益先后成立了北京青少年法律援助与研究中心、北京致诚农民工法律援助与研究中心（以下简称"两中心"）两家独立注册的民办社会组织，向未成年人和农民工提供包括咨询、案件办理、研究和普法培训在内的综合公益法律服务。

2009 年 11 月，致诚公益推动成立了北京市法学会农村法治研究会，将对民生的关注延伸到对农民的保护。"两中心"还分别承担了中华全国律师协会未成年人保护专业委员会和法律援助与公益法律事务委员会的具体工作，并在中华全国律师协会的支持和帮助下，与各省律师协会紧密合作，推动建立了 28 个省级律师协会未成年人保护专业委员会，直接指导与支持建立了 25 家农民工公益法律服务专门机构；北京以外的未成年人和农民工保护专职律师和工作人员发展到近 90 人。

佟丽华介绍说，中国律师未成年人保护志愿协作网络，由致力于未成年人保护事业的律师志愿者组成。这一网络直接帮助了大量的未成年人，不仅可以为贫困的未成年人在权益受到侵害时直接提供帮助，也可在未成年人因贫穷无力支持律师到异地调查取证时，网络内各地律师互相支持，为更多的未成年人直接提供法律帮助。

中国关心下一代工作委员会主任顾秀莲表示，未成年人工作责任重大，希望广大致力于未成年人保护事业的律师加强与相关部门的合作，解决好重点、难点的问题，提出有效的对策和建议，让孩子不受到侵害，受到侵害以后要维护他们的权益，使他们从困境中走出来。

6. 全国首家律师行业内部人民调解委员会成立

2011 年 6 月 17 日，青岛市律师协会人民调解委员会在青岛花园大酒店举行揭牌仪式，青岛市司法局局长马国华、青岛市律师协会会长栾少湖出席仪式，并做了重要讲话。

青岛市律师协会人民调解委员会是继 2011 年 1 月 1 日《人

民调解法》实施以来，首家在全国律师行业内部成立的人民调解委员会。①

长期以来，我国对于群众投诉律师的各种不良行为，对于律师事务所和律师事务所之间、律师和律师事务所之间、律师和律师之间的纠纷，律师协会都没有形成一套成型有效的制约机制。鉴于此，青岛市律师协会成立了青岛市律师协会人民调解委员会，它是该市律师行业内部的群众性组织。

青岛市律师协会人民调解委员会由 9 名委员组成，均由本市执业律师担任。调解员由调解委员会委员和调解委员会聘任。宫立新主任经青岛市司法局、青岛市律师协会联合任命担任委员会主任。副主任由李明均、张坤志担任，由张玉梅、胡明、高勇华、孙金凤、于飞、张晓东担任委员。

青岛市律师协会人民调解委员会调解矛盾纠纷不收取任何费用，其主要职能包括及时通过说服、疏导等调解方式，解决青岛市律师之间、律师事务所之间、律师与律师事务所之间的矛盾纠纷，促进青岛市律师行业的健康发展。

青岛市律师协会人民调解委员会的正式成立，开创了群众性组织解决青岛市律师协会会员之间矛盾的先河，促进了律师行业内部的和谐与稳定。

7. 北京市律师协会表彰 2011 年度北京市律师事务所优秀所刊

2011 年 7 月 21 日，2011 年度北京市律师事务所优秀所刊表彰会召开，这是北京市律师协会举办的首届律师事务所优秀所刊评选活动。

表彰大会由时任北京市律师协会宣传与联络委员会主任马慧娟主持，协会副会长姜俊禄、副秘书长刘军、宣传与联

---

① 薄克国："全国首家律师行业内部人民调解委员会成立"，载《大众日报》2011 年 6 月 22 日，第 B01 版。

络委员会副主任李肖霖、秘书长余尘，以及 20 家律所所刊负责人参会。

刘军副秘书长首先介绍了评选工作的有关情况。为了更好地推动行业文化建设，进一步加强所刊之间的交流，提高整体办刊水平，北京市律师协会决定举办所刊评选活动。这项活动得到了多家律师事务所的积极响应和支持，协会共收到 20 家律所的参选所刊 23 份。

2011 年 4 月，北京市律师协会宣传与联络委员会委员，各区县律师协会宣传工作负责人，《北京律师》专栏作家、优秀撰稿人、优秀特约联络员，律所所刊代表和特邀评委以及新闻媒体记者等业内外人士近 40 人作为评选嘉宾，分别对参选所刊进行了投票。根据"以律师事务所为单位进行评奖""一家律师事务所不能同时获得多个奖项"和"奖励优秀与鼓励参与相结合"的评选原则，综合得票情况，评出了各个奖项。

会上，马慧娟主任宣布获奖名单：君合律师事务所《君合人文》获特别金奖、金杜律师事务所《金杜》获金奖、大成律师事务所《大成律师》获银奖、天元律师事务所《天元律师》获铜奖、共和律师事务所《共和》获最佳策划奖、炜衡律师事务所《炜衡》获最佳封面奖、浙江阳光时代律师事务所北京分所《阳光时代》获最佳版式奖；中伦律师事务所《中伦视界》等 4 家律师事务所的所刊获优秀奖；观韬律师事务所《观韬律师》等 9 家律师事务所的所刊获优秀提名奖。姜俊禄副会长、李肖霖副主任、余尘秘书长依次为获奖的律师事务所颁发奖牌和证书。

之后，君合、金杜、大成和天元等律师事务所所刊负责人分别介绍了办刊的经验和体会，向与会人员分享了工作中的甜酸苦辣。最后，姜俊禄副会长在发言中说，4 家律师事务所刊物负责人介绍了办刊的切身体会，让大家受益匪浅。他感谢大家为律师事务所所刊付出的辛劳和努力，透过一本本装订精美的所刊，体现了北京律师的专业功底、文化底蕴和精神风貌。所刊不仅仅是所里的刊物，更是反映律师界的文化面孔，希望律师事务所将所刊中的闪光点推广到会刊《北京律师》中，使全体律师共享文化资源。姜俊禄副会长希望律师事务所所刊越办越好，让社会各界更好地了解律师行业，从而取得双赢的社会效果。

8. 首届全国公诉人与律师电视论辩大赛正式启动

2011 年 7 月 25 日，首届全国公诉人与律师电视论辩大赛启动仪式在最高人民检察院举行。启动仪式上，最高人民检察院公诉厅厅长彭东宣布首届全国公诉人与律师电视论辩大赛正式启动，最高人民检察院政治部副主任夏道虎发表了致辞，他指出："国家公诉人是履行法律监督职责、维护社会公平正义的重要力量，律师是推进诉讼程序公正与文明不可或缺的重要参与者，公诉人和律师虽然分工不同，在法庭上扮演对立交锋的角色，但是在维护司法公正和公民权利的目标上却是一致的，共同承担着维护宪法和法律尊严的使命，这次全国公诉人与律师电视论辩大赛除了是一次岗位练兵活动，也是为我国社会主义法制建设发现人才、锻炼人才、培育人才的一个重要载体。"

大赛于 9 月中旬举行，公诉人代表队由最高人民检察院政治部和公诉厅负责组队，分别是北京代表队、上海代表队、江苏代表队、浙江代表队、广东代表队和重庆代表队；律师代表队由司法部律师公证工作指导司和中华全国律师协会负责组队，分别是北京律师队、辽宁律师队、上海律师队、浙江律师队、广东律师队和四川律师队。大赛实况将通过电视、网络等媒介全程播出。

国家公诉人是履行法律监督职责、维护社会公平正义的重要力量，律师是推进诉讼程序公正与文明不可或缺的重要参与者。公诉人和律师虽然分工不同，在法庭上扮演对立交锋的角色，但是在维护司法公正和公民人权的目标上却是一致的，共同承担着维护宪法和法律尊严的使命。这次全国公诉人与律师电视论辩大赛除了是一次岗位练兵活动之外，也是为我国社会主义法治建设发现人才、锻炼人才、培育人才的一个重要载体。

同时，希望通过此次电视论辩大赛，能够扩大国家公诉人和律师的社会影响力，增强社会各界对检察和律师工作的认同和支持，进一步提升执法和司法的公信力，弘扬中国特色社会主义法治国家形象。

9. 重庆市公安局成立"维护公安民警正当执法权益律师顾问团"

2011年7月26日，重庆市公安局成立"维护公安民警正当执法权益律师顾问团"，首期签约聘任20名律师。

根据重庆市公安局通报：2007年1月至7月，全市共发生侵害民警正当执法权益案（事）件410件，涉及542名民警。这意味着，平均2天就有5位民警在正常执法过程中遭遇不法侵害。例如，2006年9月30日武隆"宝马哥"煽动百人堵路殴伤警察；2006年10月16日醉酒男女夜袭渝中区大田湾交巡警平台；2007年7月18日晚渝北区交巡警支队西区平台民警在查酒驾时反被车主诬蔑酒后执法等。在2007年年初，十余位市人大代表提出了关于维护民警合法权益的议案。

为此，重庆市公安局成立维护公安民警正当执法权益律师顾问团。经过推荐、甄选、评定等，全国优秀律师张兴安、兼任中华全国女律师协会执委的徐丽霞、享受国务院终身政府津贴的李盛祥等20位资深执业律师获聘首期顾问团。即日起至2014年7月25日，民警维权律师顾问团律师在3年聘任期内，将肩负公安民警执法权益"捍卫者、监督者、研究者、咨询者、宣传者"的使命，围绕"预防、惩治、缓解"三大目标，为全市公安民警执法权益保障工作提供法律服务，共创公平、正义、和谐、文明的社会法治新环境。

据介绍，民警维权律师顾问团将在行政立法、行政执法、行政司法方面为民警履行职责提供行政法律服务，为民警参加行政诉讼、刑事诉讼、民事诉讼提供法律服务，以及就民警执法的维权工作提供培训，提出完善民警权益保障机制建议等。

同时，市公安局、市司法局成立评审委员会，对民警维权顾问团律师履职情况实行绩效考评，对利用职权进行违法违纪活动、搞特权办私事、消极工作等不能正确履行职责或因故不能履行职责的，将撤回聘任或劝其荣退。[①]

重庆市公安局成立"维护公安民警正当执法权益律师顾问团"，有效地维护了民警正当执法权益，为民警依法履行职责提供了保障。

10. 律师发起"停止冷漠 不做路人"公益法律援助活动

▲ "停止冷漠 不做路人"的搜狐微博封面

2011 年 10 月 20 日，近 20 位知名律师联合多家国内主流媒体，正式启动了"停止冷漠 不做路人"公益法律援助活动，共同倡议并承诺，"大家看到路上的老人摔倒了要主动去扶起，

---

① 陈代泽、谭科艺："重庆维护公安民警正当执法权益律师顾问团成立"，载 http://news.sohu.com/20110727/ n314725189.shtml，最后访问日期：2016 年 2 月 3 日。

看到路边的孩子受伤了等需要帮助的情况都要主动伸出援手，如果因此而遭遇讹诈，本项目公益律师团将无偿为你提供法律援助"。

北京大学副校长吴志攀教授针对"小悦悦"遭遇路人冷漠对待事件曾经发声："你是北大人，看到老人摔倒了你就去扶。他要是讹你，北大法律系给你提供法律援助，要是败诉了，北大替你赔偿！"随后，搜狐微博上出现了众多网友追捧的"北大副校长吴志攀"语录，进而引发了搜狐微博上全国人大代表、著名律师迟夙生和知名律师胡益华、尹富强等人的关注，形成了一股"抗击冷漠"的旋风。

迟夙生律师表示，"每个人都克服自己的冷漠，世界才会温暖起来。当陌路变成一种习惯，生活就会艰难，所以让我们共同努力"。

尹富强律师则表示，"法律、司法判例应当彰显良好的道德风尚，而不是扼杀人之善，不能成为助长违背道德、违法、违约行为的帮凶。故应以捍卫法律最基本的价值取向出发，来让道德回归正路"。

胡益华律师随后在其微博中号召"停止冷漠，不做路人，从我做起，尽微薄之力！"

在律师联盟的号召下，搜狐一位博友如此写道：你是搜狐博友，看到老人摔倒了你就要去扶。他要是讹你，胡益华律师与搜狐微博发起的"停止冷漠公益法律援助"行动律师联盟给你提供免费法律援助，要是败诉了，谈方教授的"搀扶老人风险基金"帮你赔偿，所以看到老人摔倒了，你就要去扶！①

---

① "人大代表微博倡建'停止冷漠'联盟，知名律师联盟无偿为见义勇为者服务"，载《信息时报》2011年10月25日，第C9版。

11. 首届中国税务律师论坛在京举办

2011 年 10 月 27 日至 28 日，"2011 中国税法论坛暨首届中国税务律师论坛"在北京中苑宾馆顺利举办。

本次论坛由中华全国律师协会主办，北京市华税律师事务所承办，中华全国律师协会经济专业委员会、北京大学法学院、中国政法大学民商经济法学院、中央财经大学税收教育研究所等单位共同协办。论坛的主题是"税法改革与法律服务——中国税务律师发展的机遇和挑战"，来自政府机关、大专院校、企业、律师事务所以及国外税法律师等税法理论与实务界的专业人士共 150 余人参加了此次论坛。

在两天的日程中，论坛就税法改革对律师业发展的影响、财税法治与税务律师、国际化背景下的涉税法律业务新发展以及税务争议与纳税人权益保护等议题进行了研讨。

中国注册税务师协会会长许善达在致辞中深刻地分析了税收立法、执法、司法过程中存在的一些问题，他首先指出提升税收立法层级并不能解决人大和政府的权限划分与监督不明确的现状，其次考虑设立巡回税务专业法院以解决更好地保护纳税人在现行司法体制下涉税诉讼中的权益，最后分析了税收征管的程序立法以及信息化等方面存在的问题。在发挥税务律师作用的方面，他指出税务律师与注册税务师应该相互结合、携手共进，并提出中国注册税务师协会可与中华全国律师协会开展相关的交流与合作。

本届论坛是第二届中国税法论坛，同时是首届聚焦于中国税务律师行业发展的论坛，专家学者与实务界人士共聚一堂，在热烈的研讨中取得了丰硕的成果，在促进我国税收法改革进程的同时，对广大税务律师执业方向与专业提升起到了指引性作用。①

① 秋天："2011 中国税法论坛暨首届中国税务律师论坛在京举行"，载《中国律师》2011 年第 11 期，第 65 页。

12. 律师行业的分类和代码规定为 7221

2011 年 11 月，我国国家统计局修订了《国民经济行业分类与代码》。这次修订参照 2008 年联合国新修订的《国际标准行业分类》（ISIC4），同时，依据我国近年来经济发展状况和趋势，对门类、大类、中类、小类做了调整和修改。该文件中，将律师行业的分类和代码规定为 7221。这说明，律师行业所属中类是法律服务（代码 722），所属大类是商业服务业（代码 72），所属门类是租赁和商业服务业（代码 L）。由此确定了律师行业在国民经济中的位置以及经济属性。

上海律师赵霄洛指出，"长期以来，我们一直强调律师行业在法治建设中的角色，却忽略和回避了律师行业在国民经济中的地位以及经济属性，并由此衍生出了诸多不适合律师行业的制度和管理模式。律师工作的改革，从某种意义上讲，就是要从现行制度和管理模式中，去除那些违背律师行业经济属性的桎梏，真正解放广大律师的生产力，让律师行业在国民经济和法治建设中发挥更大作用。1993 年，司法部推行律师事务所实行合伙制就是律师工作改革的典型范例"。

13. 中华全国律师协会发布《关于印发〈律师执业行为规范〉的通知》

2011 年 11 月 9 日，中华全国律师协会发布了《关于印发〈律师执业行为规范〉的通知》。

为了贯彻落实《律师法》对律师执业行为的要求，中华全国律师协会对《律师执业行为规范（试行）》进行了修改，形成了新《律师执业行为规范》，并经中华全国律师协会第七届二次理事会审议通过，现予以正式颁布。

中华全国律师协会认为，近些年来，律师执业活动出现了"一些新情况、新问题"，比如有的律师不遵守保密义务，随意公开、披露、散布因委托行为而知悉的委托人或当事人的秘密和隐私，个别律师甚至触碰、挑战法律底线，恶意运用诉讼权利，鼓动助推舆论炒作，向办案机关施压……这构成了本规范修订的背景。

修正后的《律师执业行为规范》共九章108条，分别是总则、律师执业基本行为规范、律师业务推广行为规范、律师与委托人或当事人的关系规范、律师参与诉讼或仲裁规范、律师与其他律师的关系规范、律师与所任职的律师事务所关系规范、律师与律师协会关系规范和附则。该规范被称为评判律师执业行为的行业标准，是律师自我约束的行为准则。

该规范的出台，在规制律师执业行为的同时，从另一个侧面也提升了律师法律服务的质量和形象，对推进律师事业的健康发展具有十分重要的现实意义。

2012 年

1.《刑事诉讼法》大幅修改，律师辩护权进一步完善

2012 年 3 月 14 日，第十一届全国人民代表大会第五次会议通过并公布了《全国人民代表大会关于修改〈中华人民共和国刑事诉讼法〉的决定》，自 2013 年 1 月 1 日起施行。这是《刑事诉讼法》颁布以来的第二次修订①，距上次修订已

① 1979 年 7 月 1 日，第五届全国人民代表大会第二次会议通过了《刑事诉讼法》，1996 年 3 月 17 日，第八届全国人民代表大会第四次会议通过了《关于修改〈中华人民共和国刑事诉讼法〉的决定》，此为《刑事诉讼法》的第一次修正。

相隔 16 年之久，涉及条文逾百条，在辩护制度方面尤为显著。新型辩护制度确立了辩护律师的地位和作用，并在各诉讼阶段明确了辩护律师的权利，促使被告人的权益得到更充分的保障，我国司法文明公正程度得以提升。

在新《刑事诉讼法》中，律师权利和地位的调整主要体现在以下几个方面：

（1）确立了辩护律师在侦查阶段的辩护地位和服务范围。

原《刑事诉讼法》第 33 条规定公诉案件移送审查起诉阶段犯罪嫌疑人才可委托辩护律师，但新《刑事诉讼法》将律师介入时间提前至犯罪嫌疑人被侦查阶段。同时对犯罪嫌疑人的近亲属、监护人赋予代犯罪嫌疑人委托辩护律师的权利，对公安机关、人民检察院、人民法院科以代在押犯罪嫌疑人转达委托辩护人要求的义务。律师介入时间提前，更有益于其了解案情，为犯罪嫌疑人权益提供更为全面的保护。

新《刑事诉讼法》第 36 条规定，辩护律师在侦查期间可以为犯罪嫌疑人提供法律帮助；代理申诉、控告；申请变更强制措施；向侦查机关了解犯罪嫌疑人涉嫌的罪名和案件有关情况，提出意见。特别授权律师作为犯罪嫌疑人在被侦查期间区别于一般辩护人的特殊权利，包括为犯罪嫌疑人提供法律帮助、代理申诉控告与申请变更强制措施、向侦查机关了解犯罪嫌疑人涉嫌的罪名和案件有关情况，提出意见以确保律师辩护工作得以顺利开展。

（2）遵循无罪推定理论理顺辩护人的责任内容。

原《刑事诉讼法》第 35 条规定辩护人的责任是提出证明辩护人无罪、罪轻或者减轻、免除其刑事责任的材料和意见，新《刑事诉讼法》第 35 条删去"证明"二字。这意味着，新法免除了辩护人的举证责任，符合无罪推定理论。

（3）辩护范围扩大。

新《刑事诉讼法》第 35 条相较于旧法扩大了辩护人对犯

罪嫌疑人的保护范围，除保障犯罪嫌疑人的实体辩护权利外，还将保护其程序辩护权，即"诉讼权利"。

（4）辩护律师的阅卷权得以加强。

原《刑事诉讼法》第36条中辩护律师仅可以查阅、摘抄、复制本案的诉讼文书、技术性鉴定材料，而新《刑事诉讼法》将这一范围扩大到案卷材料；在时间上也由人民法院受理该案时起提前为审查起诉之日起。"阅卷难"一直是辩护律师执业困境之一，新《刑事诉讼法》从范围上、时间上为律师更全面地了解案情创造了空间，但尚未能在实践中解决律师阅卷受阻的障碍。

（5）律师"会见难"问题一定程度上予以改善。

原《刑事诉讼法》规定，辩护律师会见在押犯罪嫌疑人，涉及国家秘密的案件，须经侦查机关批准，其他案件无须批准。何为"涉及国家秘密的案件"，国家六机关解释为"案情或者案件性质涉及国家秘密的案件"。在实践中，"涉及国家秘密的案件"的范围界定过于模糊，很多时候，侦查机关以此为借口，拒绝让辩护律师会见犯罪嫌疑人、被告人。新《刑事诉讼法》第37条则明确规定，辩护律师持律师执业证书、律师事务所证明和委托书或者法律援助公函要求会见在押的犯罪嫌疑人、被告人的，看守所应当及时安排会见，至迟不得超过48小时。同时但书规定，危害国家安全犯罪、恐怖活动犯罪、特别重大贿赂犯罪案件，在侦查期间辩护律师会见在押的犯罪嫌疑人应当经侦查机关许可。由此，将须经检察机关许可侦查的范围限定在具体的三罪案件之中，保障律师会见权得以实现，从本质上看是对犯罪嫌疑人、被告人的保护增强。

（6）律师会见犯罪嫌疑人、被告人不受监听。

新《刑事诉讼法》对辩护律师会见权的保护还体现在，保障其权利的完整性，具体表现为第37条，新增了律师会见不受监听的权利内容。

（7）法律援助内容进一步丰富。

新《刑事诉讼法》较旧法增加了因经济受限或其他原因没有委托辩护人的普通犯罪嫌疑人、被告人，本人及其近亲属拥有可以向法律援助机构申请法律帮助的权利。相应地，法律援助机构负有审查申请是否适格的义务，若符合条件，必须指派律师为其提供法律援助。同时在辩护律师的职责权能方面，新法对1996年《刑事诉讼法》和2007年《律师法》的相关内容进行了有效衔接，明确了在侦查阶段法律援助律师的辩护人身份。新法为犯罪嫌疑人、被告人增设的权利一方面体现了新《刑事诉讼法》重视完善人权保护的立法宗旨，另一方面也从侧面反映出我国2003年开始逐步建构的法律援助体系日趋成熟。

（8）律师调查取证权得以丰富。

新《刑事诉讼法》第39条赋予了律师在认为公安机关、人民检察院在侦查、审查起诉期间收集的证明犯罪嫌疑人、被告人无罪或者罪轻的证据材料未提交的，有权申请人民检察院、人民法院调取的权利，更加全面地保护了犯罪嫌疑人、被告人的合法利益。

对于2012年《刑事诉讼法》中关于律师辩护制度的修改力度不可谓不大，有评论认为"新《刑事诉讼法》为律师刑事辩护工作提供了良好的机遇，也对律师素质和律师队伍的建设提出了更高的要求"。[①]

在肯定2012年《刑事诉讼法》以程序正义为追求，以保障人权为基础理念，作出众多变革成果的同时，还应看到，新法对于律师辩护制度的构建还存在一些问题。例如，近10个月的法律实施实践后，有学者调研也显示在极个别看守所

---

① 金晓盼："论我国辩护律师权利的完善"，辽宁大学2013年硕士学位论文，第7页。

律师会见在押的犯罪嫌疑人仍然存在违规违法障碍，比如看守所要求会见前必须与办案机关取得联系、会见必须有两名律师参加、化名羁押犯罪嫌疑人致使律师无法确认羁押看守所等。[①]另一个突出问题是律师豁免权的规范缺失，使得律师在执业中饱受妨害司法罪的威胁。虽然新法第 42 条将"引诱证人改变证言"删除，同时增加"辩护人涉嫌犯罪的"，是为了避免侦查机关对律师的打击报复，由办理辩护人所承办案件以外的侦查机关办理，通过利益相关回避制度的建立一定程度上保障了律师的执业权利，减轻其风险，但却仍未给律师的辩护技术以足够的保护空间。

2. 司法部发布《办理法律援助案件程序规定》

2012 年 4 月 9 日，司法部发布了《办理法律援助案件程序规定》，自 2012 年 7 月 1 日起施行。该规定包括总则、受理、审查、承办、附则共五章 39 条内容，对办理法律援助案件的具体程序进行了详细规定。

随着经济社会发展和人民群众法制意识的不断增强，广大群众的法律援助需求逐渐增长，法律援助在维护困难群众合法权益、促进司法公正中发挥着越来越重要的作用。为规范法律援助案件的办理程序，确保为困难群众提供符合标准的法律援助，司法部专门出台了《办理法律援助案件程序规定》。

便民原则是该规定的最大亮点，该规定将为公民获得法律援助提供便利作为一项原则予以确立，将比较成熟的措施固定为制度，形成便民长效机制。

一是规定了援务公开。要求法律援助机构公示办公地址、通信方式等信息，在接待场所和司法行政政府网站上公示法

---

① 程雷等："《刑事诉讼法》的实施、问题与对策建议——中国刑事诉讼法学研究会 2013 年年会综述"，载《中国司法》2014 年第 2 期，第 7 页。

律援助条件、程序、申请材料目录和申请示范文本等，通过公示方便公民寻求、申请法律援助。

二是完善申请渠道和机制。规定被羁押的被告人、服刑人员、劳动教养人员、强制隔离戒毒人员申请法律援助的，可以通过办理案件的人民法院、人民检察院、公安机关或者所在监狱、看守所、劳动教养管理所、强制隔离戒毒所转交申请，进一步拓宽了刑事诉讼法律援助的申请渠道。

三是确立了先行法律援助制度。为有效应对和解决紧急情况下当事人权益保障问题，规定在时效期限即将届满等紧急、特殊情况下，法律援助机构可以决定先行提供援助、后续补充审查，保证了公民在紧急状况下能够迅速获得法律援助。

四是规范了异地协作机制。为方便群众异地维权，将工作实践中法律援助机构之间自发开展的协作，作为法律援助机构的义务予以规范，明确了法律援助机构在审查申请材料时需要异地查证，或者法律援助人员在办案过程中需要异地调查取证的，可以请求异地法律援助机构协作，被请求的法律援助机构应当予以协作，降低了群众维权成本。

五是明确了受援人申请更换承办人员的权利。《刑事诉讼法》赋予了刑事诉讼被告人更换辩护律师的权利。在此基础上，程序规定进一步明确了所有案件受援人有证据证明法律援助人员不依法履行义务的，可以请求更换承办人员，并对更换具体程序加以明确。

《办理法律援助案件程序规定》的出台明确了法律援助案件办理中受理、审查、承办等环节的行为规范和服务标准，明确了相关环节的办理时限，针对性和可操作性更强，为规范法律援助实施工作、提高法律援助工作效率提供了有力的制度保障。

广大律师作为提供法律援助服务的主要群体，是该规定的重要执行者。规定的明确与细化有助于实现律师法律援助工作的法制化、规范化、标准化，有利于提高广大律师提供法律援助的能力和水平，确保办案质量，维护困难群众的合法权益，促进司法公正的实现。

3. 中华全国律师协会实施西部地区"百千千工程"

2012 年 9 月 13 日，中华全国律师协会下发了《全国律协关于实施促进西部地区律师业发展"百千千工程"方案》。

为进一步做好律师行业对口帮扶和援助工作，加大对西部地区律师行业的发展支持和援助力度，切实提高西部地区律师事务所和律师的服务能力，中华全国律师协会决定，在全国律师行业开展促进西部地区律师事业发展的"百千千工程"。上述方案主要规定了"百千千工程"的三项活动。

（1）东部和中部地区支援西部地区国家级贫困县"百所百车计划"。2012—2015 年，由律师业务收入排名靠前的北京、广东、上海、浙江、江苏、山东、福建、湖北、天津、辽宁、安徽、河南、河北、湖南 14 个东部和中部地区省（市）律师协会组织安排本地区律师事务所与西部地区 210 个国家级贫困县的律师事务所开展对口支援，向西部地区国家级贫困县的律师事务所捐赠业务活动所需车辆。

（2）实施西部地区律师和律师事务所负责人培养"千人计划"。今后 4 年，组织东部和中部地区 14 个省（市）律师协会与西部地区律师协会开展律师和律师事务所负责人对口交流培养工作。组织 2000 名西部地区律师和律师事务所负责人到东中部地区和大城市律师事务所进行交流培养，通过专项业务培训、事务所跟班锻炼和挂职实习等形式，提高西部律师的综合素质和执业水平。

（3）举办培训和讲座活动"千场计划"。今后 4 年，由东部和中部地区律师协会安排专家或本地区优秀律师为西部地区律师举办专项培训和法制讲座 1000 场，进一步提升西部地区律师执业水平。同时，中华全国律师协会将进一步推进中国律师培训网西部律师远程培训项目，充分利用现代化手段为西部地区律师提供培训服务。

实施促进西部律师行业发展的"百千千工程"是律师行业均衡发展的要求。东中部地区支持和帮助西部地区律师提高职业能力和水平，更深层次、更广范围地挖掘法律服务的内容，升级服务内涵，对整个律师行业都是有利的。可以说，没有西部律师的发展也就没有律师行业的整体发展，支持西部律师行业的发展也就是支持全国律师行业的发展。[1]"百千千工程"充分体现了律师行业共同体相互支持、相互帮助、共同发展的精神。

4. "9·21 信宜紫金矿难"民事索赔系列案尘埃落定

2012 年 9 月 17 日，由 2010 年 "9·21 信宜紫金矿难"引发的民事索赔系列案尘埃落定。由 76 名律师组成的法律援助律师团无偿奋战 760 多个日夜，历经数百场次调解，最终以调解圆满结案，受灾群众共获赔 1.976 亿元，创下了中国诉讼史上的一个奇迹。

2010 年 9 月 21 日，台风"凡亚比"带来的大暴雨席卷广东大部分地区。当天 9 时，位于信宜市钱排镇达垌村后面的信宜紫金矿业公司银岩锡矿尾矿库大坝突然崩塌，泥流倾泻，导致钱排镇 22 人死亡，523 户房屋全部倒塌、815 户房屋受损，受灾面涉及 8 个村委会 80 多个自然村 18 000 多人，直接经济损失高达 6.5 亿元。

---

[1] 刘志军："认真组织实施'百千千工程'促进西部地区律师业发展：全国律协召开促进西部地区律师业发展工作座谈会"，载《中国律师》2012 年第 10 期，第 15 页。

经广东省调查组调查认定，信宜紫金矿业溃坝属于重大生产安全责任事故。

2010 年 10 月 9 日，信宜市人民政府一纸诉状将信宜紫金矿业公司和信宜市宝源矿业公司告上法庭，索赔 1950 万元。11 月 23 日，数百名受灾群众涌向信宜市人民政府，他们希望得到一个明确的答复。否则，他们要走法律途径。

最终，信宜市人民法院受理的民事赔偿案件共达 2497 宗。

矿难发生后，广东省司法厅立刻牵头茂名市、信宜市司法局，迅速抽调了 51 名办案经验丰富的律师，组建"9·21 信宜紫金矿难"法律援助律师团。同时，向社会发出号召律师参加法律援助行动的消息。广州、茂名等地不少知名律师纷纷自愿加入律师团，免费为受灾群众提供法律援助服务。最终，76 名律师先后奔赴信宜市，开始了持续近 2 年的艰苦工作。

从 2010 年 10 月起，法律援助律师便开始准备证据材料。法律援助律师团分成 5 个小组开展工作，一户一户地进行登记、取证，确定原告的损失数额，并固定了初始证据。

2011 年 4 月 8 日至 11 日，为确保损失数据更翔实、全面，"9·21 信宜紫金矿难"法律援助律师团总指挥张洪杰、副总指挥彭华率领法律援助团成员 20 人共 8 次进驻钱排镇，调取受灾群众受损登记表、财物损失表、灾情核查登记表、户籍证明信等资料 18 500 多份，录入和核对受灾群众房屋损失、财产损失等数据 18 万多页，冲洗和复印损毁房屋照片近 2.5 万张，为受灾群众撰写起诉法律文书 2501 份，复印通用与专用证据资料重达 10 吨。

案件的审理从 2011 年 7 月 11 日开始到 2012 年 4 月 19 日结束。2012 年 9 月 12 日，律师团经 10 多次修改完善，信宜紫金矿业公司与受灾群众代表、政府代表就理赔协议的具体条款达成一致意见，签订"一揽子"财产损害理赔协议。赔

偿受灾群众个人财产损失 1.85 亿元，赔偿公共财产损失 0.58
亿元，信宜紫金矿业公司另行承担法院诉讼费用 200 万元，
理赔金额总计 2.45 亿元，受灾群众共得到 1.976 亿元赔偿。①

"9·21 信宜紫金矿难"民事索赔系列案件，开创了广东
省法律援助工作多个之最：立案数量最多——2497 宗；出庭
律师最多——原被告各方前后出庭律师超过 50 人；开庭时间
最长——开庭时间达 50 余天；证据资料最重——达 10 吨重；
原被告最多——涉及原告 1.8 万名受灾群众、上游案件被告达
11 个、下游案件被告达 28 个。

这组数据的背后，是 76 名律师团成员顶着压力，挤在狭
小的办公场地换来的；是每月 30 个工作日、没有一天休息换
来的；是早晨 7 点到晚上 12 点每天 17 个小时超负荷工作换
来的。

"9·21 信宜紫金矿难"民事索赔系列案的法律援助行动
是广东省乃至全国目前最大的一次法律援助行动，它开创了
国内以诉讼手段解决重大安全责任事故善后赔偿的先河，成
为我国诉讼发展史上具有里程碑意义的案件。而促成该案圆
满解决的关键因素便是为了受灾群众的合法权益兢兢业业、
废寝忘食的法律援助律师团。

时任中央政治局委员、广东省委书记汪洋作出批示，盛
赞律师团"案件办得漂亮"。

5.《律师事务所从事商标代理业务管理办法》发布

2012 年 11 月 6 日，国家工商行政管理总局、司法部联合
发布《律师事务所从事商标代理业务管理办法》，自 2013 年 1
月 1 日起施行。

---

① 邓建新、章宁旦、李晓："760 天无偿代理 2497 宗民事赔偿案——广东'资
金矿难'法援律师团义务维权以诉讼手段解决善后赔偿"，载《法制日报》
2012 年 9 月 20 日，第 2 版。

长期以来，律师事务所作为专门从事法律服务的机构被远远挡在了商标代理业务的大门之外。2010 年 7 月 12 日，国家工商行政管理总局修订并发布《商标代理管理办法》，允许律师事务所直接从事商标代理业务。随着我国商标事业蓬勃发展，全社会商标意识显著增强，对商标事业的关注和参与度不断提升，特别是律师行业希望从事商标代理的意愿空前高涨。

由于商标代理业务长期由工商行政管理机关主管，而律师事务所的主管机关为各地司法局，因此对律师事务所直接从事商标代理业务的管理存在两主管部门之间权责不明的混乱状态。为保证律师事务所顺利开展商标代理业务，国家工商行政管理总局与司法部商议决定共同出台《律师事务所从事商标代理业务管理办法》。

该管理办法共五章 25 条，对律师事务所从事商标代理业务的业务范围及备案、业务规则、监督管理等方面作出了规定。

该管理办法第 5 条、第 6 条对律师事务所从事商标代理业务的业务范围和备案要求作出了规定。律师事务所可以接受当事人委托指派律师办理国家工商行政管理总局商标局（以下简称商标局）、商标评审委员会（以下简称商评委）主管的有关商标事宜等。律师事务所从事商标局、商评委主管有关商标事宜时，应当向商标局办理备案。

该管理办法第三章对律师事务所从事商标代理业务的接受委托、业务要求、拒绝代理、出具法律意见要求、规费预付、保密义务、变更委托和终止、监督和培训等方面作出了规定，并明确规定律师事务所在从事商标代理业务过程中禁止转委托、禁止同时执业、禁止恶意竞争、禁止损害委托人利益。

关于监管部门，该管理办法第 4 条规定，工商行政管理机关和司法行政机关依法对律师事务所及其律师从事商标代理业务活动进行监管。

关于处罚权限，该管理办法第 20 条规定，律师事务所及其律师从事商标代理业务有违反法律、法规和规章的行为，需要给予警告、罚款处罚的，由受理投诉、发现问题的工商行政管理机关、司法行政机关分别依据有关法律、法规和规章的规定实施处罚；需要对律师事务所给予停业整顿或者吊销执业许可证书处罚、对律师给予停止执业或者吊销律师执业证书处罚的，由司法行政机关依法实施处罚；有违反律师行业规范行为的，由律师协会给予相应的行业惩戒；违法行为涉嫌犯罪的，移送司法机关处理。

国家工商行政管理总局与司法部联合出台《律师事务所从事商标代理业务管理办法》，有助于建立律师事务所从事商标代理业务监管的协作配合机制，加强信息通报、行为监管等工作，以破解商标代理行业管理难题；同时，为律师事务所从事商标代理业务提供了良好的市场环境，以维护商标代理市场的竞争秩序，促进商标代理行业有序、健康地发展。

6. "中国律师百年——回顾与展望"高峰论坛举行

2012 年 12 月 7 日，为纪念律师制度在我国诞生一百周年，中国人民大学法学院、中国人民大学律师学院共同举办了"中国律师百年——回顾与展望"高峰论坛。

1912 年 9 月 16 日，在辛亥革命的推动下，北洋政府延续清末关于律师制度构建的基本思路，颁布了中国历史上第一个关于律师制度和律师行业的单行法规——《律师暂行章程》，标志着近现代律师制度在中国的正式建立，也意味着作为法制现代化重要符号的律师制度在中国已历时百年之久。

时任中国人民大学法学院院长韩大元在开幕式上致辞："中国的律师制度已经发展了一百年，拥有 22 万余律师的中国，只有律师得到尊重，发挥其作用，中国的社会稳定才有可能，民众的维权才可以得到保证，公权力的滥用才可以得到遏制。中国人民大学律师学院多年以来，为我国律师行业进行交流，推动中国律师业的发展，提高律师在中国的身份地位方面做了一些思考，也做了一些探索。今天的会议也是我们律师行业包括学术界的朋友们共同讨论和思考未来中国法制的平台。"

时任中国人民大学律师学院顾问委员会主任任继圣通过对律师制度发展三个阶段的发展变化总结道，百年来中国律师走过了艰难的道路，但是从 1980 年以后中国的律师迎来了一个又一个的春天，为祖国的建设、中国社会主义的崛起作出了贡献；展望未来，可以深深地相信作为中国伟大人民一部分的中国律师，一定能不断地提高法律服务水平，为祖国的崛起，为民族的复兴作出更大的贡献。

时任中华全国律师协会副会长蒋敏认为："从新时期我们的律师制度重新恢复来看，我们才 33 岁。从历史的角度考察，我们还处于幼稚园的牙牙学语的阶段，但是它恰恰给了我们为未来去奋斗的机会。"[1]

这次论坛的举行，为寻找中国律师制度的发展轨迹，总结历史经验教训，弘扬律师在中国社会变革中所作的重大贡献，展望律师业的未来提供了良好的契机。中国律师行业的当下和未来，取决于律师行业对自己生存根本的清楚意识，取决于律师行业在立足根本意义上的不断反思与努力。[2]

---

[1]　聂潍："中国律师百年的历史与未来"，载《法制日报》2012 年 12 月 19 日，第 9 版。
[2]　张志铭："回眸和展望：百年中国律师的发展轨迹"，载《国家检察官学院学报》2013 年第 1 期，第 134 页。

7. 上海律师公会成立一百周年纪念大会召开

2012 年 12 月 8 日，上海律师公会成立一百周年纪念大会在上海科学会堂国际会议厅召开。

时任中共上海市委常委、市政法委书记丁薛祥，副市长、市公安局局长张学兵，市法学会会长吴光裕，中华全国律师协会会长王俊峰，上海公、检、法系统领导，上海司法行政系统主要领导、法律界专家学者、上海律师界的 300 多位律师代表以及上海市律师协会老领导、老同志出席纪念大会。

上海是中国律师的最早发源地之一。1912 年 12 月 8 日，中国近代史上人数最多、影响最大的律师同业组织——上海律师公会正式成立。在上海律师公会鼎盛时期，会员人数达 1300 多人，其中有沈钧儒、章士钊、史良、吴凯声、沙千里、王造时、韩学章、杨荫杭、邹韬奋、张志让、江一平等著名律师。如今，上海律师业已从恢复初期的 16 名从业人员，发展到 1150 多家律师事务所、近 15 000 名执业律师。

时任中华全国律师协会副会长、上海市律师协会会长盛雷鸣做了题为"承前启后创新业 继往开来谱华章"的主旨发言，从上海律师的队伍建设、行业自律管理、律师社会责任和服务"四个中心"建设等方面回顾了律师制度恢复以来上海律师行业的主要成就。他希望，上海律师要继承先辈的光荣传统，坚定信念，弘扬法治，自强不息，激流勇进，建设一支政治坚定、业务精湛、服务诚信、社会赞许的上海律师队伍。

傅玄杰律师事务所主任傅玄杰代表老律师发言。他回顾了自己与法律和法治交织纠缠的一生，感慨上海律师在当今的社会现实生活中已经成为社会法治不可或缺的一支重要力量。社会主义民主与法制的建设还任重而道远，他寄语在座青年律师：传承先辈精英律师们为中华民族复兴的献身精神，发扬锲而不舍、奋发进取的精神。

上海市律师协会第六届会长、上海市联合律师事务所主任朱洪超律师代表中年律师发言。他回顾了律师制度恢复以来上海律师发展之路，他表示，三十多年来律师的发展，得益于国家的改革开放，得益于民主与法治的进步。

首届全国律师电视辩论大赛"最佳辩手"、君合律师事务所上海分所黄荣楠律师代表全市青年律师上台发言。他从"为什么会做律师""怎么做律师""想做怎样的律师"三个角度，阐释了青年律师对法律职业的理解，发人深省。

三位律师，代表了三种不同的情怀，体现了三个不同时代。

为凸显此次纪念活动"法治 爱国 责任"的主题，引导上海律师行业播火传薪、继往开来，纪念大会特设授奖环节。上海市律师协会特授予王文正、徐达权、陈泽政、傅玄杰、倪彬彬 5 位律师"上海律师行业杰出贡献奖"，同时追授已故的韩学章、李树棠、张中、陈瑞谟、李国机、郑传本 6 位律师"上海律师行业杰出贡献奖"。

上海律师公会从最初的十几人发展到抗日战争爆发前的1300 多人，经历了不同寻常的岁月，其为推进民主法治的呼喊和抗争，也成为近代中华民族复兴史的光辉业绩和律师业界的经典。

上海律师公会成立一百周年纪念大会的召开不仅是对上海律师公会走过的百年道路的回顾，也昭示了上海律师公会律师历经曲折仍不屈不挠之精神。中国的律师行业还很年轻，但是有了法治精神的百年积淀，前行就有了动力之源。法治建设任重道远，先辈们的精神必将继续传承和发扬下去。

8. 国家律师学院挂牌成立

2012 年 12 月 20 日，国家律师学院在地处河北省保定市的中央司法警官学院成立。①

早在 2008 年两会期间，全国政协委员于宁就曾建议，尽快设立"国家律师学院"。他表示，我国传统法学教育忽视法律实务操作能力的培养，法学院校的毕业生直接进入律师行业后，不能很快适应律师工作要求，律师职前培训制度亟待完善。而律师与法官、检察官同为法律工作者，法官、检察官已有了自己的最高学府"国家法官学院""国家检察官学院"，法官、检察官们可以获得相应的业务培训，而律师却难以获得培训机会。

2012 年 11 月，经中央编办批准，在中央司法警官学院加挂国家律师学院的牌子。12 月 20 日，国家律师学院正式成立，其将承担高端业务、新型人才、涉外法律事务等培训，以及理论研究和对外交流职能，深入开展律师的思想政治教育、职业道德教育，努力培养造就高素质的律师人才队伍。② 司法部领导出席成立大会并讲话。

中央编办批准成立国家律师学院，充分体现了国家对律师队伍建设和律师事业发展的高度重视。国家律师学院的成立，是我国律师事业发展史上的一件大事，标志着我国律师教育培训工作进入了一个新的发展阶段。至此，作为法律职业共同体的律师终于也有了自己的最高学府，这对加强我国律师队伍建设、提高我国律师专业服务能力具有积极意义。

9.2012 年度中国律师行业新闻人物评选结果揭晓

2012 年 12 月 31 日，由《法制日报》《法制网》《中国

---

① 2013 年 5 月 27 日，国家律师学院首期培训班——"律师事务所管理与律师业发展"开班。来自全国各省（区、市）律师协会负责人，各省（区、市）部分律师事务所主任近 100 人参加此次培训。

② 王昆："国家律师学院正式成立"，载《检察日报》2012 年 12 月 21 日，第 1 版。

律师》杂志、中国律师网联合评选的 2012 年度中国律师行业新闻人物揭晓。

除"9·21 信宜紫金矿难"民事索赔系列案法律援助律师团队外，赵春芳、佟丽华、郭二玲、窦刚贵、黄雪涛、吕红兵等杰出律师获评 2012 年度律师行业新闻人物。

赵春芳，吉林泉成律师事务所主任。1982 年开始从事律师工作，已执业 30 余年 ，代理了近千起案件，无一起错案，无一起案件受到当事人的投诉；她为山区群众特别是贫困群众免费提供法律咨询、调解千余次，办理法律援助案件数百起；她长期义务担任当地政府、妇联、残联的法律顾问，为政府决策当好参谋，协助有关部门处理信访案件，她直接参与处理的案件就达百余件。赵春芳有着女性特有的坚强，她1999 年被诊断为甲状腺癌，进行过 3 次手术和多次的化疗治疗，她一边乐观地治疗，一边从事着热爱的法律工作。

佟丽华，北京致诚律师事务所主任。2012 年 12 月 4 日，佟丽华因为在儿童权利保护领域的突出贡献荣膺 2012 年度法治人物。多年来，佟丽华和他的团队除了向未成年人提供免费的法律援助，还一直致力于制度层面上的突破。他们完成了 4 万多字的《儿童福利条例》初稿及说明，正递交民政部有关部门讨论决策，在全国人大反家暴法立法过程中，佟丽华建议，针对儿童家暴设立专门章节，如今这一立法建议已被全国人大采纳。

郭二玲，内蒙古自治区呼和浩特市玉泉区司法局法律援助中心志愿律师。她自小失去双手，却历尽艰辛奋发读书，大学毕业后当上了律师，以感恩的心踏上了"1+1"志愿律师的征程，是"1+1"中国法律援助优秀志愿律师，她以其自强不息、奉献法援的感人事迹为全社会树立起一面传承雷锋精神的旗帜。

窦刚贵，新疆巨臣律师事务所律师。2012 年 6 月 29 日，从新疆和田飞往乌鲁木齐的航班上发生暴力劫机事件，搭乘此次航班的窦刚贵挺身而出，在机务人员和其他乘客的同心协力下，6 名暴徒被制服，飞机安全返航。在搏斗中，窦刚贵头部受伤缝了五针，面部和鼻梁骨受伤，双上肢软组织损伤，右手小拇指骨折。新疆维吾尔自治区人民政府授予窦刚贵律师"反劫机勇士"荣誉称号，记一等功一次。

黄雪涛，北京市地平线（深圳）律师事务所律师。自2006 年至今，先后代理了"深圳邹宜均""十堰彭宝泉"等社会影响巨大的"被精神病"诉讼案件，2010 年参与发起成立公益法律组织衡平机构，为强制医疗程序中的精神病人提供法律援助，积极推动立法完善。2012 年 10 月 26 日，全国人大常委会表决通过了《精神卫生法》，确立精神病收治的"危险性原则"取代原来的"自知力标准"，此法于 2013 年 5 月 1日起正式实施。

吕红兵，中华全国律师协会副会长、国浩律师事务所首席合伙人律师。2012 年 2 月 7 日，吕红兵作为基层群众代表，赴中南海参加了由温家宝总理主持的《政府工作报告》征求意见座谈会。中国律师发展史（我国律师制度恢复重建以来）中自此有了中国律师走进中南海向总理建言的记录。新华社的消息说，"温家宝对吕红兵的观点表示认同。他说，我们要坚持依法治国，发扬社会主义民主，健全社会主义法制。要创造一个公平的竞争环境和法律环境。在这方面，律师应该承担起社会责任、法律责任，树立为公民服务的思想"。

2012 年度中国律师行业新闻人物是律师行业全面推进依法治国、建设小康社会的缩影，是律师事业不断前进的见证。他们不仅在专业领域颇有建树，还能够"舍小家、为大家"，积极投身建设法治国家和维护社会正义的事业中，体现了当代律师自觉承担社会责任的行业风尚，展示了我国当代律师作为社会主义事业建设者和捍卫者的风采。他们是律师同行的骄傲，也激励着更多的律师同行成为社会的佼佼者。

10. 律师行业党建工作成效显著

2012 年，全国范围内开展的创先争优活动与中国共产党第十八次全国代表大会的召开将 2012 年律师行业的党建工作推向了新的高潮。一年内，广大律师们或自发或响应号召，多次开展党建活动。

（1）万名党员律师为民服务百日活动。为落实中央关于开展创先争优活动的部署，深入推进律师行业党建工作，充分发挥党员律师在服务保障和改善民生中的模范带头作用，掀起创先争优活动新高潮。2012 年 4 月初，中华全国律师协会下发通知，要求 5 月至 8 月在全国范围内开展"万名党员律师为民服务百日活动"。各地律师协会周密部署，广大党员律师积极响应，结合实际采取有力措施，全面开展活动，得到社会各界好评。活动中，广大律师充分发挥专业优势，通过多种形式的义务法律咨询、服务社区行、服务农村行、服务企业行等活动，在服务经济社会发展、化解矛盾纠纷、加强和创新社会管理、为困难群众提供法律援助等方面发挥了积极作用。

（2）全国律师事务所党组织书记示范培训班开班。2012 年 5 月 3 日，中组部、司法部举办的全国律师事务所党组织书记示范培训班在北京开班。此次全国律师事务所党组织书记培训班是中组部会同 11 个中央部门直接举办的 5 批 16 个示范培训班之一。全国各省（区、市）司法厅（局）分管厅（局）长和来自各地的 100 多名律师事务所党支部书记参加了此次培训。

（3）12 个律师事务所和个人获全国创先争优表彰。2012 年 6 月 28 日，全国创先争优表彰大会在北京人民大会堂召开。北京德恒律师事务所党支部、佳镜律师事务所党支部、爱德律师事务所党支部、上海市通力律师事务所党支部、山东清泰律师事务所党总支、江西南芳律师事务所党支部、河南千业律师事务所党支部、重庆市渝万律师事务所党支部、四川达宽律师事务所党支部、广西万益律师事务所党支部、陕西永嘉信律师事务所党支部等荣获"全国创先争优先进基层党组织"荣誉称号，吉林泉成律师事务所主任赵春芳荣获"创先争优优秀共产党员"荣誉称号。

（4）律师界认真学习宣传贯彻党的十八大精神。2012年11月26日，中华全国律师协会下发通知，就律师行业认真学习宣传贯彻落实党的十八大精神作出部署，要求广大律师自觉把思想和行动统一到党的十八大精神上来，把智慧和力量凝聚到落实党的十八大提出的各项任务上来，为发展中国特色社会主义事业，全面建成小康社会，实现中华民族伟大复兴作出贡献。全国律师行业迅速兴起学习宣传贯彻党的十八大精神的热潮。

中央对律师行业党建工作的重视从侧面说明了律师在我国国家建设和社会发展中的重要作用。加强律师行业的党员建设和基层党组织建设有利于提高律师队伍的思想政治素质和职业道德水平，促进律师事业健康发展，增强律师及律师事务所在工作中的使命感和责任感。

2013 年

1. 彭雪峰当选全国政协常委

2013年3月3日，全国政治协商会议第十二届第一次会议开幕，3 月 5 日，第十二届全国人民代表大会第一次会议开幕。27 名律师当选新一届全国政协委员和全国人大代表，其中，政协委员彭雪峰当选为新一届全国政协常委，成为首位当选全国政协常委的执业律师。

彭雪峰，1962 年出生，河北沧州人，第十一届全国人大代表，中国政法大学法律系毕业。1986 年，他参加了我国律师制度恢复以来第一次全国律师统一考试，以当年北京地区第二名的成绩考取了律师资格，由此开始了他的律师职业生涯。1987—1991 年，彭雪峰先后在北京市燕山区律师事务所、北京市第四律师事务所工作了 4 年。[①]20 世纪 90 年代初，恰逢律师事务所管理体制改革，他于 1992 年创办大成律师事务所，成为北京最早成立的 6 家试点合伙所之一。

三十余年的职业生涯中，彭雪峰律师参与办理了大量颇具影响力的案件。他曾为可口可乐、中国网通、中国联通、中国人寿、苏宁电器、北辰集团、万通地产等大型企业代理了多项改制、上市、并购及反垄断等法律服务；他的专业水平和敬业精神得到了有关部门的充分肯定及客户的高度认可，曾获"全国五一劳动奖章"，并多次被评为司法部"年度优秀律师""北京市十佳律师""北京市杰出律师"。

对于担任全国政协常委一职，彭雪峰认为"政协委员在我国拥有独特的政治价值。政协委员，主要汇集了我国各行业、各专业的优秀代表，涵盖了社会各个领域。政协的主要职能包括政治协商、民主监督、参政议政，在这三个层面，律师可以发挥重要作用"。

彭雪峰当选全国政协常委，是对律师行业的重视和肯定，其积极意义不言而喻。诚如彭律师所言，"作为政协常委中唯一一名执业律师，这份荣誉不属于我个人，而属于全国 25 万

---

① 华鹏、陈玉峰："彭雪峰：政协常委，是行业的荣誉，更是使命"，载《中国律师》2014 年第 4 期，第 20 页。

名律师。这是行业的荣誉，更是责任和使命，这是党和国家、全国人民对我们律师队伍寄予的厚望，希望我们律师代表、律师委员能够发挥自身优势和特长，更好地为百姓代言"①。

律师成为"两会"的重要参与者，利用专业技能发挥政治协商、民主监督、参政议政职能，这既是贯彻落实《司法部关于进一步加强和改进律师工作的意见》的文件精神，推动杰出律师参政议政取得的成果，也是我国治国理政方针与国际接轨、重视法治发展的体现。

2.《全国律协关于进一步加强和改进维护律师执业合法权益工作的意见》发布

2013年3月29日，中华全国律师协会下发《全国律协关于进一步加强和改进维护律师执业合法权益工作的意见》，进一步明确了加强和改进维护律师执业合法权益工作的指导思想、主要任务和基本原则，中华全国律师协会和地方律师协会维权工作职责，并对建立健全维权工作机制和进一步提高维权工作水平提出了新的要求。

律师执业安全问题一直都是律师行业和司法界关注的重点，作为促进国家民主法治建设的重要推动、监督主体之一的律师，相较于司法机关处于弱势地位，降低、分散其执业风险始终是律师协会工作的重点内容。

此次，中华全国律师协会下发的意见主要针对各级律师协会提出相关工作原则、明确工作机制创立的要求，借此实现对律师的立体、全面保护。该意见确立了律师协会维权的四项基本原则：理性、依法、有效、规范维权。该意见明确各地律师协会的任务内容。

中华全国律师协会的主要职责：（1）研究制定维权工作的

---

① 华鹏、陈玉峰："彭雪峰：政协常委，是行业的荣誉，更是使命"，载《中国律师》2014年第4期，第21页。

基本规章、制度及政策措施;（2）负责涉及中央有关部门协调的和在全国具有重大影响的维权个案的处理;（3）配合司法部建立健全维护律师依法执业的相关制度和工作机制;（4）对地方律师协会遇到的重大维权事项进行指导。

省（区、市）律师协会的主要职责:（1）依据中华全国律师协会制定的维权工作的基本规章、制度及政策措施，结合本地区实际情况制定实施细则;（2）负责中华全国律师协会督办的维权案件及本地区重大和有影响维权案件的受理、立案与处理;（3）针对在维权工作中发现的问题，向有关部门提出切实保护律师执业合法权益的意见、建议;（4）负责就承办的维权事项，推动、配合、协调有关部门工作;（5）及时总结维权工作开展情况，定期向中华全国律师协会报送维权工作报告，就维权工作提出政策性建议或研究报告;（6）协助和指导地市级律师协会开展维权工作。

地市级律师协会的主要职责:（1）接受省（区、市）律师协会交办的维权事项;（2）负责本地区维权案件的受理、立案和处理;（3）及时反映、报告辖区内维权工作情况，积极组织开展维权工作;（4）做好维权信息统计报告工作。

同时该意见提出了形成良性机制，确保律师权益保障的稳定性。机制内容主要有五项:（1）建立公、检、法机关和律师协会信息交流和协调联动机制，律师协会要积极作为，发挥协调和纽带的作用，与相关部门建立畅通的沟通体制和对话平台，特别要加强与公、检、法机关的工作联系;（2）建立健全与司法行政机关协调、配合机制，律师协会维权工作要与司法行政机关建立健全信息通报、工作会商和重要情况沟通等工作机制;（3）建立维权工作突发事件应急机制，研究制定律师协会维护律师执业合法权益工作应急预案，确保律师协会能在案件发生的第一时间赶到第一现场开展维权工作，强化突发事件的汇报程序、汇报制度和沟通机制，建立快速调查、快速决策、快速落实的应急快速反应通道，加强舆论引导相结合，提高对重大、敏感案件的快速处置能力和水平；（4）建立健全律师协会之间协作机制，对于跨区域律师申请维权的案件，侵权行为发生地律师协会要在第一时间进行妥善处理，并协助被侵权律师执业注册地律师协会开展维权工作；（5）建立维权案件信息统计报告机制。

律师被抓、被打、被逐出法庭现象日益增多，而律师的抗争日益激烈。律师工作对于保护人民生命财产不受非法侵害、维护法律正确实施、维护社会公平正义有不可替代的重要意义，已被党、政府和广大人民群众广泛认可。但律师执业权益保护却一直是该行业的"老大难"问题，严重阻滞了行业发展，特别是对刑事辩护律师影响较大。

律师协会作为行业自治组织机构，其重要职责即是研究制定有效、可良性循环的保障机制，提高律师执业安全水平。中华全国律师协会此次发布的意见正是体现了律师协会对维护律师执业权益的作为与担当。该意见的突出亮点在于内容具体、明确，分别对中华全国律师协会和各级地方律师协会明确了相应的工作内容，全局协调、统筹安排，更利于各级律师协会加强对本级职责的落实，切实为律师依法执业提供良好环境，这也是对我国法治建设进程的促进。

但值得注意的是，中华全国律师协会与各地方律师协会并无法定意义上的从属关系。这意味着，虽然中华全国律师协会发布的意见对地方各级律师协会均提出了较为细致的工作要求，但因缺乏约束力，该意见得以被各级地方律师协会遵守主要依靠各地律师协会的认可度和自觉性。从长远来看，保护律师合法执业安全、自由是国家法治文明建设的必然要求，为达此目的，律师协会、司法部门、政府行政部门应当联合研讨，共同制定具有较高约束力的法律。

3. 律师事务所征税改革——营业税改增值税

2013 年 5 月 24 日，财政部、国家税务总局下发《财政部　国家税务总局关于在全国开展交通运输业和部分现代服务业营业税改征增值税试点税收政策的通知》[①]，规定自 2013 年 8 月 1 日起，律师事务所纳税制度改革，缴纳税种从营业税改为增值税，对律师事务所的影响较大。

据国家税务总局 2013 年 5 月 24 日通知规定，律师事务所提供的法律咨询服务作为现代服务业的一种，于 2013 年 8 月 1 日实现增值税替代营业税改革。

"营改增"的税收制度改革对律师事务所的调整主要包括纳税主体、税率及纳税方式三个方面。

增值税将纳税主体分为一般纳税人和小规模纳税人两类，以年应纳增值税营业额 500 万元为标准，即年应纳增值税营业额在 500 万元以上的律师事务所应被认定为一般纳税人，年应纳增值税营业额在 500 万元及以下的认定为小规模纳税人。被认定为一般纳税人的在提供服务时，可以开具增值税专用发票或普通发票，取得的进项税额可以抵扣，而被认定为小规模纳税人的，则只能开具普通发票，但可以向税务机关申请代开增值税发票，使想购买律师事务所服务者获得可抵扣的进项税额。作为一般纳税人的律师事务所税率为 6%，在缴纳增值税时实施抵扣制，即应纳税额 = 销项税 − 进项税；而作为小规模纳税人的律师事务所税率则统一为 3%，直接用营业额乘以 3% 的征收率，即应纳税额 = 营业额 × 3%。

律师事务所税收制度改革对律师事务所运营产生一定的影响。对于作为一般纳税人的律师事务所，税率虽然在实施

[①]　该通知于 2014 年 1 月 1 日废止。

"营改增"后，增加了一个百分点，但同时允许抵扣购进商品或接受劳务时取得的进项税额，其实际缴纳的税负是否增加，则取决于事务所取得的进项税的多少。① 而对于小规模纳税人的律师事务所，随着增值税税率的降低，以其为基础计算的教育税和城市维护建设税也都随之降低，因此小规模纳税人的律师事务所的税收压力整体降低。

针对律师事务所税收制度改革，一些相关行业人士对于律师事务所经营方式提出了相应建议，包括：加强管理，提高律师事务所会计核算水平；积极开展律师事务所内部培训，提高全体律师的纳税意识；重视对增值税专用发票的管理，杜绝不能抵扣或发票遗失的情形出现，尽量选择能开具增值税专用发票的供应商。②

"营业税"改"增值税"是国家实现结构性减税的一项重大举措，也是实现商品、服务税、价分离的重要结构转变，与国际先进税收制度接轨。整体来看，税收制度改革对律师事务所的税收有所降低，但同时律师事务所需要增加人力资源对增值税相关政策给予更多关注，利用税收政策合理降低运营成本，同时避免出现纳税不当的法律风险。

4. 李天一案代理律师辩护行为引发行业讨论

2013 年 8 月 28 日上午 9 时 30 分，李天一③ 等人涉嫌强奸一案在北京市海淀区人民法院一审开庭审理。该案广受社会

① 姚毅："'营改增'对律师事务所的影响与对策分析"，载《会计之友》2014 年第 12 期，第 92 页。
② 姚毅："'营改增'对律师事务所的影响与对策分析"，载《会计之友》2014 年第 12 期，第 92 页。
③ 根据 2012 年《未成年人保护法》第 58 条规定，对未成年人犯罪案件，新闻报道、影视节目、公开出版物、网络等不得披露该未成年人的姓名、住所、照片、图像以及可能推断出该未成年人的资料。该案李天一依法被认定为未成年人，本应用化名替代，但因该事件案情及犯罪嫌疑人身份姓名已被广泛曝光，本文直接引用犯罪嫌疑人真实姓名。

各界关注，一方面，因其涉案人"星二代"的特殊背景身份；另一方面，则是因为该案律师高调利用新媒体调动社会舆论的办案方式，后一原因引发了司法律政界对辩护律师庭外言论影响审判问题的讨论。

李天一案发生于 2013 年 2 月 17 日，2 月 19 日北京市海淀区警方接到一女子报警称其被李天一等人酒后带至酒店轮奸。第二日李天一等五人被海淀区警方控制，3 月 7 日，李天一等人因涉嫌轮奸被依法批捕。7 月 8 日，北京市海淀区人民检察院依法对李天一等人涉嫌强奸一案向海淀区人民法院提起公诉。

7 月 10 日，北京京联律师事务所律师陈某与北京冉民律师事务所律师王某，通过新浪博客高调发表声明表示，将接替北京市陆通联合律师事务所律师，担任李天一的辩护人。他们在博客上详尽介绍了该案的进展，并呼吁媒体"爱护和保护未成年人""爱护和保护大半生为人民群众带来歌声和欢笑的老艺术家们"，停止侵权行为和倾向性报道。

该案一审开庭后，陈某律师于 9 月 14 日通过博客发表《关于对李某某被控强奸案辩护的辩护——对所有深度质疑的回复》一文。文中，陈某律师认为本案性质是性交易还是强奸，应通过酒吧录像全过程而非通过个别情节认定。他列出了十三条辩护意见，归纳为，酒店方面无视李天一等人未成年人的身份，安排其在此酗酒，并且通过一些证据表明"所谓被害人"与酒店管理人员存在"隶属关系"，或者"起码是合伙关系"，酒吧经理张某某为获得利益，带该女引诱李天一等人与其发生性关系；"所谓被害人"主动追逐与被告人发生性关系，被拒绝后仍强烈要求，李某某等人不存在对她采取暴力手段的动因和行为；怀疑此案是张某某有组织有预谋的，他们详细了解过李天一的家庭背景和其行踪，目的在于敲诈；感谢某分局侦查工作人员，他们搜集的证据形成了"无可辩驳的无罪的证据链"。

9 月 16 日，受害人杨某某的律师田某某在博客上发表就李某某等被控强奸案与陈律师商榷的文章作为回应。该文中，田律师首先对该案涉及未成年人，本应保护的隐私信息却通过各种渠道被传播表示否定态度。同时他认为，该案已经泄露的信息是混淆视听的虚假内容，"应广大网友的强烈要求，本律师就李某某等被控强奸案与陈律师进行商榷，同时也破例对案件事实进行适度披露，希望通过展示相关证据，击破不实言论，澄清案件事实，真正还原事实真相"。① 他在后文中针对陈某律师的博文内容，从多个方面作出回应，认为五名被告人强行与被害人杨某某发生性关系，不构成嫖娼；张某某的行为不构成介绍组织卖淫；张某某及部分酒吧工作人员事后与李某某家的联系交涉，不构成敲诈勒索。其后，他在文中提出了代理意见。

李天一案二审辩护人律师，自 2013 年 9 月 5 日起，陆续在其微博、博客上发布该案相关调查资料，包括当事人的通信内容、会见笔录、侦查卷中警方拍摄的现场图片、律师的现场勘验报告，并以文字形式披露了有关案件情况、辩护代理书内容及有关鉴定结论，对案件现场视频进行了描述，甚至将带有"封存"字样的完整判决书公布于网络。

李天一案无论是被告人还是被害人的辩护律师的辩护内容以及利用新型传媒庭外论战、披露案件细节的方式引起了社会的极大争议，赞同者与反对者皆有。

对于李天一案的辩护律师为其所做的无罪辩护，在社会舆论贬斥其缺乏基本是非之辨、拿被害人身份做文章有明显歧视基本人权的声音之外，亦有律师同行认为其作为被告代理人，为维护委托人合法权益所做的努力，皆系律师尽忠诚

---

① 田参军："就李某某等被控强奸案与陈枢律师商榷"，载 http://blog.sina. com.cn/s/blog_4cf1468b0101l56b.html，最后访问日期：2016 年 4 月 25 日。

之义务。"至于基于案件事实对被害人身份提出的合理怀疑，也并不是对他人的蓄意诽谤（否则法庭应会当庭驳回），皆系辩护策略的实施。"① 现任辩护人专业职业行为被律师同行和社会的非议，实是"律师职业伦理与公共道德伦理存在较大偏差的鲜活例证"②。

本案中，律师利用新型大众传媒作为自媒体，主动向社会披露案件细节乃至本应保密的审判书，甚至将庭上交锋引至网上论战，吸引了传统媒体和大众的关注、传播，鼓动了社会舆论，律师有意以此倒逼法庭审判。其实，近年来，随着新兴媒体的发展，律师运用此种辩护策略的案件层出不穷，如药家鑫案中受害人的律师利用其微博和博客，使之成为该案信息发布的主要平台，以至于药家鑫之父要起诉追究其名誉侵权的责任；"北海案"中，多位律师通过博客、微博等自媒体通报案情和庭审情况，揭露了本案大量的实质性信息；③杨佳案、邓玉娇案等案件中，也均可以看见律师利用新媒体发布案件信息。

律师庭外对案件信息的披露及其言论对法庭审判影响力等问题成为本案另一个被热议的论题。

多数学者对于舆论介入司法领域，有着正反两方面的认识。一方面，多数学者赞赏媒体具有监督司法审判、一定程度上确保司法活动廉洁性的价值，律师运用媒体手段无可厚非。另一方面，他们也从舆论对审判可能造成的负面影响表示对此种辩护策略的担忧。一些学者认为，"舆论监督在一定意义上是要让外行来审查通过专业化的决定，这必然会使司

---

① 姚佳："困兽之斗：律师职业发展的伦理困境"，载《中共南京市委党校学报》2013年第5期，第53页。

② 姚佳："困兽之斗：律师职业发展的伦理困境"，载《中共南京市委党校学报》2013年第5期，第53页。

③ 谷佳慧："律师庭外言论的界限及其规制"，载《成都理工大学学报（社会科学版）》2015年第6期，第9页。

法活动和法律机构的权威性受到减损，不利于建立和完善我国社会主义法制和实施'依法治国'战略"。①

一些学者还从律师庭外抗辩的现象频发，提出发生此种情况的原因在于，律师的庭上意见不被重视，既有诉讼内渠道不被律师信任，因此转而走向"庭外辩席"。我国现行法律制度、实务工作应加强对律师执业的尊重和保障。

司法机关和律师协会认为，律师的庭外辩护行为，必须要遵守一定的职业道德和职业纪律，尤其是律师对知悉的当事人的秘密和隐私具有保密义务，不得随意公开、披露、散布，更不应该恶意运用诉讼权利，损害当事人的利益。②中华全国律师协会提出两个草案，分别是《律师执业行为规范（修订草案征求意见稿）》和《律师协会会员违规行为处分规则（修订草案征求意见稿）》，在新增加的条款里，对律师网上言行作了较为严苛的规定。③

是否限制律师庭外言论，律师和司法机关仍存在争议，但在当下我国法律法规背景下，从当事人权益保护、律师执业伦理遵从、法治国家建设角度看，在梳理现行《律师法》的基础上，应对律师庭外披露案件信息、舆论对审判中案件

---

① 赵震江主编：《法律社会学》，北京大学出版社 1998 年版，第 275 页。参见赵双阁、艾岚："论舆论监督法治建设的价值维度"，载《上海交通大学学报（哲学社会科学版）》2011 年第 1 期，第 39~50 页。贺婧："网络舆论与法院审判之关系探讨"，载《四川警察学院学报》2010 年第 3 期，第 111 页。

② 谷佳慧："律师庭外言论的界限及其规制"，载《成都理工大学学报（社会科学版）》2015 年第 6 期，第 10 页。

③ 《律师执业行为规范（修订草案征求意见稿）》第 11 条规定："律师不得以发表公开信、串联煽动示威、鼓动助推舆论炒作等不正当方式，向办案机关施压，影响办案机关依法办理案件。"第 84 条规定："律师不得以对案件进行歪曲、不实、有误导性的宣传、评论，或者发表公开信、串联煽动示威、鼓动助推舆论炒作，向办案机关施压，或者贬损、诋毁、诽谤、污蔑有关办案机关和工作人员以及对方当事人声誉等方式，影响依法办理案件。"参见谷佳慧："律师庭外言论的界限及其规制"，载《成都理工大学学报（社会科学版）》2015 年第 6 期，第 10 页。

的影响力等方面制定相应的规范法规。法律审判与大众传媒两者价值取向存在一定的冲突，前者追求稳定、严谨和公允，后者则以时效和吸引为诉求。两者有不同的发展愿景，这就要求掌握新型传媒主动权的律师，运用这一工具对司法审判的影响力进行明确限定，以便媒体与司法相得益彰的价值得以发挥。同时还需注意，规制律师庭外辩护应与保障律师合法执业权利、重视律师在庭审中的地位作用相结合，以保障当事人的权利得到更为周延的保护，促进法律的公平性、正义性得以彰显。

5. 中华全国律师协会涉外律师"领军人才"规划启动

2013 年 8 月 5 日，中华全国律师协会在北京举办了涉外律师"领军人才"第一期培训班开班仪式，这标志着中华全国律师协会 4 年内培养 300 名精通国际法律业务律师人才的计划正式启动。

2012 年，中华全国律师协会着眼于我国经济社会发展大局和律师事业发展全局，制定了《第八届全国律协涉外高素质律师领军人才培养规划》。为加快落实该计划，2013 年 8 月 5 日至 8 月 16 日，中华全国律师协会在北京举办了第一期涉外律师"领军人才"封闭式培训班，全国 30 个省（区、市）共 102 名涉外律师参加。

时任中华全国律师协会会长王俊峰在开班式上致辞。商务部、司法部、中国国际经济贸易仲裁委员会等相关部门负责同志出席了开班式。参加开班式的还有新华社、《光明日报》、《法制日报》、《经济日报》等中央新闻单位的记者。

此次系统培养涉外领军律师人才的目标是：到 2020 年，我国涉外律师人才队伍规模不断壮大，竞争比较优势明显增强，国际法律服务能力和竞争力不断提升，发展机制创新取得突破性进展，基本建立起一支规模宏大、结构优化、布局合理、素质过硬的涉外律师人才队伍。①

一些参加本次培训班的律师在培训结束后，谈了一些自己的感想。

来自山东舜天律师事务所的韩伟律师表示，"回顾这两周的培训和学习，感到自己在对外投资和跨国企业并购业务方面增长了知识，提高了技能,在各个方面都有了不小的进步"。②来自天津市金诺律师事务所的白显月律师则表示，"通过本次学习培训，以及与授课老师、专家和学者的交流、讨论，我对于中国涉外律师所肩负的历史责任有了更深刻的思考，对于如何全面参与并积极发挥作用，对于法律服务职业群体为实现'中国梦'的伟大民族理想作出贡献有了新的认识，对于中国国际法律服务行业的前景有了全新的视角"。③

涉外律师"领军人才"计划是我国首次系统培养对外交流顶尖律师人才，符合新形势下我国法治社会发展的需求。这项计划的开展获得了来自政府层面的规划和支持，可以看出我国政府对律师行业发展的重视，亦可看出我国律师行业的发展正逐步走向国际化、专业化、尖端化。

6. 中华全国律师协会首次发布《中国律师行业社会责任报告》

2013 年 8 月 26 日，中华全国律师协会首次向社会公开发布《中国律师行业社会责任报告》。报告从律师践行社会主义法治理念，服务和保障民生；积极参政议政，服务法治国家、

---

① 赵大程："在全国律协涉外律师'领军人才'培养第一期培训班上的讲话"，载《中国律师》2013 年第 11 期，第 7 页。
② 韩伟等："苦练内功——打造涉外律师'领军人才'——参加全国律协涉外律师'领军人才'第一期培训班体会（续）"，载《中国律师》2013 年第 10 期，第 45 页。
③ 韩伟等："苦练内功——打造涉外律师'领军人才'——参加全国律协涉外律师'领军人才'第一期培训班体会（续）"，载《中国律师》2013 年第 10 期，第 46 页。

法治政府建设；参与社会管理创新，依法化解社会矛盾、维护社会和谐稳定；开展多元化公益服务，慈善捐助、回报社会；行业协会引领公益法律服务发展等方面所取得的成就，全面展示了中国律师努力维护弱势群体合法权益、维护社会公平正义、积极履行社会责任、通过公益服务回报社会的良好形象。

该报告首先介绍了我国律师行业发展的基本情况。根据该报告，截至 2012 年年底，中国（不含我国港澳台地区，下同）律师事务所数量为 19 361 家。从律师事务所的形式看，主要是合伙所、个人所和国资所形式，其中，合伙所是最主要的执业机构形式，占律师执业机构的 71.5%；从合伙所的规模来看，3~10 人的合伙所占合伙所总数的 92.9%，占律师事务所总数的 2/3。截至 2012 年年底，中国律师数量为 232 384 名。从人口律师比来看[①]，目前我国每 1 万人口平均拥有 1.6 名律师。人口律师比最高的是北京市，每 1 万人口平均平均拥有 11.7 名律师，其次是上海市，每 1 万人口平均拥有 6.7 名律师。[②] 人口律师比最低的地区是西藏，每 1 万人口平均拥有 0.6 名律师。

通过该报告梳理，我国律师在多方面均取得大量成就。

第一，践行社会主义法治理念，服务困难群体，依法化解社会矛盾。

2010—2012 年，中国律师接受政府法律援助中心指派，为超过 80 余万件案件提供了免费代理或辩护，其中，刑事案件 18 万余件，民事案件 32 万余件，其他类案件 30 万余件。一些律师还主动为弱势群体提供免费或减免费用的法律服务，努力使各社会主体均能获得法律平等的保护。

---

① 律师数以最新统计的数 225 647 名，而人口数是以 2010 年国家人口普查的数 1 370 536 875 人，假定人口过去两年变化不大，并以此计算人口律师比。
② 需要注意的是，由于全国人口统计是以户籍地为主，北京、上海、广东等流动人口数量巨大，人口律师比会与实际有出入。

此外，中国律师也参与了大量化解重大或复杂矛盾的案件。据不完全统计，在过去 3 年中，中国律师共参与矛盾化解 58 万余次，这些矛盾纠纷集中在拆迁、劳动和突发公共事件领域。

作为既熟悉相关法律法规，又具备处理复杂矛盾的丰富实务经验，同时还是独立于政府和行政相对人的律师，在地方政府中越来越成为信访接待的重要专业力量。

第二，积极参政议政，为法治国家建设贡献专业智慧。

随着我国社会法治进程加快，越来越多的律师参与国家政治生活，积极参政议政，为国家贡献专业知识和经验，同时政府部门也积极吸收律师作为政策制定的重要参与者，听取律师意见。这体现在律师当选县、市、省和全国四级人大代表、政协委员的数量增多，以及参与立法和政策制定的程度不断加深两个方面。同时，大量律师、律师事务所通过持续性关注一个公益领域来推动相关立法、政策的完善。① 此外，律师以政府法律顾问的身份，多层次参与法治政府建设，为推进依法行政与法治政府建设贡献了重要力量。根据该报告，据不完全统计，全国共有 23 500 多名律师担任了各级政府部门的法律顾问，占到律师总数的 1/10 以上，越来越多的地方政府将法律服务列入政府集中采购项目。

第三，发挥专业优势，参与社会建设，探索社会化、职业化、专业化的公益法律服务模式。

2013 年，全国各地已成立了 30 多家以律师事务所为依托成立的公益法律服务机构，专职从事公益法律服务的律师达

---

① 北京律师从 2006 年开始呼吁并跟进《职业病防治法》的修改工作，撰写的《职业病调研报告》随同立法建议一并寄送给全国人大常委会，受到 30 多位全国人大常委会委员的肯定，2011 年修法通过《职业病防治法》多处吸收或参考了律师的建议。北京律师长期关注未成年人和农民工权利保护工作，参与了《未成年人保护法》（2006 年修订）、《工伤保险条例》（2010 年修订）、《北京市法律援助条例》（2008 年）、《儿童福利条例》（初稿）的修订和起草工作。

到 150 余人。专门机构模式的公益法律服务成为维权与维稳的缓冲地带，在解决农民工劳动合同签订率低、维权需求急、维权成本高、极端维权高发等现实困境，及时、高效地维护权利和妥善化解矛盾方面发挥了独特的优势。截至 2012 年年底，各地农民工法律援助工作站服务农民工近 40 万人，共为农民工讨回欠薪、工伤赔偿款 3.86 亿余元。更难能可贵的是，律师专职参与公益法律服务模式为弱势群体提供了更为优质的法律服务。

第四，开展多元化公益服务，以丰富的形式和内容回报社会。

中国律师通过普法培训、普法宣传、慈善捐助等方式开展多元化公益服务。根据该报告，据不完全统计，过去 3 年中，中国律师开展的普法培训达到 35 000 余次，普法宣传的受益人群达到 267 万余人次；定期组织普法宣传活动和特色活动；为公司管理者、企业员工、学校教职员工、政府执法人员开展专业培训 35 000 余次，培训人次超过 63 万。同时，针对农村法律资源贫乏现状，自 2012 年起，中华全国律师协会成立了农村法律事务委员会，开展法律服务进农村活动。此外在助学、济困、赈灾等领域，中国律师也慷慨解囊，通过专款捐助、设立常设基金等形式，为困境中的人们送去温暖和关怀。

第五，行业协会全方位、多层次引领公益法律服务发展。

中华全国律师协会和各地律师协会，通过推进各级协会内部机构建设、整合资源、为律师资源稀缺地区探索公益服务品牌项目引导律师服务困难群体，积极开展公益法律服务，组织开展面向基层群众与弱势群体的涵盖法律、民生的综合服务。

这份律师行业报告，全方位、多角度地梳理了我国律师参与社会活动的成果，体现了律师是一个情系人民、关心大局、勇担责任、富有爱心的职业群体。他们为中央政治决策、立法政策制定建言献策，为规范行政权力、提高行政决策质量发挥智囊团作用。同时利用身份特点，成为政府与人民沟通的舆情窗口，律师为维护社会正义、促进法治社会建设作出了不可替代的贡献。

此外，这份报告的发布作为阶段性行业总结，既是对律师从业者提高职业荣誉感、认同感的鼓舞，同时，它也像一份行业名片，使社会大众更加全面地了解律师行业，认识律师价值。

2014 年

1. 司法部批准沪粤两地律师业开放试点

2014 年 1 月 27 日，司法部作出批复，批准同意了上海市司法局提出的《关于在中国（上海）自由贸易试验区探索密切中外律师事务所业务合作方式和机制试点工作方案》和广东省司法厅提出的《关于在广东省开展内地律师事务所与港澳律师事务所合伙联营试点的工作方案》《关于在广东省开展内地律师事务向香港律师事务所驻粤代表机构派驻内地律师担任内地法律顾问试点工作方案》，我国律师业对外开放迈出新步伐。

司法部党组成员、副部长赵大程指出，这三项试点工作的批准启动，是司法部贯彻落实党的十八届三中全会精神，适应全面深化改革要求，按照积极、稳妥、渐进原则逐步扩大我国法律服务业对外开放水平的实际行动，是贯彻落实国务院批准的《中国（上海）自由贸易试验区总体方案》提出的探索密切中外律师事务所业务合作方式以及 CEPA（Closer Economic Partnership Arrangement）补充协议八、补充协议十提出的密切内地与港澳律师业交流合作的具体措施，标志着我国法律服务业对外开放进入新的阶段。

这三项新的开放措施，有助于拓展中外律师事务所以及我国内地与港澳地区律师业开展业务合作的渠道，提升合作水平，通过资源整合、优势互补、密切合作，更好地面向客户提供跨境法律服务。同时，有利于中国与外国律师事务所、我国内地与港澳地区律师事务所之间相互学习借鉴，共同提升律师服务专业水准和国际业务竞争能力，更好地服务我国对外开放。

2. 中华全国律师协会与《法制日报》联合推出"中国律师故事"专栏

2014 年 2 月 18 日，中华全国律师协会与《法制日报》联合推出的"中国律师故事"专栏正式见报。

截至 2013 年年底，我国执业律师已达 25.24 万多人，律师工作已经覆盖我国经济、政治、社会、文化、生态文明建设以及对外开放的各个领域，律师行业在服务全面建成小康社会、推进平安中国、法治中国建设中发挥着越来越重要的作用。

为充分发挥专栏的社会效应，将其打造成具有长效影响力的品牌栏目，中华全国律师协会与《法制日报》报社拟于年内分期分批对优秀律师的典型事迹进行正面宣传报道。

据时任中华全国律师协会会长王俊峰介绍，此次开设"中国律师故事"专栏就是要集中宣传律师在推进法治中国建设中的作用，全方位、多角度地报道我国律师服务国家经济社会建设，服务保障和改善民生，维护社会和谐稳定，促进社会公平正义，为实现伟大中国梦贡献自己力量的感人故事。

"中国律师故事"专栏首期发表了《我国律师发挥职能作用助推法治中国建设》的综合消息，全面报道了律师行业在推进法治中国建设中所发挥的重要作用，展示了我国律师行业近年来所取得的突出成就。同期推出了第一个律师故事——《蒋勇：一个律师的"无讼"追求》，介绍了天同律师事务所的主任合伙人蒋勇的从业故事。

据不完全统计，专栏自推出以来，百余家新闻媒体累计跟进转发数千次，还通过网络论坛建立话吧，通过微博、微信等新媒体平台予以广泛转发和交流。其中包括哪里需要法律援助哪里去的马兰、推动酒驾入刑的施杰、守护西藏农牧民权益的央金、为民维权不惜抵押办公楼的修保、法律意见助雪龙号解困的上海律师蔡存强及陈柚牧、中国"双反"领域领军律师宁宣凤、做国家利益背后无名英雄的皮剑龙、当好政府法律参谋的耿宝建等。

"中国律师故事"专栏全方位、多角度地生动展现出我国律师在服务国家经济社会发展，推进依法治国进程等方面作出的不懈努力和积极贡献，树立起律师队伍讲求政治、精通法律、恪守诚信、热心公益、努力开拓律师事业的社会形象。

3. 北京市律师协会组织律师义务服务马航失联事件

2014年3月8日，北京时间凌晨2时40分，马来西亚航空公司航班号为MH370的波音777-200飞机与管制中心失去联系，机上239人下落不明，其中包括154名中国人。

2014年3月9日，由国际法、保险法等相关专业的律师连夜商讨得出的马航失联事件应急法律建议书被送到北京市人民政府。随后，北京市律师协会成立应急法律咨询小组，指派律师担任马航客机失联应急指挥部法律顾问，成立"马航失联事件法律诉讼律师团"，代表乘客家属与马来西亚航空公司就航空公司责任赔偿方案进行谈判；并组建支持团队，负责证据收集和相关法律研究等基础性工作。

时任北京市律师协会副秘书长陈强在接受《法制日报》采访时介绍道："需要法律服务的当事人一直在增加，法律咨询服务团从最初的 12 名律师增加到 64 名，专业几乎覆盖所有与马航事件相关的法律服务领域"，"服务团分为 5 个工作小组，分别进驻乘客家属入住的 5 家酒店，开启 24 小时咨询服务"，"律师团成员都是北京市律师协会各专业委员会主任级别的律师，平时工作都非常忙，却无一请辞，有的甚至放下手头工作，专程从外地赶来"。

面对突发事件，北京市律师协会积极组织律师主动作为，想群众之所想、急政府之所急，为乘客家属解难，为政府分忧，及时提交了《关于马航客机失联事件涉及有关法律问题的参考意见》等法律意见书，协助相关部门草拟《马航 MH370 失联事件电信善后工作意见》；集中就乘客家属反映的各类问题举办讲座；建立"MH370 全国乘客家属后续保障平台"和"马航事件北京乘客家属服务保障平台"等，领导律师将执业活动与维护社会稳定、保障人民群众合法权益有机结合起来，其积极作用得到了社会各界的褒扬。

在此事件的应急处理过程中，律师团体发挥了重要的积极作用，得到了司法部、北京市领导的充分肯定。2015 年年初，北京市司法局和北京市律师协会共同召开了北京律师公益法律服务工作经验交流会，会上表彰了 100 名优秀公益服务律师。

律师团队在马航失联事件中发挥的重要作用让我们看到，在政府应急管理工作的各阶段中，律师基于其职业特性，能够更高质、高效地运用行业规则对专业领域的问题进行宏观把握和理性分析，对于平衡各方利益，解决纠纷具有一定的优势。只有建立健全我国的律师应急管理服务机制，才能将律师应急服务的功能最大化，才能更好地发挥律师优势，妥善处理突发事件，维护社会稳定。

4. 中国首次实现律师法律服务县域全覆盖

2014 年 6 月初，全国 174 个无律师县结束了没有执业律师的现状，是新中国历史上第一次实现律师法律服务县域全覆盖。

自 2013 年 8 月以来，司法部多次召集律师公证工作指导司和中华全国律师协会调研论证，采取财政支持、"1+1"法律援助等多项措施，终于在一年之内全部解决 174 个县无执业律师的问题。

174 个无律师县主要集中在西部经济欠发达地区，其中西部 12 个省（区）和新疆生产建设兵团占比超过 85%。根据这一特点，司法部、中华全国律师协会针对无律师县的不同地域特点分别采取了不同的措施，具体包括组织安排规模较大、社会形象好的律师事务所，特别是全国优秀律师事务所到没有律师事务所的县（市、区）设立分所；指导没有律师的县（市、区）的司法行政机关积极创造条件组建国资律师事务所，对国资律师事务所给予财政支持；选派优秀律师到有律师事务所但没有律师的县（市、区）和律师资源严重不足的县（市、区）志愿执业；开展"1+1"法律援助志愿者行动和"同心·律师服务团"活动，优先选派法律援助志愿者律师到没有律师和律师资源严重不足的地区服务等。

以河北省为例，2013 年 11 月 6 日，河北省沧州市孟村回族自治县启动"善行河北·律师公益行——法暖孟村"活动。活动中，孟村县政府与河北东方伟业（孟村）律师事务所签订了法律服务意向书，就律师服务县政府依法决策、依法行政达成初步意向；部分企业与河北言公律师事务所签订了法律服务意向书，就律师服务企业依法经营、依法管理等明确了基本框架；新成立的两家律师事务所还与部分农村地区签订了结对帮扶协议，为其提供义务咨询等法律服务。

河北东方伟业（孟村）律师事务所、河北言公律师事务所揭牌成立，标志着河北省实现了县域律师法律服务的全覆盖。同时，此次活动围绕服务县域中心工作，组织沧州市、孟村县律师以开展律师服务进机关、进企业、进乡村等"三进"活动为载体，搭建律师服务平台，活跃法律服务市场，促使律师在服务经济社会发展、维护和保障民生、提升法律服务水平等方面有更大作为。

相较于河北等省份，青海、西藏两地区具有地域上的和经济社会发展的特殊性。司法部和中华全国律师协会从北京、上海、江苏、浙江、福建、山东、广东和青海西宁市选拔了50名志愿律师，赴青海14个无律师县、西藏26个无律师县开展志愿法律服务。

2013年12月30日，关于赴青海省、西藏自治区无律师县志愿律师派遣工作会议在北京召开。司法部相关领导，青海省司法厅副厅长，西藏司法厅法律援助处处长、各省律师协会秘书长以及34名援助律师参加会议。

司法部相关领导在会议上发言，希望广大志愿律师怀着对边疆少数民族地区群众的深厚感情，认真践行党的群众路线，满腔热情地做好服务群众工作，把党和政府的温暖和关爱带给当地群众。志愿律师到青海、西藏工作很辛苦，全国律协和派出地、受援地司法行政机关和律师协会对他们要真情关心、真心爱护，为他们的工作和生活提供条件，加强人文关怀，帮助解决生活中的实际困难和问题，解除后顾之忧，使他们能够全身心地投入工作。

山东青大泽汇律师事务所副主任刘鹏燕律师在报名援藏之初，遭到了家人和朋友的反对，但她说："作为一名律师，我深知肩上担负的社会责任。法律援助西藏无律师县这个事情，司法部既然定了，总得有人去做，即使我不去，我的其他同行也要去的。"

虽然出发之前做好了充足的准备，但是一到服务地——西藏昌都地区察雅县，刘鹏燕还是出现了严重的高原反应，头晕、头疼、失眠，甚至多说几句话都会半天喘不上气，嘴唇干裂黑紫，鼻子里天天结痂，流鼻血。刘鹏燕在逐步适应高原反应的同时，开始在察雅县开展法律宣传、法律援助工作。"一次在察雅县吉塘镇卡仁乡举办法律知识讲座，前来听讲的群众给我留下了深刻的印象，偶尔讲台的周围还会围不少人，他们三三两两地过来，问些小问题，然后要宣传资料，显得很好奇，也很羞涩，那种纯朴很让人感动。我抓住他们问问题的机会，尽量使自己的回答通俗易懂。看着他们点头努力理解的样子，我知道察雅县人民对陌生的法律很感兴趣。"

以刘鹏燕为代表的广大深入县区的律师，克服了种种困难，心怀崇高的使命感，丝毫不敢懈怠，以满腔热忱投入服务当地群众的法律援助工作中。这不仅大大增强了当地民众的法律意识，更加体现出律师群体在实现"法治梦"进程中发挥出的重要积极作用。

5.中华全国律师协会出台《律师职业道德基本准则》

2014 年 6 月，中华全国律师协会制定下发《律师职业道德基本准则》，进一步加强了律师职业道德建设。该准则共分 6 条，主要内容包括：

一是忠诚。律师应当坚定中国特色社会主义理想信念，坚持中国特色社会主义律师制度的本质属性，拥护党的领导，拥护社会主义制度，自觉维护宪法和法律尊严。

二是为民。律师应当始终把执业为民作为根本宗旨，全心全意为人民群众服务，通过执业活动努力维护人民群众的根本利益，维护公民、法人和其他组织的合法权益。认真履行法律援助义务，积极参加社会公益活动，自觉承担社会责任。

三是法治。律师应当坚定法治信仰，牢固树立法治意识，模范遵守宪法和法律，切实维护宪法和法律尊严。在执业中坚持以事实为根据，以法律为准绳，严格依法履责，尊重司法权威，遵守诉讼规则和法庭纪律，与司法人员建立良性互动关系，维护法律正确实施，促进司法公正。

四是正义。律师应当把维护公平正义作为核心价值追求，为当事人提供勤勉尽责、优质高效的法律服务，努力维护当事人合法权益。引导当事人依法理性维权，维护社会大局稳定。依法充分履行辩护或代理职责，促进案件依法、公正解决。

五是诚信。律师应当牢固树立诚信意识，自觉遵守执业行为规范，在执业中恪尽职守、诚实守信、勤勉尽责、严格自律。积极履行合同约定义务和法定义务，维护委托人合法权益，保守在执业活动中知悉的国家机密、商业秘密和个人隐私。

六是敬业。律师应当热爱律师职业，珍惜律师荣誉，树立正确的执业理念，不断提高专业素质和执业水平，注重陶冶个人品行和道德情操，忠于职守，爱岗敬业，尊重同行，维护律师的个人声誉和律师行业形象。

时任中华全国律师协会会长王俊峰在接受《法制日报》记者采访时说："职业道德建设是律师队伍建设的重大问题，事关律师队伍的健康发展，事关律师工作的质量和生命。党的十八届三中全会对进一步完善律师制度作出了重大部署，明确提出要加强职业道德建设，发挥律师在维护公民和法人合法权益方面的重要作用。"

早在 1990 年，司法部就颁发了《律师十要十不准》，对律师的职业道德作出了原则性规范。1993 年司法部颁发了《律师职业道德和执业纪律规范》。2007 年第十届全国人大常委会修订了《律师法》，并于 2012 年再次修订，对律师职业道德有了更明确的规定。即便如此，我国对于律师职业道德相关法律规定的实践仍然需要不断提升。

《律师职业道德基本准则》出台后，中华全国律师协会和各地律师协会均表示将采取有效措施，确保意见和准则的各项规定落到实处，尤其是要建立律师不良执业披露机制。同时，加强教育培训，加强制度和行规建设，加强监督管理，加强考核奖惩工作，努力在全行业形成守德光荣、失信可耻的良好风尚。

市场经济不仅是法治经济，也是诚信经济，律师如果不讲诚信，不恪守律师职业道德，终将背离法治建设的轨道，这对高速发展中的律师业无异于自毁长城，完善律师职业道德规范是具有重要意义和价值的。另外，从形式上看，中国目前的律师职业道德规范的渊源一是法律、部门规章等法律规范形式，二是律师协会制定的行业规范。健全行业自律制度无疑是律师管理"两结合"体制的实践，体现着律师的自我管理，与司法行政机关的管理形成了宏观上的权限划分和微观上的操作结合，有助于律师行业的可持续发展。

6. 北京成立 APEC 会议法律服务团

2014 年 9 月 15 日，北京市司法行政系统召开表彰暨国庆、APEC 会议安保动员大会。会议宣布，服务保障 APEC 会议法律服务团成立。

2014 年 11 月，举世瞩目的 APEC 会议第 22 次领导人非正式会议在北京举行。为了给 APEC 会议召开营造稳定和谐的社会环境，北京市司法局专门组建了服务保障 APEC 会议法律服务团。

法律服务团由北京市律师协会 7 个相关专业委员会及 15 家律师事务所、25 家公证处、6 家司法鉴定机构、7 名人民调解员共同组成，法律服务团由时任北京市律师协会会长的张学兵亲任团长，律师协会多个专业委员会和多家律师事务所共同加入，聚集了首都司法行政系统法律服务精干力量。

APEC 会议召开前，法律服务团成员到会场周边的雁栖镇、怀北镇巡回开展专项法律服务。通过宣讲、咨询、调解等形式化解一批矛盾纠纷。同时，律师行业以"法律服务村居行"为平台，组织全部结对律师深入村居通过现场讲法，答疑释法。公证行业通过公证法律咨询，解答法律问题，办理具体公证事项，化解矛盾纠纷。司法鉴定行业将依法依规做好司法鉴定委托业务，有针对性地向群众提供服务。人民调解组织将抽调全市"调解能手"和"优秀调解组织"支持指导当地调解组织开展矛盾纠纷排查和化解工作，确保会址等重点工程涉及的矛盾纠纷能够得到专门、专业、专人的人民调解服务。截至 11 月 5 日，全市共排查纠纷 8154 件，预防纠纷 4571 件，防止矛盾纠纷激化 146 件，调解各类案件 32 773 件。[①]

北京金诚同达律师事务所作为律师行业的代表，荣获 APEC 会议友情赞助单位资格，被指定提供与会议相关的法律服务。北京金诚同达律师事务所律师联合组成专门执行团队，全面负责与 APEC 会议对接的各项法律服务，并围绕 APEC 会议商标知识产权保护、日常采购协议、各类合同的审查等相关法律问题提供专项法律服务。

自会议筹备以来，律师团队以其专业化的技能提供了全方位的法律服务，不仅为此次大型盛会的顺利进行保驾护航；同时向各国展示了中国律师的风采，为扩大和提升我国律师行业品牌影响力起到了积极的促进作用；并且推动了中国律师业务技能的进步，促使其逐步与世界接轨。

---

① "39 名律师全天候服务 APEC"，载 http://www.kaoyanedu.net/article.php?id=1327，最后访问日期：2016 年 5 月 9 日。

7.《国务院、中央军委关于进一步加强军人军属法律援助工作的意见》印发

2014年9月7日,《国务院、中央军委关于进一步加强军人军属法律援助工作的意见》印发。

党的十八大和十八届三中全会对加快推进国防和军队现代化作出战略部署,强调紧紧围绕党在新形势下的强军目标推进各项改革任务;对推进法治中国建设作出改革部署,强调健全国家司法救助制度,完善法律援助制度。在此背景下,国务院和中央军委最大限度地从维护国防利益和军人军属合法权益出发,联合印发该意见。

该意见从"加强军人军属法律援助工作的重要性和总体要求""进一步扩大军人军属法律援助覆盖面""加强军人军属法律援助工作机制""积极提供政策支持和相关保障""切实加强组织领导"五个方面提出了具体的工作要求,共十五点。

该意见强调,要把军人军属作为重点援助对象,对军人军属申请法律援助的案件,经济困难条件应适当放宽,并逐步将民生领域与军人军属权益密切相关的事项纳入法律援助范围。开展多种形式法律援助服务,积极帮助解决军人军属日常工作、生产生活中发生的矛盾纠纷,为他们排忧解难。完善案件指派工作,提高案件办理专业化水平。健全办案质量监督机制,督促法律援助机构和人员依法履行职责,提高办案质量,确保军人军属获得优质高效的法律援助。健全军人军属法律援助工作机制,拓宽申请渠道,优化办理程序。完善政策措施,让更多的军人军属受益受惠,努力实现应援尽援。加强经费保障,将军人军属法律援助经费纳入财政保障范围,并根据经济社会发展水平逐步加大经费投入。

该意见的颁布,为当前和今后一个时期军人军属的法律援助工作提供了重要的政策依据。各地也相继出台了符合地

方实际情况的实施办法。

以宁夏为例，2015 年年初，宁夏军区联合自治区司法、民政等部门，制定出台《关于进一步加强军人军属法律援助工作的意见》，督导驻军单位会同地方司法行政等部门共同建立军人军属法律援助站。法律援助站对义务兵、供给制学员及军属，执行作战、重大非战争军事行动任务的军人及军属，烈士、因公牺牲军人、病故军人的遗属等免予经济困难条件审查。同时，在《法律援助条例》规定事项范围的基础上，将民生领域与军人军属权益密切相关的事项纳入法律援助范围。

宁夏法律援助站建立后，开通 24 小时法律咨询专线，开展流动服务和网上申请、受理，对伤病残等有特殊困难的军人军属实行电话申请、上门受理等便利服务。对受理的法律援助简化审查程序，紧急情况下可先行受理，事后补办手续。各级政府部门还将军人军属法律援助工作纳入地方经济社会发展的总体规划，纳入双拥共建的活动范畴，纳入社会治理和平安宁夏建设考评体系，并逐步加大经费投入力度，取得了非常好的成效。

该意见是维护军人军属合法权益的创新举措，有利于军政军民团结和社会和谐稳定。军事职业风险高、责任重，大多条件比较艰苦，理应得到全社会的关心支持。再者，解决官兵的后顾之忧，广大官兵才能将全部心思和精力聚焦到能打仗、打胜仗上来，坚决履行好肩负的职责使命。

8. 律师献礼我国首个国家宪法日

十二届全国人大常委会第十一次会议审议通过了关于设定国家宪法日的决定，2014 年 12 月 4 日，是我国首个国家宪法日。

1982 年 12 月 4 日，新中国第四部宪法在第五届全国人民代表大会第五次会议上通过，2001 年，中共中央、国务院决定将我国现行宪法实施日作为每年的全国法制宣传日；党的十八届四中全会提出将 12 月 4 日定为国家宪法日；十二届全国人大常委会第十一次会议通过了这一决议。

随着时代进步，信仰法律正成为中国人团结奋进，实现中华民族伟大复兴的精神纽带。在各地举行丰富多样的宪法宣传活动的同时，中国律师怀着团结众人向宪法宣誓的满腔热情，策划制作了第一部法律人文主义微电影——《信仰》。

影片故事主人公是年轻律师何兴华。因为一个客户意外的脑瘫事件，引发了他重新审视自己的职业。他开始反思与质问，法律最大的价值是什么。一个法官的话点醒了他，在追求正义的这条道路上，真正能够陪伴、支撑人们走完这条路的是对法律精神的信仰。何兴华开始了他的宣讲之路，组建了法律史上第一支信仰法律—律师演说团，他要用亲身经历去唤醒所有人，这份可擎天撼地的永恒信仰。

2015 年 12 月 4 日，由法商慧倾力打造，由著名作家海剑担任总顾问，由中国律师何俊锋担任总策划、制片人，并本色出演，由"90"后新锐导演何云云精心制作，中国首部以法律"信仰"为主题的国家宪法日献礼微电影《信仰》上映，得到了广大观众的肯定。

作为列席十二届全国人大常委会第十一次会议的全国人大代表，北京市天达律师事务所主任李大进在接受正义网采访时说："宪法日的设定有助于增强全社会的宪法意识，弘扬宪法精神，加强宪法实施，全面推进依法治国，大家对宪法日有着很深的期待。"他非常赞同国家公职人员宪法宣誓制度，他认为，通过仪式化的程序能强化宪法权威，让国家工作人员对宪法、法律产生敬畏并将之内化为道德约束和法律约束，从而起到好的示范作用，引领全社会尊崇宪法。最后，李大进表达了他对宪法日的期待："我希望大家能够对宪法日有很好的认知，公民、法人要从内心对宪法产生敬畏、产生信仰。在每个宪法日，所有的公民能够在内容丰富的教育活动中感受宪法，唤起护法、尊法、守法的意识，所以，宪法日活动要充分接地气。"他反复强调，宪法日活动不要流于形式，要赋予其深刻的内容，并以具体行动不断赋予宪法日新含义。

国家宪法日不能仅成为一个庆祝的日子，而应真正成为全社会学习宪法、普及宪法、崇尚宪法和弘扬宪法的契机。律师作为专业的职业团体，理应起到模范带头作用，带领人民群众将宪法内化为信仰，使人民群众发自内心地拥护信仰，让宪法精神长留于心。

9. 最高人民检察院首次针对律师举办开放日活动

2014 年 12 月 8 日，最高人民检察院首次针对律师举办开放日活动，34 名来自中华全国律师协会和 27 个省（区、市）律师协会的律师代表走进最高人民检察院，参加检察开放日活动。

在最高人民检察院工作人员的引领下，律师代表们分为两组，参观了最高人民检察院检委会会议室、案件管理中心、"12309"举报电话办公现场、行贿犯罪档案查询管理中心以及检察史陈列室。

在检委会会议室，律师代表坐上大检察官的座位，了解检委会的主要职责，并通过椭圆形桌子上的按钮，模拟行使了一把检察表决权。重庆市律师协会会长韩德云坦言：原来想象，检委会开会可能是采取举手表决的方式，借助科技，采取按键的方式表决，程序化、制度化，能够保障每个委员都能独立发表意见，委员的投票表决权得到了尊重。

在案件管理中心，工作人员介绍说，中心有两大职能，一个是对案件进行集中管理，通过信息化平台，案件从录入到办结全部网上流转、办理，实现了事前、事中、事后的全方位监督；另一个是统一接待诉讼代理人，方便代理人查询案件信息。目前，全国 3600 多家检察院绝大多数成立了案件管理中心。

在"12309"举报电话办公现场，6 名工作人员正在紧张地录入举报信息。"12309"举报电话开通 5 年来，已经受理电话举报近 40 万件。最高人民检察院还开通了"12309"举报网站，至今接受网络举报 80 多万件。对于这些举报，最高人民检察院做到件件有回复。

在行贿犯罪档案查询管理中心，工作人员介绍说，检察机关将人民法院生效判决书、裁定书认定的贿赂犯罪全部搜集录入行贿犯罪档案库。截至 2014 年年底，行贿犯罪档案库查询量达 371 万次，有关单位根据查询结果对 3000 多家单位和 4700 名个人进行了处置。时任山东省律师协会会长苏波说："当前，我国对受贿罪制约比较多，但对行贿打击力度不够，通过建立行贿黑名单，可以弥补这方面的不足，对行贿行为产生震慑。"

12 月 10 日下午 4 时，听取律师们对检察工作意见建议的座谈开始，时任最高人民检察院检察长曹建明，副检察长孙谦、柯汉民、李如林及最高人民检察院各内设机构负责人与律师们围坐一堂。

柯汉民首先向与会人士介绍了最高人民检察院在保障律师权利、维护司法公正方面采取的新举措。在接下来的三个小时里，律师们敞开心扉，提出了大量的意见和建议。

例如，很多律师提出了会见难、阅卷难、调查取证难等律师执业中的工作难题。北京市律师协会原会长李大进直言不讳，"保障得还不够给力，律师在刑事执业中，特别是在办理检察院自侦案件时，遇到的困难还很多，问题有待进一步解决"。广东省律师协会会长欧永良说，刑事诉讼法规定只有特别重大贿赂案件等三类案件会见需要许可，但有的地方扩大了需要许可的案件范围。湖南省律师协会会长李德文指出："检察院十分重视解决'三难'问题，也出台了相关保障规定，但一些基层在落实时却打了折扣，很大一部分原因是一些规定内容的操作性欠佳。"

对此，最高人民检察院有关负责人回应说，将要求各级检察机关严格依法办事，对律师控告检察官阻碍会见、阅卷的，检察院都要书面答复。一经查实，情节轻微的，提出纠正意见；情节严重的，纠正后给予当事人纪律处分，记入司法档案。

一些检察官和律师还指出：当前，个别检察人员不清楚与律师交往的界限，为律师找关系、打招呼，打听案情通风报信，甚至搞权钱交易，不仅影响了诉讼活动，影响司法公正，还损害了检察机关和律师行业的公信力。

"律师和检察官在工作中接触频繁，一名检察官是否优秀，律师最有发言权，应该引入律师评议机制，让律师给检察官是否称职打分。"陕西省律师协会会长赵黎明建议。

座谈最后，曹建明做了总结发言。律师代表们普遍表示："首席大检察官与我们面对面，开诚布公地进行交流，让我们对构建新型、健康、良性互动的检律关系充满了希望。"

检察官和律师由于分工不同，在法庭上往往持有完全不同的诉讼主张。以前，双方交流少，不理解甚至还有些对立情绪。检察院通过针对律师的开放日活动，拉近了彼此之间的距离，增进了互信，也充分认识到，大家虽然职能不同，但维护社会公平正义的目标是一致的，改善并建立良好的关系，有助于共同的"法治梦"尽快实现。

"党的十八届四中全会以来，全国律协、各地律协和法院、检察院积极开展互动，对如何加强专业合作进行了很多探讨。"中华全国律师协会会长王俊峰接受《法制日报》记者采访时说，律师和检察官的专业合作，有助于推进法治建设，律师协会也将积极提高广大律师的综合专业能力，服务法治社会建设。

2015 年

1. 保障律师执业权利研讨会召开

2015 年 1 月 18 日，中国法学会律师法学研究会关于保障律师执业权利的研讨会在中国人民大学举行，此次研讨会旨在深入学习《最高人民检察院关于依法保障律师执业权利的规定》。

时任中国人民大学律师学院执行院长、中国法学会律师法学研究会副会长刘瑞起，中国人民大学律师学院院长助理、中国法学会律师法学研究会副秘书长周洁出席本次会议，会议由中国人民大学法学院副教授、中国法学会律师法学研究会理事李奋飞主持。

与会的高校学者，司法机关工作人员、侦查人员以及一线律师，针对此次最高人民检察院通过的规定进行了热情的研讨，论题涉及律师在法律职业共同体中的地位和作用、党的十八届四中全会后该规定的作用和意义、新举措与新变化、律师如何适用该规定保护自己的执业权利等。

近年来，随着三大诉讼法和《律师法》的修改实施、律师执业权利的内容及其保障日趋完善，但还有若干不尽如人意之处。例如，在刑事诉讼中，检察机关非法剥夺律师会见权、阅卷权、辩护权的报道层出不穷。

为了使司法工作人员、侦查人员更好地认识律师在诉讼活动中的地位和作用，进一步保障律师的执业权利，该规定首先对律师在诉讼活动中的地位和作用进行了界定，即"律师是中国特色社会主义法律工作者，也是社会主义法治队伍的重要组成部分"。随后，该规定为律师行使知情权、陈述权、辩护辩论权、申请权、申诉权等基本执业权利作出了详尽规定,[①]使律师执业获得更多的、更为细致的规则指引与制度保障。

该规定的出台是我国法治进步的重大体现。然而,唯有纸面上的规定是远远不够的,此次保障律师执业权利研讨会的胜利召开,为该规定的生根发芽奠定了基础。通过此次研讨会,律师法学研究得以继续繁荣,法律职业共同体的建设、律师在法治中国中的作用等议题也引起了社会公众的广泛关注。

2. "大成 Dentons" 成全球第一大律师事务所

2015 年 1 月 22 日,我国内地最大的法律企业大成律师事务所与 Dentons 国际律师事务所洽谈合作,并形成了双方一致认同的协议内容。业内人士指出,大成律师事务所和 Dentons 的 "联姻",将催生出全球最大律师事务所。

大成律师事务所约有 4000 名律师,遍布国内绝大多数地区。Dentons 以破产和并购案件闻名,其于 2013 年,由加拿大 Fraser Milner Casgrain LLP、法国 Salans 和英国 SNR Denton 三家律师事务所合并形成。因此,大成律师事务所与 Dentons 的结合会使得整个律师事务集团的旗下律师超过 6500 名,分支将遍布 50 多个国家。

据悉,此次大成律师事务所与 Dentons 国际律师事务所并非合并关系,因此并不涉及股权结构及财务报表合并。二者的合作模式为:签订长期合作协议后,主要为跨境并购案件提供服务,大成律师事务所负责国内部分,Dentons 负责国外。此次签订的合作协议也有有效期限制,并非永久合作。

大成律师事务所创始人彭雪峰指出,此次合并将最佳业务实践整合为一个全球性的业务组合,在体现律师事务所多

---

① 参见吴孟栓、李昊昕、王佳:"《关于依法保障律师执业权利的规定》解读",载《人民检察》2015 年第 3 期,第 25~26 页。

元化地域覆盖的同时，加强了业务能力和扩大了业务领域，使双方业务版图在深度和广度上均处于行业领先地位。今后双方将发挥各自优势、吸取有益的管理经验，共同迈入国际化强所。

大成 Dentons 全球主席约瑟夫·安德鲁表示，2015 年以来，律师事务所已经在美国、匈牙利、意大利等地吸收新律师 400 名，近期还将在澳洲、新加坡与当地律师事务所展开合作，"要把世界各地的人才争取过来，不是做中国、环太平洋、全球最大的律师事务所，而是要做无论在什么地方都是世界领先的律师事务所"[1]。

随着国内外经济合作的日益增多，跨境法律服务的需求也持续增加。大成律师事务所与 Dentons 的"联姻"模式是在经济全球化的大背景下，在我国法律框架内，阶段性地解决律师不能跨境交叉执业这一难题，是中外律师事务所合作共赢的成功探索。

3. 2015 年律师行业发展报告出炉

2015 年 4 月 8 日，司法部发布数据称，截至 2014 年年底，全国共有执业律师 27.1 万多人，其中，专职律师 24.4 万多人，兼职律师 1 万多人，公职律师 6800 多人，公司律师 2300 多人，法律援助律师 5900 多人。

据中国经济网记者了解，河北、上海、江苏、浙江、山东、河南、湖南、广东和四川等省市的律师人数均已超过万人。目前，全国律师担任各级人大代表 1445 人，担任各级政协委员 4033 人，律师党员 7.4 万多人。

截至 2014 年年底，全国律师办理各类诉讼案件 283 万多件，担任法律顾问 50 万多家，其中政府法律顾问 3.9 万多家，

---

[1] 杜燕："中外'联姻'大成合并 Dentons 成全球最大律所"，载 http://www.bj.chinanews.com/news/2015/1111/ 48641.html，最后访问日期：2016 年 4 月 20 日。

企业法律顾问 37 万多家，事业单位法律顾问 3.5 万多家，社团法律顾问 1.8 万多家，公民法律顾问 1.4 万多人，其他机构 2.9 万家，承办法律援助案件 36 万多件。

目前，全国共有律师事务所 2.2 万多家。其中，合伙所 1.53 万多家，国资所 1400 多家，个人所 5300 多家。来自 21 个国家和地区的 265 家律师事务所在中国（内地、大陆）设立了 330 家代表机构。截至 2014 年年底，全国共设有公证机构 3006 家，全国公证员人数 12 960 人。全国公证机构共办理各类公证事项 1221 万多件，其中国内公证 839 万多件，涉外公证 359 万多件，涉我国港澳地区公证 11 万多件，涉我国台湾地区公证 11 万多件。我国公证文书发往 180 多个国家和地区使用。[①]

随着社会经济的发展、法治的进步，我国律师人数以及律师事务所数量逐年稳步攀升，律师在社会生活、经济生活、政治生活中发挥的作用越来越大。律师业的迅速发展，有助于弥补群众法律意识的不足，为人们在日趋复杂的社会活动中保驾护航。

4. 天价环境公益诉讼案再审审查

2015 年 5 月 18 日，最高人民法院组成 5 人合议庭对轰动全国的泰州环境公益诉讼案进行再审审查。这起时间跨度已达 3 年，从中级人民法院一直打到最高人民法院的废酸倾倒案，引起众多媒体与专家学者的广泛关注。

一起普通的非法倾倒危险废物污染环境案件，缘何引发了如此轩然大波？由于泰州市环保联合会对 6 家排放危险废物的源头企业提出了公益诉讼并提出了 1.6 亿元的污染损害赔

① 李万祥：《司法部发布数据：全国律师队伍发展到 27.1 万人》，载 http://www.ce.cn/xwzx/gnsz/gdxw/201504/08/t20150408_5051733.shtml，最后访问日期 2016 年 4 月 29 日。

偿额，因此该案件被贴上了"天价环境公益诉讼案"的标签。我们不能仅把注意力集中在这些表象上，更要看到我国公益诉讼法律框架的不完善，各个法律职业群体都应为公益诉讼制度的完善贡献自己的智慧和力量，律师自不例外。

案件要从几年前说起，2012年1月至2013年2月，江苏省泰兴市常隆公司、锦汇公司等6家在泰兴市经济开发区内从事化工产品生产的企业，将生产过程中产生的副产盐酸、硫酸总计2.6万吨，以每吨1元的价格"出售"给江中贸易公司等4家单位，同时又给江中贸易公司以每吨20~100元不等的运输费补贴。

在当时，这些副产酸根本就没有销路，而江中贸易公司原本也没准备销售，而是早就想好了"处理"的歪主意。没有危险废物处理资质与能力的江中贸易公司用槽罐车将废酸从企业运到码头后，用管子将酸液注入停泊在河边的危险品运输船里，再经由做了手脚的运输船将废酸偷排到如泰运河、古马干河，然后流入长江，从而导致水体严重污染。

劣行曝光后，泰兴市环境监察人员深入调查，会同当地公安部门抓获了10余名犯罪嫌疑人。通过审讯和进一步调查，涉事企业与江中贸易公司违法处置副产酸的猫腻最终大白于天下。

针对环境类案件往往牵涉刑事、渎职、民事等情况，本案也不例外。前两项责任的落实，进展得相对顺利。对于民事责任的归责，泰州市环保局和人民检察院经反复考虑权衡，最终决定不与企业谈判，而是提起诉讼走司法途径。

根据自2013年1月1日起施行的《民事诉讼法》第55条规定，对污染环境、侵害众多消费者合法权益等损害社会公共利益的行为，法律规定的机关和有关组织可以向人民法院提起诉讼。经过一番酝酿，2014年2月25日，泰州市环保联合会经批准正式成立，至此本案民事诉讼的原告正式确立，同时也揭开了各个法律职业群体对公益诉讼制度的探索。

泰州市环保联合会依法登记成立、依法提起公益诉讼，被法院受理并索赔成功。本案中环保组织胜诉，也势必会增强其他环保组织提起环境公益诉讼的信心。

本案的一审、二审中，泰州市中级人民法院和江苏省高级人民法院的法官不仅展示了对法律的严谨态度，而且表现出较高的环保理念和社会责任。一审、二审判决不仅支持了环保组织，同时也通过教育增强了企业的环境守法意识。

泰州市和江苏省两级检察院作为支持起诉人，分别在一审、二审出庭，旗帜鲜明地发表了意见，明确支持环保组织维护环境公益。这不仅是对环保组织的有力支援，也是对违法企业的特殊震慑，传达了非常积极的环保正能量。律师作为同样享有专业法律意识的群体，在本案的审理中也发挥着重要作用。

这起反响强烈的环境公益诉讼，也应引起律师界的思考。对于律师个人而言，需要考虑在缺乏法律具体规定的情况下，如何维护己方当事人的利益，如何指引当事人在法律框架内的行为等问题；对于整个律师行业而言，需要进一步细化律师的专业分工。面对环境法律问题日趋严重的挑战，专业律师群体亟待形成。据悉，中国著名环境法学专家、中国政法大学王灿发教授自 2001 年起，已和他的团队连续 5 年在全国培训了 269 名律师，建立了全国的环境律师网络。[①]

5. 法律援助为贵州杨明洗冤

2015 年 8 月 11 日，贵州省高级人民法院再审宣告杨明无罪。

1995 年 2 月 18 日，贵州省黔东南苗族侗族自治州天柱县，

---

① 参见王尚："泰州天价公益环境诉讼案之辨——访著名环境法专家、中国政法大学王灿发教授"，载《环境教育》2014 年第 10 期，第 30 页。

一具高度腐烂的女尸出现在城南门路边荷花塘的下水道口。警方通过组织辨认，确定该女子为天柱县城居民王某某。

3月28日，天柱火电厂职工杨明，因与死者具有亲密关系且其家距案发荷花塘仅百米之遥，遂被公安机关带走调查并拘留。4月12日转为收容审查，8月28日被逮捕。

随后，公安机关宣布破案。警方认定，王某某此前与嫌疑人杨明具有亲密关系，后杨明结识现任女友杨某梅，王某某得知后遂与嫌疑人杨明产生纠纷，杨明见甩不掉王某某，便产生杀人的恶念。1995年1月21日凌晨，杨明将王某某扼死在位于自家一楼的卡拉OK大厅内，后将尸体移入荷花塘下水道涵洞，予以藏匿。

1996年9月20日，贵州省黔东南州人民检察院将杨明起诉到黔东南州中级人民法院，指控杨明故意杀人。11月1日黔东南州中级人民法院以事实不清、证据不足退回州人民检察院补充侦查。据退补函记载：法院经法庭调查后认为，全部在案证据仅有杨某梅证言能够证明王某某系杨明所杀，除此之外无任何直接证据加以证明，故将案件退回补充侦查。

12月10日，在没有增加任何证据的情况下，黔东南州人民检察院重新提起公诉，12月24日开庭审理，合议庭在仅更换了一名代理审判员的情况下，于12月26日作出认定杨明故意杀人罪成立的一审判决，并对其判处死刑，缓期2年执行。

一审判决后，杨明不服，以"没有杀人，要求改判无罪"为由，将案件上诉至贵州省高级人民法院。然而，结果并未得到改变。1998年3月4日，贵州省高级人民法院作出了驳回上诉，维持原判的二审裁定。

此后，杨明被送往贵州凯里监狱服刑。据杨明及其申诉代理律师张磊讲述，自杨明被拘留直至最终再审无罪释放的20年里，其从未承认过犯罪，而且始终如一地进行申诉。杨明从狱中寄出的申诉信就多达700余封，其母亲及姐姐也在狱外坚持申诉。

杨明及其亲友的坚持最终迎来了胜利的曙光。

2013 年起，北京市同翎正函律师事务所律师张磊开始为杨明及其八十多岁的母亲周德英提供法律援助，这为生活拮据又处于危难之中的杨明家人带来了无尽的宽慰。律师对杨明案的案卷进行细致分析后发现，原审定案的证据无论是在数量还是在质量上都有着显而易见的缺陷：证人在自由受限下作出的有违常理的证言，生搬硬凑的间接证据无不令张磊律师及其同仁感到费解。

在强烈的正义感召下，张磊律师向贵州省人民检察院提交了《就二十年前贵州天柱杨明"故意杀人案"致贵州省人民检察院领导的信》，对杨明案件始末进行了详尽的介绍，同时也针对原审的纰漏与不足发表了强有力的申诉代理意见。

2014 年 10 月，贵州省人民检察院启动复查杨明故意杀人案。

2015 年 4 月 1 日，贵州省人民检察院以"生效判决书事实不清、证据不足"为由，向贵州省高级人民法院提出再审检察建议。4 月 13 日，杨明的母亲收到贵州省人民检察院的刑事申诉复查通知书，该院以"生效判决书事实不清、证据不足"为由，决定向贵州省高级人民法院提出再审检察建议。通知书显示，"本院经依法立案复查认为，该案生效判决书认定'杨明于 1995 年 1 月 21 日晚在其住房一楼的卡拉 OK 大厅将王某某扼死，并将尸体抛于距其住处附近的荷花塘下水道内隐藏'的事实不清，证据不足"。

4 月 21 日，贵州省高级人民法院作出再审决定，对杨明故意杀人案立案再审。6 月 11 日，该案开庭再审。律师张磊及出庭检察官均认为杨明故意杀人事实不清、证据不足，关键证人证言合法性、客观性不能确定，证据之间存在矛盾，另有真凶的可能性存在。

8 月 11 日，贵州省高级人民法院再审判定，杨明故意杀人的事实及理由均不能成立。原判认定被害人王某某被害时间、地点及认定系杨明杀害王某某的基本事实不清、证据不足，应当依法予以纠正，判决杨明无罪。

至此，杨明因蒙冤而承受 20 年之久的牢狱之灾结束了。看着网络上杨明向其年迈母亲磕头以及与其女儿紧扣双手的照片，不禁令人心生酸楚。但洗冤过程中的律师身影为人们心中增添了无尽的告慰。

时下中国正在进行着以审判为中心的诉讼制度改革，强调法庭对证据和事实的判断享有最终的权威，强调法庭辩论的实质性。这对于广大律师来说是前所未有的机遇。律师只要秉持着自己的正义之心，发挥着自己的专业技能，就一定能提升庭审证据认定和事实判定的质量，相应地也会减少错案形成的概率，让越来越多的人感受到社会的公平正义。

2016 年

1. 律师首次受邀走进中央政法委

2016 年 1 月 7 日，中共中央政治局委员、中央政法委书记孟建柱邀请 12 位律师代表走进中央政法委机关，共话政法工作和司法体制改革；1 月 22 日，又有 7 名律师受邀参加中央政法工作会议。中央政法工作会议邀请律师参加以及律师代表集体走进中央政法委机关专门就政法工作提意见建议，均属首次。

参与座谈会的 12 位律师都是行业中的"佼佼者"。他们中有中华全国律师协会、地方律师协会的"领航人"，有致力于法律援助的公益律师，还有专家学者型的兼职律师，业务覆盖各个领域。座谈会伊始，孟建柱指出，律师事业发展程度体现了一个国家司法文明程度。律师处于全面依法治国第一线，既有扎实的法律专业素养，又有丰富的法律实务经验。充分发挥广大律师的重要作用，对于进一步深化司法体制改革，建立公正高效权威的社会主义司法制度具有重要意义。参加座谈会的律师都是有备而来的，发言直奔主题。对于司法体制改革，律师们充分肯定了现阶段改革所取得的成就，也直言不讳地提出了司法改革和律师工作中存在的问题，并提出改进建议。中华全国律师协会副会长、国浩（上海）律师事务所合伙人吕红兵结合上海的实际情况，指出目前有的地方法院存在案多人少的突出矛盾，提出要优化法院内部资源配置、利用多种渠道化解矛盾纠纷。北京金诚同达律师事务所高级合伙人刘红宇建议，要加强对司法活动的内外部监督，充分发挥宪法赋予各级人大及其常委会的监督职能。还有律师结合自身律师事务所的业务特色，提出的具有创新思维的方案，令人耳目一新。北京市天同律师事务所合伙人蒋勇介绍了天同律师事务所在"互联网＋法律"方面的探索，阐述了法律大数据对司法改革的作用，并提出司法数据要全面开放、打破数据壁垒。北京致诚律师事务所主任佟丽华则提出，要优化律师行业从业结构，鼓励年轻实习律师进入公益法律机构实习，加大力度培养专职公益律师。座谈会持续了 3 个多小时。孟建柱一边认真听取律师们的发言，一边记录，不时插话与大家交流讨论。听完律师们的发言后，孟建柱说，大家的发言有见地、有深度、接地气，对进一步做好政法工作特别是司法体制改革工作，很有启发、很有帮助。他要求出席座谈会的有关负责同志，要研究制度化设计，畅通与律师的沟通渠道，让广大律师进一步参与政法工作和司法改革，广泛听取律师的意见建议，充分发挥律师作用，共同为推进社会主义法治建设作出贡献。

党的十八大以来，孟建柱在不同场合反复强调要尊重律师，重视发挥律师的作用，特别是他提出的"律师依法在诉讼每一个环节上较真、在案件每一个细节上挑毛病，有利于司法人员的认识更符合事情的本来面目"，引发舆论热议，律师界好评如潮。2015 年 8 月，最高人民法院、最高人民检察院、公安部、司法部联合召开全国律师工作会议，在我国律师发展史上尚属首次；9 月，最高人民法院、最高人民检察院、公安部、国家安全部、司法部联合出台了《关于依法保障律师执业权利的规定》，明确各项律师执业权利保障措施。让整个律师行业深切感受到以习近平同志为核心的党中央对律师事业的高度重视，广大律师备受鼓舞。①

2. 律师职业发展再建新机制

2016 年 6 月 2 日，中共中央办公厅印发的《从律师和法学专家中公开选拔立法工作者、法官、检察官办法》开始施行。

该办法共 17 条，规定具有立法权的人大常委会的法制工作机构、政府法制部门可以根据工作需要招录一定数量的律师、法学专家从事法律法规起草工作。人民法院、人民检察院应当把从律师、法学专家中选拔法官、检察官工作常态化、制度化。人民法院、人民检察院在招录、遴选法官、检察官时，应当根据工作实际预留适当数量的岗位用于从律师、法学专家中公开选拔法官、检察官。该办法还规定了公开选拔应坚持的原则、任职条件、程序等，并要求公开选拔应当接受社会监督。

就该办法的有关问题，中央司改办负责人介绍制定该办

---

① 李想："12 位律师首次走进中政委大院为司法改革献策支招"，载《法制日报》2016 年 1 月 8 日，第 1 版、第 4 版。

法主要有两点考虑：一是坚持问题导向，按照建设高素质社会主义法治专门工作队伍的要求确立了参加选拔的标准，规定了以考核审查为基本方式的选拔方法，明确了确定职级及待遇的原则。二是注重制度衔接，通过与相关制度衔接，与法律规定相匹配，保证办法可执行、能操作。

高子程律师说："积极推动优秀律师进入立法和司法领域是法治的需要，是成熟的经验，是时代的召唤。"[1] 出台该办法的意义在于有利于推动法治专门队伍系统性结构优化调整，进一步畅通法律职业互换的渠道，促进法律职业群体的共同建设和发展。

最高人民法院司改办相关负责同志认为，法律职业共同体成员之间的有序流动，既是市场经济下人力资源的优化配置，也是法治进步的标志。[2] 有多年实践经验的吕红兵律师认为构建律师与法官之间良性互动的和谐关系，已成为法律人的共识，工作上的互动，直至职业上的流动，成为加强法治工作队伍建设的应有内涵。[3]

相较于从法学院校毕业生中选拔法官，有知识和实践经验，同时具有良好职业道德的律师被吸纳入法官队伍，还将为律师行业和法学教研领域培养人才树立标杆，引导律师行业和法学教研工作健康发展。相信随着司法公信力和职业尊荣感的不断提高，必将吸引越来越多的优秀法律人才投身司法职业。

---

① 李哲："'律师当法官'将成为常态"，载《经济日报》2016 年 6 月 29 日，第 1 版。

② 汤瑜："共同做法治中国建设的建设者和捍卫者"，载《民主与法制时报》2016 年 7 月 3 日，第 7 版。

③ 李哲："'律师当法官'将成为常态"，载《经济日报》2016 年 6 月 29 日，第 1 版。

3. 律师制度深入改革和相关措施完善

2016 年 6 月 13 日，中共中央办公厅、国务院办公厅印发了《关于深化律师制度改革的意见》，对深化律师制度改革作出全面部署。9 月 18 日，《律师执业管理办法》经司法部部务会议修订通过，自 2016 年 11 月 1 日起施行。11 月，司法部印发了《关于进一步加强律师协会建设的意见》，旨在加强律师协会建设，充分发挥律师协会职能作用。我国律师制度的深入改革，在党中央纲领定基调、司法部定措施的统筹安排下，持续、稳步、有序推进。

《关于深化律师制度改革的意见》于 2015 年 9 月在习近平总书记主持召开的中央全面深化改革领导小组第十六次会议上审议通过。这是一份贯彻党的十八大和十八届三中、四中、五中全会精神和习近平总书记对于律师工作和律师队伍建设工作的重要指示精神①，是指导我国律师事业在全面依法治国中发挥所长的纲领性文件。

《关于深化律师制度改革的意见》共六部分 29 条，确定了律师制度改革的指导思想和基本原则，要求律师制度改革必须坚持党的领导，坚持正确的政治方向，坚持执业为民，坚持依法执业，坚持从中国实际出发。根据该意见，我国律师制度改革发展既要切实改善律师执业环境、为执业提供有力保障；也要健全完善律师执业违法违规惩戒制度健全完善；同时进一步拓展律师服务领域；增强律师执业能力，提升律师队伍整体素质，以期其在全面建成小康社会、全面深化改革、全面依法治国、全面从严治党中的职能作用得到有益发挥。

---

① 党的十八届三中全会把改革完善律师制度作为全面深化改革的重要内容。党的十八届四中全会《中共中央关于全面推进依法治国若干重大问题的决定》将律师工作纳入全面依法治国总体布局，对加强律师工作和律师队伍建设作出部署。

该意见的突出亮点在于围绕律师制度深入改革四项目标，规划了具体的实施措施，各项措施相互协调并具有一定创新性。如在完善执业保障机制方面，要求保障律师的诉讼权利，列明了律师可以依法向工商、公安、海关、金融和不动产登记等部门调查核实有关情况；在健全律师执业管理制度方面，建立健全处罚工作程序，完善处罚种类，加强行政处罚和行业惩戒的工作衔接，创设律师不良执业信息披露查询等公示公告制度，探索律师事务所设立专职管理合伙人；在加强律师队伍建设方面，强调每名律师每年接受不少于 12 课时的职业道德培训，量化考核标准，实现律师职业道德教育经常化、制度化；发挥律师在依法治国建设方面的作用，明确律师在法律活动、社会稳定、社会经济建设中的作用，特别提出在涉外服务中发挥律师的作用，支持律师事务所设立境外分支机构，支持律师事务所承接跨国跨境业务。

各地方为落实《关于深化律师制度改革的意见》，出台了相应文件，如宁夏出台《关于深化全区律师制度改革的实施意见》，为律师执业保障制度、财政保障制度落地细化了相关办法。

司法部在该意见的指导下，通过了对《律师执业管理办法》的修订。新修订的《律师执业管理办法》增加了律师拥护党和社会主义制度、缩小了代理业务范围、严格了代理的禁止与回避情形、规范了代理行为和提供法律援助方面的内容，突出侧重了律师队伍规范管理、执业纪律与职业道德建立等方面的内容，同时为保障落实，制定了相应的处罚条款。如新增第 27 条，律师担任各级人民代表大会常务委员会组成人员的，任职期间不得从事诉讼代理或者辩护业务。律师明知当事人已经委托两名诉讼代理人、辩护人的，不得再接受委托担任诉讼代理人、辩护人。第 28 条增设曾经担任法官、检察官的律师从人民法院、人民检察院离任后，不得担任原任职人民法院、人民检察院办理案件的诉讼代理人或者辩护人，但法律另有规定的除外。律师不得担任所在律师事务所其他律师担任仲裁员的案件的代理人。曾经或者仍在担任仲裁员的律师，不得承办与本人担任仲裁员办理过的案件有利益冲突的法律事务。同时《律师执业管理办法》对于规范律师执业行为，禁止律师违反治安秩序，列举了不当的执业方式，补充了相应条款，如第 37 条律师承办业务，应当引导当事人通过合法的途径、方式解决争议，不得采取煽动、教唆和组织当事人或者其他人员到司法机关或者其他国家机关静坐、举牌、打横幅、喊口号、声援、围观等扰乱公共秩序、危害公共安全的非法手段，聚众滋事，制造不良影响，向有关部门施加压力。

　　同年 11 月，司法部出台了《关于进一步加强律师协会建设的意见》，从律师协会发挥保障律师执业、组织引领律师行业建设发展角度，对《关于深化律师制度改革的意见》予以呼应与落实。《关于进一步加强律师协会建设的意见》强调律师协会完善自身组织建设，探索建立律师协会领导班子综合考评机制，组织制定行业制度和行业规范，增强服务意识，畅通联系服务律师的渠道，认真做好保障律师执业权利工作，健全完善保障律师执业权利快速处置机制和联动机制。同时，加强纪律建设，健全完善投诉受理、调查、听证处理、复查申诉等工作程序，加强行政处罚与行业惩戒的工作衔接。健全完善律师不良执业信息记录披露和查询制度，建立健全符合律师行业特点的惩治和预防腐败体系。中华全国律师协会党组切实履行党要管党、从严治党责任。《关于进一步加强律师协会建设的意见》强调了司法部门对律师协会的指导监督职责和联通交流机制建立，要求各级司法行政部门要积极协调有关部门，为律师协会开展工作提供必要的支持，健全政府购买法律服务机制，推动完善律师行业财税和社会保障政策，健全律师协会会费收取和管理机制。健全律师行业综合性表彰和专项表彰制度，建立律师协会新闻发言人制度，加强律师行业舆情引导应对，加强对律师协会建设和律师工作宣传，为律师事业发展营造良好的舆论氛围。

律师制度改革是司法制度改革的重要内容，也是我国全面改革的成果，同时为我国法治化建设，各项制度深入改革和成果巩固提供了有力支持，得到了党中央的重视。《关于深化律师制度改革的意见》明确律师制度发展和完善的底线和路径均应以拥护党的领导、为社会主义法治国家建设发挥作用为内核。对于律师制度改革的切实推进，表示要与推进以审判为中心的诉讼制度改革、建立从律师中选拔法官检察官制度等相结合，实现律师制度改革与司法体制改革的有效衔接，落实各部门具体职责，调动律师的积极性，拓宽听取律师意见建议的渠道，把广泛听取律师意见作为出台有关改革文件的必经程序。

陕西省律师协会会长赵黎明对于律师制度改革，希望政府能"加大政府法律购买力度""加大政府对公职律师、专职公益律师队伍的建设""根据不同律师职能，制定相应税收优惠政策"，认为律师制度改革应完善"律师党建工作""青年律师入党"科学评价律师职业。[1]

中华全国律师协会副会长吕红兵认为"律师执业权利是当事人诉讼权利的延伸，律师执业权利的保障程度，关系到当事人合法权益能否得到有效维护，关系到律师作用能否得到充分发挥，关系到司法制度能否得到完善和发展"。《关于进一步加强律师协会建设的意见》的出台，为律师协会维权工作提出了标准，律师协会在维权规则、维权机构、维护力度上都会加强建设，依靠 30 万名律师会员，切实维护会员权

---

① 赵黎明："发挥'五者'优势　律师大有作为——对深化律师制度改革若干问题的思考"，载《中国律师》2016 年第 4 期，第 28~29 页。

益，不忘初心，继续前进，努力建设并成为"律师之家"！①

4. 法律顾问制度和公职律师、公司律师制度全面推行

2016 年 6 月 16 日，中共中央办公厅、国务院办公厅印发了《关于推行法律顾问制度和公职律师公司律师制度的意见》。2016 年 7 月 15 日，住房和城乡建设部制定了《全国住房城乡建设系统公职律师试点工作方案》。2016 年 12 月 28 日，国家食品药品监督管理总局办公厅审议通过《国家食品药品监督管理总局公职律师管理办法》。

为贯彻落实党的十八大和十八届三中、四中、五中全会精神，积极推行法律顾问制度和公职律师、公司律师制度，充分发挥法律顾问、公职律师、公司律师作用，中共中央办公厅、国务院办公厅印发了《关于推行法律顾问制度和公职律师公司律师制度的意见》，该意见提出：2017 年年底前，中央和国家机关各部委，县级以上地方各级党政机关普遍设立法律顾问、公职律师，乡镇党委和政府根据需要设立法律顾问、公职律师，国有企业深入推进法律顾问、公司律师制度，事业单位探索建立法律顾问制度，到 2020 年全面形成与经济社会发展和法律服务需求相适应的中国特色法律顾问、公职律师、公司律师制度体系。住房和城乡建设部为贯彻落实中共中央办公厅、国务院办公厅《关于推行法律顾问制度和公职律师公司律师制度的意见》精神，充分发挥法律专业人才在住房城乡建设工作中的作用，提升住房城乡建设系统依法行政水平，经司法部同意，决定在全国住房城乡建设系统开展公职律师试点工作。按照《司法部关于同意在全国住房城乡建设系统开展公职律师工作的函》和《司法部关于同意全国住房城乡建设系统公职律师试点工作方案的函》的有关要

---

① 吕红兵："切实维护会员权益 努力建成律师之家"，载《中国律师》2016年第 12 期，第 29 页。

求，结合住房城乡建设系统工作实际，制定《全国住房城乡建设系统公职律师试点工作方案》。为全面推行《关于推行法律顾问制度和公职律师公司律师制度的意见》，国家食品药品监督管理总局印发《全国食品药品监管系统开展公职律师工作方案》，此方案已经司法部批准同意。该方案分六部分，对公职律师工作方案的适用范围、公职律师的职责和任职条件、公职律师的权利和义务、公职律师管理体制和职责、公职律师证书的申领和管理、公职律师的工作保障等方面作了规定，并于 2016 年 12 月 28 日由国家食品药品监督管理总局办公厅审议通过。

积极推行法律顾问制度和公职律师、公司律师制度，对于全面深化改革、全面依法治国，坚持依法治国、依法执政、依法行政共同推进，坚持法治国家、法治政府、法治社会一体建设，推进国家治理体系和治理能力现代化，具有重要意义。主要体现在：第一，它是推进国家治理体系和治理能力现代化的重要举措。第二，它是全面依法治国的重要内容。第三，它是领导干部依法决策、依法办事的重要依托。

5.《律师事务所管理办法》第二次修订

2016 年 9 月 6 日，司法部下发第 133 号部令，对《律师事务所管理办法》进行修订，新修订的办法将于 2016 年 11 月 1 日起实施。

《律师事务所管理办法》于 2008 年 7 月 18 日发布，于 2012 年 11 月 30 日予以修正。此次为第二次修订，修订后的《律师事务所管理办法》将于 2016 年 11 月 1 日起施行。此次修订主要针对《律师事务所管理办法》第一章"总则"以及第六章"律师事务所执业和管理规则"进行了重点修改。其中新《律师事务所管理办法》增加的第 3 条"律师事务所应当把拥护中国共产党领导，拥护社会主义法治作为从业的基本要求"以及第 4 条"律师事务所应当加强党的建设，具备条件的应当及时成立党组织，暂不具备条件的，应当通过党建工作指导员等方式开展党的工作。律师事务所应当支持党组织开展活动，建立完善党组织参与律师事务所决策、管理的工作机制，发挥党组织的政治核心作用和律师党员的先锋模范作用"，明确规定了律师事务所管理要以拥护党的领导和社会主义法治为基本要求，积极支持党组织开展活动，发挥党组织的政治核心作用和律师党员的先锋模范作用。同时新《律师事务所管理办法》对于第六章进行了较大篇幅的修改，首先明确规定了律师事务所所属律师及其辅助人员拥有获得劳动报酬及提出建议等权利以及应当履行遵法守法、诚信执业的义务。其次明确了律师事务所所禁止的行为，包括"不得以独资、与他人合资或者委托持股方式兴办企业，并委派律师担任企业法定代表人、总经理职务，不得从事与法律服务无关的其他经营性活动""不得以诋毁其他律师事务所、律师或者支付介绍费等不正当手段承揽业务"以及"无正当理由不得拒绝接受法律援助机构指派的法律援助案件"。同时新《律师事务所管理办法》明确规定律师事务所应当依法履行管理职责，不得放任、纵容本所律师有煽动、教唆和组织当事人或者其他人员到司法机关或者其他国家机关静坐、举牌、打横幅、喊口号、声援、围观等扰乱公共秩序、危害公共安全等行为，应当教育管理本所律师依法、规范承办业务，加强对本所律师执业活动的监督管理。

《人民日报》称，当前我国绝大多数律师在维护当事人合法权益、促进社会公平正义、服务经济社会发展中发挥了积极作用。同时也要看到，极少数律师存在执业行为不规范、不诚信的问题，极个别律师甚至从事违法犯罪活动，危害了国家安全和社会稳定，动摇了社会公众对法治的信仰。司法部修订《律师事务所管理办法》，就是针对这些突出问题划定出律师执业不可触碰的红线和底线。[1] 律师界普遍认为，这次修订既是一种挑战，更是一次机遇，坚信新办法将会让律师的从业环境更清朗，帮助律师赢得更多的社会信任和尊重，强化律师在中国社会治理中的建设性角色。

6. 我国台湾地区居民在大陆的民事诉讼代理业务范围放宽

2016 年 11 月，司法部决定扩大取得我国法律职业资格并获得律师执业证书的台湾地区居民在大陆从事涉及台湾地区居民、法人的民事诉讼代理业务范围。

2008 年 6 月 4 日，司法部下发第 110 号部令，发布了《台湾居民参加国家司法考试若干规定》。自此，我国台湾地区居民可报名参加国家司法考试，并在取得律师执业证书后可从事涉台婚姻、继承诉讼等业务。2016 年 11 月，司法部决定扩大取得国家法律职业资格并获得律师执业证书的台湾地区居民在大陆从事涉及台湾地区居民、法人的民事诉讼代理业务范围。在 2008 年已开放的涉台婚姻、继承诉讼等业务基础上，新增涉台合同纠纷、知识产权纠纷，与公司、证券、保险、票据等有关的民事诉讼以及与上述案件相关的适用特殊程序案件，开放范围扩大至五大类 237 种民事案件。据司法部有关部门负责人介绍，自 2008 年，我国开放台湾地区居民可以参加国家司法考试并在大陆从事律师职业以来，截至 2015 年，共有 4295 名台湾地区居民报名，293 人通过考试取得法律职业资格，其中有近百人已获准在大陆从事律师职业。[2]

---

[1] 王比学："律师执业，受保障还要守底线"，载 http://paper.people.com.cn/rmrb/html/2017-01/23/nw. D110000renmrb_20170123_2-05.htm，最后访问日期：2016 年 4 月 5 日。

[2] 葛晓阳："司法部决定放宽取得大陆律师执业证书的台湾居民在大陆从事民事诉讼代理业务范围"，载《法制日报》2016 年 11 月 15 日，第 1 版。

马晓光强调，近年来我们不仅积极推动两岸青年交流，还为我国台湾地区青年来大陆就业、生活、实习、创业、就学等一系列积极地提供更加便利的条件。青年是我们中华民族的未来，也是两岸关系的未来，只要两岸青年密切交流了，相互了解了，共同的利益增多了，隔阂减少了，两岸关系的互利双赢就不是一句空话。

随着两岸经贸合作不断深化、人员往来愈加频繁，两岸民众对法律服务需求不断上升，此项决定将为更多我国台湾地区法律界人士尤其是青年法律执业者来大陆就业、创业提供更广阔的发展空间，创造更好的发展机遇，为推进两岸交流合作、密切两岸人员往来、深化两岸经济社会融合发展和维护两岸同胞合法权益营造更加有利的法治环境。①

7. 律师受聘为司法部法律顾问

2016 年 11 月 17 日，司法部在部机关举行司法部法律顾问聘任仪式，聘请法学学者马怀德、黄风、王敏远、顾永忠和律师王俊峰、张学兵、李益民及高子程担任司法部法律顾问。②

2016 年 3 月，习近平总书记主持召开中央全面深化改革

---

① 葛晓阳："司法部决定放宽取得大陆律师执业证书的台湾居民在大陆从事民事诉讼代理业务范围"，载《法制日报》2016 年 11 月 15 日，第 1 版。
② 马怀德为中国政法大学副校长、教授，中国法学会行政法研究会副所长；王俊峰为北京市金杜律师事务所主要创立人，现为事务所管理委员会主席、律师，中华全国律师协会会长；王敏远为中国社会科学院法学研究所诉讼法研究室研究员，中国刑事诉讼法学研究会副会长；张学兵为北京市中伦律师事务所主任，中华全国律师协会副会长，北京师律师协会会长、党委副书记，中华全国律师协会理事；李益民为河北省律师协会会长，省直多家机关、事业等单位常年法律顾问；高子程为北京市康达律师事务所律师，中华全国律师协会刑事业务委员会委员，北京市人大常委会立法专家咨询员；顾永忠为中国政法大学诉讼法学研究院副院长、教授、博士生导师，中华全国律师协会刑事专业委员会副主任、国家司法考试命题委员会委员；黄风为北京师范大学刑事法律科学研究院国际刑法研究所所长、教授、博士生导师，中国国际私法学会副会长。

领导小组会议，审议通过《关于推行法律顾问制度和公职律师公司律师制度的意见》，习近平总书记发表重要讲话。5 月，中共中央办公厅、国务院办公厅印发该意见，对在党政机关、人民团体、国有企事业单位普遍设立法律顾问作出了部署。

司法部党组在认真学习习近平总书记重要讲话精神的基础上，研究制定《司法部关于聘任法律顾问的实施意见》，明确了聘任法律顾问的要求和工作措施。根据司法行政工作需要和受聘人员个人条件，决定了这次聘任的法律顾问人选。

司法部希望各位受聘的法律顾问认真履行法律顾问职责，为推进司法行政改革发展贡献才华和智慧。要坚持围绕中心、服务大局，紧紧围绕党和国家工作大局，立足司法行政改革发展实际，出主意、提建议，当好参谋。要坚持法治原则，信守法治理念，大胆发表意见，积极建言献策，对司法部重大决策、立法及其他法律事务，从法理上、法律上严格审查把关，提出意见建议。

同时，司法部要求部机关各司局、各直属单位要充分认识推行法律顾问制度的重要意义，协调和配合法律顾问制度落实，探索建立法律顾问与业务应该做的衔接机制，做好服务和保障工作，积极为法律顾问开展工作创造条件。

建立司法部法律顾问制度，对于保障和促进司法行政机关依法履行职责，提高执法执业公信力，充分发挥司法行政职能作用具有重要意义，是提升司法行政法治化水平的重要举措。

8. 盈科律师事务所同联合国开发计划署签署合作协议

纽约时间 2016 年 11 月 21 日，北京盈科律师事务所（以下简称盈科）同联合国开发计划署在纽约联合国总部举办的南南合作论坛上签署了合作协议，盈科成为联合国南南合作全球智库五大创始机构之一。此次合作是联合国首次在全球政策法规研究领域与私人机构达成长期合作，来自中国的另一创始机构为国务院发展研究中心。

会议中，盈科全球董事会主席梅向荣先生发表英文演讲，指出盈科很荣幸成为南南合作全球智库的合作伙伴，盈科作为私有机构的代表将持续为南南合作的可持续发展提供信息和专业服务。① 盈科全球董事会执行主席杨琳女士以"南南合作和'一带一路'的法律环境——盈科视角和中国企业经验"为题发表主题演讲，结合中国企业的经验教训，深入剖析 PPP 项目进程中的各种风险和防控措施。美国前商务部副部长、盈科全球顾问委员会主席桑切斯先生致辞，盛赞盈科在中国企业"走出去"中的作用。与会嘉宾对盈科成为联合国合作伙伴，共同致力于发展中国家的合作表示充分肯定。

平台够大，跳板够高，随着中国律师逐步加大参与国际组织活动的力度和广度，中国律师在国际组织中的话语权及影响力也日益提升。盈科律师事务所与联合国开发计划署的合作关系旨在支持智库网络的全球联盟，扩大研究和共享知识从而支持实施南南合作的"2030 计划"，合作关系还将有助于加深对有关南南合作和三方合作的法律环境和政策协调的理解。南南合作的政策协调和法律环境是南南合作全球智库研究的重点领域，全球联盟的建立是为了促进智库网络参与利用知识和创新解决方案，促进南南合作，促进可持续发展的前沿思想和政策宣传。②

---

① 新华网："盈科律师事务所同联合国开发计划署签署合作协议"，载 http:// news.xinhuanet.com/legal/2016-11/24/c_129377136.htm，最后访问日期：2017 年 4 月 11 日。

② 法制网："盈科同联合国开发计划署签署合作协议入选 2016 年度中国律师行业最受关注新闻事件"，载 http://www.legaldaily.com.cn/Lawyer/content/2017-01/20/ content_6988910.htm?node=75896，最后访问日期：2017 年 4 月 11 日。

9. 聂树斌案宣判

2016 年 12 月 2 日上午，最高人民法院第二巡回法庭对原审被告人聂树斌故意杀人、强奸妇女再审案公开宣判，宣告撤销原审判决，改判聂树斌无罪。

1994 年 8 月 5 日，石家庄市西郊孔寨村附近一块玉米地里，一名女子被奸杀。当时的石家庄市郊区公安分局抽调警力，并将犯罪嫌疑人聂树斌抓获，警方随即宣布破案。1995 年 4 月 12 日，石家庄市中级人民法院开庭审理聂树斌强奸杀人案，聂树斌被判处死刑，剥夺政治权利终身。2005 年 1 月 18 日，河南省荥阳市公安局在当地一砖瓦场内抓获河北籍逃犯王书金。至此，"一案两凶"引起社会广泛关注。2016 年 6 月 6 日，最高人民法院官方发布消息称，最高人民法院决定依法提审原审被告人聂树斌故意杀人、强奸妇女一案，按照审判监督程序重新审理，并于 8 日在山东省高级人民法院向聂树斌的母亲送达了再审决定书。2016 年 6 月 22 日，最高人民法院官方微博通报，最高人民法院 6 月 20 日决定，原审被告人聂树斌故意杀人、强奸再审一案由最高人民法院第二巡回法庭审理。最高人民法院审判委员会专职委员、第二巡回法庭庭长胡云腾大法官将担任审判长，案件再审工作将全面启动。2016 年 7 月 8 日，最高人民法院决定提审聂树斌案后首次公布合议庭人员名单。2016 年 11 月 25 日，最高人民法院官方微博通报，聂树斌故意杀人、强奸妇女案再审合议庭在最高人民法院第二巡回法庭第一法庭听取申诉人张焕枝（聂树斌母亲）及其代理人李树亭律师意见。2016 年 12 月 2 日上午，最高人民法院第二巡回法庭对原审被告人聂树斌故意杀人、强奸妇女再审案公开宣判，撤销原审判决，改判聂树斌无罪。

平反昭雪聂树斌的冤案，不仅是彰显正义、尊重法律，重建人民群众对司法制度信心的举措，更是为了铲除冤假错案滋生的土壤。① 就官方层面而言，聂树斌案改判是传达强化司法改革、推进依法治国的鲜明信号。切实推进，是个案昭雪的最大价值体现。如果放在司法改革的大背景下看，聂树斌案确实还未到画句号之时。案件所暴露的问题，所提供的启示，还需要慢慢消化和改良。在此过程中，仍应鼓励在聂树斌案中发挥积极作用的舆论监督力量。舆论聚焦聂树斌案的这些年，证据裁判、疑罪从无等司法理念，越来越深入人心。② "迟到的正义就不是正义"，对聂树斌而言，确实如此，因为正义的迟到，他付出了年轻宝贵的生命。但对我们而言，迟到的正义依然是正义：因为我们的付出、努力、坚守与期盼，都是为了匡扶跌倒在泥泞中的人间正义，是为了让我们的后代，以及千千万万素昧平生的陌生人，不再成为下一个聂树斌。

2017 年

1. 淮安市清江浦区建百群连万家　创新开展智慧法务

2017 年年初，为加强驻村（社区）律师与村（社区）干部、群众的联系，淮安市清江浦区司法局创新工作举措，在全区推行"百群万家智慧法务"。

---

① "聂树斌案代理律师李树亭：迟到的正义依然是正义"，载 http://news.ifeng.com/a/20161202/50353827_0.shtml，最后访问日期：2019 年 1 月 5 日。
② 凤凰网评论部："聂树斌案还未到画句号之时"，载 http://news.ifeng.com/a/20161202/50353750_0.shtml，最后访问日期：2019 年 1 月 5 日。

"百群万家智慧法务"，即 115 名驻村（社区）律师统一加入区司法局的"清江浦区公共法律服务微信群"，再作为群主，建立 115 个"村（社区）司法惠民服务群"，将司法所长、村（社区）干部、调解员、网格员、党员、村（居）民纳入群中，从而构建起以区局总群为纲，115 个村（社区）群为目，覆盖全区近 6 万个家庭、近一半的教育受众的微信群网，将司法行政工作的触角像毛细血管一样延伸到全区每个角落，真正将公共法律服务与群众的距离缩短到"指尖到眼睛"。

为做好这项创新工作，清江浦区司法局在前期进行了充分的谋划和调研，逐一走访 20 个律师事务所宣讲方案、听取意见，大多数律师都积极支持、踊跃参加。随后司法局干部带着律师到 115 个村（社区）逐个对接，当面建群，完成组网。清江浦区司法局出台了《清江浦区"百群万家智慧法务"工作实施方案》以及管理、考核等一系列工作机制，明确微信群的五项职能：一是提供法律服务；二是开展普法宣传；三是宣传法律援助；四是化解矛盾纠纷；五是强化舆论引导。

律师每天在群里回复群众的法律咨询问题，每周推送一期普法知识，每月发布一则以自办案件为基础而编写的以案释法案例，每季度到社区同居民做一次线下交流；每半年到社区举办一次讲座，集中解答群众在微信群中问得较多的法律问题。还可根据区局统一安排或村（社区）点题开展某个专题法律宣传。

建设此群，宣传法律援助工作的相关政策规定，在满足群众法律需求的同时，也实现了司法行政工作方式由线下到线上的转变。这项工作，提高了群众的法律规范知晓率，协助群众申请法律援助。实现微信群互动与矛盾排查化解有效结合，做到线上线下排查矛盾，提高矛盾排查的覆盖面，提升矛盾化解的有效性。另外，区司法局总群至 115 个村（社区）群实现纲举目张，发挥律师非官方身份的优势，自上而下，官方信息能秒速推送到近 20 万群众眼前，占领舆论主阵地，实现律师与村（居）民的良性互动与沟通，为村（居）民提供全方位、点对点的精准法律服务。

时任中国法学会副会长张苏军介绍："近年来，江苏司法行政系统在推进信息化建设上进行了积极的探索和实践，建成了江苏司法行政一体化智能平台，走出了一条具有江苏特色的信息化发展之路。我认为，平台具有以下几方面特点：一是体现了先进的信息化建设和发展理念。……二是推动了司法行政工作机制的深刻变革。……三是提升了司法行政参与社会治理的能力。……四是发挥了大数据的支撑和引领作用。……希望江苏司法行政系统继续完善一体化智能平台功能，强化面向社会的服务功能，加强平台的普及和推广工作，深入实施'互联网＋'行动计划，深化体制改革，提高人员素质，大力开展大数据研究与应用工作，全面打造'智慧法务'新格局，努力增强社会治理创新能力。"[1]

时任中国行政体制改革研究会副会长汪玉凯认为："江苏司法行政一体化智能平台在全国的司法行政系统中是比较先进的，具备高度的业务集成能力、良好的数据共享能力和高效的智能分析能力，技术含量很高。平台已经在江苏省各级司法行政机关深入应用，验证了平台技术成熟、运转稳定，因此极具推广价值。如果节约成本，并且能在全国司法行政系统快速布局推广这套系统，对提高整个司法行政治理能力和水平，实现决策科学化、管理精准化，都会产生非常重要的成效。"[2]

---

[1] "江苏司法行政全面开启'智慧法务'新格局"，载 http://www.sohu.com/a/111969246_162903，最后访问日期：2017 年 12 月 20 日。

[2] "江苏司法行政全面开启'智慧法务'新格局"，载 http://www.sohu.com/a/111969246_162903，最后访问日期：2017 年 12 月 20 日。

2. 多部门联合印发《关于发展涉外法律服务业的意见》

2017 年 1 月 9 日，司法部、外交部、商务部、国务院法制办公室印发了《关于发展涉外法律服务业的意见》。该意见指出，发展涉外法律服务业是建设完备的法律服务体系、推进全面依法治国、促进全方位对外开放的重要举措。发展涉外法律服务业，是适应经济全球化进程、形成对外开放新体制、应对维护国家安全稳定新挑战的需要。

《关于开展涉外法律服务业的意见》共分五部分 15 条，内容涵盖发展涉外法律服务业的指导思想、基本原则、主要目标、主要任务和主要措施。该意见提出的指导思想是：全面贯彻落实党的十八大和十八届三中、四中、五中、六中全会精神，以邓小平理论、"三个代表"重要思想、科学发展观为指导，深入贯彻习近平总书记系列重要讲话精神，紧紧围绕"五位一体"总体布局和"四个全面"战略布局，牢固树立并贯彻落实创新、协调、绿色、开放、共享的新发展理念，建立健全涉外法律服务工作制度和机制，加强涉外法律服务队伍建设，推进涉外法律服务业发展，努力为形成对外开放战略新布局，为实现"两个一百年"奋斗目标和中华民族伟大复兴的中国梦作出新的贡献。

该意见的主要目标是：到 2020 年，发展涉外法律服务业的制度和机制基本健全，涉外法律服务领域有效拓展，服务质量明显提升，服务队伍发展壮大，国际竞争力显著提高，建立一支通晓国际规则、具有世界眼光和国际视野的高素质涉外法律服务队伍，建设一批规模大、实力强、服务水平高的涉外法律服务机构，更好地服务经济社会发展。

该意见提出了四个方面的任务。一是为"一带一路"等国家重大发展战略提供法律服务。推动与"一带一路"沿线有关国家和地区在相关领域开展务实交流与合作。在执业活动中开展对外法治宣传，向有关国家和地区宣传我国法律制度，增进国际社会对我国法律制度的了解和认知。二是为中国企业和公民"走出去"提供法律服务。参与企业涉外商事交易的尽职调查，开展风险评估、防范与控制，协助中国企业建立健全境外投融资风险防范和维护权益机制，防范法律风险。拓展涉外知识产权法律服务，做好涉外诉讼、仲裁代理工作，维护我国公民、法人在海外及外国公民、法人在我国的正当权益，依法维护海外侨胞权益。三是为我国外交工作大局提供法律服务。积极为我国对外签订双边、多边条约等提供法律服务，提升我国在国际法律事务中的话语权和影响力。四是为打击跨国犯罪和追逃追赃工作提供法律服务。推动在打击跨国犯罪、毒品、洗钱和反腐、反恐等领域的务实合作，依据国际规则和双边条约提供法律服务。认真做好涉外民商事案件代理等工作，促进国际民商事司法协助。

该意见提出六项主要措施。一是健全完善扶持保障政策。将发展涉外法律服务业纳入"十三五"服务业发展规划。二是进一步建设涉外法律服务机构。培养一批在业务领域、服务能力方面具有较强国际竞争力的涉外法律服务机构。支持国内律师事务所通过在境外设立分支机构、海外并购、联合经营等方式，在世界主要经济体所在国家和地区设立执业机构。三是发展壮大涉外法律服务队伍。发展公职律师、公司律师队伍。四是健全涉外法律服务方式。探索健全全球化、信息化背景下新的涉外法律服务方式，推动网上法律服务与线下法律服务相结合。五是提高涉外法律服务质量。六是稳步推进法律服务业开放，支持并规范国内律师事务所与境外律师事务所以业务联盟等方式开展业务合作。

该意见是我国律师制度恢复以来第一个专门就发展涉外法律服务业作出的顶层设计，凸显了中央对涉外法律服务业的高度重视，彰显了涉外法律服务业在国家法治建设和对外开放中的分量和作用。发展涉外法律服务业，是适应经济全球化进程、形成对外开放新体制、应对维护国家安全稳定新挑战的需要，对于增强我国在国际法律事务中的话语权和影响力，维护我国公民、法人在海外及外国公民、法人在我国的正当权益具有重要作用。随着我国全面建成小康社会进入决胜阶段，对外开放面临新形势、新任务，涉外法律服务业在全面依法治国和经济社会发展中的作用更加显现。"一带一路"等国家倡议、中国企业和公民"走出去"、服务我国外交工作大局等都对涉外法律服务业的发展提出了新的更高要求。必须把发展涉外法律服务业摆在更加突出的位置，采取有效措施，努力把我国涉外法律服务业提高到一个更高水平。在这样的形势下，司法部、外交部、商务部、国务院法制办联合印发《关于发展涉外法律服务业的意见》，必将推动我国涉外法律服务工作进入一个新的发展阶段。[1] 通过规划涉外律师事务，将增强中外律师间的交流与合作，有利于学习和借鉴国外同行的先进经验和成熟做法。同时我们也高兴地看到，一些具备条件的本土律师事务所跟随中国企业"走出去"的脚步而走向世界，并从中积累了宝贵的国际经验。该意见明确将为中国律师国际化发展提供更多的政策支持，这是十分必要的。[2]

3. 律师助力"一带一路"国家倡议

2017 年 3 月 23 日，由北京市律师协会主办，津、沪、

---

[1] "司法部负责人详解《关于发展涉外法律服务业的意见》"，载 http://www.gov.cn/zhengce/2017-01/09/ content_5158239.htm，最后访问日期：2017 年 12 月 14 日。

[2] 王俊峰："'深改组'提纲挈领为涉外法律服务业补短板"，载《中国律师》2016 年第 5 期，第 17 页。

冀、辽、吉、黑、苏、闽、云、陕、甘、桂、宁、新 14 个省（区、市）律师协会协办，北京市律师协会"一带一路"法律服务研究会、外事委员会具体承办的律师服务"一带一路"高峰研讨会在北京会议中心隆重召开。

在研讨会上，首先，高子程会长指出，随着"一带一路"倡议的实施，我国政府会与共建国家开展更多更丰富的交流活动，也会有更多的中国企业"走出去"参与全球资源配置和贸易投资，这也为律师提供了巨大的法律服务市场。他强调，在面对"一带一路"倡议带来巨大机遇的同时，律师自身也应当做好充足的储备，全面领会司法部、外交部、商务部、国务院法制办公室《关于发展涉外法律服务业的意见》的精神，加强涉外法律业务的学习，了解"一带一路"共建国家的法律和政策，提高涉外业务法律风险防范意识，努力提升处理涉外法律纠纷和开拓相关法律服务市场的能力。李亚兰会长代表协办单位对"一带一路"建设作出了积极服务的表态，同时对北京市律师协会为各省（区、市）律师协会提供沟通交流的平台表示感谢。王俊峰会长对本次会议的召开给予了充分的肯定，希望北京市律师协会和 14 个省（区、市）律师协会以此为契机，共同深入交流"一带一路"倡议实施中律师面临的机遇与挑战；进一步研究探讨如何发挥律师在"一带一路"建设中的作用。丘征副司长在致辞中强调，一是律师行业要全面深入地了解《关于发展涉外法律服务业的意见》对律师服务"一带一路"倡议提出的要求；二是要适应"一带一路"建设中不同领域、不同层次的法律服务需求，密切跟进我国企业"走出去"的步伐，充分利用诉讼、仲裁、调解等多种手段，为中国企业在"一带一路"共建国家和地区，开展投资贸易提供全方位的法律服务；三是要加快涉外法律服务人才队伍的建设，针对服务"一带一路"建设，整合各专业领域人才，加强对"一带一路"共建国家法律的研究，增强与各有关方面的交流沟通，相互学习和借鉴，将"一带一路"法律服务工作水平提得更高。马捷副巡视员在致辞中指出，律师作为法治工作队伍的重要组成部分，在推进"一带一路"建设中有着十分重要的作用。他希望广大律师：一是要坚持围绕中心，服务大局，找准服务"一带一路"建设工作的切合点和切入点；二是要不断加强与各省（区、市）律师行业的沟通，以及和其他法律服务相关行业的合作，在交流中找到创新服务方式，拓展服务领域的关键点；三是要注重理论和实务的研究，建立不同法律制度框架下的风险防范和纠纷解决机制，努力形成"一带一路"建设法律服务理论体系，同时加强研究"一带一路"沿线各国的法律制度，努力提高"一带一路"建设法律服务的前瞻性和实效性。

随后，高子程会长宣布《"一带一路"沿线国家中国企业海外投资法律环境分析报告》正式发布。该报告由北京市律师协会"一带一路"法律服务研究会组织 30 余名专业律师精心编写，并多次邀请境内外企业界和法律界专业人士召开评审会，历经百余天编写修订，最终定稿完成。该报告共有三册，分别对马来西亚、哈萨克斯坦、捷克等国家的海外投资法律环境进行了分析，为向中国企业"走出去"提供了清晰的借鉴和参考。①

时任北京市律师协会张巍副会长在接受记者采访时表示，我国涉外法律服务业起步较晚，高水平涉外法律服务人才缺乏，在国际法律服务市场上竞争力还不足，整体水平还不能完全适应我国实施更加积极主动对外开放的发展需求。想要开拓涉外法律服务业务，就必须在自身上下功夫，要加强人才培养，培养一批掌握国情、社情，熟悉国外经营发展环境

① 苏向东："律师服务'一带一路'高峰研讨会在京隆重召开"，载 http://www.china.com.cn/news/2017-03-24/ content_40496230.htm，最后访问日期：2018 年 1 月 11 日。

和法律法规的律师。^①

4.中华全国律师协会召开本年度首次新闻发布会

2017 年 3 月 24 日上午，中华全国律师协会召开本年度首次新闻发布会，向新闻媒体通报了中华全国律师协会及各地律师协会"维护律师执业权利中心"和"投诉受理查处中心"建设情况，相关行业规章制度制定完善情况，以及第九次全国律师代表大会代表联络制度的建立情况。^②

发布会当天,中华全国律师协会"两个中心"挂牌成立。"两个中心"网络受理平台也即日起在"中国律师网"开通运行。

为贯彻落实司法部《关于进一步加强律师协会建设的意见》，切实履行律师协会的法定职责，更好地维护律师执业权利、规范律师执业行为，中华全国律师协会于 2017 年 2 月 10 日印发了《关于律师协会成立维护律师执业权利中心投诉受理查处中心的通知》，要求 2017 年 3 月底前完成各省（区、市）和设区的市律师协会"两个中心"的建设工作，挂牌并向社会公布。

截至 3 月 24 日，各省（区、市）和新疆生产建设兵团律师协会均成立了"两个中心"，其中已经挂牌并向社会公布的有 26 个，月底前，省（区、市）律师协会"两个中心"将实现全覆盖。设区的市除个别未设立律师协会，月底前也将实现"两个中心"全覆盖。

中华全国律师协会制定了《律师协会维护律师执业权利规则（试行）》，明确律师在执业过程中遇有知情权、申诉权、

---

① 苏明龙："一带一路离不开涉外法律服务"，载 http://www.legaldaily.com.cn/Lawyer/content/2017-03-24/ content_7067615.htm，最后访问日期: 2018 年 01 月 11 日。
② 曹雅静："全国律协召开首场新闻发布会 明确律师执业时权利受损害有权向所属律协申请维权"，载《人民法院报》2017 年 3 月 25 日，第 4 版。

控告权等实体或程序性权利受到损害时，有权向所属的律师协会申请维护执业权利，律师协会应当受理。该规则还清晰界定了律师协会维护律师执业权利工作的主要职责及分工，并明确要求各律师协会应当设立专门电话、专用邮箱和网上受理窗口等，畅通律师申请维护执业权利的申请渠道。

中华全国律师协会根据新修订的《律师事务所管理办法》和《律师执业管理办法》，对《律师执业行为规范》的相关内容进行了补充，形成了修正案。修正案新增内容共两条：一是增加"两拥护"的内容，即"律师应当把拥护中国共产党领导、拥护社会主义法治作为从业的基本要求"；二是增加律师应当坚守的三条底线，即"律师不得利用律师身份和以律师事务所为平台炒作个案，攻击社会主义制度，从事危害国家安全活动，不得利用律师身份策划、煽动、组织有关利益群体，干扰、破坏正常社会秩序，不得利用律师身份教唆、指使当事人串供、伪造证据，干扰正常司法活动"。

与此同时，中华全国律师协会对《律师协会会员违规行为处分规则（试行）》部分条款进行了修改和补充。修订后的处分规则细化了纪律处分的程序，详细规定了受理、立案、回避、调查、决定、复查、调解等处分程序，建立了调查和惩戒相分离制度，增加了"惩戒委员会对决定立案调查的案件应当委派两名以上委员组成调查组进行调查，并出具调查函；重大、疑难、复杂案件可以成立由惩戒委员会委员和律师协会邀请的相关部门人员组成联合调查组进行共同调查""调查人员不得担任听证庭成员""惩戒委员会应当在听取或者审阅听证庭评议报告或者调查终结报告后集体作出决定，调查人员和应回避人员不参加表决、不计入出席会议委员基数"等规定，以求公正性和有效性相统一。

此外，中华全国律师协会进一步明确完善了律师执业行为规范体系，明晰了律师执业行为边界，促进律师依法规范诚信执业，推动律师行业健康发展。

中华全国律师协会副会长蒋敏表示，维护律师执业权利规则针对当前维权工作易发生舆情的现状，规定律师协会应建立网络舆情快速应对机制，各律师协会之间、各律师协会与同级司法行政机关之间互通信息，共同妥善处置，根据调查处理实际情况，适时发声、表达关注，公布阶段性调查结果或工作进展情况；中华全国律师协会对执业行为规范进行补充，完善了律师行为规范体系，明晰了律师执业行为边界；修订后的处分规则以单节的形式对违规行为进行了分类，增强了行业自律管理的科学性。① 《律师协会维护律师执业权利规则》的制定和出台，彰显了律师协会敢于"举旗"的决心，向全社会释放出了充分保障律师依法执业的强烈信号，势必会推动律师执业环境改善、律师行业发展再上新台阶。《律师执业行为规范》修正案的颁布，完善了律师执业行为规范体系，明晰了律师执业行为边界，为律师行业健康发展提供了制度保障；《律师协会会员违规行为处分规则（试行）》的修订和颁布，势必会在规范律师执业行为方面发挥作用，有效促进律师依法规范诚信执业，推动律师行业健康发展。②

5. 全国首部地方性《律师法》实施办法出台

2017 年 7 月 27 日，广东省十二届人大常委会第三十四次会议表决通过《广东省实施〈中华人民共和国律师法〉办法》，该办法成为全国首部实施律师法的地方性法规。

该办法在对律师的执业行为进行规范，树立律师社会责

---

① 魏哲哲："全国律协召开首场新闻发布会 成立'两个中心'规范律师执业"，载《人民日报》2017 年 3 月 25 日，第 4 版。

② 刘耀堂："全国律协召开 2017 年度第一次新闻发布"，载 http://www.acla. org.cn/article/page/detailById/ 19513，最后访问日期：2017 年 12 月 28 日。

任意识的同时，将保障律师执业权利和规范律师执业行为作为重点，根据广东的实际执业环境，细化完善了律师调查取证权、会见权、阅卷权、知情权、通信权实现路径，并专门建立了律师执业权利受侵犯时的救济途径。

该办法共七章，分别是总则、律师执业许可、律师事务所、律师的权利和义务、律师协会、法律责任和附则。据广东省人大常委会相关负责人介绍，该办法对律师协会的设立、章程、职责、运行机制和架构、司法行政部门监督等作出了明确规定，对于维护律师执业权利、帮助律师快速便捷地沟通情况、反映问题，形成完整的以律师评价为导向的律师行业管理和服务体系，建设律师协会行业自律管理工作平台，推动律师协会工作规范化、科学化发挥了重要作用。

该办法明确授予了合法执业律师权利，对权利的实现落实到细节。如该办法提出，辩护律师与犯罪嫌疑人、被告人的往来信件，看守所应当在 3 个工作日内传递。看守所可以对信件进行必要的检查，不得截留、复制、删改信件，除法定的情形外，不得向办案机关提供信件内容。该办法针对相关单位不配合的情况明确规定：律师在办理民事、行政案件及其执行过程中，需要调取上述证据材料，相关单位不予配合的，可以书面申请人民法院签发协助调查函。受理案件的人民法院经审查认为该证据对查明案件事实或者采取执行措施有重要影响和帮助的，应当签发协助调查函。并且，律师按程序进行发言不得被随意打断。

值得关注的是，该办法首次细化了律师调查信息材料的范围，明确律师可以向有关单位调取与其承办法律事务有关的不动产、车辆等财产信息；自然人个人户籍、婚姻登记资料等身份信息；自然人出入境信息；商事登记信息；行政处罚决定等信息资料。

另外，该办法明确提出了律师应承担的义务、违法行为及其法律责任，并制定了相应的处罚条款。

时任广东省人大法制委员会副主任委员刘牧表示，"出台办法对解决广东律师工作中存在的问题有重要的现实意义"。同时，广东律师工作经过不断实践，积累了不少好的经验做法，将这些好的经验做法上升为法规规范，让其在执行中更具可操作性。

广州市律师协会经济犯罪刑事法律业务专业委员会主任林志明在接受记者采访时表示，"该实施办法对促进律师行业的发展具有里程碑式的意义，标志着律师制度改革的'广东经验'得到了升华和巩固"。在他看来，律师的调查取证行为长期以来不具有法律强制性，取证经常给律师带来执业风险，而该办法的出台使得律师调查权从理想走进了现实。

在广东省人民检察院检察官李涛看来，这部地方法规最大的亮点就是出台了许多具体、务实、富有可操作性的工作细则，同时积极回应了广大律师关注的一些热点焦点问题，具有非常强的可操作性。他表示，充分保障律师群体的执业权利，依法保障律师会见、阅卷、约见经办人等方面的权利，能够有效防止公权力机关在证据印证方面的人为因素，减少错案发生的概率。

6. 司法部发布《关于放宽扩大台湾地区律师事务所在大陆设立代表处地域范围等三项开放措施的通知》

2017 年 7 月 31 日，司法部发布《关于放宽扩大台湾地区律师事务所在大陆设立代表处地域范围等三项开放措施的通知》，决定进一步扩大法律服务对我国台湾地区开放。该通知主要在三个方面扩大了对我国台湾地区法律服务范围。

（1）扩大我国台湾地区律师事务所在大陆设立代表处的地域范围。将我国台湾地区律师事务所在大陆设立代表处的地域范围由现在的福建省福州市、厦门市扩大到福建全省、上海市、江苏省、浙江省、广东省。（2）开放我国台湾地区律师事务所按规定以联营方式与大陆律师事务所开展合作。允许已在大陆设立代表机构，且该代表机构成立满 3 年的我国台湾地区律师事务所在其代表机构所在的上海市、江苏省、浙江省、福建省、广东省与大陆律师事务所联营。（3）允许大陆律师事务所聘用我国台湾地区执业律师担任法律顾问。允许上海市、江苏省、浙江省、福建省、广东省的律师事务所聘用我国台湾地区执业律师担任律师事务所的法律顾问，提供我国台湾地区法律咨询服务。

司法部认为，此举将有利于台湾地区法律界人士进一步参与两岸有关法律事务的服务市场，融入大陆法治发展进程，服务我国台湾地区同胞。

通知发布后，两位我国台湾地区律师发表了近年来执业中自己对大陆、对我国台湾地区法律业务开放的看法。

我国台湾地区律师林则奘表示，因客观因素的限制，我国台湾地区律师通过大陆司法考试后到大陆执业的并不多。"首先要通过司法考试，通过之后还要经过一年的实习期，经过专门的培训，而后通过一个面试才能正式取得律师执照。这需要长时间地待在大陆，这就使得这些律师必须要放弃几乎全部的台湾地区的业务。"

我国台湾地区律师侯杰中认为，在开放对我国台湾地区法律业务经过相当时间后，应考虑逐步放宽执业范围，让我国台湾地区湾地区律师也能从事诉讼业务。同时，我国台湾地区律师与大陆律师应该是交流关系，而非竞争关系。[1]

回顾往年对我国台湾地区法律服务的发展过程，纵观几年来出台的法律文件，结合大陆评价、我国台湾地区法律工作者的评价，我们可以明显看出，国家对于我国台湾地区的

---

[1] 法制网："台湾律师用心感受大陆开放"，载 http://www.legaldaily.com.cn/zmbm/content/2010-09/30/content_2303588.htm?node=20350，最后访问日期：2017 年 12 月 31 日。

法律服务一直持开放、包容态度，一直处于不断发展之中。虽然现在还有许多限制与不足之处，不过从近年来的发展态势来看，我国大陆与台湾地区的法律事务交流日益增加，未来，对我国台湾地区的法律服务一定会有一个更加美好的发展前景。

7.《关于开展法律援助值班律师工作的意见》出台

2017年8月28日，最高人民法院、最高人民检察院、公安部、国家安全部、司法部联合发布《关于开展法律援助值班律师工作的意见》。

依据上述意见的要求，法律援助机构在法院、看守所派驻值班律师，可以固定专人或者轮流值班，为犯罪嫌疑人、刑事被告人提供法律帮助。法律援助值班律师可以解答法律咨询；引导和帮助犯罪嫌疑人、刑事被告人及其近亲属申请法律援助，转交申请材料；在认罪认罚从宽制度改革试点中，为自愿认罪认罚的提供法律咨询、程序选择、申请变更强制措施等法律帮助，对检察机关定罪量刑建议提出意见，犯罪嫌疑人签署认罪认罚具结书应当有值班律师在场；对刑讯逼供、非法取证情形代理申诉、控告等。

该意见明确法律援助值班律师不提供出庭辩护服务。符合法律援助条件的犯罪嫌疑人、刑事被告人可以依申请或通知由法律援助机构为其指派律师提供辩护。

该意见对值班律师工作纪律作出规定。要求值班律师不得误导当事人进行诉讼行为，严禁收受财物，严禁利用值班便利招揽案源、介绍律师有偿服务及其他违反值班律师工作纪律的行为。同时要求值班律师应当依法保守秘密。

针对部分地区律师资源短缺的现状，要求法律援助机构统筹调配律师资源，探索建立政府购买值班律师服务的机制。值班律师将解决当事人获取值班律师法律帮助"最后一公里"

问题。[①]

陈娜律师指出，在此次出台的意见中，将法律援助值班律师的主要职责，从原来传统的解答法律咨询业务，扩大到还包括在认罪认罚从宽制度改革试点中，为自愿认罪认罚的犯罪嫌疑人、刑事被告人提供程序选择等法律帮助，对检察机关定罪量刑建议提出意见，犯罪嫌疑人签署认罪认罚具结书时应当在场，并对刑讯逼供、非法取证情形代理申诉、控告等内容。[②]

律师和其他行业不同的是，我国《律师法》和《法律援助条例》等规定中明确提出律师开展法律援助工作是律师应尽的法定职责和义务，所以从这个角度讲，进行法律援助工作，并不是律师可以通过个人意志来进行选择"为或不为"的问题。[③]

8.《律师法》第三次修正

2017 年 9 月 1 日，《律师法》完成了第三次修正。

2012 年《律师法》修正和补充的主要内容有，将第 28 条第 3 项修改为："接受刑事案件犯罪嫌疑人、被告人的委托或者依法接受法律援助机构的指派，担任辩护人，接受自诉案件自诉人、公诉案件被害人或者其近亲属的委托，担任代理人，参加诉讼。"将第 31 条修改为："律师担任辩护人的，应当根据事实和法律，提出犯罪嫌疑人、被告人无罪、罪轻或者减轻、免除其刑事责任的材料和意见，维护犯罪嫌疑人、被告

[①] 王芳："司法部负责人就开展法律援助值班律师工作答记者问"，载 http://www. legaldaily.com.cn/ judicial/content/ 2017-08/28/content_7296618.htm?node=80533，最后访问日期：2018 年 1 月 2 日。

[②] 马静："律师解读：《关于开展法律援助值班律师工作的意见》"，载 http:// www.gssf.gov.cn/show-105606. html，最后访问日期：2018 年 1 月 2 日。

[③] 马静："律师解读：《关于开展法律援助值班律师工作的意见》"，载 http:// www.gssf.gov.cn/show-105606. html，最后访问日期：2018 年 1 月 2 日。

人的诉讼权利和其他合法权益。"将第33条修改为："律师担任辩护人的，有权持律师执业证书、律师事务所证明和委托书或者法律援助公函，依照刑事诉讼法的规定会见在押或者被监视居住的犯罪嫌疑人、被告人。辩护律师会见犯罪嫌疑人、被告人时不被监听。"将第34条修改为："律师担任辩护人的，自人民检察院对案件审查起诉之日起，有权查阅、摘抄、复制本案的案卷材料。"将第37条第3款修改为："律师在参与诉讼活动中涉嫌犯罪的，侦查机关应当及时通知其所在的律师事务所或者所属的律师协会；被依法拘留、逮捕的，侦查机关应当依照刑事诉讼法的规定通知该律师的家属。"将第38条第2款修改为："律师对在执业活动中知悉的委托人和其他人不愿泄露的有关情况和信息，应当予以保密。但是，委托人或者其他人准备或者正在实施危害国家安全、公共安全以及严重危害他人人身安全的犯罪事实和信息除外。"

2017年修正后的《律师法》中将若干个"国家统一司法考试"修改为"国家统一法律职业资格考试"，对于修改前已取得司法考试合格证书、律师资格凭证的人在从事律师职业中无任何影响。而"被开除公职或者被吊销律师执业证书的"修改为"被开除公职或者被吊销律师、公证员执业证书的"，这将有利于法律人的继续执业。此外还增加了一款"被吊销律师执业证书的，不得担任辩护人、诉讼代理人，但系刑事诉讼、民事诉讼、行政诉讼当事人的监护人、近亲属的除外"。

9. 国家统一法律职业资格考试实施前的最后一次司法考试

2017年国家司法考试于9月16日、17日在全国统一举行，这是国家统一法律职业资格考试正式实施前的最后一次司法考试。据了解，全国共有64.9万余人报名，此次考试在31个省（区、市）和我国香港特别行政区、澳门特别行政区共设

249 个考区，全国共 537 个考点。黑龙江省大庆市等 5 个考区实行机考试点。

考试当日，时任司法部党组书记、部长张军对司法考试组织实施工作进行巡察。他说，自 2002 年正式实施国家司法考试以来，已有 88.8 万余人通过司法考试取得法律职业资格，其中 40 多万人担任法官、检察官、律师、公证员，还有一些取得资格人员在各级立法机关、行政执法机关发挥了重要作用，为全面依法治国输送了大量法治人才。全面依法治国最终需要大量的法治人才，而人才判断要有一个标准，这就是国家司法考试。回顾这 15 年，通过司法考试的这些人，不断充实到司法、执法第一线，为中国法治事业作出了巨大贡献。

为了完善法律职业资格制度，我国将"国家统一司法考试"修改为"国家统一法律职业资格考试"。司法行政部门将依据修改后的法律和相关意见的规定，与最高人民检察院和国务院有关部门协商，共同研究制定国家统一法律职业资格考试实施办法，对报名的学历条件、考试的方式、考试的内容等进行细化规定。

党的十八届三中全会《中共中央关于全面深化改革若干重大问题的决定》中就已隐藏着司考改革的"线索"："建立符合职业特点的司法人员管理制度，健全法官、检察官、人民警察统一招录、有序交流、逐级遴选机制"。党的十八届四中全会通过的《中共中央关于全面推进依法治国若干重大问题的决定》更明确指出，要推进法治专门队伍正规化、专业化、职业化，完善法律职业准入制度，健全国家统一法律职业资格考试制度。党的十九大报告对我国社会主要矛盾已经转化为人民日益增长的美好生活需要和不平衡不充分的发展之间的矛盾的科学论断，高度概括了党和国家各项工作面临的新形势、新任务、新要求，为我们正在进行的司法考试工作，尤其是国家统一法律职业资格制度改革完善工作进一步指明了方向。

这次司法考试调整将"准司法性质"法律人员都纳入考试范围。须参加考试人员从法官、检察官、律师、公证员扩大到从事行政处罚决定审核、行政复议、行政裁决的工作人员，以及法律顾问、仲裁员（法律类），希望通过提高整体法律从业人员的专业水平，从而带动全社会法治程度的提升。

10.《关于开展刑事案件律师辩护全覆盖试点工作的办法》出台

2017年10月12日，最高人民法院、司法部联合出台了《关于开展刑事案件律师辩护全覆盖试点工作的办法》。该办法规定，律师刑事辩护全覆盖工作在北京、上海、浙江、安徽、河南、广东、四川、陕西8个省（市）试点，试点省（市）可以在全省（市）或者选择部分地区开展试点工作。试点期限为一年。

该办法所指刑事案件律师辩护全覆盖主要是刑事案件审判阶段的律师辩护全覆盖，具体而言包括以下内容：被告人具有《刑事诉讼法》第34条、第267条规定的应当通知辩护情形，人民法院应当通知法律援助机构指派律师为其提供辩护；除此之外，其他适用普通程序审理的一审案件、二审案件、按照审判监督程序审理的案件，被告人没有委托辩护人的，人民法院也应当通知法律援助机构指派律师为其提供辩护。这就将通知辩护范围扩大到法院审判阶段适用普通程序审理的所有一审案件、二审案件和按照审判监督程序审理的案件；同时，适用简易程序、速裁程序审理的案件，被告人没有辩护人的，人民法院应当通知法律援助机构派驻的值班律师为其提供法律帮助；在法律援助机构指派的律师或者被告人委托的律师为被告人提供辩护前，被告人及其近亲属可以提出法律帮助请求，人民法院应当通知法律援助机构派驻的值班律师为其提供法律帮助。

　　为确保刑事案件律师辩护全覆盖落到实处，该办法明确规定，二审法院发现一审法院未履行通知辩护职责，导致被告人在审判期间未获得律师辩护的，应当裁定撤销原判，发回原审法院重新审判。要加强律师资源保障，要求对律师资源统筹调配，鼓励和支持律师开展刑事辩护业务。建立多层次经费保障机制，确保经费保障水平适应开展刑事案件律师辩护全覆盖试点工作需要。

　　该办法要求依法保障辩护律师执业权利，为辩护律师履行职责提供便利，强调保障律师知情权、阅卷权、调查取证权、申请出庭作证权，尊重律师辩护意见，并对律师辩护质量提出具体要求，规定辩护律师应当坚持以事实为依据、以法律为准绳，依法规范诚信，履行辩护代理职责，勤勉尽责，遵守法律法规、执业行为规范和法庭纪律，不断提高辩护质量和工作水平，切实维护当事人合法权益、促进司法公正。

　　开展刑事案件律师辩护全覆盖试点工作是推进司法改革和律师制度改革的重要举措，也是我国人权司法保障的一大进步，对于充分发挥律师在刑事案件中的辩护职能作用，维护司法公正，彰显我国社会主义法治文明的进步具有重大意义。

　　中国政法大学诉讼法学研究院教授顾永忠表示，"目前我们只有30%左右的案件才有律师辩护，如果靠当事人自己花钱请律师不可能提高多少，《关于开展刑事案件律师辩护全覆盖试点工作的办法》把目前法定的法律援助范围扩大，是制度的创新"。①

　　北京德恒律师事务所副主任李贵方为此点赞："如果一审剥夺了被告人的辩护权，没有律师给他辩护，二审法院可以

---

① 张航："北京、上海等8省市试点刑事案件律师辩护全覆盖"，载 http://hn.cnr.cn/zyjjq/20171012/ t20171012_523983609.shtml，最后访问日期：2018 年1 月3 日。

撤销案件，发回重审，这个规定也是一个很大的亮点。"并且李贵方律师分析："应当会见被告人并制作会见笔录，应当阅卷并复制主要的案卷材料"，对于开庭审理的案件，"辩护律师应当做好开庭前的准备；参加全部庭审活动，充分质证、陈述；发表具体的、有针对性的辩护意见，并向人民法院提交书面辩护意见"。这些都是在刑事辩护中非常重要的工作，该办法都提出了明确具体的要求。①

11.《关于开展律师调解试点工作的意见》发布

2017 年 10 月 16 日，司法部在中华全国律师协会举办新闻通气会，发布最高人民法院、司法部日前联合制定的《关于开展律师调解试点工作的意见》。

律师调解是由律师、依法成立的律师调解工作室或者律师调解中心作为中立第三方主持调解，协助纠纷各方当事人通过自愿协商达成协议解决争议的活动。开展律师调解是完善我国诉讼制度的创新性举措，有利于及时化解民商事纠纷，有效缓解法院"案多人少"的矛盾，节约司法资源和诉讼成本，推动形成中国特色多元化纠纷解决体系。同时，作为深化律师制度改革的重要成果，开展律师调解是对律师业务领域的重要拓展，实现了律师专业法律服务与调解这一中国特色替代性纠纷解决机制相结合，对于进一步发挥律师在全面依法治国中的职能作用具有重要意义。

《关于开展律师调解试点工作的意见》规定了律师调解的四种工作模式：一是在人民法院诉讼服务中心、诉调对接中心或具备条件的人民法庭设立律师调解工作室，配备必要的工作设施和工作场所。二是在县级公共法律服务中心、乡镇

---

① 张航："北京、上海等 8 省市试点刑事案件律师辩护全覆盖"，载 http://hn.cnr.cn/zyjjq/20171012/ t20171012_523983609.shtml，最后访问日期：2018 年 1 月 3 日。

公共法律服务站设立专门的律师调解工作室，由公共法律服务中心（站）指派律师调解员提供公益性调解服务。三是在律师协会设立律师调解中心，在律师协会的指导下，组织律师作为调解员，接受当事人申请或人民法院移送，参与矛盾化解和纠纷调解。四是鼓励和支持有条件的律师事务所设立调解工作室，可以将接受当事人申请调解作为一项律师业务开展，同时可以承接人民法院、行政机关移送的调解案件。

该意见完善了律师调解与诉讼对接机制，对建立科学的经费保障机制作出了安排，此外律师调解在北京、黑龙江、上海、浙江、安徽、福建、山东、湖北、湖南、广东、四川11个省（市）开展试点。试点省（市）可以在全省（市）或者选择部分地区开展试点工作。

没有科学的经费保障机制，就难以确保律师调解制度长效运行。为此，《关于开展律师调解试点工作的意见》针对不同调解模式的特点，确立了多渠道经费保障机制。一是在律师事务所设立的调解工作室受理当事人直接申请调解纠纷的，可以按照有偿和低价的原则向双方当事人收取调解费，一方当事人同意全部负担的除外。二是在公共法律服务中心（站）设立的律师调解工作室和在律师协会设立的律师调解中心受理当事人直接申请调解纠纷的，由司法行政机关、律师协会通过政府采购服务的方式解决经费。律师调解员调解法律援助案件的经费，由法律援助机构通过政府采购服务渠道予以解决。三是在人民法院设立律师调解工作室的，人民法院应根据纠纷调解的数量、质量与社会效果，由政府采购服务渠道解决调解经费，并纳入人民法院专项预算。

12. 全国首个刑事案件律师辩护全覆盖工作实施细则发布

2017 年 10 月 31 日，广州市中级人民法院与广州市司法局联合发布《广州市开展刑事案件律师辩护全覆盖工作的实施细则（试行）》，标志着广州市刑事案件律师辩护全覆盖试点工作正式启动，广州成为全国首个制定实施细则的城市。①

广东省是律师刑事辩护全覆盖工作的 8 个试点省（市）之一。根据《关于开展刑事案件律师辩护全覆盖试点工作的办法》，有条件的地方可以建立刑事辩护律师库。此次广州出台的实施细则明确了律师入库条件，要求承办刑事案件律师辩护全覆盖案件的律师应当执业满三年或者具有三年以上司法工作经历，并具有一定的刑事办案经验，确保被告人获得专业的法律服务。广州出台的实施细则还率先建立了刑事案件辩护全覆盖律师全方位评价、考核、奖惩机制，有利于发挥优秀律师在刑事辩护领域的引领示范作用。同时对法院与司法行政机关法律援助机构的工作衔接机制进行了完善。②

时任广州市中级人民法院副院长张春和介绍，该实施细则完善了法院与司法行政机关法律援助机构的工作衔接机制，推动解决实践中法律援助律师难以全面掌握案件审理情况等问题；依托广州市政法大数据平台以及广州智慧法院"律师通""广州微法院"小程序等工作平台，加快案件流转速度，保障律师执业权利充分便捷实现，提升试点工作质效；明确了律师入库条件，要求承办刑事案件律师辩护全覆盖案件的

---

① 陈越："广州启动刑事案件律师辩护全覆盖试点"，载 http://www.cnr.cn/gd/gdkx/20171101/t20171101_524008476.shtml，最后访问日期：2017 年 12 月 27 日。

② 毛一竹："广州启动刑事案件律师辩护全覆盖试点"，载 http://www.sohu.com/a/201533689_267106，最后访问日期：2018 年 1 月 1 日。

律师应当执业满三年或者具有三年以上司法工作经历，并具有一定的刑事办案经验，确保被告人获得专业的法律服务。同时，建立全方位评价、考核、奖惩机制，充分调动律师参与刑事辩护工作积极性。[①]张春和表示，"通过试点大幅提高律师刑事辩护率，让被告人在刑事案件各个阶段得到充分的律师辩护和帮助，推动以审判为中心的刑事诉讼制度的完善，进一步筑牢避免冤假错案的防线，有效促进司法公平公正"。

时任广州市司法局副局长谭祥平表示，"律师的执业权利是当事人权利的延伸。在刑事诉讼中依法保障律师的执业权利，规范律师执业行为，是实现律师辩护全覆盖的一个重要条件。实施细则专门就此做了全面务实、操作性强的规定"。[②]

13. 时隔十三年，《律师会见监狱在押罪犯规定》终出台

2017 年 12 月 8 日，我国司法部印发《律师会见监狱在押罪犯规定》。2004 年，司法部发布《律师会见监狱在押罪犯暂行规定》。13 年来在《律师会见监狱在押罪犯暂行规定》管理下，律师会见在押犯人仍并不顺利，甚至存在遭遇监狱方面阻碍、阻拦、监听的情况。

相较于《律师会见监狱在押罪犯暂行规定》，《律师会见监狱在押罪犯规定》有颇多亮点。

（1）将 2004 年中的第 3 条提前为第 2 条，并将新增加的"监狱依法保障律师会见在押犯的权利"置于第一句，充分体

---

① 杨姣姣："广州启动刑事案件律师辩护全覆盖试点"，载 http://www.legaldaily.com.cn/index/content/ 2017-10/31/content_7373861.htm?node=20908，最后访问日期：2017 年 12 月 27 日。

② 毛一竹："广州启动刑事案件律师辩护全覆盖试点"，载 http://www.sohu.com/a/201533689_267106，最后访问日期：2018 年 1 月 1 日。

现了对律师合法权利保护的重视。

（2）律师接受在押罪犯委托或者法律援助机构指派，具有在刑事诉讼程序中担任代理人或辩护人、在民事或行政诉讼程序中担任代理人、代理调解仲裁、代理各类诉讼案件申诉、提供非诉讼法律服务、解答有关法律咨询、代写诉讼文书和有关法律事务的其他文书的情形时，可会见在押犯人。

（3）其他案件的代理律师，需要向监狱在押罪犯调查取证的，可以会见在押罪犯。

（4）《律师会见监狱在押罪犯规定》第4条中新增的罪犯的监护人、近亲属可以代为委托律师。

（5）律师需要会见在押罪犯，可以传真、邮寄或者直接提交的方式，向罪犯所在监狱提交下列材料的复印件，并于会见之日向监狱出示原件。

（6）罪犯的监护人、近亲属代为委托律师的，律师第一次会见时，应当向罪犯本人确认是否建立委托关系。

（7）在押罪犯可以委托一至两名律师。委托两名律师的，两名律师可以共同会见，也可以单独会见。律师可以带一名律师助理协助会见。

（8）辩护律师会见被立案侦查、起诉、审判的在押罪犯时，不被监听，监狱不得派警察在场。

（9）律师会见在押罪犯，认为监狱及其工作人员阻碍其依法行使执业权利的，可以向监狱或者其上级主管机关投诉，也可以向其所执业的律师事务所所在地的市级司法行政机关申请维护执业权利。情况紧急的，可以向事发地的司法行政机关申请维护执业权利。

新规定的出台，扩大了律师会见委托权的主体范围，维护了律师和在押犯人的辩护权，在保障罪犯人权的路上更进一步。

有学者作出评价，"尽管《律师会见监狱在押罪犯规定》

仍有值得完善之处，各地监狱的落实也仍有待观察，但该规定可谓 2017 年司法改革的一项保障正义实现的实效性措施，是司法部新任领导做实事的体现。律师监狱会见新规，在保障罪犯人权的路上更进一步……"。[①]

14. 司法部、国家信访局出台《关于深入开展律师参与信访工作的意见》

2016 年 12 月 16 日，为深入贯彻党的十八大和十八届三中、四中、五中、六中全会精神，充分发挥律师在维护群众合法权益、化解矛盾纠纷、促进社会和谐稳定中的重要作用，根据中央部署要求和《律师法》《信访条例》等法律法规规定，司法部、国家信访局出台了《关于深入开展律师参与信访工作的意见》。

该意见强调律师参与信访工作的主要任务是：参与接待群众来访。在信访接待场所为信访群众特别是反映涉法涉诉信访事项的群众解答法律问题，提供咨询意见，引导信访群众通过法定程序表达诉求、运用法律手段解决纠纷、依靠法律途径维护自身合法权益。对信访事项于法有据的，要认真向信访部门反馈；对依法应当通过其他途径解决的，引导来访人向有关机关提出；对符合法律援助、司法救助条件的，依法指明申请程序；对于法无据、于理不合的，对信访人进行引导教育，协助相关部门做好息访解纷、化解矛盾工作；参与处理疑难复杂信访事项。参与疑难复杂信访事项的协调会商，提出依法分类处理的建议，为信访事项办理、复查、复核或者审核认定办结工作提供法律意见。参与信访积案、重复信访事项的化解，对信访人进行法治宣传教育。参与领导信访接待日群众来访接待工作，为接访领导提供法律意见；

---

① 徐昕："律师会见监狱在押罪犯新规的意义"，载《南方都市报》2017 年 12 月 11 日，第 A15 版。

服务信访工作决策。为涉及信访工作的改革创新举措提供法律意见；参与对涉及信访工作的法律法规规章草案、规范性文件送审稿的论证；参与信访督查。根据信访部门工作要求，为督促检查信访事项的处理等提供法律意见和建议。

该意见对于律师工作的要求是：遵守工作程序。律师应当在信访接待场所接待群众来访。律师接待群众来访应当公示姓名和律师事务所名称，详细记录信访群众的信访事由和答复意见、处理办法，按照规范程序和要求对信访事项建档备查，接受信访部门和来访群众的监督；依法处理信访事项。律师接待群众来访，应当坚持以事实为依据、以法律为准绳，全面了解信访事项基本情况，依法慎重提出法律意见。对重大、复杂、疑难信访事项，应当提交律师事务所集体讨论；对信访群众反映的重大问题或者可能引发群体性事件等其他严重后果的问题，应当及时向有关部门报告；对信访人在信访活动中的违法言行，应当积极开展引导教育，告知其应承担的法律后果，协助有关部门做好疏导工作；遵守工作纪律。参与信访工作的律师应当遵守有关信访工作、律师工作的法律法规、规章制度和执业规范，恪守律师职业道德和执业纪律，不得明示、暗示或者组织信访人集体上访、越级上访；不得支持、参与信访人进行的妨碍社会秩序的各种活动；对所接触的信访事项和党政机关涉密事项及信访人隐私，应当严格保密；不得利用在参与信访工作期间获得的非公开信息或者便利条件，为本人或者他人牟取不正当利益；不得在信访接待场所接受信访人的委托代理；不得接受其他当事人委托，办理与所参与信访工作的部门有利益冲突的法律事务。

律师作为第三方参与涉诉涉访工作，是创新社会治理的有益探索，也是贯彻落实党的十八届四中全会关于"把信访纳入法治化轨道"的信访机制改革的重要举措。

2018 年

1. 千名涉外律师领军人才纳入五年规划

2018 年 1 月 3 日，司法部律师公证工作指导司司长周院生在接受《中国日报》独家专访时指出，为适应全面开放新格局的需要，未来 5 年内，中国将着力培养 1000 名涉外律师领军人才，建设一批规模大、实力强、服务水平高的涉外法律服务机构。[①]

近年来，全球经济一体化导致跨国纠纷案件和法律事务呈明显上升趋势。当前，法律服务业成为国际服务贸易的重要组成部分，但我国律师与国际同行相比在国际法律服务能力等方面还存在一定差距。中国法律市场需要一支通晓国际规则、具有世界眼光和国际视野的高素质涉外法律服务队伍。为此，司法部、中华全国律师协会早在 2012 年就制订了涉外律师领军人才培养计划，旨在培养精通相关领域业务和国际规则、具有全球视野、具有丰富执业经验和跨语言、跨文化运用能力的懂法律、懂经济、懂外语的复合型、高素质律师领军人才，更好地服务国家整体经济和社会发展战略。据周院生介绍，司法部将建立涉外律师领军人才数据库，该数据库内容会及时更新，入库的律师主要是各省（区、市）和地方律师协会推荐的符合条件的精英律师，考评参考相关律师的教育文化背景、英语语言能力，对相关涉外法律的熟悉和运用程度，以及相关的工作经验等。周院生说，2017 年至 2022 年，中华全国律师协会每年都会组织开展涉外律师领军

---

① 张琰："司法部：五年内培养 1000 名涉外律师领军人才"，载《中国日报》2018 年 1 月 3 日。

人才培训活动，培训期间，相关司法机关的官员、法学教授以及涉外领域资深的律师都会给学员进行授课，包括一些国际法律知识和典型案例的剖析等，跟大家进行面对面的交流和互动。参加培训的律师学员也可以借此平台对他们关切的话题进行深入交流和分享经验。培训后，通过考试测评，一些优秀的律师还被推荐到国外一些知名大学的法学院、相关法律机构，以及当地著名的律师事务所进行培训，实习和开展交流活动。目前，已组织培训五批共 300 多名律师，先后赴德国、西班牙、美国、英国等国家学习交流。①

近年来，我国律师事业取得了很大发展，截至 2017 年年底，全国共有执业律师 36.5 万多人，律师事务所 2.8 万多家，②但是行业发展不均衡、不平衡的状况还比较突出，特别是复合型、国际化律师人才队伍发展相对滞后，从事涉外法律服务的律师人才相对短缺，总量不足，这一现状与我国对外开放总体目标和经济发展总体水平不相适应，严重制约了我国律师行业的发展。在新的形势下加大涉外律师人才培养力度，是改善我国律师知识结构、保障律师事业持续健康发展的战略需要，为我国涉外法律服务业发展奠定深厚的人才基础。这些年来，江苏、上海、浙江等省（市）拿出专项资金筹建涉外高级法律人才库、建立卓越涉外法律人才培养基地、实施涉外律师高级人才培训计划，取得了一定成效，为加强涉外律师人才培养积累了丰富经验。③

---

① 张琰："司法部：五年内培养 1000 名涉外律师领军人才"，载《中国日报》2018 年 1 月 3 日。

② 司法部政府网："律师、公证、基层法律服务最新数据出炉"，载 http://www.moj.gov.cn/Department/ content/2018-03/14/613_17040.html，最后访问日期：2019 年 1 月 3 日。

③ 赵大程："加强涉外律师培养 为对外开放提供人才保障"，载《中国司法》2013 年第 12 期，第 6~10 页。

2. 律师在省级层面和国家层面的参政议政比例提高

2018 年 1 月 18 日，北京市第十三届政协委员名单正式公布，16 名北京律师当选市政协委员，人数比上届增长 78%。安徽省、湖南省、天津市、四川省、河南省、广东省、山东省等各省（市）以及全国的律师参政议政比例均有提高。

2018 年 1 月 21 日、22 日，安徽正式进入"两会"时间，18 名律师当选新一届省人大代表、省政协委员，其中，安徽省人大代表 8 名，安徽省政协委员 10 名，较上一届增加了 6 名，增长 50%。2018 年 1 月 22 日，湖南正式进入"两会"时间。此次湖南省"两会"上，律师界有 8 名律师人大代表、11 名律师政协委员共计 19 人参会，相比上届 8 人（2 名律师人大代表、6 名律师政协委员）在数量上有了大幅增加。2018 年 1 月 22 日、24 日，河南省政协十二届一次会议、河南省人大十三届一次会议相继开幕。本次河南"两会"共有 19 名律师当选省人大代表、政协委员。2018 年 1 月 23 日、24 日天津市十七届人大一次会议、天津市政协十四届一次会议分别召开，天津市共有 25 名律师当选新一届天津市人大代表、政协委员。其中，市人大代表 16 名，市政协委员 9 名。2018 年 1 月 24 日、26 日，四川省政协十二届委员会第一次会议、四川省十三届人大一次会议召开。四川律师行业共有 27 名律师担任本届省人大代表、省政协委员，较上届增加了 8 名，增长了近 1.5 倍。2018 年 1 月 24 日、25 日，山东省政协十二届一次会议和山东省十三届人大一次会议分别召开，共有 30 名律师担任省人大代表、省政协委员。2018 年 1 月 25 日，广东省十三届人大一次会议在广州开幕，广东省正式进入"两会"时间。此次担任广东省人大代表的律师有 12 名，较上一届增加 5 名；担任省政协委员的律师有 8 名，较上一届增加 4 名。与各省（区、市）相似，律师在全国人大代表和全国政协委员中，较上届在人数上也有了新的突破。

律师在人大代表、政协委员中的人数数量迅速增加，是律师日益强烈的参政议政监督诉求的体现，也是我国全面推进依法治国和法治社会进步的必然结果。律师在依法治国中扮演着不可替代的角色，得益于其近水楼台的专业优势和得天独厚的职业优点。由于律师的接触对象涉及社会的各个层面，律师对社会矛盾有着深刻而广泛的了解，又善于表达人民群众和社会各方的诉求；而且他们在工作中直接接触人民法院、人民检察院等国家司法机关，以及行政执法部门，可以对司法权和行政权的行使进行有效的监督。律师参政议政是依法治国的客观需要，是维护正义的有效方式，也是强化律师在规范行政执法工作中的作用、提高律师整体形象的有效途径。[1]

3. 各省律师行业党委陆续成立

2018 年 1 月 26 日，中国共产党青海律师行业委员会和中国共产党山东省律师行业委员会成立。之后，四川省、黑龙江省、陕西省等多家律师行业党委陆续成立。

为了深入贯彻落实党的十九大精神和习近平总书记关于加强律师队伍建设的重要指示精神，进一步加强新形势下律师行业党的建设工作，推动律师工作改革发展，根据中共中央办公厅《关于加强社会组织党的建设工作的意见（试行）》，报经青海省委组织部同意，青海省司法厅党组于 1 月 26 日下发了《关于成立中国共产党青海省律师行业委员会的通知》，同意成立中国共产党青海律师行业委员会，简称"青海省律师行业党委"，负责指导全省律师行业党的建设工作。同一天，山东省司法厅党委决定成立中国共产党山东省律师行业委员会，简称"山东省律师行业党委"。随后，四川省、黑

---

[1] 刘正全："进一步推进律师参政议政工作的建议"，载《法制博览》2017年第 20 期，第 144 页。

龙江省、陕西省、甘肃省等多家律师行业党委陆续成立。中华全国律师协会 12 月 21 日发布，目前我国已实现 32 个省级律师行业党委全覆盖。中华全国律师协会统计显示，截至 11 月底，除福建、广西、海南外，北京等 28 个省（区、市）和新疆生产建设兵团已经实现了律师事务所党组织全覆盖。①

律师行业党委是党对律师行业的领导核心，统筹领导律师行业一切工作。在司法行政机关党组（党委）领导下，确保律师行业正确的政治方向，协调司法行政机关行政管理和律师行业管理有效运行，可以更加有效地实现进一步明晰行政管理与行业管理职责、充分发挥行政管理和行业管理各自优势、合力促进律师行业管理规范的目标，促进律师队伍规范化、专业化、职业化建设,指导律师基层党务工作有效开展。②各省律师行业党委的陆续成立，在律师行业党的建设史上具有重大意义，标志着律师行业党的建设进入了一个新的历史阶段，有利于进一步增强律师行业的凝聚力和向心力，坚持和完善中国特色社会主义律师制度，促进律师事业的改革和发展。

4. 全国首家省级律师协会筹建的陈列室问世

2018 年 2 月 2 日上午，全国首家由省级律师协会筹建的陈列室——安徽律师行业发展陈列室正式开展。

安徽律师行业发展陈列室位于安徽省合肥市，其结构紧凑，布展朴庄重，整体设计以法治建设为背景，以安徽律师行业改革发展为脉络，其内部又以时间线将陈列室分为三个不同的展区，既展示了律师协会成立以来的重要文件文献

① 新华网："我国实现省级律师行业党委全覆盖"，载 http://www.xinhuanet.com/2018-12/21/c_1123887818.htm，最后访问日期：2019 年 1 月 3 日。
② 李仁尧："律师行业党委的性质、职能与管理体制"，载《中国律师》2018 年第 6 期，第 41~43 页。

资料及 1980 年以来安徽律师队伍发展情况，同时也反映了安徽律师事业在初建期、重建期、发展期的改革发展情况。据悉，陈列室共展出史物 120 余件，图片 200 余张，通过文献、图片、实物、视频等史料全方位地展示了安徽律师事业的发展脉络。①不仅如此，陈列室还通过 3DVR 技术制作了现场示意图，让每一个关心安徽律师事业的人都可以通过网络仿若身临其境地参观。安徽省律师协会秘书长贾晓清说，可以预见，往后将会有更多历史物件走进陈列室。"用图文记录发展，用实物述说历史，我们有信心和有能力把陈列室建造成为安徽律师的文化礼堂、精神家园"。

近年来，安徽省高度关注和重视律师行业，不断加强律师队伍管理服务，使得律师行业的社会美誉度不断提升，律师协会在维护律师执业权利、改善律师执业环境等方面很有作为。时任安徽省律师协会名誉会长蒋敏表示，陈列室是历史的眼睛，记录着律师事业发展的每一步，同时将歌颂律界前辈，鼓励后辈来者。时任安徽省司法厅副厅长、省律师协会党委书记沙奇志指出，安徽律师行业发展陈列室的建成与开放，既是安徽律师事业发展史上的一件大事，也是安徽律师文化建设的一大硕果。他表示，律师行业发展陈列室，不仅将成为律师文化的重要载体，成为律师行业改革发展硕果的展示平台，更要成为律师文化传承教育的重要基地，成为"律师之家"。

5.《中华全国律师协会律师业务推广行为规则（试行）》发布

2018 年 1 月 31 日，中华全国律师协会发布并实施了《中华全国律师协会律师业务推广行为规则（试行）》。

① 佚名："安徽律师行业发展陈列室即将开展"，载《中国律师》2018 年第 2 期，第 5 页。

　　该行为规则共 20 条，是对律师职业道德和执业规范相关内容的进一步细化。总体上采用了宽松式的业务推广管理作为基本价值取向，规定了进行业务推广时应当遵守法律法规和执业规范，公平和诚实竞争，推广内容应当真实、严谨，推广方式应当得体、适度等基本原则。第 2 条对"律师业务推广"定义为：律师、律师事务所为扩大影响、承揽业务、树立品牌，自行或授权他人向社会公众发布法律服务信息的行为，确定以"为扩大影响、承揽业务、树立品牌""向社会公众发布"为区分业务推广行为和非业务推广行为的重要标准。与以往仅以承揽业务为业务推广的目的相比，新定义包含了实际当中较为隐蔽的推广方式，如通过微信、微博等方式发表一些有关业务业绩、专业文章等来达到扩大自身影响、承揽业务等目的。因此，新定义增加了扩大影响和树立品牌作为判断业务推广行为的目的要件，向社会公众发布为范围条件，将一些比较间接的业务推广方式也纳入本规则规制的范围。而第 10 条规定了如禁止"虚假、误导性或夸大性宣传"等 13 项禁止性内容，再加上第 8 条关于荣誉称号的规定、第 9 条关于自称专家的禁止性规定，相比《律师执业行为规范》有了较大的改动。

　　总体来说，该行为规则是律师协会颁布的行为规范，是为净化律师业务推广环境，防范和制止第三方平台的不当业务推广行为，从而对律师、律师事务所和第三方合作进行业务推广作出的专项规定。其在制定时，采用了较为详细具体的规范制定方法，使律师、律师事务所在从事业务推广行为，律师协会在规范业务推广行为时，有明确的规则可依。同时，该行为规则在顺应时代发展，对互联网业务推广行为的规制方面也作出了具有可操作性的规定。在立法技术上也较为先进，但其有效实施还有赖于广大律师对规则的深入理解和积极的同行监督，有赖于律师协会"不护短""不手软"地发挥监管作用。① 只有这样，才能使得其得到有效的实施，才能使律师执业环境得到进一步净化。

6. "新时代律所律师品牌建设与法律新媒体营销"论坛在京举办

2018 年 4 月 21 日下午，由北京朝阳区律师协会、《法治晚报》共同主办的"新时代律所律师品牌建设与法律新媒体营销"论坛成功举办。

该论坛围绕"如何借助新媒体塑造律所律师品牌""如何使用新媒体进行法律营销"等话题进行了深入而热烈的分享和交流。业内权威机构、知名律师事务所代表、资深律师共30 余人参加了此次论坛。在论坛上，很多专家及媒体人就论坛的主题分享了自己的一些心得与体会，如资深法律媒体人、《法制晚报》法律研究中心及《法律大讲堂》栏目负责人李奎，以"律所品牌运营中的内容短板解决"为题做了主题分享，他表示，跟传统媒体相比，新媒体具有"分发成本低、快速、跨区域性"的明显优势，然而律师事务所律师在打造品牌时往往面临"品牌意识不强、缺乏专业人才、传播渠道不足"的三大痛点，使得律师事务所不能充分利用新媒体的优势打造品牌。② 除此之外，还有很多其他资深专家都分享了自己对所论主题的看法，论坛结束后，多位参会嘉宾纷纷表示收获颇多，学习到很多品牌建设和新媒体营销方面的经验和技巧。

首届论坛举办成功之后，同年 4 月 28 日、5 月 13 日、5 月 27 日、8 月 25 日以及 9 月 1 日，相继举办了五届律师事务所律师品牌建设论坛，参加论坛的专家及律师事务所代表合

---

① 吴晨："律师业务推广行为规则剖析"，载《中国司法》2018 年第 3 期，第 55~60 页。

② "2018 年首届新时代律所律师品牌建设论坛在京举办"，载 http://wemedia. Ifeng.com/57883465/wemedia. shtml，最后访问日期：2018 年 12 月 28 日。

计 100 余人。第二届论坛主题为"如何使用新媒体塑造律所律师品牌？""如何使用新媒体进行法律营销""穿着礼仪对律师品牌力的影响"等话题，与会代表与专家就主题做了分享，如知名影视导演、制片人、中国电影家协会影视产业促进与投资工作委员会副秘书长苗炜基以"律所如何借助影视渠道提升法律品牌形象"为主题进行了分享；第三届论坛主题为"律所品牌运营中的内容短板解决""律师事务所品牌建设系统方法论""法律人的专业坚守和品牌树立"等话题，与会代表与专家就主题做了分享，如腾讯新闻全媒派执行主编刘胜男以"法律人如何玩转腾讯企鹅问答"为主题进行了分享；第四届论坛主题为"律所品牌运营法则""律师如何出版专业著作进行品牌建设""如何通过视觉塑造律师专业形象"等话题，与会代表与专家就主题做了分享，如法律出版社应用分社社长戴伟以"律师如何出版专业著作进行品牌建设"为主题进行了分享；第五届论坛主题为"如何运用定位策略打造律所律师品牌""品牌宣传对律所业务拓展的重要性""通过特色活动打造律所品牌"等话题，与会代表与专家就主题做了分享，如微博法律领域负责人吴大晨以"玩转微博，打造法律人自媒体品牌"为主题进行了分享。

"新时代律所律师品牌建设与法律新媒体营销"论坛，是由《法制晚报》和朝阳区律师协会联合发起举办的业务交流及学术性会议，论坛定期邀请媒体专家、品牌专家、互联网营销专家、法律服务机构负责人，分享、共享品牌建设运营及新媒体营销推广经验和成果，增强律师事务所律师品牌意识，提升其品牌建设手段，帮助其树立良好职业形象，促使其合法、有序、有效地借助新媒体形式进行品牌推广及业务营销。因参与的广泛性、内容的丰富性、经验的可操作性，已在业界取得良好口碑及较大的影响力，该论坛将逐步打造成国内法律服务行业的一个知名论坛品牌。①

7.《关于依法保障律师诉讼权利和规范律师参与庭审活动的通知》发布

2018 年 4 月 21 日，最高人民法院、司法部发布《关于依法保障律师诉讼权利和规范律师参与庭审活动的通知》，自发布之日起施行。

该通知的重点内容是保障律师诉讼权利。通知强调，各级人民法院及其工作人员要尊重和保障律师的诉讼权利，法庭审理过程中法官应当尊重律师，不得侮辱、嘲讽律师。人民法院要严格执行法定程序，平等对待诉讼各方，合理分配各方发问、质证、陈述和辩论、辩护的时间，充分听取律师意见。对于律师在法庭上就案件事实认定和法律适用的正常发问、质证和发表的辩护代理意见，法官不得随意打断或者制止。该通知明确，审判长或者独任审判员认为律师在法庭审理过程中违反法庭规则、法庭纪律的，应当依法给予警告、训诫等，确有必要时可以休庭处置，原则上不采取责令律师退出法庭或者强行带出法庭措施。

在保障律师诉讼权利的同时，该通知也对律师在参与庭审活动中的行为规范作了规定。其规定，律师认为法官侵犯其诉讼权利的，应当在庭审结束后，向司法行政机关、律师协会申请维护执业权利，不得以维权为由干扰庭审的正常进行，不得通过网络以自己名义或通过其他人、媒体发表声明、公开信、敦促书等炒作案件。还明确，律师参加庭审不得对庭审活动进行录音、录像、拍照或使用移动通信工具等传播庭审活动，不得进行其他违反法庭规则和不服从法庭指令的行为。

---

① "2018 年第五届律所律师品牌运营和文化建设论坛在京举办"，载 http://wemedia.ifeng.com/76787173/wemedia.shtml，最后访问日期：2018 年 12 月 28 日。

该通知对律师和法官涉嫌违法违规行为的处理程序也分别作出了规定。律师认为法官在审判过程中有违法违规行为的，可以向相关人民法院或其上一级人民法院监察部门投诉、举报，人民法院应当依法作出处理并及时将处理情况答复律师本人，同时通报当地司法行政机关、律师协会。对社会高度关注的，应当公布结果。人民法院认为律师有违法违规行为的，应当向司法行政机关、律师协会提出司法建议，并移交庭审录音录像、庭审记录等相关证据材料。对需要进一步调查核实的，应配合、协助司法行政机关、律师协会有关的调查取证工作。还确立了律师维权和违法违规事件分级分类处理机制，强化了司法行政机关、人民法院、律师协会之间，以及跨区域之间的工作衔接和配合，以保证律师维权和违法违规事件得到快速、高效、公正处理。

时任司法部副部长熊选国强调，律师执业权利的保障程度，不仅关系到律师作用能否有效发挥，当事人合法权益能否得到有效维护，而且直接关系到司法公正的实现，反映着一个国家民主法治的程度。律师执业行为是否规范，不仅影响律师职业的整体形象，而且关系到国家法律能否得到正确实施，影响着公众对法治的信仰、对社会公平正义的信心。

8.国家统一法律职业资格考试迎来重大改革

1986 年，我国首先确立了律师资格考试制度。1995 年，《法官法》和《检察官法》颁布实施，法院和检察院系统分别建立了初任法官、初任检察官考试制度。

2001 年 6 月 30 日，九届人大第二十二次会议通过了《法官法》和《检察官法》修正案。两法修正案附则明确规定："国家对初任法官、检察官和取得律师资格实行统一的司法考试制度，国务院司法行政部门会同最高人民法院、最高人民检察院共同制定司法考试实施办法，由国务院司法行政部门负责实施。"这标志着，合律师资格、初任法官和初任检察官三项考试于一身的国家司法考试制度正式确立。

党的十八大以来，以习近平同志为核心的党中央高度重视社会主义法治工作队伍建设。2014 年 1 月，习近平总书记在中央政法工作会议上强调，要把能力建设作为一项重要任务，坚持从源头抓起，改革和完善司法考试制度。党的十八届四中全会《中共中央关于推进全面依法治国若干重大问题的决定》着眼于推进法治工作队伍正规化、专业化、职业化，提出"完善法律职业准入制度，健全国家统一法律职业资格考试制度，建立法律职业人员统一职前培训制度"。2015 年 6 月，习近平总书记主持召开中央全面深化改革领导小组第十三次会议，审议通过了《关于完善国家统一法律职业资格制度的意见》；同年 9 月，中共中央办公厅、国务院办公厅印发此意见，明确将现行司法考试制度调整为国家统一法律职业资格考试制度。2017 年 9 月，十二届全国人大常委会第二十九次会议审议通过《关于修改〈中华人民共和国法官法〉等八部法律的决定》，明确了法律职业人员考试的范围、规定了取得法律职业资格的条件、增加了有关禁止从事法律职业的情形等，定于 2018 年开始实施国家统一法律职业资格考试制度，为组织实施法律职业资格考试提供了法律依据。

2018 年 4 月底，司法部发布《国家统一法律职业资格考试实施办法》，作为我国法律职业资格制度的第一部规章，明确了法律职业资格考试的报名条件、组织实施、违纪处理、资格授予管理等内容。

（1）主要内容。

《国家统一法律职业资格考试实施办法》共五章 28 条，包括总则，申请受理和审查、核查，审核认定和证书颁发，服务和管理以及附则。

一是明确司法行政机关工作职责。根据申请授予法律职业资格实行三级司法行政机关分级审核的方式，明确了三级司法行政机关的工作职责。

二是实行法律职业资格分别管理。根据《国家统一法律职业资格考试实施办法》和法律职业资格管理实践，对法律职业资格实行分别管理，将法律职业资格证书分为 A 类、B 类、C 类三类，明确了法律职业资格证书的适用范围和衔接措施。

三是提高法律职业资格管理信息化水平。积极推行"互联网 + 政务服务"，实行法律职业资格网上申请、档案网上管理以及档案网上流转等方式，实现让数据多跑路、群众少跑腿。推行法律职业资格电子证照，向法律职业资格人员发放纸质证书和电子证书，具有同等法律效力。

四是完善相关服务举措。建立公开公示制度，规定受理机关要公示申领法律职业资格的依据、条件、程序、期限以及需要提交的全部材料目录和申请书示范文本等内容，建立取得法律职业资格人员信息公开制度。严格期限规定，对司法部和下级司法行政机关的审核工作期限等作出了规定。强化行政许可相对人救济权利，要求司法行政机关作出不予受理申请、不予授予法律职业资格或者撤销法律职业资格等处理决定的，告知相对人申请行政复议或者提起行政诉讼的权利。

（2）适用情形。

司法部根据下列情形，授予申请人法律职业资格，并颁发相应的法律职业资格证书：符合《国家统一法律职业资格考试实施办法》第 9 条、第 22 条规定的条件，考试成绩达到全国统一合格分数线的，颁发 A 类法律职业资格证书。符合《国家统一法律职业资格考试实施办法》第 23 条规定的条件，申请享受放宽政策，考试成绩达到全国统一合格分数线的，颁发 B 类法律职业资格证书。符合《国家统一法律职业资格考试实施办法》第 9 条、第 22 条、第 23 条规定的条件，申请享受放宽政策，考试成绩达到放宽条件地区合格分数线的，颁发 C 类法律职业资格证书。

在 2002 年实施司法考试制度时，司法部根据应试人员报名条件、合格分数线和适用范围不同，将法律职业资格证书分为 A 类、B 类和 C 类，并明确了法律职业资格证书的适用范围，规定 A 类法律职业资格证书在全国范围内有效；B 类和 C 类法律职业资格证书的适用范围由国家统一法律职业资格考试协调委员会确定。

取得 B 类法律职业资格证书的人员，在获得《国家统一法律职业资格考试实施办法》第 9 条规定的专业学历条件后，其 B 类法律职业资格证书在全国范围内有效。也就是说，这些人员不需要再次报名参加国家统一法律职业资格考试并达到全国统一合格分数线，其证书即在全国范围内有效。这就减轻了他们的"考证"负担。

取得 C 类法律职业资格证书的人员，如果想要取得 A 类或者 B 类法律职业资格证书，需要重新参加国家统一法律职业资格考试，达到全国统一合格分数线后，可以申请授予 A 类或者 B 类法律职业资格证书，并向司法行政机关交回已取得的 C 类法律职业资格证书，原证书自作出授予新的法律职业资格决定之日起自动失效。

实行国家统一法律职业资格考试前取得的法律职业资格证书、律师资格凭证，与参加国家统一法律职业资格考试取得的法律职业资格证书具有同等法律效力。

（3）制度意义。

此次法考改革毫无疑问使得通过的难度下降了，但并不意味着国家对法治人才的要求与标准降低了，而是配合着报名门槛的抬高，确定一个新标准，进而挑选出更优秀的法治人才。同时，继续在艰苦边远地区和民族地区实行有一定差别的法律职业资格考试政策，适当降低考试门槛，也就是适当降低报名的专业学历条件和降低合格标准，继续在民族地区使用民族语言文字组织法律职业资格考试，实行特殊的法律职业资格管理政策，让当地符合条件的人才进得来、留得下，鼓励支持开展多层次、多形式、多领域的区域法治人才培养合作。[①] 国家统一法律职业资格考试工作是选拔培养法治人才的一项重要工作，能否把德才兼备的优秀法治人才选拔出来，直接关系到法治国家建设的成效。必须坚持以提高法治人才供给质量为主攻方向，做好将司法考试制度调整为国家统一法律职业资格考试制度的各项工作，选拔培养高素质的法治人才，为深化依法治国实践提供法治人才保障，同时提高各地法治人才供给质量和数量，增强各地法治服务能力，从而让法治建设成果更多更公平地惠及全体人民。

2018 年 6 月 8 日，考试公告发布，考试方式、考试内容都有了很大的变化。法律职业资格考试吸收了原司法考试的有益做法，同时根据新制度的定位做了一系列改革。

考试内容分为客观题和主观题进行。2018 年 9 月 22 日上午 8 时 30 分，首届考试客观题部分正式开始考试，报名人数达 60.4 万人；同年 10 月 20 日上午 8 时 30 分，首届考试主观题部分正式开始考试，18 余万人参加。

9. 中国首家碳中和律师事务所在京成立

2018 年 10 月 18 日，由北京环境交易所主办的以"凝聚法律力量，应对气候变化"为主题的"2018 年中国律所探索碳中和行动发布会暨研讨会"在京成功举办，北京市圣大律师事务所成为首家碳中和律师事务所。

会议期间，举行了北京市圣大律师事务所碳中和的授牌仪式，在此之前，经过科学、严密的盘查与核查，其通过了北京环境交易所购买经核证的林业碳汇减排量，抵消其 2017

---

① 贾丽群："全面推进国家统一法律职业资格考试改革发展"，载《中国司法》2018 年第 3 期，第 11~12 页。

年度组织运营层面碳排放，实现碳中和，并由此成为中国第一家碳中和法律机构，迈出了中国律师事务所探索碳中和行动坚实的一步。与会的领导及各方专家对此表示热烈的祝贺，对北京市圣大律师事务所探索碳中和的绿色公益行动表示赞赏。北京市圣大律师事务所有幸成为国内首家碳中和律师事务所，律师事务所主任匡双礼律师表示："一个人的个人兴趣和他的事业能结合是非常幸运的，如果还能与国家的需要乃至人类的命运紧密契合，则是很多人梦寐以求的，今天北京市圣大律师事务所的战略选择正好印证了这一点。"他希望在座的各位领导、专家及社会各界朋友，能够继续一如既往地支持、呵护北京市圣大律师事务所的绿色法律服务之路，同时他也表示北京市圣大律师事务所作为国内首家碳中和律师事务所，将继续秉承绿色发展理念，践行绿色公益，影响更多的市场主体积极参与低碳环保事业。党的十九大报告明确指出，要加快建立绿色生产和消费的法律制度和政策导向，建立全绿色低碳循环发展的经济体系。北京、天津、上海等地碳排放权交易自 2013 年相继启动，至今全国范围内已有 8 个试点地区碳交易运行，碳中和律师事务所的建立与发展，完全契合和响应了国家的号召。

参与会议的领导和专家也发出呼吁，希望包括律师、律师事务所在内的社会各方面能够主动参与减排事业，承担更多生态责任与社会责任，助力"全面加强生态环境保护，坚决打好污染防治"的国家攻坚战。从法律制度来讲，推动企业依法进行碳交易和碳中和，对于有效落实节能减排、保护绿水青山具有重要作用。我国目前已有部分地区的企业也开展了碳中和交易，并取得了良好的经济效益和环境效益，碳中和律师事务所的建立，体现了律师事务所的社会责任意识，可以有效地应对国际"绿色贸易壁垒"，提高了律师行业准入的环保标准门槛，提升了律师事务所能源管理水平，在律师行业起到了很好的模范标杆作用。

10.《律师宣誓规则》出台

2018 年 10 月 26 日，第九届中华全国律师协会第十五次常务理事会审议通过了《律师宣誓规则》。该规则共 16 条，主要内容包括规则制定的目的和依据、适用对象、组织主体、宣誓誓词、宣誓活动规范、宣誓程序、宣誓形式等。制定该规则的目的是规范律师宣誓活动，使律师始终坚守做中国特色社会主义法治工作者的信念并增强自身的职业使命感、荣誉感和社会责任感，从而培育中国特色社会主义律师执业精神。该规则还指出，经司法行政机关许可，不管是首次取得还是重新申请取得律师执业证书的人员，都应当参加律师宣誓活动。宣誓人拒不宣誓或者重新宣誓仍不符合要求的，由设区的市级律师协会和直辖市律师协会在律师执业年度考核时审查确定其不称职的考核等次，或者责成所属律师事务所重新进行考核确定其不称职的考核等次。关于宣誓的形式，中华全国律师协会律师行业规则委员会副主任吴晨介绍，鉴于律师入职的动态性和时间上的不确定性，规则规定了宣誓仪式可以采取单独宣誓或者集体宣誓的两种形式。同时，该规则还对单独宣誓、集体宣誓以及因残疾、患病或者负伤情形的宣誓姿态予以了规范。宣誓时，单独宣誓的宣誓人、集体宣誓的领誓人均应左手抚按《宪法》，以有形实物文本彰显出宪法的现实存在感，体现了律师忠诚于宪法的神圣感。规则明确规定律师宣誓誓词，即"我宣誓：我是中华人民共和国律师，忠于宪法，忠于祖国，忠于人民，维护当事人合法权益，维护法律正确实施，维护社会公平正义，恪尽职责，勤勉敬业，为建设社会主义法治国家努力奋斗！"

律师宣誓具有非常重要的意义。首先，通过宣誓，律师可以表明自己的身份；其次，律师作为一个司法职业，需要取得司法机关的信任和授权，通过宣誓可以表明律师是法治队伍的成员，从而使律师取得职业信任；最后，通过宣誓可以彰显律师职业的公共属性。

11.《律师事务所管理办法》第三次修订

2018年12月5日，司法部下发第142号部令，对《律师事务所管理办法》进行修订，于2019年1月15日起施行。

《律师事务所管理办法》于2008年7月18日发布，分别于2012年11月30日、2016年9月6日修订，此次为第三次修订，修订后的《律师事务所管理办法》于2019年1月15日起施行。此次修订主要针对《律师事务所管理办法》第一章"总则"以及第二章"律师事务所的设立条件"进行了重点修改。其中新修订的办法将第3条第1款修改为："律师事务所应当坚持以习近平新时代中国特色社会主义思想为指导，坚持和加强党对律师工作的全面领导，坚定维护以习近平同志为核心的党中央权威和集中统一领导，把拥护中国共产党领导、拥护社会主义法治作为从业的基本要求，增强广大律师走中国特色社会主义法治道路的自觉性和坚定性。"同时将第4条第1款修改为："律师事务所应当加强党的建设，充分发挥党组织的战斗堡垒作用和党员律师的先锋模范作用。"同时增加两款，第2款为："律师事务所有三名以上正式党员的，应当根据《中国共产党章程》的规定，经上级党组织批准，成立党的基层组织，并按期进行换届。律师事务所正式党员不足三人的，应当通过联合成立党组织、上级党组织选派党建工作指导员等方式开展党的工作，并在条件具备时及时成立党的基层组织。"第3款为："律师事务所应当建立完善党组织参与律师事务所决策、管理的工作机制，为党组织开展活动、做好工作提供场地、人员和经费等支持。"最后，在第16条第1款第10项后增加一项，作为第11项："律师事务所党组织的设置形式、地位作用、职责权限、参与本所决策、管理的工作机制和党建工作保障措施等。"将第 11 项修改为第 12 项。

司法部指出，随着我国经济社会的不断发展，现行律师事务所管理制度存在一些与律师事业改革发展需要不相适应的问题。如少数律师事务所内部管理结构不完善，负责人、合伙人责权利不清，管理责任落实不到位，甚至有的律师事务所不尽职责，疏于管理，放任本所律师从事违法违规行为，一些律师事务所没有严格执行劳动用工规定，损害律师合法权益，劳动争议时有发生，等等。这些问题严重影响了律师队伍形象，影响了律师事业健康发展。此办法的修订有利于完善律师事务所管理结构，严格负责人、合伙人资质条件，强化律师事务所及其负责人、合伙人的管理责任，并会同有关部门加强对律师事务所执行劳动用工制度情况的监督检查，进一步加强律师事务所建设，充分发挥律师事务所直接管理作用，为新时代律师工作改革发展提供有力的法律保障。

12.《公职律师管理办法》《公司律师管理办法》出台

2018 年 12 月 13 日，司法部发布了《公职律师管理办法》《公司律师管理办法》两个部门规章，自 2019 年 1 月 1 日起施行，旨在加强公职律师及公司律师队伍建设，规范公职及公司律师管理，发挥公职及公司律师在全面依法治国中的职能作用。

《公职律师管理办法》与《公司律师管理办法》各共有 27 条，主要对公职（公司）律师的任职及申请条件进行了规定，在《公职律师管理办法》与《公司律师管理办法》第 5 条规定，从事法律事务工作 2 年以上，或者曾经担任法官、检察官、律师 1 年以上的人员，也可申请颁发公职（公司）律师证书；第 11 条规定，担任公职（公司）律师满 3 年并且最后一次公职（公司）律师年度考核被评定为称职的人员，脱离原单位后申请社会律师执业的，可以经律师协会考核合格后直接向设区的市级或者直辖市的区（县）司法行政机关申请颁发社会律师执业证书，其担任公职（公司）律师的经历计入社会律师执业年限。除此之外，《公职律师管理办法》和《公司律师管理办法》还强调了司法部门对律师的指导监督责任，规定了司法行政机关对公职（公司）律师业务活动进行监督、指导；公职（公司）律师事务所在单位对公职（公司）律师进行日常管理，律师协会对公职（公司）律师实行行业自律。相较于 2016 年 6 月 16 日中共中央办公厅、国务院办公厅颁布的《关于推行法律顾问制度和公职律师公司律师制度的意见》，《公职律师管理办法》与《公司律师管理办法》所规定的内容更加详细和具体。

律师制度改革是司法制度改革的重要内容，也是我国全面改革的成果，同时为我国法治化建设，各项制度深入改革和成果巩固提供有力支持，得到了党中央的高度重视。积极推行公职（公司）律师制度及管理办法的建立与推行，对于坚持依法治国、依法执政、依法行政共同推进，坚持法治国家、法治政府、法治社会一体化建设，推进国家治理体系和治理能力现代化，具有重要的现实意义。[①] 同时，《公职律师管理办法》与《公司律师管理办法》的出台也让公职（公司）律师的申请及行业监督有了法律依据，进一步促进了行业律师的发展。

---

① 李明征："推行法律顾问公职律师公司律师制度意义重大"，载《人民日报》2016 年 6 月 17 日，第 2 版。

2019 年

1. 中国律师制度恢复重建 40 周年

2019 年时值中国律师制度恢复重建 40 周年。随着改革开放，我国律师制度从无到有，律师队伍从小到大、由弱变强，为中国法治建设献出自己的磅礴力量。我国律师数量，从起初的 200 多人发展到 2018 年年底的 42.3 万多人；律师事务所，由 70 多家发展到 3 万多家；律师业务，从刑事辩护到提供法律服务、参政议政、服务"一带一路"等。

司法部坚持以习近平新时代中国特色社会主义思想为指导，以党的建设统领律师事业发展，坚持党对律师工作的全面领导。坚持以人民为中心，服务改革开放、服务发展大局、服务人民群众。把加快发展涉外法律服务摆在更加突出的位置，加快培养高素质涉外律师人才。

奉法者强，则国强；奉法者弱，则国弱。律师行业 40 年的蓬勃发展就是最好的印证。

——律师制度恢复重建的 40 年，是律师维护公平正义、助力法治社会发展的 40 年。

1980 年年底至 1981 年年初，在对"四人帮"的审判中，18 名律师参与诉讼，10 名律师作为辩护人出现在法庭上，中国律师的形象第一次展现在公众面前。

回首 40 年，中国律师制度与法治建设一路同行，走过了不平凡的发展历程。40 年来，律师职业定位在变，身份在变，始终不变的是党对律师工作的领导。

呼格案、陈满案、聂树斌案、张氏叔侄案……几乎每一起冤错案件昭雪的背后都有律师的身影，他们维护着当事人的合法权益，努力让人民群众在每一个司法案件中都感受到公平正义。

——律师制度恢复重建的 40 年，是律师服务大局、奋发有为的 40 年。

律师制度恢复之初，律师办理的案件基本上都是刑事案件，随着经济社会发展，逐渐介入民事、经济案件，部分律师的业务发展方向拓展到非诉讼业务。时至今日，律师业务已无处不在。

据统计，全国律师目前每年办理各类法律事务 1000 多万件，年均承办法律援助案件 50 多万件，提供公益法律服务 230 多万件次，为 70 多万家党政机关、人民团体和企事业单位担任法律顾问。

——律师制度恢复重建的 40 年，是我国律师国际视野不断拓宽的 40 年。

早在 1992 年，中国就启动了外国和我国香港地区律师事务所在中国和内地设立办事处的试点工作，并逐步扩大试点范围。目前，共有来自 22 个国家和地区的 236 家律师事务所在华设立了 306 家代表机构，分布在全国 11 个省（市）。

近年来，我国律师积极适应全方位对外开放的需要，一些律师事务所业务国际化程度不断提高，在国际法律服务业中具有一定的竞争力，服务范围不断扩大。据统计，我国律师事务所在境外设立了 126 家分支机构，2018 年共办理各类法律事务 3.2 万多件。

与此同时，我国律师积极参与多种多样的法律事务，包括反倾销反补贴调查、涉外知识产权争议、境外投融资，等等，努力为我国企业"走出去"、"一带一路"建设、自贸区建设提供法律服务，业务领域不断拓展。2018 年，国内律师就已办理涉外法律事务近 12.7 万件。

在律师制度恢复重建 40 年之际，中国律师站在新时代、新起点再次扬帆起航，他们正走出中国，迈向世界。

2. 律师国际交流深化

（1）中国首次主办世界律师大会。

2019 年 12 月 9 日至 10 日，世界律师大会（Global Lawyers Forum）在广州举办。这是中国第一次作为主办国举办的世界性律师盛会，也是我国律师制度恢复重建 40 年来的首次大型国际性律师交流活动。

本次世界律师大会的召开可谓意义重大。第一，是贯彻落实党的十九届四中全会精神的具体举措；第二，是对我国律师制度恢复重建 40 周年的隆重纪念；第三，是中国律师走向国际舞台的重要标志。

司法部相关领导出席会议并致辞。致辞强调，习近平主席指出，当今世界正经历百年未有之大变局，全球治理体系深刻重塑，国际格局加速演变。在这一历史变革中，法治起着不可或缺的作用，律师承担着不可替代的职责使命，本次大会是中国举办的第一次世界律师盛会。党的十九届四中全会对坚持和完善中国特色社会主义制度，推进国家治理体系和治理能力现代化作出战略部署，为中国律师事业发展指明了正确的方向。今年是新中国成立 70 周年，是我国律师制度恢复重建 40 周年。40 年来特别是党的十八大以来，中国推进全面依法治国，律师行业取得长足发展，也迎来了最好的发展时期。世界律师大会的召开和"一带一路"律师联盟的成立，为各国律师交流合作搭建了新的平台。各方要搭建交流平台、推动务实合作、实现共同发展，合力推进律师在全球治理中发挥更大作用。

本次大会以"科技进步与法律服务"为主题，围绕"'一带一路'与法律服务、科技发展与法律服务"等议题展开讨论，来自 57 个国家和地区的 800 多名政府官员，司法界、律师界嘉宾、代表参加会议，司法部相关领导分别会见了出席大会的各国司法部代表团。

（2）中华全国律师协会举办境外律师协会会长圆桌会议暨合作谅解备忘录签约仪式。

2019 年 12 月 9 日，中华全国律师协会在广州举办了"境外律师协会会长圆桌会议暨合作谅解备忘录签约仪式"。中华全国律师协会会长王俊峰与出席世界律师大会的国际律师组织负责人，以及来自 30 多个国家和地区的律师协会、法律机构负责人展开务实交流，并与意大利律师协会等国家律师组织和法律机构签署合作谅解备忘录。

王俊峰表示，中华全国律师协会始终秉持开放包容的态度，愿同各方进一步开展多层次、多渠道、全方位的双边和多边交流合作，推动全球律师行业发展，促进世界法治文明建设，为构建人类命运共同体提供法律服务和法治保障。①

圆桌会上，国际律师协会、国际律师联盟、欧盟律师协会、亚太法协、环太律协、"一带一路"律师联盟等国际律师组织的负责人，以及来自乌兹别克斯坦、阿塞拜疆、俄罗斯、柬埔寨、肯尼亚、新加坡、英国、马来西亚、菲律宾、伊朗、缅甸、韩国、印度、美国、日本、老挝、泰国、德国、法国、意大利、巴西、乌克兰等国家和地区的律师协会、法律机构负责人就如何深入开展双边和多边交流合作、共同推进世界法治文明建设展开坦诚而充分的交流。

签约仪式上，王俊峰代表中华全国律师协会与意大利律师协会、俄罗斯律师协会、阿塞拜疆律师协会、肯尼亚律师协会、马来西亚律师公会、中国东盟法律合作中心签署了合

---

① 刘子阳："全国律协举办境外律师协会会长圆桌会议暨合作谅解备忘录签约仪式"，载《法制日报》2019 年 12 月 10 日，第 2 版。

作谅解备忘录。

（3）"一带一路"律师联盟成立。

为深入贯彻落实习近平总书记关于"一带一路"建设的重要讲话精神和中央相关决策部署，构建法律服务国际交流平台，不断拓展"一带一路"法律服务的深度和广度，中华全国律师协会决定发起成立"一带一路"律师联盟。

2019 年 12 月 8 日下午，"一带一路"律师联盟成立大会在广州举行，中华全国律师协会会长王俊峰当选"一带一路"律师联盟首任主席。

依据《"一带一路"律师联盟章程》，"一带一路"律师联盟是由中华全国律师协会发起，"一带一路"相关国家和地区的律师协会、法律机构等组织以及律师个人自愿结成的非政府、非营利性的国际性专业组织。该联盟的宗旨为：以促进"一带一路"有关国家和地区律师及律师组织间的交流与合作为目标，推动涉外法律服务发展，为"一带一路"建设提供优质高效的法律服务支持，遵守登记地国宪法、法律、法规和国家政策。联盟总部及秘书处设在北京，联盟的官方语言为中文和英文。

王俊峰表示，联盟成立后，将重点做好以下四个方面的工作：一是积极发展联盟会员，不断壮大联盟的"朋友圈"；二是构建常态化法律服务网络，不断扩大联盟的国际影响力；三是与"一带一路"相关组织和其他国际律师组织建立沟通协调机制，积极开展国际律师交流合作活动；四是加强联盟自身建设，打造具有自身特色的国际律师组织运作机制和模式。"一带一路"律师联盟是中华全国律师协会发起成立、在我国登记注册的第一个国际性律师组织。

3. 涉外法律人才培养

（1）我国不断培养适应国际舞台新角色的涉外律师。

经济全球化背景下，加强对话、凝聚共识、扩大合作成为各方共识。发展涉外法律服务，人才是根本。近年来，司法部、中华全国律师协会不断推动中国律师事务所、涉外律师"走出去"，努力做到中国企业和公民走到哪里，涉外法律服务就跟到哪里。各地司法厅（局）、律师协会也大力推动和倡导，培养具有国际视野、通晓国际规则、善于处理涉外法律事务的国际化律师队伍。

其一，涉外法律服务队伍不断壮大。

近年来，司法部高度重视涉外法律服务人才培养，采取措施努力提升我国律师队伍的国际竞争力。

2018年4月以来，司法部积极开展涉外律师人才库建设，编印全国千名涉外律师人才名册，收录985名优秀涉外律师相关信息，涵盖国际经济合作、国际贸易、海商海事、金融与资本市场、跨国犯罪追逃追赃、能源与基础设施、知识产权及信息安全等9个涉外法律服务领域，供各有关部门和企事业单位在选聘涉外律师时参考。[①]

据了解，2017—2022年，中华全国律师协会每年都会组织开展涉外律师领军人才培训活动，培训期间，相关司法机关的官员、法学教授，以及涉外领域资深的律师都会给学员进行授课，包括一些国际法律知识和典型案例的剖析等，跟大家进行面对面的交流和互动。参加培训的律师学员也可以借此平台对他们关切的话题进行深入交流和分享经验。

---

① "近千名优秀律师进入人才名册 我国不断培养适应国际舞台新角色涉外律师"，载 http://www.moj.gov.cn/pub/sfbgw/fzgz/fzgzggflfwx/fzgzlsgz/202101/t20210122_161860.html，最后访问日期：2022年1月18日。

其二，广泛合作培养复合型人才。

在加强涉外法律人才培养方面，各地司法厅（局）、律师协会通过境内外高校、科研院所深度合作，建立涉外法律人才教育培养基地，初步形成了基础业务教育、后备人才培养、高端人才选拔的梯次进阶工作格局。

其三，量身"订制"满足专业化需求。

浙江省实施反倾销法律人才培训工程，对 100 名反倾销律师人才进行了专业化培训。此外，浙江省司法厅还向人事厅推荐优秀律师，集中选拔和考核后的优秀人才由政府组织参加国外为期 3 个月的学习培训，系统学习国际知识产权法律相关理论和业务。

陕西省承接中国和澳大利亚两国政府批准的中澳人权技术合作项目，2018 年 5 月 28 日，举办陕西省未成年人法律保护及法律援助需求调查（中澳项目）培训班，加强了与澳大利亚的交流合作，对未成年人保护现状及存在的问题进行了研讨交流。2019 年 4 月，陕西省举办中澳妇女儿童法律援助服务能力建设研讨会，来自司法部和陕西、江苏、浙江等 16 个省（市）代表以及澳大利亚代表参加，深入探讨了妇女儿童法律援助需求和服务质量保护等内容。

据了解，为适应全面开放新格局的需要，我国将着力培养一批涉外律师领军人才，建设一批规模大、实力强、服务水平高的涉外法律服务机构。具有国际视野、高素质的专业律师队伍将更好地为对外经贸活动提供专业的法律服务，维护企业和公民的合法权益。

（2）司法部发布《律师事务所境外分支机构备案管理规定》。

2019 年 7 月 16 日，为做好律师事务所设立境外分支机构的服务工作，更好地支持中国律师"走出去"，司法部公布《律师事务所境外分支机构备案管理规定》。

《律师事务所境外分支机构备案管理规定》明确管理工作的对象为我国律师事务所在境外投资设立，经境外有关国家和地区政府部门或有关组织批准或登记，人员、业务、财务受该律师事务所实际控制，在境外实质性开展法律服务业务的分支机构。

该规定要求律师事务所设立、变更或注销境外分支机构，应按照《律师事务所境外分支机构备案管理规定》至所在地的省、自治区、直辖市司法行政机关办理备案，律师事务所办理备案时应根据实际需要向司法行政机关申报境外分支机构投资总额、境内方出资比例、境内方出资总额、出资币种等。司法行政机关及外汇管理部门应加强对律师事务所境外设立分支机构活动的事后监管。律师事务所违反相关规定的，司法行政机关及外汇管理部门依法追究责任。

该规定还明确规定，律师事务所完成外汇登记后可依法在外汇指定银行办理境外直接投资资金汇出或境外资本变动收入汇回及结汇；律师事务所境外投资经营收益汇回，可保留在经常项目外汇账户或直接结汇。

该规定自发布之日起执行。未予明确的管理事项，按同期相关管理政策执行。

（3）《"一带一路"沿线国家法律环境国别报告》（第三卷、第四卷）发布。

《"一带一路"沿线国家法律环境国别报告》由中华全国律师协会国际业务专业委员会委员协同中华全国律师协会涉外律师领军人才编写。参与编写的中外律师事务所共106家，包括中国律师事务所49家和外国律师事务所57家，中国律师76名，外国律师107名。

《"一带一路"沿线国家法律环境国别报告》第三卷、第四卷包含"一带一路"沿线38个国家的投资法律环境报告。报告内容涉及投资、贸易、劳动、环境保护、知识产权、争议解决等领域。具体包括相关国家的法律制度及基本法律环境概述，相关国家市场准入、外汇管理、融资、土地政策、公司设立与解散、并购、竞争管制、税收政策、证券交易、投资优惠、贸易法律规定及管理、工会与劳动组织、劳动争议解决、知识产权保护、环境保护、争议解决方式及机构等具体法律制度。

（4）中国律师在全球法律事务中发挥重要作用。

党的十八大以来，我国涉外法律服务业取得长足发展，涉外法律服务队伍不断壮大，涉外服务领域日益拓展，律师涉外服务质量逐步提升，在促进我国全方位对外开放中发挥了重要作用。

截至 2018 年年底，中国律师事务所在境外设立分支机构共 122 家；2018 年我国涉外律师共办理涉外法律事务近 12.7 万件。我国已有一批律师事务所和律师登上国际法律服务舞台，国际形象日益提升，国际影响力不断扩大。

当前我国涉外法律服务行业蓬勃发展，服务范围和业务领域不断拓展，服务能力水平显著提升，在全球法律事务中发挥重要作用。专家建议在未来涉外法律服务领域加强专业人才培养，逐步建立起一套适用中国、明确且系统化的涉外律师评价分类体系与标准。[1]

4. 与我国香港特别行政区、澳门特别行政区、台湾地区合作加强

（1）两岸法律服务交流合作取得新突破。

2019 年 3 月 29 日，福建联合信实律师事务所与台湾广和两岸法律事务所福建省联营办公室在福建自贸试验区厦门片区挂牌。这是自《司法部关于放宽扩大台湾地区律师事务所

---

[1] 蔡长春："中国律师在全球法律事务中发挥重要作用"，载《法制日报》2019 年 12 月 9 日，第 7 版。

在大陆设立代表处地域范围等三项开放措施的通知》颁布实施后，全国首家获批设立的大陆与台湾地区律师事务所联营办公室。双方可以联营名义，办理大陆及台湾地区法律事务，或合作办理国际法律事务。将进一步促进我国大陆与台湾地区律师事务所之间的资源共享，实现优势互补、互惠互利、共同发展。

厦门自贸委相关负责人表示，厦门自贸片区挂牌近4年来，已吸引了1223户台企入驻。在经贸往来、人文交流等两岸融合发展过程中，台企台胞需要更贴心的法律服务。此次联营办公室的成立，恰逢投资负面清单中放宽了自贸区服务行业投资领域的准入门槛，发挥了自贸区先行先试的政策优势，促成了这段两岸律师事务所的"联姻"，对推动两岸交流发展，打造台企台胞登"鹭"第一家园将起到很好的促进作用。

谈及联营办公室为何选择设立在厦门自贸片区，台湾广和两岸法律事务所所长蔡文彬说，厦门自贸片区具有面向我国台湾地区的特点，有相当数量的涉台法律服务市场需求，"这些选择在厦门自贸片区设立或落户的公司，或多或少都有涉台的关联，联营办公室的成立，能让这些公司就近获得台湾地区和大陆的高效法律服务"。

福建联合信实律师事务所拥有执业律师200余人，现有我国台湾地区律师10余人，是福建省执业律师最多、实力最雄厚、历史最悠久的律师事务所之一。该律师事务所涉台部主任杨朝玮介绍，今后，联营办公室除可以受理一些传统的涉台湾地区涵盖民商事案件外，还可以开展一些新类型法律服务，比如大陆企业到我国台湾地区投资的尽职调查、对我国台湾地区判决执行的申请及认可，等等，这些法律委托只有在两岸律师事务所建立联营机制的前提下，才能正当正常地开展。

台湾广和两岸律师事务所所长蔡文彬则表示，依托联营办公室，未来他们能在案件一发生时就搜寻到合适的大陆律师协助，效率显然比以前高，"这会是一个很好的平台，可以把双方律所的客户所涉及的台湾法律事务、大陆法律事务，都通过该平台一次性地解决"。

（2）内地律师事务所与港澳律师事务所合伙联营进一步深化。

2018 年 5 月，国务院印发《关于做好自由贸易试验区第四批改革试点经验复制推广工作的通知》，将"扩大内地与港澳合伙型联营律师事务所设立范围"列为在全国范围内复制推广的改革事项。2018 年 12 月 14 日，商务部与我国香港特别行政区、澳门特别行政区政府通过换文对《CEPA 服务贸易协议》进行了修订，将内地与港澳合伙型联营律师事务所的设立范围扩大到全国，自 2019 年 3 月 1 日起正式实施。

5. 规模品牌优势助力律师行业更好发展

律师联盟实现互联互通和资源共享，带来规模、品牌等诸多优势，已成为当前律师行业的一大共识。中世律所联盟、八方律师联盟、中律联盟、中国刑事律所联盟……近年来，大量律师联盟如雨后春笋般涌现，成为律师行业发展的中坚力量。[1]

"中国法律服务业越来越呈现出全球化、规模化和精品化的特征，尤其是进入移动互联网飞速发展的新时代，互联互通、资源共享成为各个行业的发展趋势。"中律联盟运营总监郑宏说，这既是机遇，也给一些中小律师事务所带来极大挑战，其将面临优质案源和优质业务迅速流失的风险，提高规模和品牌优势成为中小律师事务所生存发展普遍面临的大考。保

---

[1] 蔡长春："规模品牌优势助力律师行业更好发展"，载《法制日报》2019 年 12 月 23 日，第 7 版。

留既有品牌和资源优势，通过联盟获取北上广深乃至全国省会城市律所的优质资源，形成集聚效应，以互联网思维主动融入这个法律人大连接、大联盟的时代，是成立联盟的根本出发点。

据司法部统计，截至 2019 年年底，我国有 51~100 名律师的律师事务所 620 家，100 人（含）以上的律师事务所 320 多家，相比 2018 年增幅分别约为 9% 和 23%。①

而近年来英国法律杂志 The Lawyer 公布的亚太地区律所 100 强（Asia Pacific 100）榜单、著名法律评级机构钱伯斯（Chambers and Partners）发布的亚太法律指南（Asia-Pacific Guide）等权威榜单中，中国律师事务所也大多是百人以上的大所。接受《法治日报》采访的律师、专家均表示，从目前情况来看，律师事务所规模化趋势已经不可阻挡。

规模化过程中会产生哪些问题？如何通过良好的规模化做大做强？近日，记者就此展开深入调查。为何能取得如今的成就？盈科律师事务所总部品牌与新闻宣传部负责人丁萌道出缘由："规模化是盈科的一个显著标签。以规模化发展为核心，不仅为盈科带来分所数量、人数、创收的增加，还能提升市场认知度、品牌影响力。但规模化只是一个过程，律师事务所发展的终极目标是满足客户需求，满足团队发展需求，形成共赢的发展机制。"

据介绍，盈科律师事务所的全国布局始于 2010 年。仅这一年，盈科律师事务所便成立十几家分所，在天津首次尝试以"直投直管"模式实行分所管理，主要采用"只吸收不合并"的方式，人员基本依靠自然增长。这些保证了盈科律师事务所 10 年来以年均七八家分所的增速稳固布局、良性发展。中国政法大学律师学院院长王进喜说，经济高速发展和法治建

---

① 中国律师网："中国律所规模化过程中如何做强"，载 http://www.acla.org.cn/article/page/detailById/31308，最后访问日期：2022 年 1 月 21 日。

设催生大量法律服务需求，提供了律师事务所规模化的土壤。规模化是中国律师事务所参与国际法律服务市场竞争的必然出路。

除盈科律师事务所外，还有一家总部位于北京的律师事务所，仅用 7 年时间走过其他律师事务所十几年甚至几十年走完的路。2013 年，瀛和律师机构首家律师事务所——上海瀛东律师事务所成立。2014 年年底，瀛和成员律师事务所突破 20 家，2017 年年底突破 100 家。目前瀛和全球律师事务所数量达 500 多家，业务覆盖 100 多个国家和地区，专业律师过万人，服务范围遍及各个领域，已初步形成全球法律服务体系。

瀛和律师机构创始合伙人、总部负责人孙在辰告诉记者，这得益于瀛和的三大法宝：平台布局、法律科技、业务生态。其中，瀛和平台布局通过国内国际相融合做无边界律师事务所，不走总分所之路。瀛和律师机构与成员律师事务所人财物相对独立，成员律师事务所通过更换"瀛"字打头的所名共享瀛和品牌，规避总分所利益冲突、连带责任等问题，补足品牌、管理等方面的短板。这能够快速聚合各地优秀律师事务所到瀛和平台，实现律所稳定高速规模化发展。

孙在辰说："规模化是法律服务市场集中度不断提升背景下的必经之路。对于年轻的瀛和来说，规模化不仅能够造就平台竞争力，还支撑了法律科技、业务生态的发展，使瀛和数字化律师事务所遍地开花，最终实现优化和改变律师行业的使命。"即使发展迅速，瀛和对于成员律师事务所也有严格的准入标准：认可瀛和的价值观，认可瀛和的模式，必须在当地市场有一定竞争优势。这也使得瀛和平台成员早已形成内部交易市场。

孙在辰介绍说，大到业务合作，如行业论坛、区域论坛、法律服务产品合作，成员共享发展成果；小到产品合作，如瀛和大吉作为法律主题电商平台，1/3 的产品由各地律师事务所推荐，各所采购，互通有无。王进喜评价说："盈科采用非机构性合并的增长方式，但是没有排除横向人员流动，短期内实现超常规增长；瀛和律师机构走的则是特许经营发展模式，在知识管理、品牌维护、人员培训等方面提供管理支持，凝聚了一大批中小型律师事务所。"

2019 年 11 月 2 日，记者在天津四方君汇律师事务所看到，大到律师事务所牌子小到本子、茶杯，都印着"SGLA·中世律所联盟"（以下简称中世联盟）的标志。天津四方君汇律师事务所主任杨玉芙告诉记者，四方君汇律师事务所是中世创始成员之一，中世成员律师事务所标志统一采用"联盟品牌·律所品牌"形式，这是中世推行的双品牌战略。2007 年 9 月，由全球十大律师事务所之一的霍金路伟国际律师事务所和国内 9 家优秀律师事务所共同创建的中世律所联盟成立，既是中国第一个跨国律师事务所联盟也是目前唯一受到国际评级机构认可的中国律所联盟。

中世联盟秘书处有关人士向记者介绍说，中世联盟开创并采用的联盟发展模式被业内专家称为律师事务所规模化发展的第三种模式。即使是地方区域性大所，如果没有一个全国性规模化布局打通东西部对话渠道，缩小地域性差异，并通过较为紧密而有效的合作渠道，将自己纳入全国性一流发展的大趋势中，起点很快便将成为终点。希望通过"百合计划"（国内成员半紧密整合发展计划），把联盟做成国内成员在全国做大的平台，为区域性大所开辟一条既不需要并入其他大所，也不需要跨省设立分所，但却享有全国化乃至国际化布局的联盟品牌资源的新模式。

四方君汇律师事务所创始合伙人马弘说："加入中世联盟后律所发生了很大变化。联盟会定期组织律所主任、合伙人去国外考察，开拓了我们的国际视野；会举办管理论坛，让我们所的管理不断精细、完善；还会通过百合沙龙、青年优才集训营等加强业务交流、培养律师人才，增加国内合作，开拓国际市场。"

中世联盟注重内部的交流合作，联盟目前有 7 个不同类型的活动，平均每年组织线上线下活动 20 场以上，年均参与律师在千名左右。成员所之间的国际、国内大型业务合作超 1000 例。2019 年中世联盟 25 个国内成员所总创收 44 亿元人民币，所均 1.7 亿元。其中过亿元的 15 家，5000 万元以上的 7 家，律师人均创收 91 万元。王进喜说："中世联盟走的联盟道路就目前来看应该是成功的，其在解决跨地区律师直接合作问题的同时，也能提供一定的管理支持。"

王进喜说："近 20 年来，律师事务所的规模化超出人们想象，但也带来一系列迫切需要解决的问题。例如，律师事务所管理缺乏专业化队伍，律师往往集所有权人、管理者、劳动者为一身，在经验、能力等方面存在局限性。再如，普遍采用合伙或者有限责任合伙模式，在遇到经济波折时，往往引发合伙人逃离风潮，即所谓的合伙人挤兑现象，加速律师事务所的倒闭。而公司化的律师执业机构，有利于防止合伙人挤兑现象的发生，维护律师事务所的稳定性；替代性商业结构（ABS）则有利于律师事务所借用外部资本和专业知识，提高法律服务能力。这是一种以消费者为中心的改革动向。"

6. 公安部、司法部联合解决律师"会见难"

针对律师执业中反映比较突出的"会见难"问题，2019 年 10 月 18 日，公安部、司法部联合印发《关于进一步保障和规范看守所律师会见工作的通知》，对看守所依法及时安排律师会见，规范律师会见行为等作出部署，明确提出设立会见预约平台、探索视频会见、加强会见室建设、允许律师携带电脑会见等一系列保障举措，有效保障律师在诉讼中依法会见的权利。①

7. 推进律师公益法律服务高质量发展

（1）两公律师管理办法正式施行。

2019年1月1日起，由司法部制定的《公职律师管理办法》《公司律师管理办法》（以下合称两办法）正式施行。② 办法对两公律师的任职条件、程序、职责、监督管理等予以规范，推动两公律师在党政机关、人民团体和国有企业的广覆盖，并探索开展民营企业公司律师试点。

近年来，我国两公律师队伍快速发展。截至目前，全国有3.1万多名公职律师，7000多名公司律师。随着两公律师队伍初具规模，作用逐步发挥，在总结实践经验的基础上，根据有关办法规定，司法部对两公律师的任职条件、程序、职责、监督管理措施等予以规范，制定了这两个管理办法。

两办法在两公律师任职条件方面的具体规定：一是拥护我国《宪法》；二是依法取得法律职业资格或者律师资格；三是具有党政机关、人民团体公职人员身份，或者与国有企业依法订立劳动合同；四是从事法律事务工作二年以上，或者曾经担任法官、检察官、律师一年以上；五是品行良好；六是所在单位同意其担任公职律师或者公司律师。

---

① "公安部、司法部关于进一步保障和规范看守所律师会见工作的通知"，载 http://www.moj.gov.cn/pub/sfbgw/zwxxgk/fdzdgknr/fdzdgknrtzwj/201911/t20191113_207864.html，最后访问日期：2022年1月19日。

② "司法部关于印发《公职律师管理办法》《公司律师管理办法》的通知"，载 http://www.moj.gov.cn/policyManager/policy_index.html?showMenu=false&showFileType=2&pkid=55f373788b704d7ba20282200de79da0，最后访问日期：2022年1月20日。

两办法规定了两公律师的主要权利和义务。两公律师主要享有的权利包括：一是依法享有会见、阅卷、辩护等律师执业权利；二是获得与履行职责相关的信息、文件、资料和其他必须的工作职权、条件；三是律师法等法律法规规定的其他权利。两公律师具有的义务包括：一是接受所在单位的管理、监督，根据委托或者指派办理法律事务；二是不得从事有偿法律服务，不得在律师事务所等法律服务机构兼职，不得以律师身份办理所在单位以外的诉讼或者非诉讼法律事务；三是律师法等法律法规规定的其他义务。

两办法明晰了两公律师与社会律师之间的关系。两公律师和社会律师都是中国特色社会主义法治工作队伍的重要组成部分，二者执业范围各有侧重、优势互补。两公律师熟悉本单位、本企业、本行业的政策法规和实际情况，能够结合本职工作提出更具针对性的法律意见和建议，更有效地防范和化解本单位法律风险。由于两公律师不向社会提供有偿法律服务，能够与社会律师实现功能互补。同时，两公律师与社会律师之间可以相互转换，有利于畅通不同部门、不同岗位法律服务人才之间的交流渠道。

两办法规定了两公律师的主要职能。两公律师对于提升依法执政、依法行政、依法经营、依法管理能力和水平，具有越来越重要的作用。办法规定，两公律师可参与制度建设、参与决策论证、处理法律事务、化解矛盾纠纷和开展普法宣传。

两办法对保障两公律师职能作用发挥进行了规定。一是要求两公律师所在单位建立健全决策合法性审查机制，将两公律师参与决策过程、提出法律意见作为依法决策的重要程序；起草论证有关法律法规规章草案、制定重要文件、处理重要法律事项时，应当安排两公律师参加。二是要求两公律师所在单位完善两公律师列席重要会议、查阅文件资料、出具法律意见、审签相关文书的工作流程和制度安排，提供必要的办公条件和经费支持，保障两公律师依法依规履行职责。三是明确党政机关、人民团体和国有企业可以在所属各单位之间统筹调配和使用两公律师，以促进两公律师更好地发挥作用。

（2）司法部《关于促进律师参与公益法律服务的意见》发布。

为充分发挥律师在推进全面依法治国中的重要作用，更好地满足人民群众日益增长的法律服务需求，2019年10月23日司法部发布《关于促进律师参与公益法律服务的意见》，这是司法部出台的关于律师公益法律服务的第一份专门性文件。上述意见包括律师参与公益法律服务的总体要求、主要措施、工作保障等方面的内容。该意见倡导，每名律师每年参与不少于50小时的公益法律服务或者至少办理2件法律援助案件。时任司法部律师工作局局长周院生在发布会上介绍，我国目前已拥有近45万名律师，他们已经成为我国公益法律服务的中坚力量。但同时，当前律师公益法律服务中还存在实效性不强、规范化程度不高、激励保障措施不到位等问题。该意见的出台，将对促进我国公益法律服务事业发展、提升人民群众法治获得感产生积极影响。

（3）第七届"全国维护职工权益杰出律师"表彰暨"尊法守法·携手筑梦"服务农民工公益法律服务行动总结会举行。

2019年11月9日，第七届"全国维护职工权益杰出律师"表彰暨"尊法守法·携手筑梦"服务农民工公益法律服务行动总结会在京召开。全国总工会党组书记、副主席、书记处第一书记李玉赋出席会议并讲话。司法部副部长熊选国出席会议并讲话。

熊选国强调，广大律师要以习近平新时代中国特色社会主义思想为指导，认真学习贯彻落实习近平总书记重要讲话和党的十九届五中全会精神，自觉对标先进、学习先进，积极投身维护职工权益的法律服务工作，持续开展服务农民工公益法律服务行动，增强广大职工共享全面建成小康社会、全面依法治国的获得感、幸福感、安全感。维护职工权益是落实以人民为中心发展理念的内在要求，是律师践行执业为民宗旨、承担社会责任的具体体现。要适应新形势、新要求，抓住职工群众最关心、最直接、最现实的利益问题，进一步延伸服务触角，创新服务方式，提升法律服务的普惠性、精准性、有效性。

据悉，"全国维护职工权益杰出律师"评选活动由中华全国总工会、司法部、中华全国律师协会共同组织，迄今已举办七届，累计评选表彰了 69 名杰出律师。"尊法守法·携手筑梦"服务农民工公益法律服务行动自 2017 年启动以来，共组织律师志愿者 2.7 万人次，开展公益法律服务活动 3.5 万场（次），线上线下累计服务农民工 2300 万人次，为农民工挽回经济损失近 20 亿元。

8. 张扣扣案辩护词引发社会关注

2018 年最高人民法院在工作报告中提到，要"让热点案件审判成为全民共享的法治公开课"。确实如此，热点案件并非"热闹过后归于平静"，而是通过各种方式在不同程度上影响和改变中国法治的面貌。

1996 年 8 月 27 日，被告人张扣扣家邻居王自新的三子王正军（时年 17 岁）因邻里纠纷将张扣扣之母伤害致死。同年 12 月 5 日，汉中市原南郑县人民法院鉴于王正军犯罪时未满 18 周岁、张母在案件起因上有一定过错等情节，以故意伤害罪判处王正军有期徒刑 7 年，王自新赔偿张家经济损失 9639.30 元。此后，两家未发生新的冲突，但张扣扣对其母被王正军伤害致死始终心怀怨恨，加之工作、生活多年不如意，心理逐渐失衡。2018年春节前夕，张扣扣发现王正军回村过年，决定报复杀害王正军及其父兄，并准备犯罪工具，暗中观察，伺机作案。2018年2月15日（农历除夕）12时许，王校军、王正军兄弟二人祭祖返回，行至本村村委会门前时，守候在此的张扣扣蒙面持尖刀朝王正军颈部猛割一下，连续捅刺其胸腹部等处数刀，并追赶惊慌逃跑的王校军，朝其胸腹部等处连续捅刺数刀，后返回再次捅刺王正军数刀，致王校军、王正军死亡。随后，张扣扣闯入王自新家，持刀捅刺王自新胸腹部、颈部数刀，致王自新死亡。之后，张扣扣使用自制燃烧瓶点燃王校军家用轿车，致车辆后部烧毁。张扣扣逃离现场后，于同月17日7时许到公安机关投案自首。

最高人民法院认为，被害人王正军伤害致死张扣扣之母的行为已受到法律制裁，但张扣扣却心怀怨恨，加之工作、生活多年不如意，在其母被害21年以后蓄意报复王正军及其父兄，精心策划犯罪，选择除夕之日当众蒙面持刀行凶，致三名被害人死亡，且有追杀王校军和二次加害王正军的情节，主观恶性极深，犯罪情节特别恶劣，手段特别残忍，后果和罪行极其严重，应依法严惩。张扣扣杀人后为进一步发泄怨愤毁损王校军家用轿车，造成财物损失数额巨大，亦应依法惩处。对张扣扣所犯数罪，应依法并罚。张扣扣虽有自首情节，但依法不足以对其从轻处罚。第一审判决、第二审裁定定罪准确，量刑适当。审判程序合法。据此，最高人民法院裁定核准陕西省高级人民法院维持第一审对被告人张扣扣以故意杀人罪判处死刑，剥夺政治权利终身；以故意毁坏财物罪判处有期徒刑4年，决定执行死刑，剥夺政治权利终身的刑事裁定。

2019年，随着张扣扣被执行死刑，其辩护律师邓学平就该案的辩护词《一叶一沙一世界》再次引发诸多争议。一些专家认为辩护词不讲事实，只讲道德和情感；也有一些人称赞这篇辩护词引经据典，情理交织。学者、媒体、社会大众围绕案件审理和辩护词中的核心议题进行了讨论，如"血亲复仇"能否成为张扣扣免予死刑的理由？辩护词是应该偏重事实的挖掘还是对于张扣扣的犯罪心理的剖析？如何理解罪刑法定和罪当其罚？等等。

中国人民大学法学院谢望原教授认为，本案对中国法治进程的重要意义在于通过该案审理过程及其判决结果的广泛传播，人民群众受到了很好的刑法教育；可以肯定，该案使人们认识到，当自己的权利受到侵害时，第一选择应该是寻求司法途径解决问题，切不可以私自报复方式解决问题！

9. 全国首宗国际航空器留置权案胜诉

2007 年 9 月，东星航空公司与白云机场签订服务协议，但在此后的合作中，东星航空公司却未依约按时支付航空服务费用。

2009 年年初，白云机场获悉东星航空公司被债权人申请破产清算的消息后，于同年 3 月留置其在白云机场的 3 架飞机。没想到，通用电气随即声称对这 3 架飞机拥有所有权，主张取回飞机。白云机场事后得知，3 架飞机是东星航空公司从通用电气融资租赁取得的，由于融资租赁没有到期，所有权尚未转移给东星航空公司。

"代理此案前，国内从未有过航空器留置权纠纷，且存在国际营商环境保护、外交关系、开拓国际市场业务等多方面顾虑。"广东广信君达律师事务所高级合伙人慕亚平律师坦言，在这种情况下接受委托算得上临危受命。

2009 年 7 月，慕亚平与罗春霖、周莲等律师组成律师团队作为白云机场代理人，对通用电气等四家公司向广州市中级人民法院提起民事诉讼，请求确认留置行为合法，四被告共同支付航空器维修、停场、服务费等 4400 多万元。

作为我国民用航空器留置权司法第一案，此案涉案标的额巨大，又涉及白云机场、通用电气等航空业知名企业，对广州地区机场和航空业运营秩序具有重大影响。加上尚无相关实体法规定，国际国内亦无可参考案例，给代理带来极大的困难和压力。

"律师团队不断向国内最权威的法学家、航空法专家请教咨询，共同评估研判，还专程前往北京进行专家论证，为案件成功办理积蓄了充足的法理基础。"慕亚平说。此后，律师团队确定了案件适用的国内法规定及国际公约，明确了留置权的性质、范围、依据及实现方式，阐明了留置权与取回权的关系，厘清了与航空器有关行为的范围，特别是引入商事留置的概念和规则，有力驳斥了通用电气等多家公司另案起诉白云机场侵权诉讼的事实和理由。

2013 年 6 月，广州市中级人民法院一审判决确认白云机场留置行为合法，判令通用电气等四被告承担连带清偿责任，支持白云机场全部诉求。四被告不服，提起上诉。

"二审过程中我们据理力争，处处占据主动，迫使外方逐渐接受中方的意见和建议。"慕亚平告诉记者，考虑到通用电气在国际航空业的霸主地位，尤其是今后各方的合作与发展，律师团队从顾全大局角度积极释法说理。2015 年 5 月，在法院主持下，双方达成调解协议，广东省高级人民法院下达民事调解书，白云机场追回 2820 多万元，挽回全部损失。

办理全国首宗国际航空器留置权案的 6 年多时间内，在我国法律没有明文规定、国外国内无可供参考案例的前提下，律师团队顶着巨大困难与压力迎难而上，开创通过留置权确认及实现解决航空器债务纠纷的先例，为中方企业挽回了全部经济损失。

10. 司法部印发《全面深化司法行政改革纲要（2018—2022 年）》

2019 年 1 月 29 日，司法部印发《全面深化司法行政改革纲要（2018—2022 年）》，提出了七大目标、十个方面的改革任务。

该改革纲要要求，围绕健全中国特色社会主义律师制度，形成与我国综合国力相称、与经济社会发展相适应的律师业务发展格局，大力提升律师法律服务质量和水平，充分发挥律师在全面依法治国中的重要作用。

还要求，加快发展公职律师、公司律师队伍。到 2022 年，中央和国家机关各部委，县级以上地方各级党政机关、人民团体普遍设立公职律师，公职律师达到 3.5 万名；国有大中型企业、重点民营企业普遍设立公司律师，公司律师达到 1.5 万名。

根据该改革纲要的目标，2022 年，全国律师总数达到 62 万人，每万人拥有律师数达 4.2 名。同时设立国家律师学院，作为司法行政系统干部和律师等法律服务人员教育培训工作的主渠道，为大力加强队伍建设发挥基础保障作用。

2020 年

1. 司法部、财政部联合印发《关于建立健全政府购买法律服务机制的意见》

（1）总体要求。

以习近平新时代中国特色社会主义思想为指导，深入贯彻落实党的十九大和十九届二中、三中、四中全会精神，落实《关于深化律师制度改革的意见》《关于加快推进公共法律服务体系建设的意见》《关于政府向社会力量购买服务的指导意见》等部署要求，大力推进政府购买法律服务工作，完善政府购买法律服务机制，强化政府公共法律服务职能，提高政府依法行政能力和水平，加快建设覆盖城乡、便捷高效、均等普惠的现代公共法律服务体系，增强人民群众共享全面依法治国的获得感、幸福感、安全感，为统筹推进"五位一体"总体布局、协调推进"四个全面"战略布局提供优质法律服务和有力法治保障。

（2）购买主体和承接主体。

各级国家机关是政府购买法律服务的购买主体。党的机关、政协机关、民主党派机关、承担行政职能的事业单位和使用行政编制的群团组织机关使用财政性资金购买法律服务的，参照国家机关执行。

（3）购买内容。

政府购买法律服务的内容为属于政府职责范围且适合通过市场化方式提供的法律服务事项。政府购买法律服务的具体范围和内容实行指导性目录管理。下列法律服务事项可以依法纳入政府购买服务指导性目录：政府向社会公众提供的公共法律服务以及政府履职所需的辅助性法律服务。

实施政府购买法律服务的部门负责将符合规定的法律服务事项纳入本部门政府购买服务指导性目录，根据经济社会发展变化、政府职能转变及公众需求等情况，按程序及时对目录进行动态调整。

（4）购买活动实施。

购买主体应当按照《政府采购法》和《政府购买服务管理办法》等法律法规章和制度规定组织实施购买活动。从预算管理、采购管理、合同管理到履约责任进行全方位规范。

（5）指导监督。

购买主体和承接主体应当自觉接受监察监督、财政监督、审计监督、社会监督以及服务对象的监督。省级司法行政部门和财政部门可以结合本地实际制定政府购买法律服务的具体办法，进一步明确购买主体、承接主体、购买内容、购买程序等，推进本地区政府购买法律服务工作有序开展。

2. 法律援助工作的推进

（1）《法律援助值班律师工作办法》印发。

2020年9月7日，最高人民法院、最高人民检察院、公安部、国家安全部、司法部联合印发《法律援助值班律师工作办法》。

根据该办法，值班律师是指法律援助机构在看守所、人民检察院、人民法院等场所设立法律援助工作站，通过派驻或安排的方式，为没有辩护人的犯罪嫌疑人、被告人提供法律帮助的律师。

根据《刑事诉讼法》及该办法，值班律师法定职责包括提供法律咨询，提供程序选择建议，帮助犯罪嫌疑人、被告人申请变更强制措施，对案件处理提出意见，帮助犯罪嫌疑人、被告人及其近亲属申请法律援助，以及法律法规规定的其他事项。据此，值班律师提供法律帮助，与法律咨询、刑事辩护、刑事代理共同成为刑事法律援助的服务方式。

该办法的出台，有利于完善值班律师工作机制，有助于保障犯罪嫌疑人、被告人在刑事诉讼各个阶段获得有效的法律帮助，是落实习近平总书记"努力让人民群众在每一个司法案件中都感受到公平正义"重要指示的具体措施，对于维护犯罪嫌疑人和被告人合法权益、维护司法公正、促进社会公平正义具有重要意义。

据了解，近年来，各级司法行政机关和法律援助机构积极推进法律援助值班律师工作，目前法律援助机构已在检察机关设立法律援助工作站 1700 余个，全国基本实现看守所、人民法院法律援助工作站全覆盖。2019 年，全国法律援助值班律师共转交法律援助申请 5.5 万余件，提供法律帮助案件近 40 万件，其中参与认罪认罚案件近 34 万件。

（2）《未成年人法律援助服务指引》发布。

2020 年 9 月 16 日，司法部公共法律服务管理局、中华全国律师协会发布《未成年人法律援助服务指引（试行）》，提出要进一步加强未成年人法律援助工作专业化水平，切实提高未成年人法律援助服务质量，不断增强未成年人群体在法治领域的获得感。

该指引规定了适用范围，其适用于法律援助承办机构、法律援助承办人员办理性侵害未成年人法律援助案件、监护人侵害未成年人权益法律援助案件、学生伤害事故法律援助案件三类典型的法律援助案件。其他接受委托办理涉及未成年人案件的律师，也可以参照执行。

该指引明确了法律援助承办机构及法律援助承办人员办理未成年人法律援助案件的原则和要求。规定办理未成年人法律援助案件应当遵守《全国民事行政法律援助服务规范》《全国刑事法律援助服务规范》，明确了未成年人法律援助工作应当坚持最有利于未成年人的原则，遵循给予未成年人特殊、优先保护，尊重未成年人人格尊严，保护未成年人隐私权和个人信息，适应未成年人身心发展的规律和特点，听取未成年人的意见，保护与教育相结合等工作原则。还规定符合兼顾未成年犯罪嫌疑人、被告人、被害人权益的双向保护，避免未成年人受到二次伤害，加强跨部门多专业合作，积极寻求相关政府部门、专业机构的支持等要求。

该指引提出了指派未成年人法律援助的基本要求。法律援助机构指派未成年人案件时，应当优先指派熟悉未成年人身心特点、熟悉未成年人法律业务的承办人员；未成年人为女性的性侵害案件，应当优先指派女性承办人员办理；重大社会影响或疑难复杂案件，法律援助机构可以指导、协助法律援助承办人员向办案机关寻求必要支持；有条件的地区，法律援助机构可以建立未成年人法律援助律师团队。

（3）司法部：加大法律援助力度、根治农民工欠薪。

《保障农民工工资支付条例》于 2022 年 5 月 1 日起施行。司法部 4 月 28 日发布数据，全国法律援助机构共组织提供法律咨询 910 万余人次，办理法律援助案件 127 万多件 200 万人次，同比增长 31%。其中，办理农民工法律援助案件 49 万余件，农民工受援人数达 51 万余人次。司法部同时发布典型案例，涉及农民工请求支付劳动报酬、工伤赔偿、社会保险待遇等问题。"农民工劳动合同普查与体检""法援惠民生 助力农民工"等活动为农民工提供精准、便捷、优质的法律援助服务，降低农民工异地维权成本，多措并举，助力做好根治拖欠农民工工资工作。

3. 抗"疫"中的律师工作

（1）司法部印发《企业复工复产律师公益法律服务指南》。

为深入贯彻落实习近平总书记重要指示精神和党中央、国务院决策部署，充分发挥律师职能作用，在做好疫情防控法律服务工作的同时，推动企业在法治轨道上安全有序复工复产，司法部制定印发《企业复工复产律师公益法律服务指南》。做好复工复产决策合法性审查和宣传解读，主要包括做好复工复产决策合法性审查，编制发布企业复工复产法律指引，做好分专题政策解读。

为企业复工复产提供全方位法律服务。协助企业依法依规复工复产，协助企业履行疫情防控义务，帮助企业尽快恢复生产经营；加强疫情防控期间企业合规管理，帮助企业防范各类法律风险，深入开展涉企业矛盾纠纷化解工作；做好重点行业企业法律服务工作，加强对中小微企业和贫困劳动力的法律帮扶；为企业破产重整提供法律服务；加强涉外法律服务工作。

打造多样化公益法律服务平台载体，开通"企业复工复产法律服务"专区（线），部署开展企业复工复产"法治体检"专项行动，组建律师建言献策工作组，组建律师公益法律服务团，组建党员律师先锋队，及时发布指导案例。

（2）司法部办公厅印发《关于在疫情防控工作中充分发挥公共法律服务职能作用的通知》。

2020年2月，司法部办公厅印发《关于在疫情防控工作中充分发挥公共法律服务职能作用的通知》，要求各级司法行政机关要切实提高政治站位，把人民群众生命安全和身体健康放在第一位，把疫情防控工作作为当前重大政治任务、最重要的工作来抓，坚持积极作为、努力作为的工作导向和实事求是、分类施策的工作方法，最大限度地发挥公共法律服务职能作用，紧紧围绕疫情防控和维护社会稳定工作任务和要求，充分利用平台阵地优势，积极主动提供全业务、全时空的法律服务。

该通知强调要加强疫情法律咨询服务。对受到疫情影响的旅游、餐饮、劳动、房屋租赁等法律咨询需求，对隔离封闭、职业暴露、医患矛盾、防护用品质量等敏感法律咨询问题，要认真研究提出专业咨询意见，有效解答群众关切。发挥公职律师、政府法律顾问作用。

该通知要求加强疫情防控普法宣传。大力宣传传染病防治法、野生动物保护法、动物防疫法、突发公共卫生事件应急条例等法律法规以及刑法、治安处罚法等有关内容，引导广大人民群众增强法治意识，依法支持和配合疫情防控工作。大力宣传价格法、食品卫生法等法律的规定，维护正常的市场秩序。

（3）申请律师执业可"先实习、再考证"。

2020 年 4 月 21 日印发的《关于应对新冠肺炎疫情影响实施部分职业资格"先上岗、再考证"阶段性措施的通知》规定，尚未取得法律职业资格证书的高校毕业生，凡符合有关条件的，可先申请实习登记，在律师事务所实习。实习期满经律师协会考核合格并取得法律职业资格证书的，或者自收到考核合格通知之日起一年内取得法律职业资格证书的，可以按规定申请律师执业。

实施"先上岗、再考证"阶段性措施是当前形势下稳定高校毕业生就业的重要举措。各地区、各有关部门要落实好先上岗的高校毕业生各项待遇保障，将先上岗的高校毕业生纳入技能培训补贴范围，按照规定为其计算工龄，依法缴纳社会保险费，切实维护其合法权益。

4. 南京首起律师特邀调解案获法院司法确认

首起由律师作为法院聘任特邀调解员主持调解的民事纠纷案件历经 5 天成功调解后，经引导当事人申请司法确认，于 2020 年 6 月 23 日获得南京市玄武区人民法院裁定确认双方签订的调解书有效，明确如一方当事人拒绝履行或未全部履行的，对方当事人可直接向法院申请执行。

这起案件系某信息公司诉某科技公司服务合同纠纷案，双方当事人曾签订《企业科技咨询服务合同书》，在某信息公司提供相应服务后，某科技公司因疫情影响导致公司经营困难，未按约支付合同剩余价款 12 万元。

某信息公司诉到南京市玄武区人民法院后，法院依托成立的"8+2+1"的特邀调解组织（8 家分专业律师型特邀调解组织，2 家专家学者型特邀调解组织，1 家行业协会型特邀调解组织），在征求了双方当事人的调解意愿之后，委派该院特邀调解组织即江苏三法律师事务所民商事调解中心对案件进行调解。

"因疫情影响，被告公司经营困难，经过反复多次协商，双方最终达成了调解协议，减少了后续纠纷对公司经营产生的其他影响。"本案调解员王和平律师介绍，双方当事人调解当天就共同向玄武区人民法院申请了司法确认，当晚下班前即收到了司法确认裁定书。

本次调解从收案到结案总共历时 5 天，相较于正常的诉讼程序可能需要 3 个月甚至半年，特邀律师调解不仅快速地解决了两家公司之间的矛盾纠纷，节约了诉讼成本，而且维护了当事人之间的和谐关系，实现了矛盾纠纷的实质性化解，不仅促进案结事了，而且节约了司法资源。

据了解，玄武区人民法院和律师型特邀调解组织这一司法协作，具有推进多元化纠纷解决机制的创新作用，既有利于提升律师调解的法律地位，又推动诉讼与非诉讼纠纷对接机制向专业化领域的深化发展，有利于建立便捷化矛盾预防化解网络和多层次阶梯式纠纷解决体系，具有示范意义。①

5. 共享律所、共享办公

上海正策律师事务所在上海中心建了一座"飞岛"。这个环境优雅的办公空间里设有工位、网络、饮水、打印、会议室等设施。上海正策律师事务所称，只要通过律工场 App 提前预约，四处奔波的律师都可以免费使用"飞岛"的空余空间和基础办公设备。

"'让提供服务的人首先得到最好的服务'是上海正策律师事务所坚持的理念。'飞岛'不完全是共享办公，而是上海正策律师事务所给律界一个极具诚意的礼物。'飞岛'属于公

---

① 丁国锋："南京首起律师特邀调解案获法院司法确认"，载《法治日报》2020 年 6 月 27 日，第 1 版。

益性质，秉承开放、自由的精神，为律师无偿提供服务。"上海正策律师事务所战略发展总监张大超说道。"飞岛"刚刚正式对外推出，许多律界同仁已经通过电话、网络等方式前来咨询，而且已经有不少律师前来实地参观。

中国法学会律师法学研究会常务理事李轩在接受《法治日报》记者采访时说："对中小型律师事务所和刚拿到律师执业证的新律师来说，共享律所是一条好路子"，"采取共享合作方式既是现实需要也是大势所趋"。中小型律师事务所起点较低，虽然他们通过共享律师事务所模式可以获得很大的优势，但依然面临着国内大型所、外资所的巨大竞争压力。如何充分利用共享律师事务所模式，拓展中小型律师事务所的行业生存环境，利用各种资源，增强其行业竞争力，是目前面临的迫切问题。

6. 律师与《民法典》

2020 年 5 月 28 日，十三届全国人大三次会议审议通过了《民法典》，这是新中国成立以来第一部以"法典"命名的法律，是我国社会主义法治建设的重大成果。

2020 年 5 月 29 日，中共中央政治局就"切实实施民法典"举行第二十次集体学习。习近平总书记在主持学习时强调，《民法典》在中国特色社会主义法律体系中具有重要地位，是一部固根本、稳预期、利长远的基础性法律。其中，明确提到"民法典专业性较强，实施中要充分发挥律师事务所和律师等法律专业机构、专业人员的作用，帮助群众实现和维护自身合法权益"。

为学习贯彻习近平总书记重要讲话精神，切实推进《民法典》实施工作，按照司法部统一部署，中华全国律师协会积极组织引导全国律师行业充分发挥专业优势和职能作用，并印发《关于充分发挥律师职能作用　推进民法典实施工作的通知》，对律师行业学习宣传《民法典》，推进《民法典》实施工作作出安排。

"律协要统筹、律所要聚力、律师要深入。"全国人大代表、广东省律师协会会长肖胜方提出"三要"要求，他认为做好这三个方面的工作，实现"企企一堂民法课，家家一本民法典"，扎实推进《民法典》的贯彻实施，全面发力、准确适用，才能让纸面上的权利义务规范变成现实中的行为规则。全国人大代表、北京市律师协会会长高子程建议，律师队伍一方面要加大宣传普法力度，使得这部法典的立法初衷能够落地生根；另一方面也要加大律师培训力度，提升执业能力，以便准确理解立法原意，让人民群众在每一次法律服务中都能感受到公平正义。①

7. 律师与"一带一路"建设

（1）"一带一路"律师联盟战略发展研讨会在广州举行。

2020年12月8日，在"一带一路"律师联盟成立一周年之际，"一带一路"律师联盟战略发展研讨会在广州举行，司法部副部长熊选国出席研讨会并致辞。会前，熊选国副部长与广东省副省长李春生，广东省司法厅厅长陈旭东，广州市委常委，"一带一路"律师联盟秘书长康煜共同为"一带一路"律师联盟广州中心揭牌。

熊选国强调，前不久召开的中央全面依法治国工作会议对推进全面依法治国作出重要部署，对统筹推进国内法治和涉外法治提出了明确要求，这为中国律师行业发展、中外律师交流合作开辟了更大空间，提供了更多机遇。"一带一路"律师联盟经过一年的发展，实体化运作稳步推进，会员队伍

---

① 中国律师网："扎实推动民法典落地生根——全国律师行业掀起学习宣传民法典热潮"，载 http://www.acla.org.cn/article/page/detailById/30883，最后访问日期：2022年1月21日。

不断壮大，制度机制逐步健全，机构布局更加完善，凝聚力进一步增强,正朝着具有一定影响力的国际性律师组织迈进。[①]

希望联盟继续秉持和平、发展、共赢的时代理念，践行共商、共建、共享的合作精神，继续加强交流，广泛凝聚共识，务实合作，实现共享共赢。拥抱科技，推动服务创新，担当作为。推动全球治理。为推进全球治理模式创新、促进世界法治文明建设贡献力量。

（2）"一带一路"国际商事法律服务示范区"三个中心""一个基地"揭牌仪式在西安举行。

2020 年 12 月 1 日，司法部、陕西省人民政府在西安国际港务区举办中国—上海合作组织法律服务委员会西安中心、"一带一路"律师联盟西安中心、西安"一带一路"国际商事争端解决中心和国家生物安全证据基地揭牌仪式。

熊选国强调，在西安建设"一带一路"国际商事法律服务示范区，是深入贯彻落实习近平总书记重要指示批示精神的具体行动，也是践行"一带一路"倡议并为"一带一路"建设提供法治保障和法律服务的重要举措，对于推进陕西深度融入"一带一路"倡议，推动形成西部大开发新格局、打造内陆改革开放高地具有重要意义。[②]

（3）首家中资律师事务所进驻乌兹别克斯坦。

在"洞见乌兹，赢在中亚"一带一路投资实务论坛上，段和段律师事务所宣布落子中亚，在乌兹别克斯坦首都塔什干设立办公室，为企业踏入国际市场、参与"一带一路"建设提供更全面、更高效的专业法律服务。

---

① 司法部官网："'一带一路'律师联盟战略发展研讨会在广州举行"，载 http://www.moj.gov.cn/pub/sfbgw/jgsz/jgszbldjs/bldxxg/xxgzyhdhjh/202012/t20201208_170700.html，最后访问日期：2022 年 1 月 21 日。

② 中国律师网："'一带一路'国际商事法律服务示范区'三个中心''一个基地'揭牌仪式在西安举行"，载 http://www.acla.org.cn/article/page/detailById/31607，最后访问日期：2022 年 1 月 21 日。

近年来，随着全球经济一体化的步伐加快，大量中国企业将"走出去"作为重要战略，到境外进行并购等投资，随之而来的跨国法律事务也呈明显上升趋势。"企业到境外投资或参加经贸活动，往往会涉及中国法律有关的境外投资项目审批、备案和资金监管，甚至国际法部分，都需要中国律师的主导。"段和段律师事务所主任吴坚律师在接受律新社专访时表示。

近年来，随着中国企业"走出去"的步伐加快，特别是响应国家有关"一带一路"倡议，中资企业在中亚投资建厂越来越多，难免会遇到一些法律风险问题以及突发事件，涉外法律服务的需求也越发迫切。吴坚律师表示，除自身的涉外律师外，段和段律师事务所有能力从专业领域、业务能力、综合素质等各方面考察并协助投资者选聘更加适合的当地律师，对他们的工作进行监督、管理，并整体向委托人负责，切实避免可能存在的风险，甚至是道德风险。

此外，为了避免企业"水土不服"，段和段律师事务所还可以协助客户消除境外投资所面临的经济、政治、习俗、沟通方式、文化、语言等方面的差异性，并从投资落地到经营管理，提供全过程的贴心服务，有效防控中国企业境外经济活动全过程中可能存在的法律风险。[①]

8.《法律职业资格管理办法》公布

2018年以来，司法部先后制定出台了《国家统一法律职业资格考试实施办法》等两部规章和配套规范性文件，组织实施了国家统一法律职业资格考试。鉴于"两办"赋予司法行政机关更多法律职业资格管理方面的权限，现行的《法律职业资格证书管理办法》已不能完全适应现实管理工作的需

---

① 律新社："首家中资所入驻乌兹别克斯坦"，载 http://www.360doc.com/content/20/0917/22/71609669_936293123.shtml，最后访问日期：2022年1月21日。

要,有必要在原办法的基础上,制定《法律职业资格管理办法》,从而加强对取得法律职业资格人员的管理, 健全适应国家统一法律职业资格考试制度的法律职业资格管理制度。

司法部于 2019 年 10 月 24 日至 11 月 25 日,公开征求《法律职业资格管理办法（征求意见稿）》意见建议, 共收到反馈意见 869 条, 总体上给予了充分肯定, 同时提出一些修改建议。经汇总梳理, 对其中一些合理建议进行了认真吸收, 对《法律职业资格管理办法》作了进一步修改完善, 于 2020 年 11 月 17 日经司法部第 16 次部务会会议审议通过。内容主要明确了司法行政机关工作职责、实行法律职业资格分别管理、提高法律职业资格管理信息化水平、完善相关服务举措、建立公开公示制度等。

在起草该管理办法时, 司法部根据行政许可法的规定, 将上述做法上升为制度性规定, 在该管理办法中明确了法律职业资格证书的适用范围,[①] 规定 A 类法律职业资格证书在全国范围内有效; B 类和 C 类法律职业资格证书的适用范围由国家统一法律职业资格考试协调委员会确定。取得 B 类法律职业资格证书的人员, 其证书在全国范围内有效。取得 C 类法律职业资格证书人员, 如果想要取得 A 类或者 B 类法律职业资格证书, 需要重新参加国家统一法律职业资格考试, 达到全国统一合格分数线。

9. 援藏律师服务团启动仪式举行

2020 年 7 月 23 日, 2020 年度援藏律师服务团启动仪式在西藏拉萨举行。

援藏律师服务团深入贯彻落实习近平总书记重要指示精

---

① 中国律师公众号: "司法部负责同志就《法律职业资格管理办法》答记者问", 载 https://mp.weixin.qq.com/s/KY1SOVGFokMZNMLHY7ThHw, 最后访问日期: 2022 年 1 月 21 日。

神，从全国选派优秀律师支援西藏无律师县的公益法律服务活动。针对西藏公共法律服务建设比较薄弱的情况，司法部扩大 2020 年度援藏律师服务团规模，按照 1 个无律师县配备 1 名志愿律师的标准，从全国 22 个省（区、市）选派 74 名优秀律师到西藏无律师县提供为期一年的法律服务，满足西藏各族人民群众公共法律服务需求。

自 2019 年司法部正式启动援藏律师服务团活动以来，68 名援藏律师深入西藏 7 个地市 42 个县（区）开展法律服务工作。他们积极担任党委政府法律顾问，参与重大决策合法性审查，广泛开展法治宣讲，参与矛盾纠纷化解，一年来共办理法律援助案件 1540 件，提供免费法律咨询 1.5 万余人次，代写法律文书 4000 余份，避免和挽回经济损失 9700 余万元，为促进西藏经济社会发展，保障人民群众合法权益，维护社会和谐稳定作出了积极贡献，得到当地党委政府的充分肯定和各族群众的广泛赞誉。[①]

10. 公共服务与基层治理

2020 年 3 月，中央全面依法治国委员会印发了《关于加强法治乡村建设的意见》，并发出通知，要求各地区各部门结合实际认真贯彻落实。

该意见指出，《中共中央、国务院关于实施乡村振兴战略的意见》和《乡村振兴战略规划（2018—2022 年）》明确提出建设法治乡村重大任务。《中共中央关于坚持和完善中国特色社会主义制度 推进国家治理体系和治理能力现代化若干重大问题的决定》强调系统治理、依法治理、综合治理、源头治理。《中共中央办公厅、国务院办公厅关于加强和改进乡村治理的

---

① 司法部官网："2020 年度援藏律师服务团启动仪式在拉萨举行"，载 http://www.acla.org.cn/article/page/detailById/30076，最后访问日期：2022 年 1 月 21 日。

指导意见》对法治乡村建设提出明确要求。

《关于加强法治乡村建设的意见》要求律师参与强化乡村司法保障。确保法律正确统一实施,保障各族群众的诉讼权利。完善乡村公共法律服务,充分发挥基层法律服务工作者在提供公共法律服务、促进乡村治理中的作用。加强涉农法律援助工作,逐步将与农民生产生活紧密相关的事项纳入法律援助补充事项范围。

在公共法律服务方面,司法部将推动实现刑事案件律师辩护工作全覆盖,重点做好农民工、未成年人等法律援助工作。完善调解制度机制,大力加强司法所工作,深入推进法治乡村建设。研究制定法律职业资格管理办法,推动落实法律职业人员统一职前培训制度,加快推进法律职业资格制度建设。加大全民普法工作力度,将《民法典》作为"八五"普法工作的重要内容,实行普法责任清单制度。[①]

11. 海南"律师新政":非律师可当律师事务所合伙人

2019 年 9 月,海南省人大常委会通过了《海南经济特区律师条例》,不仅允许律师行业以外的其他专业人士成为合伙人,还允许设立公司制律师事务所,并降低了律师事务所的设立门槛。该条例有 10 项创新,其中 6 项系全国首创。

海南"律师新政"自 2019 年 10 月开始实施,截至 2020 年 6 月,海南已新设 62 家律师事务所,增加律师近 300 人。在欧美国家非律师也能成为律师事务所的投资者、管理人,海南已经向这个方向迈进。海南"律师新政"实施后,注册税务师、注册会计师、注册造价工程师等非法律专业人员也

[①] 司法部官网:"中央全面依法治国委员会印发《关于加强法治乡村建设的意见》",载 http://www.acla.org.cn/article/page/detailById/28039,最后访问日期:2022 年 1 月 21 日。

能成为律师事务所合伙人。

同时，要求其他行业的专业人士在合伙人中的人数和出资占比均不得超过 25%。《海南经济特区律师条例》的另一突破是，鼓励具备条件的律师事务所实行公司化管理，按照有关规定设立公司制律师事务所。

12. "余金平交通肇事案"与认罪认罚从宽制度

"余金平交通肇事案"等案例入选 2020 年度中国法治实施十大事件。有学者点评指出，该案折射出了检法机关在认罪认罚从宽制度场域的博弈，当法院不能接受检方量刑建议时，法律制度如何更周延地保障被告人权利，仍值得认真思考。

2020 年 5 月 9 日，《中国法治实施报告 (2021)》在京发布，发布了"2020 年度中国法治实施十大事件"，回顾过去一年中国法治实施总体情况。其中，"余金平交通肇事案"等案例入选。

2020 年 1 月初，该案判决书全文在中国裁判文书网发布。在"余金平交通肇事案"点评中，中南财经政法大学副校长姚莉认为，在认罪认罚从宽制度改革的大背景下，该案判决折射出了人民检察院和人民法院在认罪认罚从宽制度场域的博弈。事实上，检察机关拥有的量刑建议权只是一种建议，并不当然拘束法院的量刑裁判权，法院仍需审查该建议的合法性和合理性，最终处以何种刑罚仍由人民法院裁判。①

2020 年 9 月 4 日，最高人民检察院与中国刑事诉讼法学研究会联合举办的"国家治理现代化与认罪认罚从宽制度"研讨会上，司法部副部长熊选国致辞时强调，进一步发挥律师职能作用，共同推进认罪认罚从宽工作。熊选国指出，认罪认罚从宽制度是近年来我国刑事诉讼制度的一项重大改革。

---

① 澎湃新闻："学者点评'余金平案'：法律制度如何保障被告人权利值得思考"，载 https://baijiahao.baidu.com/s?id=1699363121274277187&wfr=spider&for=pc，最后访问日期：2022 年 1 月 21 日。

律师是认罪认罚从宽程序的重要参与者，承担着维护当事人合法权益、维护法律正确实施、维护社会公平正义的重要职责。制度实施以来，广大律师积极参与值班律师工作，依法办理认罪认罚从宽案件，仅 2019 年，全国值班律师共转交法律援助申请案件 5.6 万件，提供法律帮助案件达 40 万件，参与认罪认罚从宽案件近 34 万件，为认罪认罚从宽制度有效实施作出了积极贡献。[1]

2021 年

1. 中共中央高度肯定律师作用

中共中央政治局于 2021 年 12 月 6 日就建设中国特色社会主义法治体系进行第三十五次集体学习。习近平指出，要完善法治人才培养体系，加快发展律师、公证、司法鉴定、仲裁、调解等法律服务队伍，深化执法司法人员管理体制改革，着力建设一支忠于党、忠于国家、忠于人民、忠于法律的社会主义法治工作队伍。要深化政法队伍教育整顿，继续依法打击执法司法领域腐败案件，推动扫黑除恶常态化。

习近平强调，要加强法治理论研究和宣传，加强中国特色法学学科体系、学术体系、话语体系建设。要把新时代中国特色社会主义法治思想落实到各法学学科的教材编写和教学工作中，努力培养造就更多具有坚定理想信念、强烈家国

---

[1] 司法部官网："进一步发挥律师职能作用、共同推进认罪认罚从宽工作"，载 http://www.moj.gov.cn/pub/sfbgw/fzgz/fzgzggflfwx/fzgzlsgz/202009/t20200904_162087. html，最后访问日期：2022 年 1 月 21 日。

情怀、扎实法学根底的法治人才。要加强对律师队伍的政治引领，教育引导广大律师自觉遵守拥护中国共产党领导、拥护我国社会主义法治等从业基本要求，努力做党和人民满意的好律师。

2. 最高人民法院、最高人民检察院、司法部联合印发《关于建立健全禁止法官、检察官与律师不正当接触交往制度机制的意见》《关于进一步规范法院、检察院离任人员从事律师职业的意见》

2021 年，经全国政法队伍教育整顿领导小组审议通过，最高人民法院、最高人民检察院、司法部联合印发了《关于建立健全禁止法官、检察官与律师不正当接触交往制度机制的意见》（以下简称《禁止不正当交往意见》）和《关于进一步规范法院、检察院离任人员从事律师职业的意见》（以下简称《规范离任人员从业意见》）。

《禁止不正当交往意见》结合近年来法官、检察官与律师不正当接触交往新的表现形式，在防止干预司法"三个规定"基础上，以负面清单形式详细列举了 7 种不正当接触交往行为，包括禁止私下接触、禁止插手案件、禁止介绍案源、禁止利益输送、禁止不当交往、禁止利益勾连等。《禁止不正当交往意见》对健全不正当接触交往监测发现查处机制、加强司法监督制约机制、强化律师执业监管机制、推动正当接触交往机制等提出明确要求。强调法院、检察院和司法行政机关要建立健全不正当接触交往监测预警、线索移送、联合调查等工作机制。法院、检察院要完善司法权力内部运行机制，严格落实防止干预司法"三个规定"月报告制度。司法行政机关要强化律师执业监管，加快律师诚信信息公示平台建设，及时向社会公开律师因不正当接触交往受处罚处分信息，规范律师风险代理行为。法院、检察院和司法行政机关要加强律师执业权利保障，落实听取律师辩护代理意见制度，完善便利律师参与诉讼机制，为法官、检察官和律师搭建公开透明的沟通交流平台。

《规范离任人员从业意见》依据《法官法》《检察官法》《律师法》《公务员法》和中组部关于规范党政领导干部在企业兼职（任职）、公务员辞去公职后从业等相关规范性文件，对法院、检察院离任人员到律师事务所从业作出进一步规范。一是完善离任人员从业限制制度。在重申法院、检察院各类离任人员从事律师职业的一般性限制规定基础上，对法院、检察院被开除公职人员、辞去公职人员和退休人员到律师事务所从业限制作出具体规定。法院、检察院被开除公职人员不得在律师事务所从事任何工作。法院、检察院退休人员在不违反相关从业限制规定的情况下，确因工作需要从事律师职业或者担任律师事务所"法律顾问"、行政人员的，应当严格执行中组部《关于进一步规范党政领导干部在企业兼职（任职）问题的意见》规定和审批程序，并及时将行政、工资等关系转出人民法院、人民检察院，不再保留机关的各种待遇。二是推动建立"双向预警"机制。明确法院、检察院与司法行政机关要建立离任人员信息库和离任人员在律师事务所从业信息库，司法行政机关依托离任人员信息库，加强对法院、检察院离任人员申请律师执业和实习登记的审核把关，法院、检察院依托离任人员在律师事务所的从业信息库，加强对离任人员违规担任案件诉讼代理人、辩护人的甄别、监管。三是健全离任人员在律师事务所从业监管机制。要求司法行政机关和律师协会加强对法院、检察院离任人员申请律师执业的审核把关。法院、检察院和司法行政机关要对从事律师职业的离任人员进行谈话提醒。法院、检察院发现担任诉讼代理人、辩护人的律师违反离任人员从业限制规定的，要通知当事人更换诉讼代理人、辩护人，并及时通报司法行政机关。

司法行政机关要加强对离任人员在律师事务所从业的监管，对律师事务所接收不符合条件的离任人员到本所执业或工作，或者指派本所律师违反从业限制规定担任诉讼代理人、辩护人的，依法依规作出处理。法院、检察院和司法行政机关要定期对离任人员违规从业情况开展核查，按照有关规定进行清理。

3. 第十次全国律师代表大会：律师协会换届、首设监事会

2021年10月13日至15日，第十次全国律师代表大会在北京召开。

13日下午，第十次全国律师代表大会正式开幕。中共中央政治局委员、中央书记处书记、中央政法委书记郭声琨出席大会开幕式并讲话，国务委员、公安部部长赵克志，最高人民法院院长周强，最高人民检察院检察长张军出席大会开幕式。同日，第十次全国律师代表大会举行第一次全体会议，分别听取了第九届中华全国律师协会理事会工作报告、第九届中华全国律师协会理事会财务工作报告、《中华全国律师协会章程（修订草案）》的说明。随着全面依法治国深入推进，律师工作面临新的形势、任务和要求，本次提请审议的《中华全国律师协会章程（修订草案）》明确将"学习贯彻习近平法治思想"写入"协会宗旨"，强调了"增强'四个意识'、坚定'四个自信'、做到'两个维护'"和"拥护中国共产党领导、拥护社会主义法治"，增加了"坚持正确政治方向、依法依规诚信执业、认真履行社会责任"等内容，增加专门条款明确坚持党对律师工作的全面领导，建立监事会制度以及特邀会员制度、健全组织机构运行机制等。

次日，第十次全国律师代表大会第二次全体会议上，表决通过了《中华全国律师协会章程（修订草案）》、第九届中

华全国律师协会理事会工作报告和财务工作报告。此外，代表们还依照《中华全国律师协会章程》和提案办法的规定，提交了内容涉及律师执业权益保障、律师业务领域拓展、律师协会建设等方面的提案。本次章程修订明确规定中华全国律师协会设立监事会作为全国律师代表大会的监督机构，对全国律师代表大会负责。监事会将通过监督理事会、常务理事会执行全国律师代表大会决议的情况，会费的收缴使用情况，理事、常务理事履行职责情况等，督促理事、常务理事、专业委员会、专门委员会依法依规依章程履职尽责，切实提高协会行业管理水平。经过选举，第十次全国律师代表大会第二次全体会议产生了第十届中华全国律师协会监事会，另有 165 名律师代表当选第十届中华全国律师协会理事会理事。

第十届中华全国律师协会理事会第一次会议上，选举产生了由 53 名常务理事组成的第十届中华全国律师协会常务理事会，高子程当选第十届中华全国律师协会会长，蒋敏、盛雷鸣、岳琴舫、李亚兰（女）、薛济民、郑金都、万立、王清友、才华、杨建伟、韩永安、肖胜方、程守太、吴姜宏 14 名律师代表当选第十届中华全国律师协会副会长。第十届中华全国律师协会监事会第一次会议，推选吕红兵为监事长，刘丕峰、迟日大、朱征夫为副监事长。第十届中华全国律师协会常务理事会第一次会议决定，聘任田昕担任第十届中华全国律师协会秘书长。

10 月 15 日，第十次全国律师代表大会圆满完成各项议程，在北京胜利闭幕。

4.蒋勇律师去世，引发社会高度关注

天同律师事务所创始人、无讼网络科技创始人蒋勇律师因突发心脏病于 2021 年 6 月 22 日下午逝世，享年 50 岁。

2002 年，蒋勇从法院辞职后创办天同律师事务所。2011 年，蒋勇以新媒体为依托，在业界分享诉讼可视化、知识管理与案例大数据、模拟法庭等的相关经验。2014 年，蒋勇带领团队创办"天同诉讼圈"微信公众号，并成立法律互联网平台——"无讼"。4 个月后，蒋勇团队推出"无讼阅读"App。2015 年，蒋勇对案例进行梳理、解构、编排，借鉴钥匙码并加以改造，形成了国内第一个类案裁判规则检索体系——"天同码"。

蒋勇律师去世的讣告发出后持续刷屏，业界和非业界人士都对其表示了哀悼，该事件引发了社会高度关注。

5.中国律师首次随奥运代表团出征奥运会

2021 年 7 月 21 日，天达共和律师事务所律师宫晓燕启程赴日本东京，正式开展为期 18 天的中国奥运代表团赛事专项法律服务与保障工作。据悉，这是我国奥运代表团首次聘请专职法律顾问随团出征。

长期以来，在国际竞技体育赛场上，中国体育健儿顽强拼搏，摘金夺银，勇创佳绩，全国人民为之欢欣鼓舞。然而，在中国队参加的个别国际顶级赛事中，对裁判判罚持有异议却申诉失利的情况时有发生。对此，社会各界纷纷发出了"在国际重大赛事中，有必要派律师随队出赛"的呼声，以提升中国运动员的维权效力。

此次专职法律顾问随奥运代表团出征，是我国法律人为奥运健儿在国际顶级赛事中提供法律保障的有益尝试和具体实践，也将为中国体育法治史增添浓墨重彩的一笔。

6.《北京市律师执业管理办法实施细则》修订

全面修订的《北京市律师执业管理办法实施细则》于 2022 年 2 月 1 日正式实施。该细则全面放宽律师执业申请准入门槛，精简整合律师执业许可审批环节、提高审批服务效能。同时，进一步规范律师执业行为，全面加强律师行业监管。

（1）全面放宽律师执业申请准入门槛，审批效率提高 70%。

全面放宽律师执业申请准入门槛，聚焦律师执业许可审批流程中的痛点和堵点，以全面推行证明事项告知承诺制为基础，在减证明、减时限上下功夫，进一步精简整合律师执业许可审批环节、切实提高审批服务效能。

取消了人事档案存放地域限制。办理申请律师执业、重新申请律师执业和异地律师变更执业机构事项时，不再要求申请人将人事档案存放在北京市行政辖区内的人事档案存放机构，即申请人在全国范围内的人事档案存放机构存档，就可以提交律师执业申请。

同时，该细则全面推行证明告知承诺制。一是取消专职律师执业申请、重新申请律师执业和异地律师变更执业机构申请中的人事档案存档证明、无犯罪记录证明，改为律师执业申请承诺书和律师变更执业机构个人承诺书。二是取消兼职律师执业申请中高等院校、科研机构从事法学教育、研究工作的经历证明，改为所在单位同意兼职的意见书。三是取得国家法律职业资格的我国台湾地区居民在我国大陆地区申请律师执业中的台湾居民身份证明公证，改为台湾居民在我国大陆地区申请律师执业承诺书。

在压缩行政审批时限方面，该细则缩短了律师执业申请、律师变更执业机构、律师执业证书注销、律师执业证书补发或换发等事项的审批时限，区司法局压缩至 5 个工作日，市司法局压缩至 4 个工作日，总时限由 30 个工作日缩短至 9 个工作日。

（2）禁止律师与法官、检察官不正当接触交往，全面加强监督管理。

该细则的修订坚持问题导向。针对当前律师行业存在的法院、检察院离任人员违规从事律师职业、与司法人员不正当接触交往、违规兼职、违规收费等突出问题，明确规定了律师执业应遵守的规则、市区两级司法行政机关对律师执业监督管理的职责，全面加强对律师队伍的监督管理。

该细则明确规定，曾经担任法官、检察官的律师从人民法院、人民检察院离任后，两年内不得以律师身份担任诉讼代理人或者辩护人；终身不得担任原任职人民法院、人民检察院办理案件的诉讼代理人或者辩护人，但是作为当事人的监护人或者近亲属代理诉讼或者进行辩护的除外。

对于法院、检察院离任人员申请律师执业的，所在区司法局在受理申请材料之前，应当与本人谈话，提醒其严格遵守从业限制和禁业清单规定，告知违规从业应承担的法律责任。

此外，该细则规定辞去公职或者退休的公务员申请律师执业的，应当符合《公务员法》第 107 条规定。还明确规定，律师与法官、检察官、仲裁员以及其他有关工作人员接触交往应当遵守法律及相关规定，不得有违规会见、行贿、介绍贿赂、打探办案机关内部对案件的办理意见等不正当接触交往情形。

在律师不得违规兼职的问题上，该细则明确规定，律师只能在一个律师事务所执业。律师在从业期间应当专职执业，但兼职律师或者法律、行政法规另有规定的除外。专职律师在执业期间不得担任党政机关、人民团体、事业单位、社会团体在编工作人员；不得担任企业的法定代表人、董事（不含外部独立董事）、监事（不含外部独立监事）、高级管理人员或者员工；不得与律师事务所以外的其他单位签订劳动合同或者形成劳动关系；不得在律师事务所以外的其他单位参加全日制工作，但律师事务所接受委托并指派本所律师到相关单位提供法律服务的除外。

在律师应当依法执业、诚信执业、规范执业的问题上，该细则也作出了明确规定：律师应当尊重同行、公平竞争，禁止以不正当手段承揽业务；律师承办业务应当由律师事务所向委托人统一收取律师费，不得私自接受委托、私自收费；律师应当依法依规履行职责，不得以不正当方式违规炒作案件。

7. 中国首位聋人律师——谭婷

8 岁时谭婷因为一场医疗事故，双耳失聪。但她勇敢追梦，于 2020 年 12 月通过国家统一法律职业资格考试，成为截至目前全国唯一一位通过这项考试的聋人。如今谭婷在重庆一家律师事务所就职，实习期满后，她将成为中国首位聋人律师。

目前，谭婷每个月都会来到西南政法大学给学生们讲手语知识。学校专门开设了"卓越公共法律服务人才实验班"，每次招收 40 名学生，以期培养一批既懂法律又懂手语、能够直接为聋哑人提供法律手语服务的专门人才。[1]

8.《法律援助法》施行

《法律援助法》于 2022 年 1 月 1 日起施行。司法部有关负责人表示，正在加快推进刑事案件律师辩护全覆盖试点工作，争取 2022 年实现全国县级行政区域试点工作全覆盖，2022 年年底前基本实现审判阶段律师刑事辩护的全覆盖，扩大审查起诉阶段律师刑事辩护全覆盖试点。

---

[1] 人民资讯："90 后聋人女孩，坚持不懈通过'法考'，即将成为中国首位聋人律师"，载 https://baijiahao.baidu.com/s?id=1713381945133050754&wfr=spider&for=pc，最后访问日期：2022 年 1 月 23 日。

据介绍，自 2017 年司法部联合最高人民法院开展刑事案件律师辩护全覆盖试点以来，全国已有 2600 多个县（市、区）开展了这项试点工作，北京等 25 个省（区、市）实现县级行政区域试点工作全覆盖，刑事案件律师辩护率得到了有效提升。法律援助法将适用普通程序审理的刑事案件被告人纳入可以通知辩护的范围，为进一步推进刑事辩护全覆盖提供了法律依据。

司法部有关负责人表示，法律明确规定了办案机关、监管场所转交申请、通知辩护的时限，法律援助机构要建立全程留痕工作制度，定期向办案机关通报，督促办案机关履行法定告知义务。要积极协调、创造条件，探索建立跨部门大数据办案平台，实现公、检、法机关和法律援助机构办案信息互联互通，确保高效办理案件。

该负责人表示，要统筹律师资源。第一，鼓励支持律师事务所到中西部地区设立分所，选派优秀律师到分所执业。第二，深入开展"1+1"中国法律援助志愿者行动，选派法律援助志愿律师主要到没有律师和律师资源严重不足的地区服务。第三，建立完善律师资源动态调配机制，律师资源不平衡问题突出的地方，如四川、陕西、青海、西藏等，以省级为主统筹调配律师资源，其他地方原则上以地市为主统筹调配律师资源，采取对口支援等方式提高法律援助服务能力。

该负责人指出，法律援助法进一步完善了值班律师制度。司法部将做好以下工作：一是弥补值班律师的不足。落实《法律援助值班律师工作办法》，采取设置联合工作站、跨区域调配律师、实行电话网络预约值班与现场值班相结合等措施；配合检察机关推广电子签名、远程会见和见证等技术；落实《司法部关于促进律师参与公益法律服务的意见》，引导律师每年参与不少于 50 小时的公益法律服务或者至少办理 2 件法律援助案件，努力扩大服务供给。二是落实值班律师阅卷会见权。加强与办案机关协调协作，推动落实值班律师会见、阅卷等权利，督促值班律师及时提出法律意见，避免值班律师只是单纯在场见证，确保法律帮助的针对性、有效性，充分发挥值班律师在认罪认罚从宽制度中的重要作用。三是强化值班律师工作保障。健全完善值班律师准入退出、质量考核评估、首次上岗培训等配套制度，加大政府购买服务工作力度，引导值班律师履行法定义务，促进其提高服务质量。

司法部有关负责人表示，各地司法行政机关、律师协会应当将律师事务所、律师履行法律援助义务的情况纳入年度考核内容，对拒不履行或者怠于履行义务的进行惩戒。

9. A 股首例律师撰写招股书的 IPO 项目获受理

2021 年 12 月，沈阳富创精密设备股份有限公司的 IPO 申报材料获得受理。该案例招股书由律师事务所主笔，成为 IPO 市场上首单。

公开资料显示，沈阳富创精密设备股份有限公司的保荐机构为中信证券，中介机构有立信会计师事务所、北京市中伦律师事务所等。招股说明书撰写及验证笔录的编制律师共有 5 位，此举改变了招股书由保荐机构主笔的常态。

2021 年上半年，有关"由律师撰写招股说明书可行性"的话题在业内已有讨论。10 月 29 日证监会发布《关于注册制下提高招股说明书信息披露质量的指导意见（征求意见稿）》，其中明确了"律师可以会同保荐人起草招股说明书，提升招股说明书信息的规范性"，引起市场广泛关注。

从目前 A 股 IPO 项目收取的法律费用来看，据 Wind 统计，2021 年新上市企业法律费用平均为 493 万元，其中有 19 家 IPO 项目的法律费用超过千万元。预计随着越来越多律师事务所参与撰写招股书，法律费用将会再上一个台阶。

参与撰写招股书后，提高法律收费只是一方面。有业内人士谈到，律师事务所承担的风险也在增加。前述征求意见稿的提出，对于招股说明书等信息披露文件中有会计师事务所、律师事务所等证券服务机构出具专业意见的内容，其他证券中介机构在履行审慎核查和必要调查、复核工作基础上，可以合理信赖；符合合理信赖条件的，信赖方可以依法免责。

10. 中华全国律师协会发布《中华全国律师协会关于禁止违规炒作案件的规则（试行）》

为加强行业自律，促进行业规范健康发展，2021 年 10 月 20 日，中华全国律师协会发布新规，禁止律师违规炒作案件。

据了解，中华全国律师协会在深入调研论证、广泛听取意见的基础上，依据《律师法》等相关法律法规和行业规范，研究制定了《中华全国律师协会关于禁止违规炒作案件的规则（试行）》。该规则共 13 条，明确了律师违规炒作案件的具体情形，对披露案件情况、庭审信息的范围作出细化规定，明确了律师、律师事务所对党和国家重大决策部署、公共事件、涉法等问题发表评论以及在公共平台发表意见应当遵循的原则及边界、红线等，并对律师事务所、律师协会管理责任及罚则作出了规定。

该规则还明确了违规炒作案件具体情形。针对公开审理案件，明确规定不得披露、散布通过会见、阅卷、调查取证等执业活动获取的可能影响案件依法办理的重要信息、证据材料。特别明确了对重大决策部署、公共事件、涉法问题等发表评论的禁止情形，以及在公共平台发表意见时，应核查信息真实性、确保意见专业合法，不得损害律师职业尊严和律师行业形象。

该规则最后明确，律师、律师事务所违反本规则，应当根据行业规范给予相应纪律处分，并就加强律师协会行业处分与司法行政机关行政处罚工作衔接作了规定。

11.《中共中央关于加强新时代检察机关法律监督工作的意见》发布

2021 年 6 月 15 日,党中央印发《中共中央关于加强新时代检察机关法律监督工作的意见》。该意见强调,一要充分发挥法律监督职能作用,为大局服务、为人民司法。坚决维护国家安全和社会大局稳定,服务保障经济社会高质量发展,切实加强民生司法保障,积极引领社会法治意识。二要全面提升法律监督质量和效果,维护司法公正。健全行政执法和刑事司法衔接机制。强化刑事立案、侦查活动和审判活动监督。加强检察机关与监察机关办案衔接和配合制约。完善刑事执行和监管执法监督。精准开展民事诉讼监督。全面深化行政检察监督。积极稳妥推进公益诉讼检察。完善审判监督工作机制。进一步提升法律监督效能。三要加强过硬检察队伍建设,全面落实司法责任制。旗帜鲜明地把加强党的政治建设放在首位。着力提升检察人员专业素养。深化司法责任制综合配套改革。四要加强对检察机关法律监督工作的组织保障。坚持和完善党对检察机关法律监督工作的领导。加强对检察机关法律监督工作的监督制约。加强对检察机关法律监督工作的支持保障。

12. 司法部印发《关于建立律师宣誓制度的决定》的通知

2011 年 12 月 1 日司法部第 25 次部长办公会议通过,2020 年 9 月 27 日司法部第 32 次部长办公会议修订《关于实行律师宣誓制度的决定》,决定明确参加宣誓人员范围,规定了组织宣誓仪式的机构、时间和宣誓方式,对宣誓仪式和宣誓程序等都作出了具体规定。经司法行政机关许可,首次取得或者重新申请取得律师执业证书的人员，均应参加律师宣誓。律师宣誓仪式，应当在律师获得执业许可之日起3个月内，由设区的市或者直辖市司法行政机关会同律师协会，采取分批集中的方式组织进行。[①]

该决定规定，律师宣誓誓词为："忠于中华人民共和国宪法、忠于祖国、忠于人民，拥护中国共产党领导、拥护社会主义法治，忠实履行中国特色社会主义法律工作者的神圣使命，执业为民，依法从业，勤勉敬业，诚信廉洁，维护当事人合法权益，维护法律正确实施，维护社会公平正义，为建设富强民主文明和谐美丽的社会主义现代化强国努力奋斗！"

13. 冬奥会公益法律服务团正式成立

2021年12月29日，冬奥会公益法律服务团正式成立。[②]随着2022年北京冬奥会进入倒计时，首都公共法律服务工作者积极行动，发挥专业优势、助力冬奥盛会。

此次冬奥会公益法律服务团由23名涉外体育仲裁和争议解决领域的专业律师组成。具体工作由北京市律师协会和北京仲裁委员会（北京国际仲裁中心）统筹，包括设立公共服务邮箱、服务电话，统一接受咨询、案件委托，指派服务团成员提供公益法律服务等。参考国际惯例，冬奥会公益法律服务团的服务对象是参加2022年北京冬奥会且需要公益法律服务的各国各地区运动员等。具体服务内容包括：提供法律咨询；体育争议解决代理服务，即根据当事人委托，代表当

---

① 中央人民政府网："司法部决定建立律师宣誓制度，进律师队伍须宣誓"，载 http://www.gov.cn/gzdt/2012-03/21/content_2096674.htm，最后访问日期：2022年1月27日。

② 北京市律师协会："北京律师行业倾情助力冰雪盛会"，载《中国律师》2022年第2期，第20~23页。

事人提起或应对国际体育仲裁院启动的相应程序；其他法律服务。

为了进一步提升服务能力，公益法律服务团及工作小组组织了系列培训，包括奥运会期间的体育仲裁、奥运会国际体育仲裁院运作概况、北京冬奥会和各国代表团整体情况、北京冬奥会奥组委法务工作情况、国际体育仲裁院仲裁的具体程序和法律规则、往届奥运会案例分析等。

北京冬奥会期间，公益法律服务团充分发挥专业优势，提供了全面、优质、高效的公益法律服务，以法治为冬奥护航，助力体育强国建设。各类法律从业者围绕冬奥相关法律问题的研究和对话，形成了"冬奥法律共同体"，进一步推动了我国体育法治的发展。从 2008 年北京奥运会，到 2022 年北京冬奥会，两届高水平的运动盛会证明了我国对重大体育赛事的法治保障能力，向世界昭示了"法治中国"的精神。

14. 司法部、国家发展和改革委员会、国家市场监督管理总局印发《关于进一步规范律师服务收费的意见》

2021 年 12 月 28 日，司法部、国家发展和改革委员会、国家市场监督管理总局印发《关于进一步规范律师服务收费的意见》，规范律师收费行为。

该意见包含以下六方面内容。第一，总体要求。坚持以习近平新时代中国特色社会主义思想为指导，深入学习贯彻习近平法治思想，深入贯彻落实习近平总书记关于律师工作的重要指示精神，坚持以人民为中心的发展思想，规范律师服务收费行为，健全律师事务所收费管理制度，强化律师服务收费监管。第二，完善律师服务收费政策。提升律师服务收费合理化水平，提高律师服务收费公开化程度，扩大律师服务收费普惠化范围。第三，严格规范律师风险代理行为。

严格限制风险代理适用范围、严格规范风险代理约定事项、严格限制风险代理收费金额，以及建立风险代理告知和提示机制。第四，健全律师事务所收费管理制度。应当切实规范律师服务收费行为，严格执行统一收案、统一收费规定，压实对律师的教育管理责任。第五，强化律师服务收费监督检查。加强律师服务收费常态化监管，加大违法违规收费查处力度，健全律师服务收费争议解决机制。第六，加强组织实施。各级司法行政部门应当高度重视，结合实际推动政策落实。发挥行业自律作用，省级律师协会要在同级司法行政部门指导下，制定律师事务所服务费标准制定指引和示范文本、律师事务所服务费标准备案管理办法、律师风险代理书面告知书和风险代理收费合同示范文本，规范律师服务收费行为。

该意见的出台，是律师行业突出问题专项治理的重要制度成果，对于引导广大律师依法诚信执业，提升律师行业整体的社会形象，推动律师行业的持续健康发展，维护司法廉洁与公正，满足人民群众日益增长的法律服务需求，具有重要意义。

2022 年

1. 中共中央组织部、最高人民法院、最高人民检察院、司法部印发《关于建立法律职业人员统一职前培训制度的指导意见》

2022 年 2 月 28 日，中共中央组织部、最高人民法院、最高人民检察院、司法部印发了《关于建立法律职业人员统一职前培训制度的指导意见》（以下简称《意见》）的通知。

《意见》从总体要求、管理机制、运行机制、保障机制、组织领导五个方面对建立实施法律职业人员统一职前培训制度进行规定。《意见》明确，建立实施法律职业人员统一职前培训制度，要深入贯彻中央全面依法治国工作会议精神，深化法治人才供给侧结构性改革，提高法治人才培养质量。同时《意见》指出，要按照"统一标准、分系统实施"和"先选后训"、"谁选谁训"的要求，明确统一职前培训的协调机构、责任分工和实施机构，健全法律职业人员职前培训管理机制。

《意见》明确了法律职业人员职前培训的培训对象。取得法律职业资格的人员，初任法官、检察官、仲裁员（法律类），申请律师、公证员执业，应当参加职前培训，培训合格方可准予从事相关法律职业，培训时间为一年。《意见》明确，职前培训分为两个阶段：集中教学阶段，岗位实习和综合训练阶段。集中教学阶段主要讲授政治理论、职业道德和法律实务等知识，采取集中脱产培训、现场模拟诉讼、远程视频教学、网上学习平台自学等线下和线上相结合的方式进行，不少于一个月。岗位实习和综合训练阶段，实行教、学、练、战一体化培训模式，在实务导师指导下，通过参与具体业务实践，提高参训人员的实战能力。《意见》还从培训大纲、教材、培训师资库、培训档案几个方面完善职前培训保障机制，指出要加强领导、完善制度、强化保障，认真贯彻落实法律职业人员统一职前培训制度。

《意见》的发布，有利于明确法律职业人员统一职前培训制度的具体建设方案，提高法治人才培养质量，提升法律职业人员的职业素养和专业水平，从而建设一支德才兼备的高素质社会主义法治工作队伍，为实现让人民群众在每一项法律制度、每一个执法决定、每一宗司法案件中都感受到公平正义的目标提供有力人才保障。

2. 司法部印发《全国公共法律服务体系建设规划（2021—2025 年）》

2021 年 12 月 30 日，司法部印发了《全国公共法律服务体系建设规划（2021—2025 年）》（以下简称《规划》），并于 2022 年开始落实。《规划》对"十四五"时期公共法律服务体系建设作出总体布局和具体部署。

《规划》肯定了"十三五"时期开创了公共法律服务工作新局面，同时指出"十四五"时期公共法律服务工作面临的新形势。司法部和全系统必须立足全局、着眼长远，紧紧围绕人民群众日益增长的法律服务需求，加快建设完备的法律服务体系，加快构建覆盖城乡、便捷高效、均等普惠的现代公共法律服务体系，抓住机遇、锐意进取，奋力谱写公共法律服务事业新篇章。到 2035 年，基本形成与法治国家、法治政府、法治社会基本建成目标相适应的现代公共法律服务体系。

《规划》提出了十项具体部署：第一，坚持和加强党对公共法律服务工作的全面领导；第二，加快推进公共法律服务均衡发展；第三，建成覆盖全业务全时空的法律服务网络；第四，提高全民法治意识和法治素养；第五，保障司法公正；第六，共建现代基层社会治理新格局；第七，服务经济高质量发展；第八，加强涉外法律服务；第九，健全完善国家统一法律职业资格制度；第十，组织实施保障。

公共法律服务是政府公共职能的重要组成部分，是全面依法治国的基础性、服务性和保障性工作，也是改善民生、促进社会公平正义、维护社会和谐稳定、推动高质量发展的重要保障。《规划》为推进公共法律服务体系建设提供了行动指南，有助于提供覆盖面更广、内容更丰富、质量更高、获得感更强的公共法律服务，切实满足人民群众日益增长的法律服务需求，推动国家治理体系和治理能力现代化。

3. 证监会、司法部、中华全国律师协会联合发布《律师事务所从事首次公开发行股票并上市法律业务执业细则》

2022 年 1 月，证监会、司法部、中华全国律师协会联合发布《律师事务所从事首次公开发行股票并上市法律业务执业细则》，本执业细则自 2022 年 2 月 27 日施行。

该执业细则共十一章六十八条，包括总则、发行人的主体资格、发行人的独立性、发行人的业务、关联交易和同业竞争、发行人的主要财产、发行人的公司治理、发行人的规范运作、发行人的募集资金运用和业务发展目标、其他及附则。该执业细则明确了律师事务所从事首次公开发行股票并上市法律业务执业的总体原则，即遵循诚实、守信、独立、勤勉、尽责、专业分工及归位尽责的原则；规范了律师事务所履行风险提示和审慎查验的义务；系统归纳了律师查验工作要求，即律师事务所在首发法律业务中应当特别关注的发行人的设立、股权变动及有效存续、发起人与股东、独立性、主要财产等事项；明确了律师及律师事务所从事相应法律业务的具体要求。

该执业细则进一步规范了律师事务所及律师从事首次公开发行股票并上市的法律业务活动，适应了科创板股票发行注册制下提升中介机构能力、强化中介机构责任的要求，明确了律师事务所及律师查验事项范围和勤勉尽责标准，督促了律师事务所及律师归位尽责，促进了律师行业持续健康发展。

4. 最高人民法院、最高人民检察院、公安部、司法部联合召开深化刑事案件律师辩护全覆盖试点工作推进会

2022 年 11 月 18 日，最高人民法院、最高人民检察院、

公安部、司法部联合召开深化刑事案件律师辩护全覆盖试点工作推进会，主要针对同年 10 月其联合印发的《关于进一步深化刑事案件律师辩护全覆盖试点工作的意见》，总结交流工作成效，分析存在的问题，研究部署深化刑事案件律师辩护全覆盖试点工作。

该意见将审查起诉阶段犯罪嫌疑人没有委托辩护人，应当通知辩护的案件范围确定为四类：一是可能判处三年以上有期徒刑的；二是本人或者其共同犯罪嫌疑人拒不认罪的；三是案情重大复杂的；四是可能造成重大社会影响的。

会议明确要求，各省级检察院和试点地区检察院要在党委政法委领导下，加强与司法行政机关的沟通协调，明确试点案件范围、工作衔接程序，共同研究解决试点中出现的新情况、新问题，合力推进试点工作。在审判阶段律师辩护全覆盖试点的基础上，将律师辩护全覆盖试点扩展到审查起诉阶段，为值班律师充分发挥实质性法律帮助作用提供了制度保障。[1]

深化刑事案件律师辩护全覆盖试点工作，在审判阶段全覆盖基础上，逐步延伸至审查起诉阶段，有利于充分发挥律师在刑事案件中的辩护作用，为犯罪嫌疑人、被告人提供更广泛、更深入、更有效的刑事辩护或法律帮助，让每一名犯罪嫌疑人、被告人都能在刑事诉讼中感受到公平正义，对于彰显我国社会主义法治文明进步具有重大意义。[2]

---

[1] "最高法、最高检、公安部、司法部联合召开深化刑事案件律师辩护全覆盖试点工作推进会"，载 https://www.spp.gov.cn/spp/zdgz/202211/t20221119_593218.shtml，最后访问日期：2024 年 5 月 17 日。

[2] "高法院高检院公安部司法部关于进一步深化刑事案件律师辩护全覆盖试点工作的意见"，载 https://www.gov.cn/gongbao/content/2022/content_5734814.htm，最后访问日期：2024 年 5 月 17 日。

5. 中韩律师协会共同举办第二十一届交流会

2022 年 12 月 28 日，中华全国律师协会与韩国律师协会以线上线下相结合的方式，共同举办了中韩律师协会第二十一届交流会。

会议以"中韩两国律师携手合作，服务两国经贸发展"为主题，中华全国律师协会会长高子程和韩国律师协会会长李宗烨参加会议并分别致辞。中韩两国共 80 余名律师围绕"中韩两国律师在涉外法律服务中的实践和经验"和"人工智能给律师带来的机遇和挑战"两个议题进行了广泛而深入的交流研讨。

中华全国律师协会会长高子程指出，中韩两国律师协会的交往交流，有利于推动多领域法律服务合作，促进经贸发展。双方应加强交流，拓展新兴业务领域合作，共同为中韩两国经济发展和法治文明建设贡献智慧和力量。韩国律师协会会长李宗烨指出，随着中韩双边经贸合作日趋活跃，两国之间的法律服务需求也大幅增加，双方律师行业的交流更加必要，也更加重要。

会上，中韩双方律师踊跃发言，就关心的问题向发言人进行提问。尤其就从事涉外法律服务的成果经验，以及法律科技在律师行业的应用现状等方面着重进行了交流。参会律师均表示通过此次交流会收获颇多，对如何提供高质量的法律服务有了更加全面透彻的了解，同时表达了对中韩法律服务交流合作的未来展望。

此次会议以中韩两国建交三十周年为契机，回顾总结了中韩两国律师协会三十年来交流交往的成果，促进了两国律师的沟通交流，为推动两国律师界深层次友好交往开启了新的篇章。此次会议体现了我国律师的专业化、国际化程度不断提高，积极适应对外开放的需要。同时表明我国律师行业在国际法律服务业中具有一定的竞争力,服务范围不断扩大。①

2023 年

1.第八届"全国维护职工权益杰出律师"揭晓

2023 年 1 月 10 日,在中华全国总工会、司法部、中华全国律师协会联合开展的第八届"全国维护职工权益杰出律师"揭晓,方达夫、危福军等 10 名律师获评第八届"全国维护职工权益杰出律师"称号。同年 5 月 17 日,该 10 名律师中 7 名被中华全国总工会授予"全国五一劳动奖章",3 名被授予"全国五一巾帼标兵"称号。

第八届"全国维护职工权益杰出律师"评选活动于 2022 年 4 月开始,经过组织推选、确定候选人、社会公示、研究审定,从全国 31 个省（区、市）推荐的律师中遴选出 10 名在维护职工权益方面有杰出表现的律师,最终方达夫、危福军、许勇、李飞、余伟安、金泽、胡芳、袁高凤、康妍宣、管文军 10 名律师获评第八届"全国维护职工权益杰出律师"称号。该评选活动从 2006 年开始,每两年举办一次,已成功举办 8 届,共评选出 79 名在维护职工权益方面表现优秀的律师。

劳动者合法权益是人权的重要内容,劳动者权益保障对于经济社会发展以及和谐社会构建至关重要。这两项活动激励了更多的律师投身于职工维权工作之中,有助于促进职工合法维护自身权益,形成和谐的劳动关系,实现社会公平正

---

① "中韩律师协会共同举办第二十一届交流会",载 http://www.acla.org.cn/article/page/detailById/34253,最后访问日期：2024 年 5 月 17 日。

义，促进社会稳定发展。近些年来新冠疫情导致的劳动争议纠纷和新就业形态劳动者的劳动权益保护纠纷层出不穷，评选、表彰在维护职工合法权益领域表现杰出的律师，能够广泛吸引律师群体和社会大众对职工权益保障的关注，有助于在疫情后就业环境动荡的时代为职工提供可靠的后盾。[①] 方达夫在接受采访时称，"扬社会正义，助弱者维权"是其为自己工作设定的座右铭。尽管在办理案件的过程中存在诸多障碍，甚至是遭遇生命威胁，但是方达夫仍然把维护公平正义作为自己的执业信念，为劳动者争取合法权益尽心尽力。[②]

2.《关于依法保障律师执业权利的十条意见》公布

2023 年 3 月 1 日，最高人民检察院、司法部、中华全国律师协会联合印发《关于依法保障律师执业权利的十条意见》。

为认真落实《中共中央关于加强新时代检察机关法律监督工作的意见》，根据《刑事诉讼法》《律师法》《人民检察院刑事诉讼规则》等规定，结合工作实际，最高人民检察院、司法部、中华全国律师协会制定出如下工作意见：加强接待律师平台建设；充分保障律师对案件办理重要程序性事项的知情权；充分保障律师查阅案卷的权利；充分保障律师反映意见的权利；及时向律师反馈意见采纳情况；认真听取律师对认罪认罚案件的意见；加强对律师会见权的监督保障；畅通权利救济渠道；严肃责任落实；强化沟通协调。[③]

---

① 蒲晓磊："第八届'全国维护职工权益杰出律师'评选结果公布"，载《法治日报》2023 年 1 月 11 日，第 8 版。

② 赵婕："维护社会正义，千难万难初心不改——记安徽皖和律师事务所律师方达夫"，载《法治日报》2023 年 7 月 17 日，第 1 版。

③ "最高人民检察院、司法部、中华全国律师协会《关于依法保障律师执业权利的十条意见》"，载 https://www.moj.gov.cn/policyManager/policy_index.html?showMenu=false&showFileType=2&pkid=41d4265555cb4dd3827d50bcda004f3e，最后访问日期：2024 年 5 月 19 日。

最高人民检察院党组一直高度重视新型检律关系构建，从 2020 年 12 月，最高人民检察院与司法部、中华全国律师协会和律师代表在联席会议上建立了检律定期会商制度；到 2021 年 11 月，中国检察官协会、中华全国律师协会签署《关于加强检律良性互动、共同维护司法公正的倡议书》，我国一直在努力将检察院和律师之间的关系从原先的对抗转变为新型的合作与对抗相辅相成，共同服务于法治发展。全国人大代表、山东省律师协会副会长张巧良表示："各级检察机关和律师持续深化合作，不断强化职业认同，由过去的各自为战、角色对抗，逐步转变为各司其职、有效协作。"[①]

此次公布的《关于依法保障律师执业权利的十条意见》将检律关系由理念具象化成可以实操的规则，有利于保障律师的执业权利，保护当事人的合法权益，促进社会法治的发展和公平正义的真正实现。

3. 司法部准予五家外国律师事务所在华设立代表处

2023 年 6 月 26 日，司法部准予五家外国律师事务所在华设立代表处。

根据《外国律师事务所驻华代表机构管理条例》的规定，司法部审核准予五家外国律师事务所在华设立代表处，包括新加坡安盛律师事务所驻上海代表处、英国夏礼文律师事务所驻深圳代表处、美国摩根路易斯律师事务所驻深圳代表处、马来西亚金圻律师事务所驻海口代表处以及塞浦路斯艾瑞蒂律师事务所驻重庆代表处。

在目前 WTO 的框架下，自主与对等是法律服务跨境流动的基本原则。因此，在外国律师准入问题上，我国遵循国际通行做法，有条件地准予外国律师来华。即，外国律师事

---

① 戴佳、赵晓明、常璐倩："落实《十条意见》，推动新型检律关系纵深发展"，载《检察日报》2023 年 3 月 7 日，第 5 版。

务所在华设立代表处需要符合规范性文件要求以及有关部门的审查要求。

允许外国律师事务所进入一国法律服务市场是全球经济一体化的必然要求，但也产生了国内外律师事务所同台竞争的局面。因此，国内律师行业的自我提升成为时代的新要求。国内律师行业可以通过完善中国律师的准入机制、改革律师行业的现行经营模式、提高律师行业整体质量与社会地位等具体措施来增强国内法律服务市场的竞争力。[①]

4. 律师行业东中西部对口帮扶

2023 年 7 月 27 日，司法部办公厅印发《关于建立健全律师行业东中西部对口帮扶机制的方案》(以下简称《方案》)的通知。

《方案》主要从"总体要求、结对帮扶重点工程、公益法律服务活动、保障措施"四大方面对帮扶工作提出要求与建议。具体而言，着眼于法律服务行业中律师协会、律师事务所和律师三个层面，《方案》提出"六大措施"，包括实施"千名青年律师"对口培养工程、实施律师事务所"1 对 1"结对帮扶工程、实施律师协会结对互助工程、深化"援藏律师服务团"活动、深化"1+1"中国法律援助志愿者行动、深化全国律协西部公益活动。

《方案》发布后，各省市律师协会、律师事务所以及律师都纷纷响应号召，积极参与东中西部对口帮扶工作。以安徽省为例，安徽省司法厅、省律师协会高度重视对口帮扶工作，围绕《方案》"六大措施"制定符合实际的对口帮扶框架和合作事项，并确定由合肥承担结对帮扶工作任务。[②]

① 杨立民："法律服务市场：开放的风险与机遇"，载《WTO 经济导刊》2017 年第 12 期，第 53-55 页。
② "安徽全面启动律师行业东中西部对口帮扶工作"，载 https://sft.ah.gov.cn/zhzx/sfyw/56923681.html，最后访问日期：2024 年 5 月 22 日。

建立健全律师行业东中西部对口帮扶机制，是深入贯彻落实习近平总书记关于律师工作的重要指示精神的战略部署，有利于提高西部区域法律服务水平，最终实现整体法治建设的协调发展与持续进步。

5. 公安部聘任 60 名全国看守所律师特约监督员

2023 年 9 月 18 日，公安部在北京举行全国看守所律师特约监督员聘任仪式，来自全国各地的 60 名律师被聘为首批全国看守所律师特约监督员，其中 22 名特约监督员代表参加聘任仪式。

近年来，公安部高度重视看守所律师会见工作，采取一系列措施保障律师执业权利。建立看守所律师特约监督员制度，是公安监管部门加强和改进看守所律师会见工作的新举措。我国 1979 年《刑事诉讼法》正式确立了律师在审判阶段的会见权。1996 年《刑事诉讼法》的修正赋予了律师在侦查阶段的会见权，但条文中的两个"可以"使得律师的会见权在实践中难以充分行使，律师面临"会见难"的问题。2012 年我国对《刑事诉讼法》进行了修正，律师会见在押嫌疑人的权利得到了较为充分的保障，"会见难"问题在一定程度上得到了解决。不过，实践中依然存在一些问题亟需发现、处理。

纵观我国律师会见权发展的历史脉络，该项制度得以日趋完善的主要原因在于其不断在实践中发现问题并进行自我革新。公安部聘任 60 名来自全国各地的律师作为看守所律师特约监督员，为公安部加强保障看守所律师会见工作提供了强大的信息支持，方便公安部了解各地看守所在贯彻该项制度中存在的疏漏并进行针对性的改进。另外，公安部通过抓取各地看守所及其工作人员依法履职、公正执法、为民服务的先进典型及经验做法，在律师行业中树立榜样，从而进一步推动律师会见制度在实践中的发展进步。

公安部监所管理局负责人表示，建立看守所律师特约监督员制度，旨在进一步推动看守所法治化规范化建设，保障律师执业权利和在押人员合法权益。希望全国看守所律师特约监督员认真履行监督职责，模范遵守法律法规，严格遵守监督纪律，深入客观地反映看守所保障律师会见工作中的不足和问题，提出改进意见建议，助力公安监管部门更有针对性地改进看守所执法管理工作。公安部监所管理局将一如既往地督促指导各地抓好各项制度的落实，不断改进和完善律师会见工作，切实保障律师依法执业，保障刑事诉讼顺利进行。①

6. 最高人民法院举行诉讼服务志愿专家律师聘请签约活动

2023 年 10 月 25 日，最高人民法院举行诉讼服务志愿专家律师聘请签约活动，最高人民法院诉讼服务中心与中国法律咨询中心签订诉讼服务志愿专家选聘协议书。此次聘请签约活动中，最高人民法院诉讼服务中心聘请中国法学会推荐的 80 名会员为诉讼服务志愿专家，聘请中华全国律师协会选派的 135 名律师为诉讼服务志愿律师，参与诉讼服务志愿工作，聘期为 5 年。

最高人民法院诉讼服务志愿专家工作室于 2014 年 8 月成立，自此项工作开展以来，得到了来访群众的普遍认可和最高人民法院的充分肯定。

诉讼服务志愿专家律师队伍的不断壮大，有利于进一步巩固第三方沟通桥梁，充分发扬志愿精神，践行习近平法治思想，

---

① 齐磊：“公安部聘任 60 名全国看守所律师特约监督员”，载《中国日报》2023 年 9 月 19 日。

弘扬社会主义核心价值观，为人民群众提供优质高效的诉讼服务，让人民群众在每一宗司法案件中感受到公平正义。

7. 方燕律师荣获"2023 年度法治人物"称号

2023 年 12 月 4 日晚，由司法部、全国普法办公室和中央广播电视总台共同主办，中央广播电视总台社教中心承办的第十个国家宪法日特别节目《宪法的精神 法治的力量——2023 年度法治人物》在央视综合频道和社会与法频道播出，表彰了 10 位"2023 年度法治人物"和 3 位"2023 年度致敬英雄"获奖者。其中，方燕律师荣获"2023 年度法治人物"称号，她是其中唯一一位获此殊荣的律师。

作为一名律师，方燕深深体会到弱势群体追求法治公平的难处。为了保障未成年人合法权益，方燕对未成年人网络安全、家庭教育、未成年人防性侵、强制报告制度等予以高度关注并进行充分的调查研究，提出了多项相关议案建议。方燕关注到老年人在社会快速发展的趋势下出行难、看病难、吃饭难等问题，提交了"关于完善老年人法律援助制度""在全国律协及各级地方律协建立老年人权益保障专业委员会"等议案建议。在司法部和社会各界的支持和共同努力下，这些议案建议逐步得到了落实和发展[1]。为了让经济困难的群众打得起官司、请得起律师、能赢得正义，她先后 7 次针对法律援助制度建设及《法律援助法》提出建议，并且牵头在律师事务所成立法律援助工作部，参与社区人民调解、提供免费咨询、办理法律援助案件。[2]

---

[1] "全国人大代表方燕：尽心履职用法治力量传递温暖"，载 https://www.moj.gov.cn/pub/sfbgw/fzgz/fzgzggflfwx/fzgzlsgz/202402/t20240220_494843.html，最后访问日期：2024 年 5 月 17 日。

[2] "全国人大代表方燕：尽心履职用法治力量传递温暖"，载 https://www.moj.gov.cn/pub/sfbgw/fzgz/fzgzggflfwx/fzgzlsgz/202402/t20240220_494843.html，最后访问日期：2024 年 5 月 17 日。

　　方燕律师致力于提升人民群众的获得感、幸福感、安全感，从群众中来，到群众中去，在法律实践中看见群众的困难，大力发扬尊老爱幼、扶贫济弱的传统美德，运用专业知识为群众呼喊，切实为人民排忧解难。

后　记

岁月不居，时节如流。

2014年9月1日下午，中国人民大学法学院高朋满座，共同见证中国人民大学法律职业研究所成立，并以当代中国律师制度为主题展开学术研讨。与会者畅所欲言，各抒己见，与秋色如画的校园融为一体，祥和自洽。正是在研究所成立仪式和学术研讨会上，我有幸结识了蔡岩律师。言语间，我能深刻感受到他对律师职业的热爱，对律师执业的关切，对国家法治事业的关心。

我不是专门研究律师制度的学者，却与之有着"不解之缘"。2010年7月，我从中国人民大学法学院博士毕业入职高校任教。当时学校开设了一门名为《律师制度与司法文书》的课程，由于没有专门研究这一领域的教师，最终我机缘巧合地成为任课教师，并一直持续8年之久。我想原因主要有二：一是我比较年轻，不会不要紧，可以通过理论学习和参与实践来弥补；二是在年轻教师中，我有一段为期不长却终生难忘的实务工作经历。2009年5月至11月，通过上级组织遴选和指派，我赴北京市人民检察院第一分院民事行政检察处挂职，通过阅卷和调研，我接触了一些疑难复杂案件。正是这半年有余的历练，激发了我对法律实务的浓厚兴趣。因此，若说见证中国人民大学法律职业研究所成立是基于母校感召，那么参加当代中国律师制度学术研讨实乃教学刚需。

我不是记者，却因参与一个重大项目，跋山涉水采访过近百位成长、执业于不同时期的乡村医生和诊所医生。在我看来，法律与医学两个专业不仅最为古老，而且十分近似，都具有典型的实践性，存在精神通约。例如，在管理体制上，医学领域中乡村医生、诊所医生的镜像，在法律职业中最为接近的就是律师，不仅是因为二者同为体制之外，而且是因为二者均经历了巨大变革，有辉煌，有低谷，有重生，有繁荣，是最具故事性和挑战性的人物，每每读来，感人至深。

我曾深度参与过乡村医生、诊所医生口述史编撰工作，直到现在，采访过的每一个人物仍让我记忆犹新。于是，在学术研讨会上我提议编撰一部以时间为主线、以律师执业故事、律所业务发展以及法律规则变化对律师行业的影响为内容的著作，因为市面上还没有这样一部集专业和可读性于一体的同类题材作品，对广大律师尤其是青年律师、高校法律专业学子而言，实为不可多得的参考资料。我的这一提议获得蔡岩律师等几位与会专家的认可，我想真正打动他们的不是外在的言语，而是源自内心的真诚。会上，我们彼此相互确认过的眼神，早已视为意思表示一致。会后不久，我和蔡岩律师带领创作团队正式投入到中国律师大事记的编撰工作，并始终没有中断。

说实话，我想过编撰过程中可能会遇到的一些困难，但还是因为当时太年轻而估计不足，时间、精力、专业、经费、出版等各项挑战接踵而至。我们既一起经历过出版社的调整，也一起经历过书名的变动；既一起经历过创作体例的修正，也一起经历过疫情期间远隔千里的视频研讨……或许部分读者会问，支撑我们一直编撰下去的动力是什么？我想大致有二：一是本书题材的稀缺性，或曰价值。二是心中饱含的对律师伸张正义的感佩，对律师救他人于水火的崇敬，对律师执业环境和管理制度日臻完善的期许，对律师在法治国家、法治政府、法治社会一体建设中重要作用的坚信，或曰情怀。因此，在编撰过程中，困难不仅没有击倒我们，反而让我们越挫越勇，更加亲密无间。我们常因某一事件是否应当纳入大事记而引发激烈讨论，但都在十分民主的氛围下商讨，知无不言，言无不尽。无论是被他人说服，还是主动选择妥协寻求更优方案，最终的结果已不重要，重要的是我们始终坚持标准，认真对待。可以说，这段时间我们收获了世间难得的一片纯净，一份友谊，一生美好；一群人，一条心，一件事，披星戴月，风雨兼程。我相信，时间愈久，既往定格的每一个画面愈弥足珍贵！

2024年恰逢中国人民大学法律职业研究所成立10周年，在这个特别的历史时刻，本书成功出版无疑是她最好的生日礼物，顿时感觉我们10年来的艰辛付出十分值得。南北朝时期著名文学家庾信曾曰："落其实者思其树，饮其流者怀其源。"首先要感谢王利明教授、龙翼飞教授、韩大元教授、丁相顺教授、许身健教授、刘桂明主编、袁方主编等诸多专家的指导帮助；其次要感谢中国政法大学出版社领导的鼎力支持，尤其是编校人员的辛勤工作；最后我要感谢以黄健、张艺莲、崔美晨、曹欣昕、叶雪等为代表的编者团队，他们认真负责，始终如一。正是大家的勠力同心和笃力前行，才最终促成本书的问世。

由于编者水平有限，书中不妥之处恐怕在所难免，限于视野所及，部分事件、人物、法律规范或有遗漏，请方家谅涵指正，我们将在再版时一并修改完善。此时此刻，我正坐在高铁上奔赴家乡探亲，窗外的一草一木疾驰而过，手指在键盘上跳跃飞舞，敲打出本书最后一个句号。

刘炫麟

中国政法大学法律硕士学院院长助理
经济法与社会法研究所所长